海東樂章

이 도서의 국립중앙도서관 출판시도서목록(CIP)은 e-CIP 홈페이지(http://www.nl.go.kr/cip.php)에서
이용하실 수 있습니다. (CIP제어번호 : CIP2009000700)

序文

陶南은 그의 저서 『韓國詩歌史綱』에서 景宗에서부터 英·正祖에 이르는 80여 년간을 "詩歌撰集時代"라 부르고 이제까지 역대 작가들의 작품을 한 곳에 모아 서로 비교 대조하는 가운데 작품을 지은 역사적인 배경을 이해하고 또 散佚(산일)하기 쉬운 작품들을 보존할 수 있다는 데 의의가 있다고 했다. 그러면서 종래의 작가계층이 점점 물러서고 새롭게 평민작가들이 나온 것을 이 시대의 특색으로 들었다. 이 시기에 가집 편찬이 활발해져서 『靑丘永言』을 비롯하여 『海東歌謠』, 『古今歌曲』 등의 가집이 편찬되었다.

『靑丘永言』 이전에도 가집의 편찬이 있었는지를 현재로서는 자세히 알 수 없으나 『靑丘永言』이 후대에 편집되는 가집에 절대적 영향을 준 것은 분명한 사실이다. 이후에 나온 많은 가집들의 명칭이 '靑丘詠言'이나 '靑邱永言' 또는 '靑丘咏言'처럼 비록 글자는 다르다 하더라도 '청구영언'이란 명칭이 가집명칭의 대명사처럼 쓰였고 『靑丘樂章』처럼 '청구'를 가집의 명칭에 援用하고 있음을 볼 수 있다. 『海東歌謠』도 '청구영언'만큼의 활용은 아니지만 『海東樂章』이 있다.

가집의 편찬방식이 크게 곡조별로 편찬하는 것과 내용별로 편찬하는 방법 외에 작가별로 편찬하는 방식이 있다고 하겠다. 珍本 『靑丘永言』이 크게는 곡조별로 편찬된 가집이면서도 二數大葉에서는 작가별로, 무명씨 작품 가운들도 二數大葉에 해당하는 것은 내용별로 되어있다. 『靑丘永言』보다 얼마 뒤에 나온 『海東歌謠』는 『靑丘永言』의 편찬방식을 그대로 답습했으나, 一石本 『海東歌謠』에 수록된 무명씨의 작품은 내용별로 편찬하지 않았다. 이후 正祖와 純祖代를 거쳐 憲宗 初期에 만들어진 것으로 추정되는 六堂本『靑丘永言』은 곡조별로 편찬하면서 앞선 가집들보다 한 걸음 더 나아가 羽調와 界面調로 나누어 편집을 하였고, 수록된 작품도 1000수나 되는 매우 소중한 가집이다.

六堂本『靑丘永言』에 많은 영향을 받은『歌曲源流』系 가집들은 이제까지 알려진 것처럼 朴孝寬과 安玟英에 의해 高宗13(1876)년에 편찬된 것이라 주장한 陶南의 학설을 아직도 그대로 수용하고 있는 실정이다. 가집의 명칭도 가집의 첫머리가 훼손되었기에 책 첫머리에 수록되어 있는 宋나라 吳曾의『能改齋漫錄』에서 '歌曲源流'와 '論曲之音'의 二條에서 앞에 있는 '가곡원류'를 가져다 책의 書名으로 借用한 것이라 하였다. 그러나 어디에도 책의 앞부분이 훼손되었다는 말이 없다. 六堂本은 '靑丘樂章'이라, 河合本은 '靑邱永言'이라, 國樂院本은 '歌詞集'이란 題籤을 가지고 있다. 이 계통의 가집은『靑丘永言』이나『海東歌謠』처럼 편자가 직접 쓴 序文이나 跋文이 없기 때문에 처음부터 서명이 없는 가집이다. 다만 최초의 편집자가 붙였든, 轉寫者가 붙였든 간에 책의 題籤만이 있을 뿐이다. 또 陶南이 주장한 高宗 13년에『歌曲源流』편찬되었다고 했으나, 이는 전후의 사정을 고려해 볼 때『海東樂章』이 편찬된 해로 보아야 할 것이다.

『歌曲源流』의 原本으로 추정하고 있는 國樂院本(=歌詞集) 이전에 이미『靑邱永言』(=河合本)이나『靑丘樂章』(=六堂本)이 있었고 六堂의 '歌曲源流小叙'를 보면 이미 이 글을 쓰기 이전에도 이 계통의 가집이 있어 '가곡원류'로 불리고 있음을 짐작하게 한다.

『歌曲源流』계 가집은 종전의 주장과는 달리 『靑邱永言』(=河合本)을 시작으로 『靑丘樂章』(=六堂本), 『歌詞集』(=國樂院本), 『海東樂章』 순으로 편찬되었다. 이들은 모두 藁本이 아닌 轉寫本이라는 공통점을 가지고 있다. 『歌詞集』에 수록되어 있는 朴孝寬의 발문으로 여겨지는 글에서 이제까지의 가집에 第次와 名目이 없어 제자인 安玟英과 더불어 새로 가집을 편찬한다고 했으나 그 이전의 가집들도 편자 나름대로 어떤 기준에 의해 편찬되었다. 곡목도 고정되어 있는 것이 아니라 歌唱者의 變通에 따라 달리 부를 수 있다고 하였는데 가집에 수록된 작품을 보면 같은 작품이라도 곡조에 따라 중복하여 수록된 경우가 많이 있다. 또 歌唱者 들을 위해 歌詞 옆에 長短高低와 點數를 표시한다고 하였다. 『靑邱永言』은 朴孝寬의 발문과 꼭 들어맞는 형태의 가집임에 틀림이 없다. 이런 기준에 맞는 가집이 이미 존재했으니 이것이 『靑邱永言』이다. 朴孝寬과 安玟英이 가집을 편찬했다면 아마도 『靑邱永言』을 臺本삼아 새롭게 편집한 것으로 볼 수밖에 없다고 하겠다. 이렇게 볼 수 있는 것은 안민영의 작품이 가집에 수록되어 있는 현황과 작품수를 비교해 보면 곧바로 알 수 있을 것이라 믿는다.

이제까지 『靑邱永言』을 시작으로 『靑丘樂章』과 『歌詞集』을 거쳐 『海東樂章』에 이르기까지의 가집들의 주석을 통하여 『歌曲源流』계 가집들의 편찬의 과정이 어떻게 진척되어 온 것인가를 밝혀 보았다. 종전의 주장처럼 가집의 이름으로 쓰인 일이 없는 '歌曲源流'를 계속 書名으로 사용한다든지, 朴孝寬과 安玟英이 전혀 새롭게 가집을 편찬한 것으로 알고 있다든지, 이 가집이 고종 13년에 편찬되었다는 것들은 마땅히 是正되어야 할 것이다.

『海東樂章』이 어떤 가집이며 安玟英과 어떤 관련이 있는 가집인가의 이해를 돕기 위해 拙著『歌曲源流에 관한 硏究』에 수록되어 있는 글 가운데『海東樂章』과『金玉叢部』의 관계를 다룬 글을 해제 뒤에 붙여 이해를 돕도록 하였다. 또『金玉叢部』를 부록으로 하여 안민영의 작품을 가장 많이 수록하고 있는『海東樂章』과의 관계에도 이해를 돕도록 했다.『金玉叢部』에 대한 특별한 解題를 쓰지 않은 것은 글 가운데 해제에 해당하는 글이 들어있기 때문이다.

이번에도『靑邱永言』을 시작으로『靑丘樂章』과『歌詞集』에 이어『海東樂章』에 이르기까지 일관된 작업을 마무리할 수 있도록 수고를 아끼지 않으신 韓鳳淑 사장님께 무한한 감사를 드린다.

2009년 1월

註釋者 삼가 적음

目次

目次

『海東樂章』 解題

1. 들어가는 말

『海東樂章』을 단순히 『歌曲源流』系 가집의 이본의 하나로 알고 있는 실정이다. 이본의 하나임에는 틀림이 없으나 단순하게 그렇게만 생각할 문제는 아니라 하겠다.

우선 『해동악장』이 어떤 가집인가 하는 문제에서부터 가집에 수록되어 있는 작품들을 하나하나 점검하여 과연 이 가집이 박효관과 안민영에 의해 편찬된 가집인가, 지금까지 알고 있는 것처럼 고종 13년에 『가곡원류』가 편찬되었는가. 이런 문제점들에 대한 재검토가 필요하다고 생각된다.

여기서는 우선 가집의 현황을 점검해보고, 이 가집이 처음 편집된 藁本이 아니고 전래의 가집을 누군가에 의해 다시 편집한 것의 轉寫本 임을 확인하였다. 또 이 가집에 있는 안민영의 글에 의해 高宗 13년에 『歌曲源流』가 편찬되었다고 하는 주장은 잘못된 것으로 이는 『가곡원류』가 아닌 『해동악장』이 편찬된 것임을 밝혔다. 끝으로 모든 정황으로 미루어 『해동악장』은 박효관과 안민영이 공동으로 편찬한 것이 아니라 안민영 단독의 편집임이 확실하나 가집에 수록한 상황을 보면 이미 알려진 작품을 수록하지 않는다든가, 자신의 작품을 무명씨의 작품으로 다룬다든가 자신의 작품을 다른 사람의 작품으로 인정하는 등의 태도는 이를 안민영이 직접 편찬한 것이 아

니라 혹 누군가가 대리하여 엮은 것이 아닌가 하는 의심이 가게 한다고 하
겠다.

하여간 『해동악장』은 『가곡원류』계 가집 가운데 나중에 이루어진 가집이
며 고종 13년에 우선 편집이 완료되었으나 이후에 지은 작품이 混載된 점
으로 미루어 후에 다시 추가하여 이루어진 가집이며 무엇보다도 藁本이 아
닌 轉寫本임을 밝혀보고자 한다.

2. 『海東樂章』은 어떤 歌集인가

『歌曲源流』系 歌集의 한 異本으로 알려진 本 歌集은 "海東樂章"이란 題
簽으로 되어 있으며 이는 乾·坤 2卷으로 된 것과, 乾坤의 구분이 없는 單
卷으로 된 것이 있다. 前者는 日人 多田正知의 主張으로 趙東潤(1871~1923)
家의 舊藏本으로 전하는 것으로, 乾 71張, 坤 84張의 總 155張으로 書頭에서
부터 男唱의 界面調 頭擧까지가 乾卷에, 以下가 坤卷에 수록되어 있다. 그
러나, 沈載完이 『校本歷代時調全書』에서 臺本으로 삼은 것은 乾坤의 구분
이 없으며 수록 作品數가 874首(男唱 658, 女唱 216)로 兩本 사이에는 수록
작품의 차이가 있다. 이를 비교하면 다음과 같다.

① 多田正知   男唱 655 首   女唱 215 首 計 870 首
② 金根洙   男唱 657 首   女唱 216 首 計 873 首
③ 沈載完   男唱 658 首   女唱 216 首 計 874 首
(* 金根洙는 東國大學校 國語國文學會에서 國語國文學 資料叢書 第二輯으로 낸
國樂院本 『歌曲源流』의 對校本으로 삼은 『海東樂章』에 수록된 작품 總數가 868
首라고 한 것은 잘못임)

男 唱

順序	曲目 區分	趙東潤本	沈載完本	備考
1	羽調　初中大葉	3	3	
2	〃　　長大葉	1	1	
3	〃　　三中大葉	2	2	
4	界面調 初中大葉	1	1	
5	〃　　二中大葉	1	1	
6	〃　　三中大葉	1	1	
7	後庭花	1	1	
8	臺	1	1	
9	羽調　初數大葉	14	12	
10	〃　　二數大葉	35	37	
11	中　擧	20	20	
12	平　擧	19	19	
13	頭　擧	22	22	
14	〃　　三數大葉	19	19	
15	搔聳	13	13	
16	栗糖數葉	6	6	
17	界面調 初數大葉	4	4	
18	〃　　二數大葉	78	78	
19	中　擧	53	58	
20	平　擧	65	64	심재완본에 擧頭로 되어있음
21	頭　擧	67	68	
22	〃　　三數大葉	23	23	
23	蔓横	25	25	
24	弄歌	85	87	심재완본 458～475은 二數大葉으로
25	羽擧	19	47	표시 羽樂의 잘못임.
26	言樂	28		심재완본에 言樂이 없음
27	編樂	7	7	
28	編數大葉	30	30	
29	旕編	12	12	
計		655	658	

女唱

順位	曲目　　區分	趙東潤本	沈載完本	備　考
1	羽調　中大葉	1	1	
2	界面調 中大葉	1	1	
3	後庭花	1	1	
4	臺	1	1	
5	將進酒	1	1	
6	臺	1	1	
7	羽 調　二數大葉	16	16	
8	中　擧	10	10	
9	平　擧	8	8	
10	頭　擧	14	14	
11	栗糖數大葉	3	3	
12	界面調 二數大葉	28	28	
13	中　擧	22	22	
14	平　擧	24	24	
15	頭　擧	16	16	
16	弄歌	16	16	
17	界樂	16	16	
18	羽樂	18	19	심재완본 羽樂과 界樂이 바뀌었음
19	編數大葉	17	17	
20	関終唱臺	1	1	
計		215	216	
합계		870	874	

이처럼 趙東潤家에 있다고 하는 것과 沈載完이 臺本으로 삼은 것과는 수록 작품의 數가 차이가 난다. 多田正知의 글에서 引用한 趙東潤家의 所藏本과 沈敎授의 臺本의 수록 작품을 비교해 보면 위와 같다

以上의 比較에서 보면 曲目에 있어 趙東潤家本은 29項目인데 이는 국악

원본(=歌詞集)이나 河合本(=靑邱永言), 六堂本(靑丘樂章)에 비하여 界樂이 빠진 것이다. 沈載完本은 27項目으로 沈載完本은 界樂과 言樂의 曲目이 빠진 대신에 작품은 각각 앞의 曲目인 弄歌와 羽學(羽樂의 잘못임)에 포함시켰다. 수록 작품에 있어서 羽樂에 1首가 더 있어 모두 4首가 沈의 臺本에 있는 것으로 미루어 兩本은 多少의 차이가 있음을 알 수 있다.

本 歌集에는 다른 異本들의 書頭에 수록되어 있는 參考 文字 以外에 "論詠歌之源"의 項이 있어 安玟英의 個人 歌集인 『金玉叢部』에 있는 "論五音之用有相生協律"과 같은 것이다. 『해동악장』의 "論詠歌之源"에는 安玟英의, 『金玉叢部』에는 朴孝寬의 서문에 해당하는 글이 수록되어 있다. 여기에 각각 "丙子 榴夏節 周翁 安玟英 字聖武 序"와 "歲赤鼠夷則月旣望 雲崖翁朴孝寬 書于弸雲山房 方年七十七 字景華"라고 되어 있다. '赤鼠'는 '丙子'와 같은 것으로 안민영의 글이 박효관보다 먼저 쓰여 진 것임을 알 수 있다. 陶南이 『해동악장』에 있는 "丙子榴夏節周翁安玟英字聖武序"를 근거로 『歌曲源流』의 編纂年代를 高宗 13年으로 삼게 되었다.[1] 安玟英의 序文이란 항목이 없으나 '論詠歌之源'이란 글 속에 安玟英의 서문에 해당하는 글이 수록되어 있고 그의 작품이 다른 異本에 비해서 가장 많이 수록되어 있기 때문에 多田正知는 源流系 歌集 가운데 이를 第一의 善本으로 보고 있다.[2]

3. 『海東樂章』은 原本이 아닌 轉寫本이다

沈載完本 『海東樂章』는 가집의 원본이 아니라 전사본이다. 趙東潤家에 소장되었다고 하는 가집은 현재 행방을 알 수 없고 심재완본만이 그의 『校本歷代時調全書』의 臺本으로 다루었기 때문에 여기서는 이 가집을 대상으로 하여 언급하고자 한다.

---

1) 趙潤濟, 『韓國詩歌의 硏究』, p.269.
2) 多田正知, '靑丘永言と歌曲遠流' 『小田先生頌壽紀念朝鮮論集』, p.568.

『歌曲源流』계 가집으로 알려진 河合本(=靑邱永言)도, 六堂本(=靑丘樂章)도 전사본이며, 國樂院本(=歌詞集)도 원본이 아님이 확실하다. 여타의 이본들도 대부분 위의 이본들을 轉寫한 것이 대부분인 것으로 알려졌다. 『海東樂章』도 전사하는 과정에 많은 誤字와 脫字가 있으며 그 잘못된 것을 지적하면 다음과 같다.

우선 곡목에 있어 界面調 頭擧를 '擧頭'로 잘못 표기한 것을 비롯하여 '羽樂'을 '羽擧'라고 하고서는 수록된 작품 끝에 羽擧와 羽樂을 혼용하여 표기했다. 또 弄歌에서도 가번 452부터 475까지는 '二數大葉'이라 표기했다. 女唱에서도 羽樂과 界樂의 순서가 바뀌었다. 『歌詞集』은 곡목의 수가 모두 30인데 趙東潤家의 『해동악장』은 界樂이 빠진 29항목이고 沈載完本은 界樂과 한樂(혹은 言樂)이 빠진 28항목이면서 작품은 앞의 항목에 포함시켰다.

다음의 작품은 초장이나 종장의 일부를 탈락시켰으니

菊花야 너는 어이 三月東風 슬혀흔다
성긘 울 츤빗 뒤희 츨아리 얼지연정
반드시 群花로 더부러(以下 缺). (海東樂章 401)

스랑스랑 긴긴 스랑
九萬里長空의 너즈러지고 남는 스랑
아마도 이 님의 스랑은 가 업슨가 흐노라. (海東樂章 167)

은 각각 "한 봄 말려 흐노라"와 "기천것치 니니 스랑"처럼 종장과 초장의 일부가 생략된 것이다. 다음 작품은 남창과 여창에 중복하여 수록한 것으로

三月花柳 孔德星오 九月楓菊 三溪洞을
我笑堂 봄바람과 米月舫 가을 달을
어즈버 六花紛紛時 賣酒詠梅 흐시리라. (海東樂章 159)

九月楓菊 三溪洞이요 三月花柳 孔德里라
我笑堂 봄바람과 米月 가을 들을
어즈버 六花ㅣ 紛紛時의 煮酒詠梅ᄒᆞ시더라. (海東樂章 57)

에서 '孔德里'를 '孔德星'으로, '米月舫'을 '米月'로 잘못 표기한 것은 그만두
더라도 초장이 남창과 여창에서 바뀌었다.

龍樓의 祥雲이오 鳳閣의 瑞靄로다
甲戌 二月 初八日은 世子 誕降ᄒᆞ사
億萬年 東方氣數를 바ᄃᆞ 이어 계신져. (海東樂章 21)

은

龍樓의 祥雲이요 鳳闕에 瑞靄ㅣ로다
甘雨는 汰液에 듯고 和風은 御柳에 둘닉져
美哉라 祥雲瑞靄와 甘雨和風은 聖世子의 時節인져. (金玉叢部 88)

獜在郊 鳳翔岐하니 이 어인 大吉祥고
甲戌 二月 初八日의 聖世子ㅣ 誕降하사
億萬年 東方氣數를 바다 니여 계신져. (金玉叢部 10)

의 세자 誕降을 축하하기 위해 지은 시조의 제6의 초장과 제2의 중장과 종장
을 하나의 작품으로 잘못하여 한 수의 작품으로 착각한 것은 분명 轉寫의 잘
못이다. 다음의 작품은 『금옥총부』에 수록되어 있는 것과 비교하면 안민영의
작품이면서 초장을 누락시키는 바람에 별개의 작품처럼 되었다.

雲車를 머무르고 芳草岸의 긔여 올나
긴 프롬 흔 마듸로 胸海를넓인 後의 다시금 淸流邊의 詩를 읇고 盞날닐제 불근
곳 푸른 닙흔 山形을 그림ᄒᆞ고 우는 식 닷는 麋鹿 春興을 ᄌᆞ랑ᄒᆞ다 嘹喨흔 가는
소릭 香風에 무더 날고 狼藉흔 風樂소릭 行雲의 섯거간다

俄已오 石逕隱隱 죠븐 길노 緇衣白衲이 츳례로 늘어 오며 合掌拜禮 ㅎ더라. (海東樂章 639)

不學이 無聞이면 正墻面而立이어니 聖學을 만이 비와 溫故知新허오리라
그리미 雲車를 머무르고 芳草岸에 긔여 올라 긴 프름 흔 마듸로 胸海를 널린 후에 다시금 淸流邊에 詩를 읇고 盞날릴제 불근 꼿 푸른 닙흔 山形을 그림허고 닷는 麋鹿나는 싀는 春興을 자랑헌다 嘹喨헌 가는 노릭 香風에 무더 가고 狼藉헌 風樂소릭 行雲에 섯겨 난다
俄已오 石逕隱隱 비긴 길노 緇衣白衲이 次例로 느러 오며 合掌拜禮 허더라. (金玉叢部 170)

또

臨高臺 臨高臺ㅎ여 長安을 굽어보니
雲裏帝城은 雙鳳闕이요 雨中春樹 萬人家ㅣ로다
아마도 繁華勝地는 예쏜인가 ㅎ노라. (青邱永言 189)

春山에 눈 녹인 바람 건 듯 불고 간듸 업다
져근덧 비러다가 쑤리과져 마리 우희
귀밋테 히 묵은 셔리를 불녀볼가 ㅎ노라. (青邱永言 190)

을 『青邱永言』에서 앞의 것은 무명씨의 작품으로 뒤의 것은 禹倬의 작품으로 다루면서 작자를 "高麗祭酒 通性理學"이라고 하였다. 그런데 『海東樂章』에서는 실제는 우탁의 작품을 수록도 하지 않으면서 앞의 작품을 우탁의 작품으로 다루었다. 이는 수록해야 할 작품을 누락시키면서 작자를 잘못 기록한 것이다.
　다음은 작가 표시의 잘못이니 『금옥총부』에 보면 안민영과 가장 절친한 親友가 碧江 金允錫으로 그를 대상으로 한 작품도 여러 首가 있다.

玉樓紗窓 花柳中에 白馬金鞭 少年들아
긴 노릭 七絃琴과 笛 필이 長鼓 稽琴 알고 저리 즐기나냐 모로고 즐기나냐 調音

體法을 날 다려 뭇게 되면 玄妙한 문리를 낫낫치 니르리라
우리는 百年 三萬六千日의 이갓치 밤낫 즐기리라. (海東樂章 643)

의 작자를 金兌錫으로 표기하고 있으나 이는 金允錫의 잘못이며 咸和鎭의
『增補 歌曲源流』에도 金允錫의 작품으로 되어 있다.

그러면서도 작품 표기의 일관성을 지키기 위하여 助詞에서 처소격 조사
'에'나 부사격 조사 '에'의 경우 이를 소유격 조사 '의'로 통일하였으며, 단
모음인 'ㅔ'는 'ㅖ'로 통일하여 표기하고 있다.

4. 『海東樂章』은 언제 만들어졌나

『가곡원류』계 가집이 언제 편집된 것인가에 대해 六堂 崔南善이 처음 언
급한 것처럼 이미 세상에는 『歌曲源流』로 알려진 가집이 있어 같은 계통의
가집인 自家 所藏인 題簽이 "靑丘樂章"인 가집을 다른 가집들과 마찬가지
로 '가곡원류'라 부를 수밖에 없다고 하였다. 이후 이 계통의 가집들의 명칭
이 '가곡원류'로 굳어졌다. 편찬 시기와 편자에 대해 육당은 누구에 의해 언
제 편찬되었는지 모른다고 하였다. 陶南은 육당보다 조금 늦은 1933년에 발
표한 "『歌曲源流』解題"란 글에서 육당본보다 늦게 발굴된 국악원본의 뒤에
붙어 있는 박효관의 글로 추정되는 것을 들어 『歌曲源流』는 박효관과 안민
영이 편찬한 것이며, 편찬 시기는 『海東樂章』에 수록되어 있는 안민영의 글
에 "丙子榴夏節 周翁安玟英 字聖武 序"를 들어 고종 13년(1876)에 편찬되었
다고 주장하였다. 그러면서 金天澤의 『靑丘永言』이나 金壽長의 『海東歌謠』
와 더불어 高宗 때 만들어진 『歌曲源流』는 조선시대 시조를 총 정리하는
것으로 가히 조선시대 三大 시조집이라 부를 만하다고 하였다.

이것이 지금까지 학계의 정설로 굳어져 내려오고 있다.

『海東樂章』은 書頭에 다른 이본들과 마찬가지로 맨 처음에 吳曾의 『能改

齋漫錄』의 '歌曲源流'와 '論曲之音'을 비롯한 참고문자들은 거의 비슷하면서도 "論詠歌之源"이란 항목의 글이 새롭게 수록되어 있다. 이글은 두 부문으로 나누어져 있는데 앞은 歌論에 해당되는 글이고 뒤는 안민영의 서문에 해당하는 글이다. 같은 글이 『金玉叢部』에도 수록되어 있는데『金玉叢部』에는 이 두 부분이 각각 독립되어서 앞부분은 "論五音之用 有相生協律"이란 제목으로, 뒷부분은 가운데에 다른 글이 들어 있고 끝에 가서 수록되어 있다. 그러면서도 그 중간에 박효관의 序文形式의 글이 새롭게 들어 있는데 이 글의 年紀가 "歲赤鼠夷則月旣望 雲崖翁朴孝寬書于弼雲山房 方年七十七字景華"라고 하여 『海東樂章』에 수록되어 있는 안민영의 글보다 적어도 보름은 늦게 쓰여진 글임을 짐작할 수 있다. 『해동악장』에 수록되어 있는 안민영의 글은 『해동악장』의 서문에 해당하는 글이지만 글의 성격으로 미루어 볼 때 앞부분과 뒷부분의 글을 처음부터 합쳐진 것이 아니고 전사하는 과정에서 혹 붙여 쓴 것이 아닌가 한다. 글의 제목이 『해동악장』에서는 "論詠歌之源"이라 했고, 『금옥총부』에서는 "論五音之用 有相生協律"이라 했다.

이글이 『해동악장』에서 보면 안민영의 글로 짐작되나 『금옥총부』에서 보면 박효관의 글이 아닌가 하고 의심하게 만든다. 이글은 이보다 앞서 『靑邱永言』에 수록되어 있는 "五音論"을 부연 설명하는 성격의 글로 『靑邱永言』은 이보다 앞서는 가람본 『靑丘詠言』에 "歌之風度形容十四條目"의 항목에 포함된 글 가운데 '五音統論曰~有高細之氣'과 거의 같은 것이다. 『해동악장』에서는 "論詠歌之源"이라 했고 『금옥총부』에서는 "論五音之用 有相生協律"이라 하여 차이가 있으나 글의 내용으로 미루어 『금옥총부』의 "논오음지용 유상생협률"이라 한 것이 더 합당한 것이 아닌가 한다. 이 글의 끝 부분도 약간의 차이가 있으니, 『해동악장』에서는 "或有問論者故 槩陳愚魯之意 答之"라고 한 것을 좀 더 구체적으로 "或問於余 以字音高低詰難者故 略陳愚魯之義 答之耳"라 하였다.

박효관의 글이나 안민영의 글이 각각 고종 13년 6월과 7월 16일에 쓰여

진 것이다. 박효관의 글이 비록 『해동악장』에는 수록되어 있지 않지만 이 때 『해동악장』은 거의 편찬을 완료한 것이라 생각된다. 문제는 박효관의 글이다.

『금옥총부』에 수록되어 있는 글이 당연히 『해동악장』에도 수록되어야 함에도 불구하고 여기에는 빠졌다가 얼마 후에 편집된 『금옥총부에 수록되었다는 점이다. 그러면서도 이글은 안민영의 개인 가집인 『금옥총부』를 위해 개작된 느낌을 주고 있다. 『해동악장』에는 안민영의 작품이 記名이나 無記名을 포함하여 71수가 수록되어 있고, 男女唱에 중복된 9수를 제외한다면 62수가 수록되었는데 글 가운데 "而爲之作數百闋新歌 要余校正 高低淸濁 協律合節"이라고 한 것은 『해동악장』에 수록된 안민영의 작품을 대상으로 한 것이 아니고 『금옥총부』를 두고 한 말임이 분명하다. 박효관의 글은 어떤 형태로든 존재하였겠지만 안민영이나 아니면 누군가에 의해 다소의 변개가 있었음이 분명하다고 하겠다.

고종 13년에 『해동악장』에 편찬된 것이 틀림이 없다고 하겠다. 하지만 편집 그 자체로 모두 끝나 이것을 널리 세상에 알리는 경우도 있겠지만 藁本은 자신이 가지고 있으면서 이후에 지은 작품을 추가하는 경우도 있을 것이다. 『해동악장』이 비록 고종 13년에 편집을 끝낸 것이라 하더라도

> 젼나귀 혁을 치니 돌길에 날뇌거다
> 兒禧야 치치디 말고 슐병 부디 죠심ᄒ라
> 夕陽이 山頭의 거니ᄂᆞ딘 鶴의 소릭 들니더라. (海東樂章 99)

> 알쓰리 그리다가 만나보니 우음거다
> 그리갓치 마죠안져 믹믹이 볼분이라
> 至今의 相看無語를 情이런가 ᄒ노라. (海東樂章 146)

의 2수는 『금옥총부』에 수록되어 있는 해설에

戊寅春 與蓮湖朴士俊 華山孫五汝 碧江金君仲 訪雲崖山房 (金玉叢部 42)

丁丑春 余在雲宮矣 有人來訪故 出往視之則 其人自袖中出一封花箋 坼而見之則 乃
是全州梁臺 在京書也 卽往相握 其喜何量 信乎其喜 極無語也 (金玉叢部 150)

처럼 고종 13년보다 1년 또는 2년 뒤에 지은 작품이 들어 있다.

지금까지 알려지고 있는 것처럼 『歌曲源流』가 고종 13년에 편찬된 가집
이 아니라 『해동악장』에 고종 13년에 편찬된 것이고 이미 그 이전부터 『가
곡원류』계 가집들은 존재하고 있었다고 하겠다.

5. 『海東樂章』은 安玟英이 편찬한 歌集인가

지금까지의 모든 정황으로 미루어 『해동악장』이 안민영이 직접으로 또는
간접으로 관여한 것을 틀림이 없는 것 같다. 『가곡원류』계 가집 가운데 안
민영의 작품이 가장 많이 수록되어 있으니 남녀창의 중복을 포함하여 남창
에 35수, 여창에 36수가 수록되어 국악원본의 남창의 30수, 여창의 13수보
다 월등히 많이 수록되어 있다. 그러나 다른 이본에 수록하지 않은 작품을
가장 많이 수록하고 있으면서도 이미 여러 이본에 수록되어 있는 것들 가
운데 상당한 작품을 수록하지 않았다. 가령 '梅花詞'의 경우 8수로 된 聯時
調로 안민영의 대표적인 작품임에도 불구하고 3수를 빠뜨리고 5수만 수록
하고 있는데 그 가운데 1수는 작자미상으로 다루었다. 이본 가운데 박씨본
이나 구황실본은 작자를 아는 작품들도 의도적으로 작자미상으로 다루고
있고, 같은 작품이라 하더라도 여창에 수록하는 경우에는 작자미상으로 다
루는 경우가 남창보다 월등히 많은 것은 일반적인 趨勢라 하더라도 남창의
경우 자신의 작품을 수록하면서 작자미상으로 다룬다는 것은 도무지 이해
하기 어렵다고 하겠다.

『해동악장』에서 안민영의 수록 작품 경우 남창에 수록된 35수에서 記名의 경우는 18수이고 無記名의 경우가 16수이다. 여창의 경우 36수에서 기명의 경우 25수이고 무기명의 경우 11수이다. 자신이 편집한 가집에 자기의 작품을 수록하면서 이렇게 많은 작품을 무기명으로 수록한다는 것은 이해하기 어렵다. 또

豪放홀슨 더 늙으니 슐 아니면 노릭로다
端雅象中文士貌요 古奇畫裡老仙形을
못느니 雲坮의 슘언지 멋멋 히나 되인고. (海東樂章 77)

은 河合本(=靑邱永言)에 李輔國(=李載冕)의 작품으로 된 이래 많은 이본들이 그의 작품으로 다루고 있다. 『해동악장』에도 남창과 여창에 중복하여 수록하고 있으면서 남창에서는 이재면의 작품으로 여창에서는 무기명으로 다루고 있다. 문제는 이 작품을 『금옥총부』에서는 안민영 작품으로 포함시켰다는 점이다. 국악원본이나 일석본에서는 이재면이 박효관을 위해서 지었다고 했으나 『금옥총부』에서 안민영은 박효관이 평생을 필운대에 은거하면서 詩酒와 歌琴으로 80생애를 살아온 것을 기려 지었다고 했다. 만약에 『금옥총부』가 고종 17년에 편찬된 것이라면 불과 4년 전에 만든 가집에서 이재면의 작품이라고 했던 것을 자신의 작품이라고 말하는 것은 이해하기가 어렵다.

이미 알려진 작품들 가운데 秀作으로 꼽히는 작품을 수록하지 않고 자신의 많은 작품들을 자신이 만든 가집에 무기명으로 수록하거나, 자신의 작품을 다른 사람의 작품으로 수록하는 것을 이해하기 어렵다. 『해동악장』을 편찬할 당시에 이미 『금옥총부』를 만들 복안이 있어 몇몇의 작품을 수록하지 않은 경우가 있을 수 있겠지만 자신의 작품을 인정하지 않으며, 남의 작품으로 인정하였다가 번복하여 자신의 작품이라 주장하는 것은 상식 밖의 일이다.

안민영은『해동악장』을 편찬하면서도 자기 작품에 대해 퇴고를 계속하고 있었다고 하겠다.

　　上元于 甲子之春에 우리 聖主 卽位신져
　　堯舜을 法 바드사 光被四表 ᄒ오시니
　　物物이 春風和氣를 씌여 同樂太平 ᄒ더라. (육당본 21)

은 육당본, 불란서본, 동양문고본에는 이렇게 수록되어 있으나,『해동악장』에 나『금옥총부』에는

　　上元 甲子之春의 우리 聖上 卽位신져
　　堯舜을 법 바드샤 光被四表 ᄒ오시니
　　美哉라 億萬年東方氣數ㅣ 일노븟허 비로삿다. (海東樂章 21)

처럼 바뀌었다.『해동악장』에만 작자미상으로 수록되어 있는

　　青春 豪和日에 離別곳 아니런들
　　어닋덧 닌 머리의 셔리를 뉘라치니
　　이後란 秉燭夜遊ᄒ여 남은 히를 보닉리라. (海東樂章 342)

는『금옥총부』에

　　青春 豪華日에 離別곳 이니런듯
　　어늬덧 닌 머리의 서리를 뉘리치리
　　오날예 半나마 검은 털이 마즈 셰여 허노라. (金玉叢部 127)

처럼 종장이 바뀌었다. 그밖에도『해동악장』에 수록된 것보다『금옥총부』에서 몇 구절이 추가된 경우도 있으나,

仁旺山下 弼雲臺는 雲崖先生 隱居地라
先生이 平生의 豪放自適ㅎ여 不拘小節ㅎ고 嗜酒善歌ㅎ니 酒量은 太白이요 歌聲
은 龜年이라 山水갓치 높흔 일홈 當世의 들네이니 風流才子와 冶遊士女들이 구
름갓치 뫼야들어 날마다 風樂이요 씨마다 술이로다 先生의 넓은 酒量 斗酒를 能
飮커늘 엇디ᄐ 첫잔붓터 ᄉ양ᄒ미 眞情인 듯 春風花柳好時節의 가즌 기악 안치
고셔 羽界面을 불을 젹의 半空의 썻는 소리 瀏亮淸越ᄒ여 들보 튄글 나라나고 나
ᄂ 구름 멈츄우니 이 아니 거룩ᄒ냐 노리를 맛치거든 洗盞更酌ᄒᄒ 然後의 帶月同
歸 을뀐마ᄂ 編 불너 맛친 後의 뭇지 안코 니러나셔 걸인 큰 옷 벗겨 들고 쏙긴ᄃ
시 다라나니 이 어인 뜻이런고 이셕의 太陽舘 又石公의 歌音의 皎如ᄒ여 遺逸風
騷人과 名姬賢伶을 다 모하 거ᄂ리고 늘마다 즐기실졔 先生은 愛敬ᄒ샤 못 밋츨
듯 ᄒ오녀
聖代의 豪華樂事 이밧게 또 어듸 이실소냐. (海東樂章 638)

이 『금옥총부』에서는

仁王山下 弼雲臺는 雲崖先生 隱居地라
先生이 豪放自逸하야 不拘少節하고 嗜酒善歌허니 酒量은 李白이요 歌聲은 龜年
이니 風流才子와 冶遊士女들이 구름갓치 모여들어 날마다 風樂이요 씨마다 노리
로다 잇쎄예 太陽舘 又石尙書ㅣ 歌音의 皎如허사 遺逸風搔人과 名姬賢伶들을 다
모와 거나리고 날마다 즐기실졔 先生을 愛敬허소 못 미칠 듯하오시니
아마도 聖代예 豪華樂事ㅣ 이밧게 또 어듸 잇스리. (金玉叢部 165)

은 어느 날 운애에게 있었던 이야기는 빼어버렸다. 아무래도 이런 이야기는
생략하는 것이 좋겠다는 생각에서 나온 것이라 믿어진다.

이처럼 가집의 편찬에 관여하였으면서도 자신의 작품을 수록하지 않는다
든가 수록해도 자신의 이름을 누락시키거나, 자기의 작품을 남의 것이라 인
정하는 경우는 도저히 이해하기 어렵다고 하겠다. 그러면서도 다음의 자신
의 개인 가집을 만들 준비를 동시에 가지고 있었던 것이라 믿어진다.

6. 맺는 말

위에서 『해동악장』에 대해 가집의 현황과 이 가집의 어느 편찬자의 藁本이 아니라 轉寫本이며, 언제 편집 되었고 이는 과연 안민영이 편찬한 가집으로 볼 것인가 하는 점을 중심으로 살펴보았다. 그 대강은 다음과 같다.

1. 『해동악장』은 대체로 두 종류의 이본이 있는 것으로 알려져 乾, 坤의 2권으로 되이 男唱 655수 女唱 215수 도합 870수가 수록되어 있다고 알려진 趙東潤家에 전하고 있다는 것과 건곤의 구분이 없이 男唱 658수 女唱 216수 도합 874수가 수록되어 있는 단권으로 된 沈載完本이 있다. 오늘날 조동윤가에 전하고 있다는 것은 그 행방을 알 수가 없다.

2. 沈載完本 『해동악장』은 어떤 편집자의 藁本이 아니란 傳來 가집을 재편집한 것의 轉寫本으로 많은 곳에 誤字와 脫字가 있고, 중간에 생략된 구절이나 탈락된 부분이 있다. 또 작자명은 잘못 기록하거나 두 작품을 하나의 작품으로 잘못 만든 경우도 있다.

3. 지금까지 『가곡원류』가 고종 13년에 편찬된 것으로 알려진 것은 『해동악장』에 수록된 안민영의 글에 근거하여 이를 주장하고 있으나 이는 『해동악장』에 편찬된 해이다. 오늘날처럼 편찬하여 세상에 알린 것이 아니라 藁本 형태로 가지고 있다가 뒤에 지은 작품도 混入하여 수록하게 되었다.

4. 비록 序文의 형태를 취하고 있지 않으나 안민영의 글이 수록되어 있고 모든 정황으로 미루어 안민영이 편집에 관여한 것으로 믿어지나 그의 작품 가운데 秀作이라 일컬을 수 있는 '梅花詞' 같은 작품도 다 수록하지 않았고 무명씨 작품으로 취급하고 있다. 또한 이미 알려진 많은 작품들도 수록하지 않았고 자신의 작품을 다른 사람의 것으로 취급하고 있는 것으로 미루어 보아 그가 직접 『해동악장』을 편찬한 것으로 믿기에는 어렵다고 하겠다.

『歌曲源流』 編者에 대한 異見

― 『海東樂章』과 『金玉叢部』를 中心으로

1. 序 言

　『歌曲源流』의 編者가 朴孝寬과 安玟英이 아닐 可能性에 대해서 數次 意見을 提示한 筆者는 다시 『海東樂章』과 『金玉叢部』를 考察하여 그들이 『歌曲源流』의 編者가 아닐 可能性에 대해 再論하고자 한다.

　여기서는 『海東樂章』과 安玟英의 個人 가집인 『金玉叢部』를 중심으로 하여 가집의 槪觀과 安玟英의 序文, 수록 작품과 순서를 國樂院本과 對比하고 『海東樂章』에 수록된 작품과 『金玉叢部』에 수록된 작품을 對比하여 『海東樂章』이 歌曲源流系 가집 가운데 가장 늦게 이루어진 것이며 이는 安玟英의 主管下에 이루어진 가집이며 이 가집에 수록되어 있는 朴孝寬과 安玟英의 序文에 의해서 『歌曲源流』가 高宗 13年에 이루어진 가집이란 從來의 學說이 잘못된 것임을 밝혀보고자 한다.

2. 本 論

1) 歌集의 槪觀

(1) 海東樂章

『海東樂章』은 歌曲源流系 가집 가운데 수록 作品數가 가장 많은 가집이다. 몇 개의 異本이 있는 듯하니 먼저 金根洙 敎授는 名稱을 "舊王宮舊藏本 歌曲源流"(海東樂章)이라 하면서

> 1卷 2冊의 사본으로서 丁數 乾 71丁, 坤 84丁 總 155丁
> <乾編> 歌曲源流, 論曲之音 各調體格,歌之風度形容十五條目,梅花點長短,長鼓長短 論詠歌之源(雲崖 朴孝寬) 序(周翁 安玟英), 男唱 <坤編> 위에 이어 男唱,女唱으로 序次되어 있는데 國樂院本에 없는 論詠歌之源과 序가 있고, 그 대신에 跋은 없다. 그리고 曲目의 排列 序次는 國樂院本과 다름이 없고 노래의 排列 序次는 間或 다름이 있고 男唱의 노래 수는 657首, 女唱 216首 都合 873首로서 男唱은 國樂院本보다 8 首가 적고, 女唱은 24首가 더 많다. 그리고 跋과 漁父詞가 없음이 그 다른 點이다. 아무렇든 本 歌集은 異本 中엔 好本에 屬함은 勿論이다.[1]

라고 하여 乾・坤 2冊으로 되어 있다고 했다. 沈載完 敎授는 그의 著書『時調의 文獻的 硏究』에서 『海東樂章』에 대한 글 가운데

> 本攷에 引用하는 「海東樂章」은 乾坤의 分이 없고, 收錄作品數 874首(男唱 658, 女唱 216)로 源流系에서 가장 많은 數量이고, 女唱作品數가 많음이 異色的이다. 「國樂院本」에 볼 수 없는 作品이 53首(男唱 25,女唱 28)나 되고, 本歌集에만 作品만도 39首로 新出作品이 많기로는 「河合本」 다음이다.
> 「海東樂章」의 卷頭, 序, 歌論 等이 源流系와 共通하는 中 <論詠歌之源> 項이 있어 雲崖 朴孝寬의 歌論과 周翁 安玟英의 序가 있는데 여기서 源流의 編纂者인 兩

---

1) 金根洙, '歌曲源流考' pp.229~230

歌客의 歌論, 生活相, 編纂經緯 等을 알 수 있고 特히 <丙子榴夏節周翁安玟英字
聖武序>의 記錄 으로 源流編纂年代가 高宗 13年(1876)임을 알 수 있는 것이다.[2]

처럼 乾坤으로 分冊이 안된 것만 아니라 수록 作品數에 있어서도 차이가 난
다. 그런가 하면 日人 多田正知는 舊 趙東潤家 所藏本『海東樂章』은 이들과도
차이가 난다고 하였다.[3]

　趙東潤家本과 沈載完本을 비교해 보면 趙東潤家本은 男唱에서 曲目은 沈
載完本보다 言樂이 더 있으나 作品數가 趙東潤家本의 羽樂과 言樂이 합친 것
과 같으니 이는 沈載完本에서 曲目을 漏落시킨 것이라 하겠다. 차이가 나는
것은 界面調 頭擧의 1首와 弄歌의 2首 합하여 3首가 沈載完本이 많으며 女唱
에 있어서는 羽樂에 沈載完本이 1首가 더 있어 男·女唱에서 沈載完本이 4首
가 더 수록되어 있다. 이를 國樂院本과 비교해 보면『海東樂章』에 曲目이 界
樂이 없으며 수록작품은 男唱은 10~7首가 적으며 女唱은 24~25首가 적다.

(2) 金玉叢部

　安玟英의 개인 가집으로 180首의 작품이 수록되어 있다. 表紙의 題簽이
"金玉叢部 周翁漫詠"으로 되어 있어 이는 金玉叢部 가운데 周翁漫詠이란
뜻으로 해석해야 옳을 것이다. 왜냐하면 叢部란 여러 가지를 모은다는 뜻이
있으니 아무래도 "周翁漫詠"만을 가리키기보다는 다른 것을 포함한다는 뜻
이 있다고 하겠다.

　내용은 書頭에『能改齋漫錄』의 '歌曲源流'와 '論曲之音'을 비롯해 三調와
歌之風度形容十五條目이 있는 것은 歌曲源流系 가집과 같으나 "論五音之用 有
相生協律"은『海東樂章』의 "詠歌之源"과 같은 것이며 安玟英의 序文이 있다.
다만 朴孝寬의 安玟英 作品에 대한 序文이『海東樂章』에도 있는지 疑問이다.

---

2) 沈載完,『時調의 文獻的研究』, p.57
3) 多田正知, '靑丘永言と歌曲源流'

本文은 180首의 작품이 23個 曲目으로 分類하어 수록되어 있는데 曲目과 수록 作品數를 보면 다음과 같다.

順序	曲 目	作品數
1	羽調 初數大葉	9首
2	羽調 二數大葉	25首
3	中擧 數大葉	14首
4	平擧 數大葉	20首
5	頭擧 數大葉	19首
6	羽調 三數大葉	7首
7	騷聳	4首
8	回界數對葉(俗稱栗糖數)	4首
9	界面調 初數大葉	6首
10	界面調 二數大葉	12首
11	中擧 數大葉	6首
12	平擧 數大葉	5首
13	頭擧 數大葉	5首
14	界面調 三數大葉	7首
15	言弄	2首
16	弄	7首
17	界樂	2首
18	羽樂	7首
19	言樂	3首
20	編樂	2首
21	編數大葉	6首
22	言編	6首
23	編時調	2首
計	30	180首

로 國樂院本과 曲目을 비교해 보면 단순히 名稱만 보면 中大葉과 後庭花와 臺, 蔓橫과 弄歌 등 10個의 曲目이 없어지고 言弄과 弄, 編時調의 3個 曲目이 새로 늘었다. 中大葉은 歌曲源流 시절에는 불리어지지 않게 되었으니 이는 『歌曲源流』中大葉의 歌詞에 連音標가 없는 점으로 立證된다고 하였다.[4]

이는 後庭花도 連音標가 없는 점으로 미루어 中大葉과 같이 歌唱되지 않았던 것이 아닌가 한다. 編時調란 名稱이 가집에 曲目으로 登場한 것이『金玉叢部』가 처음으로 現行 辭說時調와 같은 것으로5)『金玉叢部』의

青春 豪華日에 離別곳 아니런듯
어늬덧 늬 머리의 셔리를 뉘리치리
오날예 半나마 검은 털이 마즈 셰여 허노라. (金玉 127)

의 解說 가운데

曾聞馬山浦居 善伽倻琴編時調名唱崔致學 及昌原妓瓊貝之善歌舞 解唱夫神餘音之高名矣 使人請崔相見後 請伽倻琴神方曲聽之 次請編時調唱之 果是盡妙名琴名唱也 大抵嶺南有編時調三名唱 一是馬山浦崔致學也 一是梁山李光希也 一是密陽李希文也

를 보면 아직 神方曲(一名 中大葉)의 곡조가 남아 있으며 編時調가 꽤 불리워지고 있음을 알겠다.

安玟英 序文의 年紀가『海東樂章』의 "丙子榴夏節"을 "上之十八年庚辰臘月"로 되어 있어 18이 17의 잘못이라 생각하기 쉬우나 이는 고종이 哲宗14년(1863) 12월이 즉위했고 이듬해부터를 元年으로 환산하기 때문에 잘못된 것이 아니다.『金玉叢部』에 수록된 작품으로 보아 적어도『金玉叢部』의 完成은 高宗 22年 以後가 된다고 하겠다.

또『金玉叢部』는 朴孝寬과는 아무런 關聯이 없으며 아마도 朴孝寬의 死後에 완성된 것이 아닌가 한다.

---

4) 張師勛,『國樂大事典』, p.702
5) 張師勛, 前揭書, p.360

2) 安玟英 序文의 考察

『金玉叢部』에 수록되어 있는 安玟英의 序文은 이것이 '周翁漫詠'만을 위한 것이 아니라『海東樂章』에도 수록되어 있으므로 우선은『海東樂章』을 만들 때 썼던 序文을 '周翁漫詠'에서 내용을 添削하여 再次 사용한 것으로 이는『海東歌謠』에서 老歌齋가 序文을 變改시킨 것과 軌를 같이 하는 것이라 하겠다.

安玟英의 序文은『海東樂章』과『金玉叢部』의 書頭에 수록되어 있는데 『海東樂章』에 수록되어 있는 것도 趙東潤家本과 沈載完本은 몇 字의 差異가 있고,『金玉叢部』와는 상당한 차이가 있다. 趙東潤家本은 姜銓爕 敎授의 "金玉叢部에 대하여"란 논문의 것을, 沈載完本은『校本歷代時調全書』에 수록된 것을 가지고『金玉叢部』의 것과 對比하면 다음과 같다.

---

① 海東樂章(沈); 雲厓朴先生 平生善歌 每於水流花開之夜
② 海東樂章(趙);　　崖
③ 金玉叢部 ;　　　崖

　　　　　月朗風淸之辰 拱金樽案檀板 喉轉聲發 瀏亮淸越
　　　　　　　　　　　　　擅×
名聞當世　　　　　　　　　按

不覺飛樑塵 遏流雲 雖古之龜年善才 無以加焉 以故敎訪句欄
　　而過　　　　　　　　　　　　　　　　　　坊
　　　游　　　　　　　　　　　　　　　　　　坊

　風流才子 遊冶士女 莫不推重之 不名與字而稱朴先生 時則
　　　冶遊
　　　冶遊

　有友臺某某諸老人 亦皆當時聞人豪傑之士也 結稧曰老人稧　又
有豪華富貴及遺逸風騷之人 設契曰 昇平契 惟歡誤謙樂是事
　　　　　　　　　　　　　設
　　　　　　　　　　　　　結　　　　　　讌

而先生實主盟焉 余亦酷好是道 益窃慕先生之風 虛心相隨
　　　　　　　上　　　　×
　　　　　　　×　　　×竊

將四十年于慈矣 噫 吾儕生逢聖時 共躋壽域 而上有國太公石坡
　　　　　　　×　　　　　　　世

大老爺　　窮攝

　　×躬攝萬機 風動四方 禮樂法度 燦然更張 而至音樂

律呂　　　　　　　　　　　　　　調以正之 鍊以精之
律呂
律呂之事 無不精通 繼而又石尚書 尤皦如也

使後來之人 皎然無疑 是豈非千載一時也歟 余不禁　　作興之思
　　　　　　　　　　　　　　　　　　鼓舞
　　　　　　　×　　　　　　　　　　鼓舞

不避猥越 乃碧江金允錫君仲確 而作新飜數 関 詠歌聖德
　　　　　　　　　　　　　　　　　　歌詠
　　　　×　　　　　　　　　十　歌詠盛

以寓慕天繪日之誠　　　　　　　　　　　然

　　摹　　　　　又輯前後漫詠數百関 作爲一篇

才疏誠蔑 語多俚陋 謹以就質于先生 潤色之存削之 然後成完璧
　　識　　　　　　　　　　　　　　　　　　　璧
　　識　　　　　　　　　存削之潤色之

於是名姬賢伶被 管絃 競唱迭奏 亦一代聖事也 爰錄于曲譜之末
　　　　　之　　　　　　　　　　　　　　　未
　　　　　之　　　和　　　勝　　　　　　未

使後來同志之人 咸知吾儕之生斯世 有斯樂也　先生名孝寬
　　　　　　　　　　　　　而
　　　　　　　　　　　　　而

號雲厓 國太公所賜之號也　　　　　丙子榴夏節 周翁
厓
厓　　　　×　　　　　　　　　上之十八年庚辰臘月

安玫英寫 聖武序
　　　× ××
口圃東人安玫英 字聖武初字荊寶號周翁序

　위에서 보면 趙東潤家本과 沈載完本은 거의 차이가 없으나『金玉叢部』는
대체로『海東樂章』의 내용을 補充하는 것으로 두드러진 差異點은 朴孝寬의
事項 가운데 老人稧에 대한 것과, 大院君과 又石에 대한 事項이다. 다른 하
나는 金允錫과 더불어 新飜 數闋을 지었으나 재주와 識見이 부족하고 詩語
가 俗되고 品格이 낮다 고 했다가(才疎識蔑 語多俚陋) 이것 대신에 前後 漫
詠 數百闋을 엮어 한 편의 가집을 만든다고 한 것이다.

　老人稧는 昇平契와 달리 藝能人의 모임이 아니라 一種의 元老들의 모임
이었으니

　　福星高照 平安地요 喜氣多臨 積善家ㅣ라
　　부러울슨 老人稧여 人人富貴壽百歲라
　　비난이 世世繼承ᄒ야 傳至無窮 ᄒ오쇼셔. (金玉 68)

의 해설을 보면

　　余自總髮 至于辛巳六十六歲矣 友臺老人 結稧作會於弼雲三淸之間 而許多稧會
　　不過四五年無痕 而獨老人稧 繼承幾百年 凡百規模 猶燦於昔日此稧之雄華英邁

與天地偕焉

처럼 老人稧의 모임이 다른 稧와는 달리 그 역사가 오래인 것을 감격해서 追加한 것이라 생각된다.

大院君에 관한 것은 『海東樂章』에서

窮攝律呂 調以正之 鍊以精之 使後來之人 皎然無疑

처럼 音律에 精通한 사실만 言及했다가 大院君의 政治的 得勢와 관련하여

躬攝萬機 風動四方 禮樂法度 燦然更張 而至音樂 律呂之事 無不精通 繼而又石尙
書 尤皦如也

라고 하여 大院君이 되어 國事를 직접 다루고 名聲이 四方으로 퍼지며 禮樂
法度가 다시 바로 잡혀 빛나는 것과 又石에 관한 일까지를 포함 시켰다.

다음으로 金允錫과 더불어 "慕天繪日"하는 精誠으로 聖德을 노래했으나
재주와 지식이 적고 詩語가 속되고 낮아서 朴孝寬에게 물어서 潤色과 存削
을 거쳐서 完璧을 기했다고 하는 것을, 前後 漫詠 數百闋을 編輯하여 한 篇
을 만들었다고 고쳤는데 여기서 前後 漫詠이란 歌曲源流系 가집의 男唱과
女唱을 가리키는 것으로 朴孝寬의 跋文 가운데

與門生安玟英相議 畧聚各譜 分別其羽界名目序次 抄爲新譜 欲使後人 昭然易考

처럼 朴孝寬은 安玟英과 더불어 가집을 編纂했으나 安玟英의 序文에서는 朴
孝寬과 더불어 가집을 編輯했다는 言及이 없다. 이는 적어도 『海東樂章』만은
朴孝寬이 編輯에 關與하지 않았고, 安玟英의 主管下에 만들어졌다고 하겠다.

끝으로 序文의 年紀가 丙子榴夏節로 된 『海東樂章』의 것을 "上之十八年

庚辰臘月"로 고쳤는데 十八年은 十七年의 잘못이 아니라 고종의 즉위가 철종 14년 12월이고 이듬해를 고종 원년으로 다루기 때문이다. 朴孝寬 序文의 "歲赤鼠夷則月旣望"과는 차이가 나며 『海東樂章』에서는 口圃東人이란 號를 쓰지 않았다가 『金玉叢部』에서 사용한 것으로 미루어 혹 『海東樂章』을 만들 때에는 口圃東人이란 大院君 賜號를 받지 아니 하였나 한다.

3) 安玟英 작품의 수록 考察

『海東樂章』에는 安玟英의 작품이 다른 異本보다 가장 많이 수록되어 있어 重複을 포함하여 男唱에 35首 女唱에 36首 都合 71首가 수록되어 있다. 이는 國樂院本의 43首보다 28首가 더 수록되어 있는 것이다.

『海東樂章』에 수록되어 있는 作品數와 曲目을 보면 다음과 같다. 男唱은

順位	曲目	作品首	歌番
1	羽調 初中大葉	3	~3
2	羽調 長大葉	1	~4
3	羽調 三中大葉	2	~6
4	界面調 初中大葉	1	~7
5	界面調 二中大葉	1	~8
6	界面調 三中大葉	1	~9
7	後庭花	1	~10
8	臺	1	~11
9	羽調 初數大葉	14	~25
10	羽調 二數大葉	35	~60
11	羽調 中擧	20	~80
12	羽調 平擧	19	~99
13	羽調 擧頭	22	~121
14	羽調 三數大葉	19	~140
15	搔聳伊	13	~153
16	栗糖數大葉	6	~159
17	界面調 初數大葉	4	~163

로 安玟英 작품의 수록 순서를 보면

21. 梅影이 부드친
22. 玉露에 눌인 곳과
23. 石坡에 又石ㅎ니(女唱과 重複)
24. 上元 甲子之春의
25. 西舶의 煙塵으로
53. 어리고 셩귄(女唱과 重複)
77. 豪放힐슨 더늙으니(女唱과 重複)
78. 山行 六七里ㅎ니
79. 雲下 太乙亭에
80. 大道ㅣ 直如髮ㅎ니
99. 젼나귀 革을 치니
120. 희지고 돗는 들이
121. 白岳山下의 녯즈리의(女唱과 重複)
152. 져근너 羅浮山
153. 洛城西北 三溪洞天의 (女唱과 重複)
158. 東閣의 숨은 곳치
159. 三月花柳 孔德里요(女唱과 重複)
163. 牛山에 지는 히를
224. 슈심계운 님의 얼골

에서 各 異本이 공통인 後庭花, 臺 이후에 보면 羽調 初數大葉(12~25)의 끝으로 5首(21~25)를 비롯해 羽調 中擧(61~80)의 4首(77~80), 羽調 平擧(81~99)의 1首(99), 羽調 頭擧(100~121)의 2首(120, 121), 搔聳伊(141~153)의 2首(152, 153), 栗糖數大葉(154~159)의 2首(158,159), 界面調 初數大葉(160~163)의 1首(163), 界面調 中擧(242~294)의 1首(294), 弄歌(476~562)의 1首(562), 羽樂(563~609)의 2首(608, 609)는 각 曲目의 끝에 編數大葉(617~646)의 경우에는 639부터 643까지 安玟英과 金兌錫의 작품으로 되어 있으며 羽調 二數大葉에 1首(어리고 성긘 가지)와 界面調에서 二數大葉 1首, 平擧 3首, 頭擧의 3首는 曲調의 끝이 아닌 중간 부분에 수록되어 있다. 이런 현상은 國樂院本에도 있으나 『海東樂章』보다 많지가 않다. 女唱을 보면

順位	曲目	作品數	歌番
1.	羽調 中大葉	1	~1
2.	羽調 二中大葉	1	~2
3.	後庭花	1	~3
4.	臺	1	~4
5.	將進酒	1	~5
6.	臺	1	~6
7.	羽調 二數大葉	16	~22
8.	羽調 中擧	10	~32
9.	羽調 平擧	8	~40
10.	羽調 頭擧	14	~54
11.	栗糖數大葉	3	~57
12.	界面調 二數大葉	28	~85
13.	界面調 中擧	22	~107
14.	界面調 平擧	24	~131
15.	界面調 頭擧	16	~147
16.	弄歌	16	~163
17.	羽樂	19	~182
18.	界樂	16	~198
19.	編數大葉	17	~215
20.	關終唱臺	1	~216

인데 安玟英의 작품을 보면

18. 놉흐락 ᄂᆞ지락ᄒᆞ며
19. 어리고 성귄 가지(男唱과 重複)
20. 祥雲이 어린 곳에
21. 龍樓의 祥雲이요
22. 지어 能히 못할 닐은
31. 늙그니 져 늙그니
32. 豪放ᄒᆞᆯ슨 더 늙으니(男唱과 重複)
40. 雨絲絲 楊柳絲絲
44. 白岳山下의 볏ᄌᆞ리에(男唱과 重複)

으로 羽調 二數大葉 끝으로 5首, 羽調 中擧 2首, 羽調 平擧 1首, 栗糖數大葉 1首, 界面調 中擧 1首, 界面調 平擧 3首, 界面調 頭擧 3首, 界樂 2首가 曲目의 맨 끝에 있으며, 界面調 二數大葉의 8首와 編數大葉의 2首는 曲目 뒤쪽에 수록되어 있어 男唱과 마찬가지로 대부분의 작품이 曲目 뒤에 수록되어 있어 旣往에 있던 가집에 끼워 넣는 형식을 취하고 있다. 國樂院本에서도 朴孝寬과 安玟英의 작품이 대부분 曲目의 끝에 수록되어 있어 河合本에 비해 揷入하는 형식을 취했고, 『海東樂章』은 安玟英의 작품을 같은 방법으로 揷入했다. 이는 적어도 『海東樂章』에 있어서는 安玟英의 主管下에 編輯이 이루어진 것이라 하겠다.

이처럼 『海東樂章』은 분명 安玟英의 主管아래 이루어진 가집이면서도 또 자신의 작품을 가장 많이 수록하고 있으면서도 이미 널리 알려진 <梅花詞>를 비롯한 많은 작품을 漏落 시킨 점이다. 國樂院本에 실려 있는 작품 14首와 扈錫均의 작품 2首, 金學淵의 작품 1首 등을 누락 시켰다. 安玟英이 序文에서 언급한 것처럼 雲崖에게 물어서 潤色이나 存削했다고 하는 것에 해당하는 것인지는 몰라도 安玟英의 작품 가운데는 比較的 秀作으로 꼽힐 수 있는 작품들이다.

『海東樂章』 가운데

> 雲車를 머무르고 芳草岸의 긔여 올나
> 긴 푸름 흔마듸로 胸海를 넓인 後의 다시금 淸流邊의 詩를 읊고 盞 날닐제 불근 곳 푸른 닙흔 山形을 그림ㅎ고 우는 시 닷는 麋鹿 春興을 즈랑흔다. 嘹嘵흔 가는 소리 香風에 무더 날고 狼藉흔 風樂소리 行雲의 셧겨간다.
> 俄已오 石逕隱隱 죠븐 길노 緇衣白秋이 추례로 늘어 오며 合掌拜禮ㅎ더라. (海樂 639)

는 丙子年(1876)에 又石尙書와 楊州 德寺에서 놀면서 지은

> 不學이 無聞이면 正牆面而立이어니 聖學을 만이 빅와 溫古知新 허오리라
> 그러미 雲車를 머므르고 芳草岸에 긔여 올라 긴푸흠 흔마듸로 胸海를 널닌 後에 다시금 淸流邊에 詩를 읊고 盞 날릴제 불근 곳 푸른 닙흔 山形을 그림허고 닷는 麋鹿 나는 시는 春 興을 자랑헌다 嘹嘵헌 가는 노릭 香風에 무더 가고 狼藉헌 風樂소리 行雲에 셧겨 난다.
> 俄已오 石逕隱隱 비긴 길노 緇衣白納이 次例로 느러오며 合掌 拜禮허더라. (金玉 171)

의 初章과 中章 첫 句가 脫落한 것으로 無名氏 作으로 되어 있는데 이는 마땅히 安玟英의 작품으로 修正되어야 할 것이다.

또, 『海東樂章』에 金允錫의 작품으로 되어 있는

> 玉樓紗窓 花柳中에 白馬金鞭 少年들아
> 긴 노리 七絃琴과 笛 필이 長鼓 稽琴 알고 저리 즐기나냐 모르고 즐기나냐 調音
> 體法을 날다려 뭇게 되면 玄妙흔 문리롤 낫낫치 니르리라
> 우리는 百年 三萬六千月日의 이갓치 밤낫 즐기리라. (海樂 643)

는 아마도 安玟英의 親友인 碧江 金允錫의 작품이 확실하다고 하겠다. 왜냐하
면 수록된 작품의 순서가 安玟英의 다음이며 『靑丘歌謠』에 작품 4首가 수록
되어 있고 달리 『樂學拾零』에

> 늙고 病든 몸이 功名에 쯧지 업셔
> 田廬에 도라오니 이몸이 閑暇ㅎ다
> 是非와 榮辱을 모르니 그를 죠화 ㅎ노라. (樂學 364)

의 내용이나 金壽長의 評語[6] 를 보아도 맞지 않는다고 하겠다. 金允錫은

> 口圃東人은 춤을 츄고 雲崖翁은 노릭헌다
> 碧江은 鼓琴허고 千興孫은 필리로다
> 鄭若大 朴龍根 楛琴 笛소릭예 和氣融濃 허더라. (金玉 92)

나 安玟英의 解說[7] 을 보더라도 金允錫의 작품이 틀림없다고 하겠다. 이는 아
마도 '允'字와 '兌'字의 混同에서 由來된 것이 때문이다.

4) 國樂院本과의 對比

安玟英 작품의 수록과 순서를 國樂院本과 對比하여 國樂院本이나 『海東樂

---

6) 靑丘歌謠, '金君德而 性本騷雅 好風景樂朋友 熟知景 能筆法'
7) 『金玉叢部』 作品 178 解說: '碧江金允錫君仲 是一代透妙名琴也'

章』의 編輯 方式이 서로 類似함을 밝혀 歌曲源流系 가집의 先後 관계를 考察해 보고자 한다.

國樂院本에 수록되어 있는 安玟英의 작품은 男唱에 30首 女唱에 13首로 모두 41首이나 重複된 작품 6首를 빼면 37首가 된다. 이 가운데 他人의 작품으로 된 것이 2首, 無名氏 作으로 된 것이 14首이며 安玟英의 作으로 된 것은 25首뿐이다.

『海東樂章』에는 男唱에 35首 女唱에 36首 都合 71首가 수록되어 있는데 이 가운데 重複된 작품은 9首이다. 他人의 作으로 된 것이 1首, 無名氏 作으로 된 것이 27首이며 安玟英 作으로 된 것은 43首이다. 이 가운데 歌曲源流系 가집에 수록되지 않은 작품이 32首이다.[8)]

國樂院本에 수록되어 있는 安玟英 작품의 수록된 順序를 보면 羽調 初數大葉(1~24)에서 끝으로 4首가 安玟英과 金學淵의 작품이다. 계속해서 羽調 二數大葉(25~61)의 58~60이, 羽調 中擧(62~80)의 끝의 2首가 安玟英과 李載冕(이는『金玉叢部』에서 安玟英 作으로 되어 있음) 작품이고, 羽調 中擧(81~103)의 99~101이, 羽調 頭擧(104~124)의 끝, 栗糖數大葉(161~165)의 끝, 界面調 初數大葉(166~169)의 끝이 無名氏 作으로 되어 있으나 安玟英의 作이고, 弄歌(487~546)의 끝에 2首, 旕樂(597~624)의 끝이 無名氏 作으로 되어 있으나 安玟英의 작품이다

女唱의 경우에는 작자의 표시가 거의 없으나 安玟英의 작품을 보면 羽調 二數大葉의 2首, 羽調 平擧의 1首, 界面調 中擧의 1首, 弄歌의 2首, 編數大葉의 2首가 그 曲目의 마지막 작품이어서 가집 編纂 方式이 國樂院本과『海東樂章』이 동일한 것을 알겠다. 작품을 揷入하는 정도가『海東樂章』이 더 심하니 이를 對比해 보면 다음과 같다.

---

8) 拙 稿: '歌曲源流 編者에 대한 異見'(Ⅱ)

順位	曲目	國樂院本	海東樂章
1	男唱 羽調 初數大葉	○	○
2	羽調 二數大葉	○	
3	羽調 中擧	○	○
4	羽調 平擧	○	○
5	羽調 頭擧	○	○
6	搔聳伊		○
7	栗糖數大葉	○	
8	界面調 初數大葉	○	○
9	界面調 中擧		○
10	弄歌	○	○
11	羽樂		○
12	旕樂	○	
13	女唱 羽調 二數大葉	○	○
14	羽調 中擧	○	○
15	羽調 平擧		○
16	律糖數大葉		○
17	界面調 中擧		○
18	界面調 平擧		○
19	界面調 頭擧		○
20	弄歌	○	
21	界樂		○
22	編數大葉	○	

이상에서 國樂院本에는 男·女唱 모두 13曲目이『海東樂章』에는 18曲目의 끝이 安玟英의 작품이다.

5)『海東樂章』과『金玉叢部』의 對比

같은 作家의 작품도 異本에 따라 달라진다. 이는 轉寫의 잘못도 있겠으나 『海東樂章』과『金玉叢部』의 경우처럼 가집의 編輯이 先後가 되는 경우에는 轉寫의 錯誤라기 보다는 어떤 意圖的인 목적에서 이루어진 推敲가 아닌가 한다. 왜냐하면 特定의 어떤 일에 대해서 좋은 것은 追加하고 不利한 것은 削除하려는 意志가 엿보이기 때문이다.

『金玉叢部』에 있는 것과 『海東樂章』에 있는 작품도 상당히 많은 차이가 있으니 單語에서부터 章에 이르기까지 多樣하나 轉寫의 잘못이었든, 推敲이었든 單語의 差異는 無視하고 章의 차이나 句의 添削을 보면 다음과 같다.

三月花柳 孔德里요 九月楓菊 三溪洞을
我笑堂 봄바람과 米月舫 가을달을
어즈버 六花紛紛時 賣酒詠梅 ᄒ시리라. (海樂 159)

를 女唱에서는 初章이 "九月楓菊 三溪洞이요 三月花柳 孔德里라"처럼 바뀐 것은 錯誤라 하겠으나

龍樓의 祥雲이요 鳳閣의 瑞靄로다
甲戌 二月 初八日의 우리 世子 誕降ᄒ사
億萬年 東方氣數를 바드 니어 계신저. (海樂 679)

의 初章이 "獜在郊 鳳翔岐하니 이 어인 大吉祥고"나

靑春 豪華日에 離別곳 아니런들
어느덧 닉 머리의 서리를 뉘라치리
이後란 秉燭夜遊ᄒ여 남은 히를 보뇌리라. (海樂 342)

의 終章이 "이後에 반나마 검운 털이 마ᄌ 셰예 허노라"나

上元于 甲子之春에 우리 聖主 卽位신저
堯舜을 法바드사 光被四表 ᄒ오시니

物物이 春風和氣를 씌여 同樂太平 ᄒ더라. (源六 21)

의 終章이 "美哉라 億萬年東方氣數ㅣ 일로붓허 비로삿다"는 의도적인 改作이
라 하겠다. 또

國太公之 萬古英傑을 이제 뫼와 議論건틴
精神은 秋水여슬 氣象은 山岳이라 萬機를 躬攝ᄒ니 四方의 風動이라 禮樂法度와
衣冠文物이며 (園囿宮室과 府庫倉廩이며) 旌旄節旗와 劍戟刀槍을 粲然更張ᄒ시단
물가
그버거 金石鼎彝와 書畵音律의란 엇디 그리 붉그신고. (海樂 636)

의 ( ) 部分은 追加를 한 것이고

仁旺山下 弼雲臺ᄂ 雲崖先生 隱居地라
先生이 (平生의) 豪放自適ᄒ여 不拘小節ᄒ고 嗜酒善歌ᄒ니 酒量은 太白이요 歌聲
은 龜年이라 (山水갓치 높흔 일홈 當世예 들네이니) 風流才子와 冶遊士女들이 구
름 갓치 뫼야 들어 날마다 風樂이요 쩌마다 술이로다 (先生의 넓은 酒量 斗酒를
能飮커늘 엇디투 첫잔붓터 ᄉᆞ양ᄒ미 眞情인둥 春風花柳 好時節의 가즌 기악 안
치고서 羽界面을 불을 적의 半空의 썻는 소리 嘹亮淸越ᄒ여 들보 틘글 나라 들고
나는 구름 멈츄우니 이 아니 거룩ᄒ냐 노릭를 맛치거든 洗盞更酌ᄒᆞ 然後의 帶月
同歸 을컨마ᄂ 編불러 맛친 後의 뭇지 안코 니러나셔 걸인 큰 옷 벗겨 들고 쏙긴
ᄃᆞ시 다라나니 이 어인 뜻이런고) 이쩍의 太陽館 又石公의 歌音이 皎如ᄒ여 遺逸
風騷客과 名姬賢伶을 다 모하 거느리고 늘마다 즐기실져 先生은 愛敬ᄒ샤 못 미
출듯 ᄒ온녀
聖代의 豪華樂事 이밧게 쏘 어듸 이실소냐. (海樂 638)

에서 ( ) 부분은 『金玉叢部』에서 削除시킨 곳이다. 雲崖에 대한 지나친 讚辭
와 雲崖에 대한 不利한 事件을 빼어 버렸다.
　國樂院本에 있는 朴孝寬의 跋文을 그대로 믿는다면 安玟英은 적어도 3次
에 걸쳐 가집을 編纂했다고 할 수 있으니 1次는 國樂院本을 朴孝寬과 더불

어, 2次는 『海東樂章』을 자신의 主管下에, 마지막은 『金玉叢部』를 개인 가집으로 만들었다고 하겠다.

3. 結語

『歌曲源流』가 朴孝寬과 安玟英의 共編이 아니라는 前提下에 이제까지 4次에 걸쳐 意見을 開陳했다. 여기에서는 『海東樂章』과 『金玉叢部』에 수록되어 있는 安玟英의 序文을 중심으로 하여 우선 『海東樂章』과 『金玉叢部』를 概觀하고 安玟英의 序文을 考察했으며, 『海東樂章』에 수록된 安玟英의 작품과 순서를 통해서 가집 編輯 方式을 밝혀 國樂院本과 같음을 알았다. 또, 『海東樂章』과 『金玉叢部』에 수록된 작품의 對比를 통하여 작품의 變改된 모습의 一端을 提示했다.

지금까지의 主張을 要約하면 다음과 같다.

1. 『海東樂章』은 2種이 있으나 또 다른 異本이 있는 듯하니 分冊되지 않은 것과 分冊된 것도 趙東潤家本과 舊王宮舊藏本이 있다.
2. 『海東樂章』과 『金玉叢部』에 수록되어 있는 安玟英의 序文은 같은 것으로 『金玉叢部』에 수록되어 있는 것은 『海東樂章』에 있는 것에 몇 句節 追加시킨 것이다.
3. 國樂院本의 朴孝寬 跋文은 安玟英과 相議해서 가집을 만들었다고 했으나, 『海東樂章』의 安玟英 序文에서는 朴孝寬에게 물어서 潤色과 存削을 더했다고 했으니 共編이 아니고 安玟英의 主管下에 만든 가집이라 하겠다.
4. 『海東樂章』에 수록되어 있는 安玟英의 작품 순서를 보면 國樂院本과 같은 形式으로 安玟英의 작품의 대부분을 曲目의 제일 끝에다 수록하고 있는데 그 정도가 『海東樂章』의 경우가 더 심하다. 다시 말해 旣存의 가집에다 끼워넣기式의 編輯을 했다고 하겠다.

5. 지금까지 無名氏 작품으로 되어 있는 작품 1首는 安玫英의 작품으로 初章이
   漏落된 것이거나 아니면 初章을 追加시킨 것이며 金兌錫의 작품으로 되어
   있는 1首는 작품이 수록되어 있는 순서나 내용으로 보아 金兌錫이 아닌 金
   允錫의 작품이 확실하다.
6. 安玫英의 작품은 『海東樂章』에서 『金玉叢部』에 이르는 동안에 改作되었다.

拙著 『歌曲源流에 관한 硏究』 轉載

■ 參考資料

1. 姜銓燮 『金玉叢部에 대하여』
2. 金根洙 『歌曲源流考』
3. 沈載完 <歷代時調全書>
4. 〃 『時調의 文獻的 研究』
5. 〃 『校本歷代時調全書』
6. 〃 『歌曲源流系 歌集 研究』
7. 〃 『金玉叢部(周翁漫筆) 研究』
8. 鄭炳昱 『時調文學事典』
9. 趙潤濟 『韓國詩歌의 研究』
10. 崔南善 『歌曲源流 小叙』
11. 咸和鎭 『增補 歌曲源流』
12. 多田正知 『青丘永言と歌曲源流』
13. 拙 著 『歌曲源流에 관한 研究』

■ 일러두기

1. 『해동악장』은 乾, 坤의 2권으로 되어 있는 것과 단권으로 되어 있는 것이 전하고 있다. 여기서는 단권으로 된 沈載完本을 그의 『校本歷代時調全書』에 수록되어 있는 것을 復原하여 臺本으로 삼았다.
2. 독자의 편의를 위해 歌番을 넣었고, 女唱 部門은 따로 넣으면서 男唱 部門과 연계되도록 連番을 따로 적었다.
3. 시조는 5장 구분으로 하였고, 원문을 그대로 적었다. 주석에서 띄어쓰기와 漢字語에 독음을 달았다.
4. "대조"란 항목을 두어 원문 가운데 잘못되었거나 작품과 관계되는 참고사항을 적었다.
5. 주석은 되도록 쉽게 했으며, 故事나 人名 등에 대한 자세한 주석을 되도록 피했다. 자세한 것은 拙著 『古時調注釋事典』을 참고하기를 권한다.

海東樂章

海東樂章

羽調 初中大葉　　南薰五絃　　行雲流水

1

黃河水맑다터니　聖人이닉시도다
草野羣賢이다니러나단믈가
어즈버　江山風月을 누를쥬고이거니. 鄭忠信 字 可行 錦南君

黃河水 맑다터니 聖人이닉시도다 =황하의 물이 천년에 한 번씩 맑아지
는데, 그 때엔 성군(聖君)이 난다고 함『拾遺記』(습유기) '丹丘千年一燒 黃河
千年一淸 至聖之君 以爲大瑞'(단구천년일소 황하천년일청 지성지군 이위대
서) ◇草野群賢(초야군현)이 다 니러 나단믈가=벼슬을 버리고 초야에 묻힌
여러 현인들이 다 일어났다는 말인가 ◇江山風月(강산풍월)을=자연의 아
름다운 경치를 ◇누를 쥬고 이거니=누구에게 주고 갔느냐.

2

空山이寂寞흔딕　슬퍼우닉져杜鵑아
蜀國興亡이어졔오늘아니여든
至今히　피나계우러셔남의이롤긋나니. 소人

空山(공산)이 寂寞(적막)흔딋= 아무도 없는 산이 고요하고 쓸쓸한데　◇
杜鵑(두견)아=두견새야. 두견새는 蜀(촉)의 望帝(망제)의 죽은 혼이 되었다
고 하는 새. 『蜀王本紀』(촉제본기) '鼈靈死 其屍逆江而流至蜀 王杜宇以爲相
宇自以德不及靈 傳位而去 其魄化爲鳥 因名此 亦曰杜鵑 卽望帝也'(별영사
기시역강이류지촉 왕두우이위상 우자이덕불급영 전위이거 인차명 역왈두
견 즉망제야)　◇蜀國興亡(촉국흥망)이=촉 나라의 흥하고 망함이. 촉(蜀)은
중국 상고시대 帝嚳(제곡)의 왕자가 봉함을 받았던 나라로 하·은·주를 거
쳐 秦(진)에 멸망하였음　◇이룰 긋나니=애는 창자. 창자를 끊느냐. 가슴 아
프게 하느냐.

　　　3
　仁心은터히되고 孝悌忠信기동되여
　禮義廉恥로가득이네엿시니
　千萬年　風雨를만난들기울쥴이잇시랴.

仁心(인심)은 터히 되고=인자스러운 마음은 터가 되고　◇孝悌忠信(효제
충신) 기동 되어=효제와 충신은 기둥이 되어　◇禮義廉恥(예의염치)로 가득
이 네엿시니=예의와 염치로 가지런히 없었으니　◇千萬年 風雨(천만년풍
우)를=천만년의 비와 바람을. 오랜 동안의 시련을　◇기울 쥴이 잇시랴=기
울 까닭이 있느냐. 나라가 망할 까닭이 없다.

長大葉

　　　4
　松林에눈이오니 柯枝마다곳치로다
　한柯枝것거님여님계신데드리고져
　님씌셔　보오신後에녹아진들엇더리.

松林(송림)에=소나무가 우거진 숲에 ◇님 계신 데 드리고져=임이 계신 곳에 드리고 싶다 ◇녹아진들 엇더리=녹는다고 한들 어떻겠느냐.

三中大葉 項王躍馬 高山放石

5
三冬에뵈옷닙고 암穴의눈비마즈
구름씬볏뉘를쐰적이업것모는
西山의 히다다ᄒ니눈물겨워ᄒ노라. 曹植 字達仲 號南冥 昌寧人 中宗朝 隱居求志
高仕 拜官不就 宣祖朝 贈領相 謚文貞公

三冬(삼동)에 뵈옷 닙고=한 겨울에. 겨울 석 달 동안에 베로 만든 옷을 입고 ◇구름 씬 볏뉘를 쐰적이 업것모는=구름이 끼어 화창하지 못한 햇볕을 쐰 때가 없지마는. 임금의 조그마한 혜택도 입은 바가 없다 ◇西山(서산)에 히다다=저녁에 날이 어둡다. 임금이 돌아 가시다의 뜻.

6
浮虛코셥쩌을슨 아마도西楚覇王
긔쭝天下야엇으나못어드나
千里馬 絶代佳人을누를주고이거니.

浮虛(부허)코 셥쩌을손=허황되고 싱거운 것은 ◇西楚覇王(서초패왕)=項羽(항우)를 가리킴. 항우가 關中(관중)을 평정하고 咸陽(함양)을 불태우고 彭城(팽성)에 들어가서 스스로 일컬은 號(호) ◇긔쭝 天下(천하)야=그까짓 천하야. 세상이야 ◇千里馬 絶代佳人(천리마절대가인)을 누를 주고 이거니=천리마와 아름다운 여자를 누구에게 주고 갔느냐. 죽었느냐. 하루에 천리를 달릴 수 있는 말과 아름다운 미인. 여기서는 항우가 타던 말 烏騅馬(오추마)

와 항우의 애첩 虞美人(우미인)을 가리킴.

界面調 初中大葉

7
잘식는나라들고 시달이도다온다
외나무다리로홀로가는져션亽야
네졀이 언마ᄒ관듸 遠鐘聲을들엇나니.

잘식는 나라들고=자려고 하는 새들은 둥지로 날아 들어오고 ◇져 션亽
야=저 스님아(禪師) ◇언마 ᄒ관듸=얼마나 되기에. 얼마나 멀기에 ◇遠
鐘聲(원종성)을 들엇나니=‘들엇나니’는 ‘들니나니’의 잘못인 듯. 멀리서 치
는 종소리를 들었느냐.

二中大葉

8
碧海ㅣ竭流後의 모릭모혀셤이되여
無情芳草는히마다푸르로듸
엇더틋 우리王孫은歸不歸를ᄒᄂ니. 具容 字大叟 號竹窓 綾州人 宣廟登第官至縣
監

碧海ㅣ竭流後(벽해갈류후)에=푸른 바닷물이 다 흐르고 난 뒤에. 물이 빠
지고 난 뒤에 ◇모릭 모혀 셤이 되여=모래가 모여 섬이 되어 ◇無情芳草
(무정방초)는=아무런 감정도 없는 푸른 풀. 세월이 되면 저절로 푸르른
풀은 ◇엇더틋=엇지 하여 ◇王孫(왕손)은 歸不歸(귀불귀)를 ᄒ나니=그대
가 돌아올지 아니 돌아올지. 왕손은 상대방의 존칭으로 쓰였음. 王維(왕유)
의 「送別」(송별) ‘山中相送罷 日暮掩柴扉 春草年年綠 王孫歸不歸’(산중송상

파 일모엄시비 춘초연년록 왕손귀불귀)의 일부를 시조로 만들었음.

三中大葉

9

靑凉山六六峯를 아ᄂ니나와白鷗

白鷗야 喧詞ᄒ랴못믿을슨桃花로다

桃花야 ᄶ저지지마라어舟子ㅣ알ㄱ가ᄒ노라. 李滉 字景浩 號退溪 眞寶人 登第湖堂
文衡 官至贊成 居陶山精舍 諡文純 配享宣廟 又拜文廟

대조; '舟子'는 '漁舟子'의 잘못.

淸凉山 六六峯(청량산육륙봉)을=청량산의 열두 봉우리를. 청량산은 경상
북도 奉化郡(봉화군)에 있는 산. 李滉(이황) 학문을 연구하던 吾山堂(오산당)
이 있음 ◇아ᄂ니=아는 사람이 ◇喧詞(훤사)ᄒ랴 못 믿을 슨=시끄럽게
떠들어대겠느냐 못 믿을 것은 ◇ᄶ저지지 마라 舟子(주자)ㅣ 알ㄱ가=떠내려
가지 마라. 고기잡이가 알까.

後庭花 雁叫霜天 草裡驚蛇

10

누은들줌이오며 기다린들님이오랴

이제누엇신들어ᄂ줌이하마오리

출하로 안즌곳의셔긴밤이나싀오즈.

어ᄂ 줌이 하마 오리=어떤 잠이 벌써 오겠느냐. 쉽게 잠이 들겠느냐
◇출하로 안즌 곳의셔 긴 밤이나 싀오즈=차라리 앉은 곳에서 긴 밤이나
새우자.

臺

11
秦淮에마를믜고　酒家를ᄎᄌ가니
隔江商女ᄂ亡國恨를모르고셔
烟籠樹　月籠沙ᄒᆞᆯ제後庭花믄부르더라. 鄭述 號寒江 宣祖朝 壬辰亂 通川封物膳於
嘉山上御此邑之時

대조; '마를믜고'는 '비를믜고'의 '烟籠樹'는 '烟籠水'의 잘못.

秦淮(진회)에=진회에. 진회는 강 이름. 중국 강소성에 근원을 두고 南京
(남경)으로 흘러드는 강. 남경의 花柳地帶(화류지대)임　◇隔江商女(격강상
녀)는 亡國恨(망국한)를 모르고셔=강을 격해 있는 상(商)나라 여자는 나라
가 망한 한을 모르고 商(상)나라는 蕩(탕)이 夏(하)나라를 멸망시키고 세운
나라　◇月籠樹 月籠沙(연롱수월롱사)ᄒᆞᆯ제 後庭花(후정화)믄 부르더라.='月
籠樹'(월롱수)는 '月籠水'(월롱수)의 잘못. 연기는 차가운 물 위에 어리고 달
빛은 모래 위에 비출 때 후정화만 부르더라. 後庭花(후정화)는 노래 곡조의
하나. 唐(당)나라 杜牧(두목)의 「秦淮」(진회) '烟籠寒水月籠沙 夜泊秦淮近酒
家 商女不知亡國恨 隔江猶唱後庭花(연롱한수월롱사 야박진회근주가 상녀
부지망국한 격강유창후정화)'를 시조로 만든 것임.

羽調 初數大葉 長袖善舞 綠柳春風

12
天皇氏지으신딥를　堯舜에와쇄쇠러니
漢唐宋風雨의기우런디오리거다
우리도　聖主뫼옵고重修ᄒᆞ려ᄒᆞ노라.

天皇氏(천황씨) 지으신 딥을=천황씨가 지으신 집을. 천황씨는 상고(上古)

때 삼황(三皇)의 하나 ◇堯舜(요순)에 와 쇄쇠러니=요순시대에 와서 깨끗
이 쓸어버리더니(灑掃) ◇漢唐宋 風雨(한당송풍우)에 기우런디 오리거다=
한(漢)나라를 거처 당(唐)나라와 송(宋)나라에 이르기까지의 오랜 세월에 나
라가 기운지가 오래 되었다 ◇聖主(성주) 뫼옵고 重修(중수)ᄒ려= 훌륭한
임금을 뫼시고 낡은 것을 고치려.

13
　南薰殿달밝은봄의　八元八凱다리시고
　五絃琴彈一聲의解吾民之慍兮ㅣ로다
　우리도　聖主뫼옵고同樂틴평ᄒ리라.

南薰殿(남훈전)=舜(순) 임금이 南風歌(남풍가)를 짓고 오현금을 타던 궁
전 ◇八元八凱=凱(개)는 愷(개)의 잘못. 여덟 사람의 선량한 사람과 여덟
사람의 和合(화합)한 사람. 팔원은 高辛氏(고신씨)의 才子(재자), 팔개는 高
陽氏(고양씨)의 재자임 ◇五絃琴 彈一聲(오현금탄일성)의 解吾民之慍兮(해
오민지온혜)ㅣ로다=오현금을 타는 소리에 내 백성의 한을 풀도다. 오현금
은 舜(순) 임금 만들어 남풍시를 타던 악기이고, 해오민지온혜는 남풍시의
한 구절임 ◇同樂(동락)틴평=임금과 신하가 함께 태평세월을 즐김.

14
　南八兒男兒死已연졍　不可以不義屈矣여다
　웃고對答ᄒᄃᆡ公이有言敢不死아
　千古의　눈물둔英雄이몃몃즐을디언고. 金尙憲 號淸陰 領相

南八兒(남팔아) 男兒 死已(남아사이)연졍=남팔아 남자가 죽을지언정. 남
팔은 唐(당)나라 南霽雲(남제운). 팔은 형제의 排行(배항)이 여덟째임을 나타
냄 ◇不可以不義屈矣(불가이불의굴의)여다=불의에 굽히는 것은 옳지 않
다. 남제운이 안녹산의 난에 睢陽城(수양성)이 함락되자 張巡(장순)이 남팔

에게 '南八男兒死耳 不可爲不義屈(남팔남아사이 불가위불의굴)'이라 격려하여 끝내 적에게 굴하지 않았다는 고사에서 유래함 ◇公(공)이 有言敢不死(유언감불사)아=공이 말씀하시니 감히 죽지 아니하랴. 죽겠다 ◇눈물둔 英雄(영웅)이 멋멋 즐을 디은고=눈물을 흘린 영웅이 몇이나 되는 줄 아는가.

15

東窓이붉앗ᄂᆞ냐 노고디리우지진다
소치ᄂᆞᆫ어히놈은상긔아니럿나냐
ᄌᆡ넘어 ᄉᆞᆯ릐긴밧츌언졔갈냐ᄒᆞ느니. 南九萬 字雲路 號藥泉 宜寧人 孝宗朝丙申文科甲子拜領

노고디리 우지진다=종달새가 우짖는다 ◇소치ᄂᆞᆫ 어히놈은 상긔 아니 니럿나냐=소 먹이는 아이놈들은 아직도 아니 일어났느냐 ◇재 넘어 스래 긴 밧츨 언제 갈냐 ᄒᆞ느니 =고개 너머 이랑이 긴 밭을 언제 갈려고 하느냐.

16

東君이도라드니 萬物이皆自樂을
草木昆虫들은ᄒᆡ마다回生커늘
ᄉᆞ름은 어인緣故로歸不歸를ᄒᆞᄂᆞ뇨. 朴孝寬 字景華 號雲崖

東君(동군)이 도라 오니=봄이 되니. 동군은 봄의 神(신)을 일컫는 말 ◇萬物(만물)이 皆自樂(개자락)을=만물이 다 즐거워함을 ◇어인 緣故(연고)로 歸不歸(귀불귀)를 ᄒᆞᄂᆞ뇨=무슨 까닭으로 가고는 다시 돌아오지를 않느냐. 죽으면 다시 살아올 수가 없는가.

17

周雖舊邦이나 其命이維新이라

受天之詔命ᄒ샤布德宣化ᄒ오시니
다시금　我東方生靈이　熙皡世를보리로다. 仝人

周雖舊邦(주수구방)이나　其命(기명)이　維新(유신)이라=주(周)나라가 비록
옛 나라이지만 그 명령이 새롭다. 시경(詩經)에 나오는 말임　◇受天之詔命
(수천지조명)ᄒ샤　布德宣化(포덕선화)ᄒ오시니 =천명을 받으시어 덕을 받
들어 널리 세상에 펴시니　◇我東方　生靈(아동방생령)이　熙皡世(희호세)를
보리로다=우리나라 백성들이 화락하고 나라가 태평한 세월을 볼 것이로다.

18
어졔닉일이여 글일쥴을모르던가
잇시라ᄒ드면 ᄀ랴마는졔굿ᄒ야
보닉고　글니는졍은나도몰라ᄒ노라. 眞伊 松都故名妓

어졔 닉 일이여=아 내 일이여. 또는 내가 한 일이여　◇글일 쥴을 모르던
가=그렇게 될 줄을 몰랐던가　◇잇시라ᄒ드면 ᄀ랴마는 졔 굿ᄒ야=가지
말고 머물러 있으라고 하였더라면 제가 구태여 갔겠느냐마는.

19
冬至달기ᄂ긴봄을　흔허리를둘혜닉여
春風이불아릭셔리셔리너헛다가
얼운님　오신늘밤이여드란구뷔구뷔펴리라. 眞伊

흔 허리를 둘혜 닉여=한 부분을 잘라 내여　◇春風(춘풍) 이불 아릭=봄
바람처럼 따듯한 이불 속에　◇ 얼운 님 오신 늘 밤이여드란= 사랑하는 임
이 오시는 날 밤에는.

20

金烏와 玉兔들아　뉘라너를좃닐관듸
九萬里長空을허위허위단이느냐
이後란 十里에흔번식쉬엄쉬엄단녀라.

金烏(금오)와 玉兔(옥토)들아=금오와 옥토는 해와 달의 異稱(이칭). 금오
는 三足烏(삼족오)가 해 가운데 있다는 전설에서, 옥토는 토끼가 달 가운데
있다는 전설에서 유래한 말. 『釋林類聚』(석림유취) '金烏東上人皆貴 玉兔西
沈佛祖迷'(금오동상인개귀 옥토서침불조미) ◇뉘라 너를 좃닐관듸=누가
너를 좃아오기에 ◇九萬里長空(구만리장공)에=멀고 넓은 하늘에.

21

梅影이부듸친窓의　玉人金釵 비겻슨져
二三白頭翁은거문고와노릭로다
이윽고　盞줍아권흐랄제달이쏘흔오르더라. 安玫英 字莉寶 號周翁 順興人

梅影(매영)이 부듸친 窓(창)의=매화의 그림자가 어른거리는 창문에 ◇玉
人 金釵(옥인금차) 비겻슨져=어여쁜 여인의 금비녀가 빗겨 있구나. 매화의
盆栽(분재)를 말하는 듯 ◇二三白頭翁(이삼백두옹)은=두셋의 머리가 흰 늙
은이는 ◇盞(잔)줍아 권흐랄 제 달이 쏘흔 오르더라=술잔을 잡고 권하려
고 할 때에 마침 달이 떠오르더라.

22

玉露의눌린곳과　淸風의나는닙흘
老石의造化筆로깁밧탕의음겻신져
異哉라　寫蘭이豈有香가마는暗然襲人흐도다. 仝人 大院位在直谷 蘭草讚

玉露(옥로)에 눌린 곳과=옥과 같이 영롱한 이슬이 맺혀 고개 숙인 듯한
꽃과 ◇淸風(청풍)에 나는 닙흘=맑은 바람에 날리는 잎을 ◇老石(노석)의

造化筆(조화필)로 깁밧탕의 옴겻신져=늙은 석파의 조화로운 필치로 비단 바탕에 옮겨졌구나. 석파(石坡)는 대원군의 아호로 대원군의 寫蘭(사란)을 말함 ◇異哉(이재)라=기이하구나 ◇寫蘭(사란)이 豈有香(기유향)가마는 暗然襲人(암연습인)ᄒ도다=그린 난초가 어찌 향기가 있을까마는 은근하게 사람에게 접근해 오더라.

23
石坡의又石ᄒ니　萬年壽를긔약거다
花如解笑還多事오石不能言寂可人을
至今에　以石爲號ᄒ니못ᄂᆡ즐겨ᄒ노라.

石坡(석파)에 又石(우석)ᄒ니=석파에 우석이 있으니. 석파는 흥선대원군(興宣大院君) 李昰應(이하응;1820~1898)의 號(호), 우석은 대원군의 長子(장자)인 李載冕(이재면;1845~1912)의 호 ◇花如解笑還多事(화여해소환다사)요 石不能言寂可人(석불능언최가인)을=꽃이 만일 웃음을 해득한다면 도리어 일이 많고, 돌이 말을 못하니 가장 사람에 가깝다 ◇以石爲號(이석위호)ᄒ니 못ᄂᆡ 즐겨 ᄒ노라=石(석)자로써 호를 삼으니 항상 즐겨 하더라.

二數大葉　杏壇說法 雨順風調

24
上元甲子之春의　우리聖上卽位신져
堯舜을법바드사光被四表ᄒ오시니
美哉라　億萬年東方氣數ㅣ일노붓허비로삿다. 安玟英 字荊寶

대조: 종장이 『靑丘樂章』에는 "物物이 春風和氣를쯰여 同樂太平ᄒ더라"로 되어 있고, 『금옥총부』와 본 가집에는 이렇게 되어 있음.

上元 甲子之春(상원갑자지춘)에=갑자년 봄 정월 보름에. 갑자년은 고종(高宗) 즉위년(1864)을 말함 ◇光被四表(광피사표) ᄒ오시니=천하에 성스런 빛이 퍼지니. 빛은 임금의 성덕(聖德)을 말하며, 사표는 사방의 바깥을 뜻하며 먼 곳을 가리킴 ◇美哉(미재)라 億萬年 東方 氣數(억만년동방기수)ㅣ 일노붓허 비로삿다=아름답도다. 억만년을 누릴 우리나라의 길흉화복의 운수가 여기로부터 시작되었다.

25
西舶의 煙塵으론   天下를어두이되
東方의日月이란萬年이나붉으리라
萬一의   國太公아니시면뉘라능히발긔리오. 安玟英 國太公詩 西舶煙塵天下晦 東方日月萬年明

西舶(서박)의 煙塵(연진)으론 天下(천하)를 어두이되=서양의 커다란 배들이 일으키는 전쟁으로 세상이 어두어도 ◇東方(동방)의 日月(일월)이란 萬年(만년)이나 붉으리라=우리의 세상은 만년을 두고 밝을 것이다 ◇國太公(국태공)아니시면 뉘라 능히 발긔리오=국태공이 아니시면 누가 능히 밝히겠는가. 국태공은 대원군을 부르는 호칭.

26
治天下五十年에 不知왜라天下事를
億兆蒼生이戴己願ᄒᄂ냐
康衢의   聞童謠ᄒ니太平인가ᄒ노라. 成守琛 字仲玉 號聽松

治天下 五十年(치천하오십년)에 不知(부지)왜라 天下事(천하사)를=제요(帝堯)가 천하를 다스린 50년 동안 천하사(天下事)를 알지 못했다. 천하에 어떤 일이 있었는지를 모를 정도로 정치를 잘했다 ◇億兆蒼生(억조창생)이 戴己 願(대기원)ᄒᄂ냐=모든 백성들이 다 내가 임금이 되는 것을 원하느냐

◇康衢(강구)의 聞童謠(문동요)ᄒ니=번화한 거리에 가서 동요를 들으니. 민심을 파악하기 위해 거리에 나가 아이들의 노래를 들어 봄.

27
言忠信行篤敬ᄒ고 酒色을合가ᄒ면
제몸이病이업고남아니우이려니
行ᄒ고 餘力이닛거든學問좃ᄎᄒ라. 成石磷 字自修 號獨谷 恭愍王時登第入我朝
官領相勳昌寧府院君 謚文景公

言忠信 行篤敬(언충신행독경)ᄒ고=언행을 성실하게 하고 ◇제 몸이 病(병)이 업고 남 아니 우이려니=제 자신의 잘못이 없고 다른 사람이 아니 웃으려니. 또는 미워하려니 ◇行(행)ᄒ고 餘力(여력)이 닛거든=실행에 옮기고 남은 힘이 있다면.

28
江湖의期約을두고 十年을奔走ᄒ니
그모른빅구ᄂ더듸온다ᄒ건마ᄂ
聖恩이 至重ᄒ시ᄆ갑고가려ᄒ노라.

江湖(강호)의 期約(기약)을 두고=자연과 약속을 하고 ◇十年(십년)을 奔走(분주)ᄒ니=오랜 세월을 바쁘게 살아가니 ◇그 모른 빅구ᄂ 더듸 온다 ᄒ건마ᄂ=그런 사정을 모르는 백구는 늦게 온다고 하지마는.

29
늙어다믈너가ᄌ 마음과의논ᄒ니
이님ᄇ리고어드러로가ᄌᄒ리
ᄆ음아 너란잇거라몸이몬져가리라.

이 님 ᄇ리고 어드러로 가ᄌᄒ리=이 님을 버리고 어디로 가자고 하겠느냐 ◇너란 잇거라=너는 남아 있거라.

30
周公도聖人이샷다 世上ㅅ름드럿스라
文王에ㅇ들이오武王의ㅇ우로딕
平生의 一毫驕氣를닉여본일업세라.

世上(세상) ㅅ름 드럿스라=세상 사람들은 들어 보시오 ◇武王(무왕)의
ㅇ우로딕=무왕의 아우로되 ◇一毫驕氣(일호교기)를 닉여 본 일 업세라=
조금도 교만한 기색을 나타내 본 일이 없다.

31
ㅁ음이어린後ㅣ니 ㅎ는일이다어리다
萬重雲山에어늬임오리마는
지금에 부는ㅂ름의힝혀권가ㅎ노라. 徐敬德 字可久 號花潭 唐城人 中宗朝居松京
隱居而不仕研窮義理 宣祖贈左相 諡文康公

ㅁ음이 어린 後(후)ㅣ니=마음이 어리석은 뒤이니 ◇ㅎ는 일이 다 어리
다=하는 일마다 다 어리석다 ◇萬重雲山(만중운산)에 어늬 임 오리마는=
구름이 첩첩이 쌓인 깊은 산중에 어느 님이 오겠느냐만.

32
ㅁ음아너는어이 每樣의졈엇나니
닉늙글제면녠들아니늘글소냐
아마도 너좃녀다니다가남우일가ㅎ노라.

ㅁ음아 너는 어이 每樣(매양)의 졈엇나니=마음아 너는 어이 항상 졈었느
냐 ◇너 좃녀 다니다가 남 우일가 ㅎ노라=너를 따라 다니다가 남에게 웃
음거리가 될까 한다.

33
靑藜杖드러지며   石逕으로도라드니
兩三仙庄이구룸의줌겻셰라
오늘은   진연를다썰치고赤松子를좃츠리라.

대조; '드러지며'는 '드더지며'의 잘못.

靑藜杖(청려장) 드러지며=명아주로 만든 지팡이를 집어 던지며   ◇石逕
(석경)으로 도라드니=돌길로 돌아오니   ◇兩三仙庄(양삼선장)이 구룸의=두
서넛 되는 선경같은 집들이 구름에   ◇진연을 다 썰치고 赤松子(적송자)를
좃츠리라=속된 인연(塵緣)을 다 떨쳐 버리고 적송자를 따르리라. 적송자는
신농씨(神農氏) 때에 長壽(장수)한 신선.

34
梧桐의雨滴ᄒ니   舜琴을니외ᄂᆞᆫ듯
竹葉의風動ᄒ니楚漢이겻두ᄂᆞᆫ듯
金樽에   月光明ᄒ니李白본듯ᄒ여라.

대조; '겻두ᄂᆞᆫ듯'은 '셧두ᄂᆞᆫ듯'의 잘못.

梧桐(오동)의 雨滴(우적)ᄒ니=오동나무 잎에 빗방울이 떨어지니   ◇舜琴
(순금)을 니외ᄂᆞᆫ 듯=순(舜)임금의 오현금을 타는 듯   ◇竹葉(죽엽)에 風動(풍
동)ᄒ니 楚漢(초한)이 겻두ᄂᆞᆫ 듯=댓잎에 바람이 부니 마치 초나라와 한나라
가 뒤섞이어 다투는 듯   ◇金樽(금준)에 月光明(월광명)ᄒ니=술통에 달이
훤히 밝으니.

35
天地로帳幕삼고　日月로燈燭삼아
北海水휘여다가酒樽의듸여두고
南極의　老人星對ᄒ여늙을뒤를모르리라. 李安訥 宣廟朝判書

대조: '뒤를'은 '뉘를'의 잘못.

日月(일월)로 燈燭(등촉)삼아=해와 달로 등과 촛불을 삼아　◇北海水(북해수) 휘여다가 酒樽(주준)의 듸여 두고=북쪽 바닷물을 담아다가 술통에 넣이두고　◇南極(남극)의 老人星(노인성) 對(대)ᄒ여 늙을 뒤를 모르리라=남극에 떠 있는 노인성과 대작(對酌)하여 늙을 겨를을 모르리라. 노인성은 사람의 수명을 맡은 별이라 함.

36
唐虞도조커니와　夏商周ㅣ더욱좃타
이제를혀여ᄒ니어늬적만헌져이고
堯天에　舜日이밝앗시니아모젠줄몰닉라. 朱義植

唐虞(당우)도 조커니와=요(堯)와 순(舜)의 시대도 좋다고 하겠지만. 당은 요의 호(號), 우는 순의 호　◇夏商周(하상주)ㅣ=중국 역사의 삼대(三代)라고 하는 시대. 상은 은(殷)과 같은 말임　◇이제를 혀여ᄒ니 어늬 적만 헌 져이고=지금을 헤아려 보니 어느 때만 한 것인가　◇堯天(요천)에 舜日(순일)이 밝앗시니=요임금 시절의 하늘에 순임금 시절의 날이 밝았으니. 요순시절과 같으니　◇아모 젠 줄 몰ᄂᆞ라=어느 때인지를 모르겠다.

37
가마괴검다ᄒ고　白鷺야웃디마라
것치검은들속좃ᄎ검을소야
것희고 속검은짐싱은네야귄ᄀᆞ(一本너뿐인가)ᄒ노라. 李稷 字虞廷 號亭齋 太宗朝相

것치 검은들 속좃츠 검울소야=겉이 검다고 해서 마음씨조차 검겠느냐
◇네야 긘マ ᄒ노라=네가 그런가 한다.

38

가마괴쓴호ᄂ골의　白鷺야가지마라
셩닌가마괴흰빗츨싀울셰라
淸江의　죠히씨슨몸을더러일가ᄒ노라. 鄭夢周母親　爲圃隱赴太宗宴時作

흰 빗츨 싀울셰라=흰 빛을 시기할까 두렵다　◇죠히 씨슨 몸을 더러일가
=깨끗하게 씻은 몸을 더럽힐까.

39

가마괴너를보니　익닯고도익달왜라
네무슴藥을먹고머리좃츠검엇나냐
우리ᄂ　白髮검길藥을못엇을가ᄒ노라.

머리좃츠 검엇나냐=머리마저 검었느냐　◇藥(약)을 못 엇을가=약을 못
얻을까.

40

감댱시젹다ᄒ고　大鵬아웃디마라
九萬里長空의너도날고져도난다
두어라　一般飛鳥ㅣ니너오져오다르랴. 李澤 字善鳴 全義人 中宗朝文科 勸芭從論
貧元衡罪 辛未拜領相 謚貞肅公

감댱시 젹다ᄒ고 大鵬(대붕)아=감장새가 작다고 커다란 붕새야. 붕새는
상상의 새임　◇九萬里長空(구만리장공)에 너도 날고 져도 난다=아득히
먼 하늘에 너도 날고 나도 난다　◇一般 飛鳥(일반비조)ㅣ니 너오 져오 다

르랴=날으는 새이기는 마찬가지니 너와 내가 다르겠느냐. 새임에는 마찬가지다.

41
간밤에부던바룸　江湖외도부돗던지
滿江船子들은어니구러디닉연고
山林에　드런디오릭니消息몰나ᄒ노라.

江湖(강호)외도 부돗던지=강과 호수에도 불던지　◇滿江船子(만강선자)들은 어니구리 디닉연고=고기잡이를 하는 많은 사람들은 어떻게 지내는고　◇드런 디 오릭니=들어온 지가 오래되었으니. 시골에 사는 지가 오래니.

42
간봄에우든여흘　슳히우러지닉거다
이제야싱각ᄒ니임이우러보닉도다
져물이 거스리흐르과져나도우러보닉리라. 元 號觀瀾 端宗朝忠臣

간봄에 우든 여흘=지난밤에 우는 것처럼 소리를 내며 흘러가는 여울물　◇슳히 우러 지닉거다=섧게 울며 흘러갔구나　◇이제야 싱각ᄒ니 임이 우러 보닉도다=이제 와서 생각하니 님께서 울며 보내신 것이다　◇거스리 흐르과져=거슬러 흐르거라. 逆流(역류)하거라.

43
柴桑里五柳村에　陶處士의몸이되여
줄업슨검은고를소릭업시딥헛시니
白鶴이　知音ᄒ는디우즑우즑ᄒ더라.

柴桑里 五柳村(시상리오류촌)에 陶處士(도처사)의 몸이 되여=시상리에 있는 오류촌에 도처사의 처지가 되어. 시상리는 중국 강서성 구강현(九江縣)

의 서남쪽에 있어 도연명의 고향이라고도 함. 오류촌은 도연명이 집 앞에 버드나무 5그루를 심고 자칭 오류선생(五柳先生)이라 하였음. 도처사는 진(晉)나라 도잠(陶潛)을 가리킴 ◇줄 업슨 검은고를 소리 업시 딥헛시니=줄이 없는 거문고를 소리가 없이 짚었으니. 줄이 없으니 소리가 없는 것이 당연함 ◇知音(지음)ᄒᆞᄂᆞᆫ디=악기를 타는 소리를 알아듣는지.

44
蕭湘江긴듸뷔야 하늘멋게뷔를밀여
蔽日浮雲을다쓰러바라과저
시졀이 하殊常ᄒᆞ니쓸쫑말쫑ᄒᆞ여. 金墊 字冠玉 號北渚 仁祖朝領相

대조; '하ᄂᆞᆯ멋게'는 '하ᄂᆞᆯ믿게'의 잘못.

하늘 멋게 뷔를 미여=하늘에 닿도록 커다란 비를 만들어 ◇蔽日浮雲(폐일부운)을 다 쓰러 바라과저=하늘을 가리는 뜬 구름을 다 쓸어버리고 싶다. 폐일부운은 임금의 주변에 있는 간신배 들을 뜻함.

45
蕭湘江긴듸뷔여 낙시믜여둘네메고
不求功名ᄒᆞ고碧波로ᄂᆞ려가니
아마도 事無閑身는 나뿐인가ᄒᆞ노라.(一作 白鷗야날본체마라세상알가ᄒᆞ노라)

瀟湘江(소상강) 긴 듸 뷔여=소상강의 긴 대나무를 베어. 소상강은 중국 호남성 동정호 남쪽에 있는 강으로 순(舜)의 두 왕후가 죽은 곳 ◇不求功名(불구공명)ᄒᆞ고 碧波(벽파)로 ᄂᆞ려가니=공명을 바라지 않고 시냇가로 가니 ◇事無閑身(사무한신)은=하는 일 없이 한가하게 지내는 신세는.

46

長生術거줏물이　不死藥을긔뉘본고
秦皇塚漢武陵도暮烟秋草섄이로다
人生이　一場春夢이니아니놀고어니리.

不死藥(불사약)을 긔 뉘 본고=불사약을 그 누가 보았는가　◇秦皇塚 漢
武陵(진황총한무릉)도 暮烟秋草(모연추초) 섄이로다=불사약을 구하려 했던
진시황의 무덤도 승로반(承露盤)에 이슬을 받아 오래 살려고 했던 한 무제
(漢武帝)의 능도 저녁연기와 가을철의 풀처럼 처량할 뿐이다.

47

春風이건듯불어　積雪을다녹인다
四面靑山이옛얼골난호미라
긔밋히 희묵은셔리야녹을줄이잇스랴.

四面靑山(사면청산)이 옛 얼골 난호미라=사방의 푸른 산들이 옛 모습이
나는구나　◇귀밋히 희 묵은 셔리야 녹을 줄이 잇스랴=백발이야 검어질 까
닭이 있겠느냐.

48

겨울날다ᄉ한볏츨　님의등의쪼이과져
봄미나리솔진맛슬님의손듸드리과져
님계야　무어시업스리오마ᄂᆞᆫ닉못이져ᄒᆞ노라.

님의 손듸 드리과져=님의 손에 드리고 싶다.

49

王祥의鯉魚줍고　孟宗에竹筍것거
감든ᄆ리희도록老萊子의옷슬닙어
平生의　養志誠孝을曾子갓치ᄒ리라. 朴仁老　肅廟時萬戶

王祥(왕상)의 鯉魚(잉어) 줍고=왕상이 잡았다고 하는 잉어를 잡고 왕상
(王祥)은 진(晉)나라 효자로 계모가 겨울에 잉어를 구하므로 얼음을 깨고 잡
으려 하니 잉어가 나왔다고 함 ◇孟宗(맹종)의 竹筍(죽순) 것거=맹종이 꺾
었다고 하는 죽순을 꺾어. 맹종(孟宗)은 오(吳)나라 효자로 어머니가 죽순을
좋아해서 겨울에 맹종이 대밭에 가서 애탄(哀歎)하니 죽순이 나왔다고 함
◇老萊子(노래자)의 옷슬 닙어=노래자의 색동옷을 입어. 노래자가 나이 70
에 색동옷을 입고 춤을 추어 노부모를 즐겁게 했다고 함. ◇養志誠孝(양지
성효)을 曾子(증자)갓치 흐리라=뜻을 기르고 효성을 다하기를 공자(孔子)의
제자인 증자처럼 하겠다.

50
仁風이부는날의　鳳凰이來儀로다
滿城桃李는지나니꼿치로다
山林의 굽져온솔이야곳이잇샤져보랴.

仁風(인풍)이 부는 날의=인자한 바람이 부는 날에. 인풍(仁風)은 임금의
덕화(德化)를 뜻함 ◇鳳凰(봉황)이來儀(내의)로다=봉황이 나라와 춤을 춘다
◇滿城桃李(만성도리)는 지나니 꼿치로다=성안에 가득한 복숭아는 떨어지
느니 꽃이로다 ◇굽져온 솔이야 곳이 잇샤 져보랴=굽어있는 소나무야 꽃
이 있어 떨어져 보겠느냐.

51
天心의돗은달과　水面의부는ㅂ름
상하聲色이이즁에달녓느니
스룸이 中을투낫스니어질기는흔가지라.

天心(천심)의 돗은 달과=하늘 한 가운데 돋아 있는 달과 ◇水面(수면)의

부는 ㅂ룸=물 위에 부는 바람 ◇샹하聲色(성색)이 이 즁에 달녓ᄂ니=하늘에 떠 있는 달빛과 수면 위에 부는 바람소리가 다 중용(中庸) 덕을 지키는 것에 달려 있으니 ◇이 中(즁)을 툿낫스니 어질기는 흔 가지라=이처럼 중용의 덕을 타고 태어났느니 어질기는 똑같다.

52
青牛를빗기틋고 綠水를흘니건너
天臺山깁픈골에不老草를키러가니
萬壑의 白雲이즈줏시니갈길몰나ᄒ노라. 安挺 字挺然 號竹槍 中宗朝登第官南平 善畵竹

靑牛(청우)를 빗기 틋고=검은 소를 비스듬히 타고 청우는 노자(老子)가 타고 다녔다고 함 ◇天臺山(천대산) 깁픈 골에=천태산의 깊은 골짜기에 ◇萬壑(만학)의 白雲(백운)이 즈줏시니=온 산에 흰 구름이 가득 찼으니.

53
어리고셩귄가디 너를밋디아녓더니
눈ㅅ期約能히딕혀두셰송이픠엿고나
燭줍고 갓가이스랑헐졔暗香浮動ᄒ더라. (梅花詞) 安玫英

어리고 성귄 가디=약하고 듬섬듬성 난 가지 ◇눈ㅅ 期約(기약) 能(능)히 딕혀=눈 속에서도 피겠다는 약속을 분명히 지켜. 또는 꽃눈이 꽃을 피우겠다는 약속을 지켜 ◇燭(촉)줍고 갓가이 스랑헐 졔 暗香浮動(암향부동) ᄒ더라=촛불을 잡고 가까이 갔을 때 그윽한 향기조차 떠오더라.

54
雷霆이破山ᄒ여도 聾者난못듯ᄂ니
白日이到天ᄒ여도瞽者는보나니
우리ᄂ 耳目聰明男子ㅣ로딕聾瞽가치ᄒ리라. 李滉 字景洛 號退溪

雷霆(뇌정)이 破山(파산)ᄒ여도=격렬한 천둥과 벼락이 산을 무너뜨린다고 해도 ◇聾者(농자)난 못 듯ᄂ니=귀머거리는 듣지 못 하느니 ◇白日(백일)이 到天(도천)ᄒ여도 瞽者(고자)는 못 보나니=해가 중천(中天)에 떠있어도 장님은 못 보나니 ◇耳目聰明(이목총명) 男子(남자)ㅣ로듸 聾瞽(농고)가치 ᄒ리라=귀와 눈이 잘 들리고 밝은 정상적인 사람이나 귀머거리나 장님처럼 행동하겠다.

55
淳風이쥭다ᄒ니　眞實로거즛말이
人生이어지다ᄒ니眞實노올흔말이
天下의　許多英才를속여믈슴ᄒ리오. 李滉 字景浩 號退溪

淳風(순풍)이 쥭다 ᄒ니=순박한 풍속이 없어진다고 하는 것이 ◇人生(인생)이 어지다 ᄒ니=인생이 어질다고 하는 것이 ◇許多英才(허다영재)를 속여 믈슴 ᄒ리요=하고 많은 영재들을 속여 하신 말이겠느냐.

56
珠簾을半만것고 淸江를구버보니
十里波光이共長天一色이로다
물우히　兩兩白鷗는오락가락ᄒ더라. 洪春卿 字仁仲 號石壁 南陽人 中宗朝登第文壯湖堂文衡官至嶺相 諡文懿公

十里 波光(십리파광)이 共長天一色(공장천일색)이로다=멀리까지 펼쳐 진 물결의 반사됨이 물과 하늘이 한 가지 색이로다 ◇兩兩 白鷗(양양백구)는=쌍쌍이 날으는 갈매기는.

57

明明德실은슈레　어드메나가더이고
物格峙넘어드러知止고기지나더라
가미야 가더라만는誠意館을못갈네라. 盧守愼 字寡梅 號蘇齋 光州人 中宗朝文壯
湖堂文衡官領 諡文懋

대조; '誠意館'은 '誠意關'의 잘못인 듯.

明明德(명명덕) 실은 슈레=명명덕을 실은 수레. 명명덕은 명덕(明德)을
밝힌다는 뜻으로 대학(大學) 삼강령(三綱領)의 하나임 ◇物格峙(물격치) 넘
어 드러 知止(지지)고기 지나더라=물격이란 고개를 넘어 지지라는 고개를
지나더라. 물격(物格)은 대학 팔조목(八條目)의 하나로 사물에 이치를 궁구
하여 궁극에 도달한다는 뜻으로, 지지(知止)도 그칠 때를 안다는 뜻으로 각
각 고개에다 비유했음 ◇가미야 가더라만는 誠意館(성의관)을 못 갈네라=
가기야 가지마는 성의관에는 가지 못할 것이다. 성의관은 상상의 관문로 성
심성의껏 노력을 해도 뜻이 쉽게 이루어지지 않음을 말한 것임.

58

豪華코富貴키야　信陵君만헐가마는
百年이못ᄒ여셔무덤우희풀이ᄂ니
ᄒ믈며 날갓흔丈夫야닐너무숨ᄒ리오. 奇大升 字明彦 號高峰 幸州人 明宗戊午文
科 諡文憲公

信陵君(신릉군)만 헐가마는=신릉군 만큼이야 하겠느냐만. 신릉군(信陵君)
은 위(魏)나라 공자(公子) 무기(無忌)가 신릉(信陵)에 봉함을 받고 신릉군이
되었음 ◇百年(백년)이 못 ᄒ여셔 무덤 우희 풀이 ᄂ니=죽은 지 백년이 못
되어서 무덤에 풀이나니. 부귀와 영화도 죽은 뒤에는 소용이 없다는 뜻 ◇
ᄒ믈며 날갓흔 丈夫(장부)야 닐너 무슴 ᄒ리오=더구나 나 같은 하잘 것 없

는 남자야 말하여 무엇 하겠는가.

59
靑春의곱던樣子 님으로야다늙거다
이졔임이보면날인쥴아오실ㅣ가
眞實로 알기곳아오시면곳이죽다셜우랴.

알기곳 아오시면 곳이 죽다 셜우랴=(그런 줄을) 알기만 한다면 곧 죽어
도 서럽겠느냐.

60
堯舜갓흔님군을뫼와 聖代를곳쳐보니
太古乾坤의日月이광홰로다
우리도 壽域春臺의同樂太平ᄒ리라.

聖代(성대)를 곳쳐 보니=태평성대를 다시 맞이하니 ◇太古乾坤(태고건
곤)에 日月(일월)이 광홰로다=옛 순박한 세상에 해와 달이 빛나도다(光華)
◇壽域春臺(수역춘대)의 同樂太平(동락태평)ᄒ리라=聖世(성세)에 임금과 백
성이 함께 태평세월을 즐기리라.

中 擧

61
니고진져늙으니 딤버셔나를주쇼
우리는졈엇거니돌인들무거으랴
늙기도 셜웨라커든딤을좃츠지실가.

니고 진=짐을 머리에 이거나 등에 짊어진 ◇늙기도 셜웨라커든 딤을 좃

츠 지실가=늙는 것도 서럽거늘 짐을 조금 지실 것을.

62
梧桐의월샹ᄒ고　楊柳의風來ᄒᆫ제
水面天心의邵堯夫을마ᄌ본듯
이즁의　一般淸意味를알니젹어ᄒ노라.

대조; '마ᄌ'는 '마주'의 잘못.

梧桐(오동)의 월샹ᄒ고 楊柳(양류)의 風來(풍래)ᄒᆫ제=오동나무 위로 달이
뜨고 버드나무 사이로 바람이 불어 올 때　◇水面 天心(수면천심)의 邵堯夫
(소요부)을 마ᄌ 본 듯=바람은 수면 위로 불어오고 달은 하늘 한가운데 떠
있을 때에 소요부를 마주본 듯. 소요부(邵堯夫)는 송(宋)나라 문인인 소옹(邵
雍)의 자(字)　◇이 즁의 一般淸意味(일반청의미)를 알 니 젹어 ᄒ노라=이런
가운데 한가지로 맑음의 의미를 아는 사람이 적다고 하겠다. 소옹의 시 「淸
夜吟」(청야음) '月到天心處 風來水面時 一般淸意味 料得少人知'(월도천심처
풍래수면시 일반청의미 요득소인지)를 시조로 만든 것임.

63
滄浪의낙시넛코　釣臺의안ᄌ시니
落照淸江의빗소리더욱좃타
柳枝의　玉鱗을ᄢ여들고杏花村의가리라. 宋猻壽 字眉叟 號圭庵 懷德人 中宗朝登
第湖堂官至大司憲丁未寃死 贈行吏判○或曰趙憲

釣臺(조대)의 안ᄌ시니=낚시터에 앉았으니　◇落照淸江(낙조청강)의=해
가 지는 때 맑은 강에　◇柳枝(유지)의 玉鱗(옥린)을 ᄢ여 들고 杏花村(행화
촌)의 가리라=버드나무 가지에 비늘이 번쩍이는 물고기를 꿰어 들고 술집
을 찾아 가겠다. 행화촌은 술집을 가리킴.

64

天地大日月明ᄒ신　우리의堯舜聖主
普土生靈을壽域에거나리샤
雨露의　霈然鴻恩이及禽獸를ᄒ삿다. 成守琛 字仲玉 號聽松

　天地 大(천지대) 日月 明(일월명)ᄒ신＝하늘과 땅처럼 크시고 해와 달처럼 밝으신　◇普土生靈(보토생령)을 壽域(수역)에 거나리샤＝온 나라 안의 백성들을 남보다 더 오래 살 수 있는 곳에 거느리시어　◇雨露(우로)의 霈然 鴻恩(패연홍은)이 及禽獸(급금수)를 ᄒ삿다＝임금의 은혜가 비처럼 내려 금수에까지 미치셨다.

65

淸江의비듯ᄂ소리　거무어시우읍단듸
滿山紅葉이휘드러지게웃난고야
두어라 春風이몃날이리우을듸로우어라. 孝宗大王 御製

　대조; '우읍단듸'는 '우읍관듸'의 잘못.

　淸江(청강)에 비 듯ᄂ 소리＝맑은 강에 빗방울 떨어지는 소리　◇거 무어시 우읍관단듸＝그 무엇이 우습기에　◇滿山紅葉(만산홍엽)이 휘드러지게 웃난고야＝온 산에 붉게 물든 잎들이 환하게 웃느냐　◇春風(춘풍)이 몃 날이리 우을듸로 우어라＝봄바람이 며칠이나 계속 되겠느냐 웃을 대로 웃거라.

66

山頭의ᄃ러오고　溪邊의게나린다
漁網의슐병걸고柴門을나셔가니
ᄒ잇셔　믄져간兒嬉드른더듸올다ᄒ더라.

대조; '믄져'는 '몬져'의 잘못.

溪邊(계변)의 게 나린다=시냇가에 게가 잡힌다 ◇힌 잇셔 믄져 간=해가
지기 전에 먼저 출발한.

67
닉집이길초댱ᄒ야 杜鵑이나졔운다
萬壑千峰의외ᄉ립닷앗ᄂᆞᆫ듸
기즛ᄎᆞ 즈즐일업서곳디ᄂᆞᆫ듸즈으더라.

대조; '집이길초댱ᄒ야'는 '집이길츠냥ᄒ야'나 '집이깁흐냥ᄒ야'의 '즈으더라'는 '조으
더라'의 잘못.

닉 집이 길초 댱 ᄒ야=내 집이 산 속 깊은 것 같아 ◇杜鵑(두견)이 나졔
운다=두견새가 저녁에 운다 ◇萬壑千峰(만학천봉)의=깊은 산 속에 ◇즈
즐 일 업셔 곳 디ᄂᆞᆫ듸 즈으더라=짖을 일이 없어 꽃이 지는데 졸더라.

68
가마괴 漆ᄒ여검으며 히오리늙어희다
天生黑白이녜붓허잇것마ᄂᆞᆫ
엇티타 다희다ᄒᆞᄂᆞᆫ고.

대조; 종장 초구 다음 "날보신님은검"이 빠졌음.

天生 黑白(천생흑백)이 녜붓허 잇건마ᄂᆞᆫ=태어날 때부터 검고 흰 것은 예
전부터 있지만 ◇날 보신 님은 검다 희다 ᄒᆞᄂᆞᆫ고=나와 관계를 맺은 임은
검다 희다 하는고 표리가 부동하게 행동함을 말함.

69
羣山을削平턴들　洞庭湖널을낫다
桂樹을버희던들달이더욱붉을거슬
꼿두고　일우디못ᄒ니그를슬허ᄒ노라. 李浣 字清之 號 慶州人 孝宗朝武科 官至右
相

羣山(군산)을 削平(삭평)턴들='羣山'(군산)은 '君山(군산)'의 잘못. 군산을
깎아 평지를 만들었다면. 군산(君山)은 동정호(洞庭湖) 안에 있는 산　◇洞庭
湖(동정호) 널을 낫다=동정호가 넓었을 것이다　◇桂樹(계수) 버희던들=계
수나무를 베어 버렸던들.

70
時節이太平토다 이몸이閑暇커니
竹林深處의午鷄聲아니런들
깁히든　一場華胥夢를어ᄂᆡ벗이셔오리. 成渾 字浩源 號牛溪

대조; '셔오리'는 'ᄉᆔ오리'의 잘못.

竹林 深處(죽림심처)의 午鷄聲(오계성) 아니런들=대숲이 우거진 곳에 낮
에 우는 닭소리가 아니었다면　◇一場華胥夢(일장화서몽)를=한바탕의 아름
다운 꿈을. 또는 낮잠을. 황제(黃帝)가 낮잠을 자다가 꿈속에서 화서 나라에
서 놀면서 태평한 광경을 보았다는 고사에서 낮잠을 일컫는 말.

71
兒禧야소먹여ᄂᆡ여라　北郭의가싀슐먹ᄌ
大醉흔얼골의돌쎠여도라오니
어즈버　羲皇上人을밋쳐본가ᄒ노라. 趙存性 字 號龍湖 知敦寧

北郭(북곽)의 가=북쪽에 있는 마을에 가서. 또는 전지(田地)에 가서　◇돌

씌여 도라오니=달빛을 띠고 돌아오니. 아침에 전답에 나가 일하고 밤에나 돌아옴을 말함 ◇羲皇上人(희황상인)을 밋쳐 본가=세상일을 잊고 편안하게 지내는 사람을 다시 보는가. 희황상인(羲皇上人)은 복희씨(伏羲氏) 이전 태고 때의 사람이란 뜻.

72
金波의비를ㅌ고 淸風으로멍에ㅎ여
中流의씌워두고笙歌를알월젹의
醉하고 月下의졋스니시름업셔ㅎ노라. 任義直 字伯亨 善琴於鳴世

金波(금파)의 비를 ㅌ고=달빛이 반사되는 물결에 배를 타고 ◇淸風(청풍)으로 멍에 ㅎ여=맑은 바람으로 멍에를 하여. 멍에는 소를 부리기 위해 소의 목에 잡아매는 기구 ◇笙歌(생가)를 알월 젹의=생황으로 노래를 불 때에 ◇月下(월하)에 졋스니=달빛 아래 누워 있으니.

74
幽僻을ㅊㅈ가니 구름속의집이로다
山菜의맛드리니世味를이즐너라
이몸이 江山風月다함씌느리자ㅎ노라. 趙岦 字景陽 號龍門 平壤人 中宗朝以學逸拜宗簿主簿

대조; '다함씌느리자'는 '과함씌늙ㅈ'의 잘못.

幽僻(유벽)을 ㅊㅈ 가니=한적하고 궁벽한 곳을 찾아가니 ◇구름 속의 집이로다=집이 구름에 쌓여 있다 ◇山菜(산채)에 맛드리니 世味(세미)를 이즐너라=산나물에 맛을 들이니 속세의 맛을 잊겠다.

75

烟霞로집을숨고 風月로벗을숨아
太平聖代의病으로늙어갈싀
이중의 바른는일은허물이나업과져. 李滉 字景浩 號退溪

烟霞(연하)로 집을 숨고 風月(풍월)로 벗을 숨아=연기와 안개로 집을 삼고 풍월로 벗을 삼아. 자연으로 집과 친구를 삼아 ◇바른는 일은 허물이나 업과져=바라는 것은 허물이나 없었으면.

76

드른물즉시잇고 본닐도못본도시
닉인스니러흐니남의시비모를노라
다만닉 손이셩흐니盞줍기만흐노라. 宋寅 字明仲 號頤庵 礪山人 中宗朝駙馬礪城
尉 諡文端公 治禮學善文

대조: '다만닉'는 '다만지'의 잘못.

닉 인스 니러흐니 남의 시비 모를노라=내 하는 일이 이러하니 다른 사람의 是非(시비)를 모르겠다 ◇다만 닉 손이 셩흐니 盞(잔)줍기만 흐노라=다만 술잔을 잡은 손에 이상이 없으니 술잔 잡기만 한다.

77

豪放흘슨더늙으니 슐아니면노리로다
端雅象中文士貌요古奇畵裡老仙形을
못느니 雲坮의숨언지멋멋히느되인고. 李載冕 號又石

대조: '못느니'는 '못느니'의 잘못.

豪放(호방)흘슨 더 늙은이=작은 일에도 거리끼지 않는 의기가 장한 저

늙은이. 고종(高宗) 때까지 살았던 박효관(朴孝寬)을 가리킴 ◇端雅象中 文士貌(단아상중문사모)요 古奇畫裡 老仙形(고기화리노선형)을=단아한 형상 가운데 문사(文士)의 모습이요 오래되고 기이한 그림속의 늙은 신선의 형상을. ◇雲埒(운대)의 숨언지=운대에 숨어 지내는 지가. 운대는 필운대(弼雲臺)로 지금의 종로구 필운동에 있는 바위.

78
山行六七里ᄒ니　一溪二溪三溪流라
有亭翼然ᄒ니洽似當年醉翁亭을
夕陽의　笙歌鼓瑟은昇平曲을알외더라.(三溪洞) 安玟英

山行 六七里(산행육칠리)ᄒ니=산으로 육칠리 쯤을 가니 ◇一溪 二溪 三溪流(일계이계삼계류)라= 첫째 시내 두 번째 시내 세 번째 시내가 흐른다. 삼계는 서울 창의문(彰義門)밖에 삼계동(三溪洞)이 있고 거기에는 興宣大院君(흥선대원군)의 정자가 있었음 ◇有亭翼然(유정익연)ᄒ니 洽似當年 醉翁亭(흡사당년취옹정)을=정자가 있어 마치 새가 날개를 편 것 같은 모양으로 꼭 당년의 취옹정과 닮았음. 취옹정(醉翁亭)은 송(宋)나라 구양수(歐陽修)의 정자임 ◇笙歌鼓瑟(생가고슬)은 昇平曲(승평곡)을 알외더라=생황과 비파를 연주하고 노래하며 태평세월의 노래를 알리더라.

79
雲下太乙亭에　詠樂池말갓거다
朝日의花紋繡요春風의鳥管絃을
慶松은　울ㅣ蕃衍ᄒ야億萬年을긔약더라. 安玟英

대조: '詠樂池'는 '泳樂池'의 '울ㅣ'는 '鬱鬱'의 잘못.

雲下 太乙亭(운하태을정)에 詠樂池(영락지) 말갓거다=영락지는 영락지

(泳樂池)의 잘못. 운현궁 아래에 있는 태을정에 영락지가 맑아 있다 ◇朝日
(조일)의 花紋繡(화문수)요 春風(춘풍)의 鳥管絃(조관현)을=아침 햇살에 꽃
이 수를 놓은 듯하고 봄바람에 새가 노래하는 듯하다 ◇慶松(경송)은 울ㅣ
蕃衍(번연)ᄒ야=커다란 소나무는 울창하고 번성하여.

80

大道ㅣ直如髮ᄒ니 雲車를모라갈졔
花灼灼柳絲ㅣ요 風習習雲悠悠ㅣ라
綺羅裙 씌우거를옳히細樂이러라. 三溪洞 安玖英

대조; '柳絲ㅣ요'는 '柳絲絲ㅣ요'의 잘못. 종장은 '뒤헤는 綺羅裙 ᄯ로거늘 압헤 細
樂이러라'가 맞음.

大道直如髮(대도직여발)ᄒ니=큰 길이 곧기가 터럭과 같이 좋으니 ◇雲
車(운거)를 모라 갈졔=수레를 몰고 갈 때에. 운거는 望樓(망루)가 있는 수레
◇花灼灼 柳絲(화작작유사)ㅣ요 風習習 雲悠悠(풍습습운유유)ㅣ라=꽃은 화
사하게 피었고 버들을 가지가지 늘어졌고, 바람은 술술 구름은 한가롭게 떠
가더라 ◇綺羅裙(기라군) 씌우거를 옳히 細樂(세악) 이러라=기생들이 따르
거늘 앞에는 악단이더라. 세악은 장구, 북, 피리, 저, 깡깽이 등으로 편성한
악대.

平擧

81

夏禹氏濟河홀졔 負舟ᄒ던져黃龍아
蒼海를어듸두고半壁의와걸녀ᄂ냐
志槪야 쟉ᄒ랴마는蝘蜓보듯ᄒ도다. 英宗大王 潛邸時作 或曰 景宗大王

夏禹氏 濟河(하우씨제하)홀제 負舟(부주)ᄒ던 져 黃龍(황룡)아=하우씨가
내를 건널 때 배를 업고 가던 저 황룡아. 하우씨(夏禹氏)는 하(夏)나라의 우
(禹) 임금을 가리킴 ◇蒼海(창해)를 어듸 두고 半壁(반벽)의 와 걸녀느냐=
푸른 바다를 어디 두고 벽의 중간에 와서 걸렸느냐. 용을 그린 그림이 벽에
붙어 있는 것을 가리킴 ◇志槪(지개)야 쟉ᄒ랴마는 蝘蜓(언정)보듯 ᄒ도다
=뜻이야 오죽 하랴만 도마뱀 보듯 하도다.

82
富春山嚴子陵이　諫議大夫마다ᄒ고
小艇의낙듸싯고七里灘도라드니
아마도 物外閑客은이쑌인가ᄒ노라.

富春山 嚴子陵(부춘산엄자릉)이 諫議大夫(간의대부) 마다ᄒ고=부춘산의
엄자릉이 간의대부를 싫다하고 부춘산(富春山)은 중국 절강성 동려현(桐廬
縣) 서쪽에 있는 산. 엄자릉(嚴子陵)은 동한(東漢) 때 엄광(嚴光)으로 벼슬을
마다하고 부춘산에 있으면서 낚시질하며 농사를 지었음 ◇七里灘(칠리
탄)=엄자릉이 낚시를 하던 곳 ◇物外閑客(물외한객)은 =세상의 번잡을 피
하여 한가롭게 지내는 사람은.

83
景星出慶雲興ᄒ니　日月이光華로다
三王禮樂이오五帝의文物이라
四海로　太平酒비져닉여萬姓同醉ᄒ리라.

대조: '三王'은 '三皇'의 잘못.

景星出 慶雲興(경성출경운흥)ᄒ니=경성이 나타나고 경운이 일어나니. 경
성(景星)과 경운(慶雲)은 도(道) 있는 나라에 태평세월에 나타난다고 함. ◇

日月(일월)이 光華(광화)로다=해와 달이 빛나도다. 즉 태평세월이로다 ◇
三王 禮樂(삼왕예악)이오 五帝(오제)의 文物(문물)이라=‘三王’(삼왕)은 ‘三
皇’(삼황)의 잘못. 삼황 시대의 예악이오 오제 시대의 문물이다. 삼황은 천
황씨(天皇氏), 지황씨(地皇氏)와 인황씨(人皇氏). 오제(五帝)는 중국에 있던
전설상의 5황제. 오제는 여러 설이 있으나, 황제(黃帝), 전욱(顓頊), 제곡(帝
嚳)과 요순(堯舜)을 말함 ◇萬姓同醉(만성동취)=모든 백성들과 즐기며 함
께 취함.

84
눈마져휘어진딕를 뉘라서굽다든고
굽은節이면눈숙의푸를쇼냐
아마도 歲寒高節은너샏인가ᄒ노라.

대조; ‘눈숙의’는 ‘눈속의’의 잘못.

눈마져 휘어진 딕를 뉘라서 굽다든고=눈이 와서 눈에 휘어진 대나무를
누가 굽었다고 하던가. ◇굽은 節(절)이면 눈 숙의 푸를쇼냐=‘눈숙의’는
‘눈속의’의 잘못. 절개를 굽혔다면 차가운 눈 속에서도 푸를 수가 있겠느냐
◇歲寒高節(세한고절)은 너 샏인가=추운 때에도 높은 절개를 지킴은 너뿐
인가.

85
武王이伐紂여시늘 伯夷叔齊諫ᄒ오딕
以臣伐君은不可ㅣ라諫톳턴디
太公이 扶以去之ᄒ니餓死首陽ᄒ니라.

武王(무왕)이 伐紂(벌주)여시늘 伯夷叔齊(백이숙제) 諫(간)ᄒ오딕=한(漢)
나라 무왕(武王)이 폭군 쥬(紂)를 정벌하고자 하시거늘 백이와 숙제의 형제

가 간하니 ◇以臣伐君(이신벌군)은 不可(불가)ㅣ라 諫(간)톳턴디=신하로서
임금을 치는 것은 불가하다고 간하였더니 ◇太公(태공)이 扶而去之(부이거
지)ᄒ니 餓死 首陽(아사수양)ᄒ니라=강태공(姜太公)이 도와서 물러가게 하
니 수양산에서 굶어죽으니라.

86
먼듸기ᄌ로즈져 몃ᄉᆞ룸을지닉건고
오지못홀세면오만말이나ᄆᆞ을거시
오마코 아니올는일은닉닉몰ᄂᆞᄒ노라.

먼 듸 기 ᄌᆞ로 즈져 몃 ᄉᆞ룸을 지닉건고=먼 곳의 개가 자주 짖어 몇 사
람을 깨웠는가 ◇오지 못 홀셰면 오만 말이나 ᄆᆞ을 거시=오지 못할 것이
면 온다는 말이나 하지 말 것이지.

87
善으로敗ᄒ일보며 惡으로利로온일본다
이두ᄌᆞ음의取捨아니明白ᄒᆞ가
平生의 惡된닐아니ᄒ면自然爲善ᄒ리라. 嚴 字啓昭 號十省常 寧越人 中宗朝登第
官典籍

대조; '利로온'은 '일운'의 잘못인 듯.

善(선)으로 敗(패)ᄒ 일 보며 惡(악)으로 利(이)로온 일 본다=착한 것으로
실패한 일 보았으며 악한 것으로 성공한 일 보았느냐 ◇이 두 ᄌᆞ음의 取捨
(취사) 아니 明白(명백)ᄒ가=선과 악의 취하고 버림이 어찌 분명하지 않은
가 ◇惡(악)된 닐 아니 ᄒ면 自然爲善(자연위선) ᄒ리라=악한 일을 하지 않
으면 저절로 착한 것이 되리라.

88

大海의 觀魚躍이오 長空의 任鳥飛라
丈夫되여나셔志槪를못닐우고
ᄒ믈며 博施濟衆이야病됨음이잇시랴.

大海(대해)의 觀魚躍(관어약)이오 長空(장공)의 任鳥飛(임조비)라=큰 바다
에 고기가 뛰노는 것을 바라보고 아득히 먼 하늘에 새가 마음대로 난다 ◇
志槪(지개)를 못 닐우고=뜻을 이루지 못하고 ◇博施濟衆(박시제중)이야 病
(병)되옴이=은혜를 널리 베풀어 사람들을 구제하는 것이 허물됨이.

89

헌숫갓ᄌ른되롱 錘집고홈의메고
눈쑥의물보리라밧기음이엇더ᄒ니
아마도 박將碁보리슐이틈업슨가ᄒ노라. 趙顯命 號歸鹿軒 豊原府院君

헌 숫갓 ᄌ른 되롱=헌 삿갓에 짧은 도롱이 ◇밧기움이 엇더 ᄒ니=밭에
기음은 어떠하거니. 기음은 밭에 잡초를 제거하여 곡식이 잘 자라도록 하는
것 ◇박將碁(장기) 보리슐이 틈업슨가 ᄒ노라=바가지 쪼가리로 만든 장기
를 두고 보리로 만든 술도 마실 여가가 없는가 한다.

90

실별지ᄌ동달이셧다 홈이메고스립ᄂ니
긴숩풀츤니슬의베줌방이다졋ᄂ다
兒禧야 時節이됴흘쓴옷시졋ᄃ관계ᄒ랴. 李在 英祖朝庶尹

실별 지ᄌ 동달이 셧다 홈이 메고 스립 ᄂ니=샛별이 지자 종달새가 떴다
호미를 들고 사립문을 나서니 ◇긴 숩풀 츤 니슬의=길게 자란 수풀에 나
린 차가운 이슬에.

91
닉본시남만못ᄒ여   히온일이바히업닉
활쓰아ᄒ일업고글닐어인일업다
츌하로   江山의물너와밧갈나ᄒ리라.

대조; '활쓰아'는 '활쏘아'의 잘못.

닉 본시 남만 못ᄒ여 히온 일이 바히 업닉=내가 본래 남들보다 못해서
할 일이 전혀 없다. 또는 이룬 일이 하나도 없다 ◇활 쓰아 ᄒ 일 업고 글
닐어 인 일 업다=무예를 닦아 한 일이 없고 글을 읽어 이룬 일이 없다.

92
말ᄒ면 雜類라ᄒ고 말아니면어리ᄃ닉
貧寒을남이웃고富貴를싀오나니
아마도 이하늘아릭살올닐이어려왜라. 金尙容

말 아니면 어리ᄃ닉=말을 아니 하면 어리석다고 하네   ◇貧賤(빈천)을
남이 웃고 富貴(부귀)를 싀오나니=가난하고 천한 것을 다른 사람이 비웃고
부귀를 시새움을 하나니.

93
大棗볼붉은골의   봄은어이둧드리면
벼뷘그로히게는좃ᄎ나리는고야
슐닉즈   테장즈도라가니아니먹고어니ᄒ리. 黃喜

大棗(대조)볼 붉은 골의=대추가 빨갛게 익은 골짜기에 ◇봄은 어이 둧
드리며=밤은 왜 떨어지며 ◇벼 뷘 그로히 게는 좃ᄎ 나리는고야=벼를 뷘
그루에 게는 저절로 나오는 것이냐.

닉희좃타ᄒ고　남슬흔일ᄒ지믈며
남이흔다ᄒ고義아니면좃디마소
우리는　天性을딕히여ᄉ긴ᄃ로ᄒ리라.　卞季良　字巨卿　辛禑王時登第　入我朝重試
崇政文衡贊成　諡文肅

닉희 좃타 ᄒ고 남 슬흔 일 ᄒ지 믈며=내가 하기 좋다고 남이 싫어하는 일을 하지 말며　◇남이 흔다ᄒ고 義(의) 아니면 좃디마소=다른 사람이 한다고 하더라도 옳은 일 아니면 따르지 마시오

世事는琴三尺이오　生涯는酒一杯라
西亭江山月이두렷이밝앗는딕
東閣의　雪中梅다리고玩月長醉ᄒ리라.

대조; '江山月'은 '江上月'의 잘못.

世事(세사)는 琴三尺(금삼척)이오 生涯(생애)는 酒一杯(주일배)라=세상의 일은 석자 거문고와 같고 생애는 술 한 잔과 같다. 세상의 복잡한 일은 거문고 가락으로 풀어 버릴 수가 있고, 삶의 어려움도 술 한 잔으로 잊을 수 있음　◇西亭 江山月(서정강상월)이=서쪽에 있는 정자의 강 위에 뜬 달이 ◇東閣(동각)의 雪中梅(설중매) 다리고 玩月長醉(완월장취) ᄒ리라=동쪽에 있는 누각에서 설중매와 함께 달을 구경하며 오래도록 취하리라. 설중매는 기생으로 볼 수 있음.

古人도날못보고　나도古人못뵈오니
古人을못뵈와도녜던길을히잇닉
녜더길 읿히잇거든아니 녜고어니ᄒ리.　李滉

녜던 길 옳히 잇닉=가던 길 앞에 있네. 가던 길은 실행하던 사실 ◇아니
녜고 어이 ᄒ리=아니 실행하고 어찌 하겠느냐.

97

歲月이流水 ㅣ로다   어닉덧세쏘봄일식
舊圃에新菜나고古木의名花 ㅣ로다
兒嬉야   식슐만히두어스라식봄노리하리라. 朴孝寬 字景華 號雲崖 忠州人

어닉 덧세 쏘 봄일세=어느 사이에 또 봄이 되었네 ◇舊圃(구포)에 新菜
(신채) 나고 古木(고목)의 名花(명화) ㅣ로다=묵은 밭에 새 야채 나고 고목에
꽃이 피었다.

98

蔽日雲쓰르치고   熙皡世를보럿터니
닷는 몰셔셔늙고드는컬노보뮈셧다
가디록 白髮이직축ᄒ니不勝慷慨ᄒ여라.

대조: '컬노'는 '칼도'의 '직축'은 '지촉'의 잘못.

蔽日雲(폐일운) 쓰르치고 熙皡世(희호세)를 보럿터니=해를 가리는 구름
을 쓸어버리고 백성이 화락하고 태평한 세상을 보려고 했더니. 페일운은 달
리 천총(天聰)을 가리는 간신배로 불 수 있음 ◇닷는 말 셔셔 늙고 드는 컬
노 보뮈 셧다=천리마처럼 잘 달리는 말도 마구간에 허릴 없이 서서 늙고
보검처럼 좋은 칼도 녹이 났다. 하는 일 없이 세월만 감을 한탄하는 말.

99

전나귀혁을치니   돌길에날녀거다

兒孫야치치디말고슐병부딕죠심ᄒ라
夕陽이　山頭의거니ᄂᆞ딕鶴의소릭들니더라.

대조; 작자가 안민영(安玟英)으로『海東樂章』에 누락되었음.

전나귀 혁을 치니 돌길에 날닉거다=저는 나귀의 고삐를 잡아채니 돌길
을 날랜 듯이 달리는구나　◇치 치디 말고=채찍질을 하지 말고　◇山頭(산
두)의 거니ᄂᆞ딕=산마루에 걸쳐 있는데.

擧頭

100
구룸이무심튼말이　아마도虛浪ᄒ다
中天의셔이셔任意로단니면서
굿ᄒ여 光明ᄒ날빗츨덥허무슴ᄒ리오. 李存吾 字順卿 號孤山 高麗正言

구름이 무심튼 말이 아마도 虛浪ᄒ다=구름이 아무런 생각이 없이 떠다
닌다는 말이 아마도 허무맹랑하다　◇中天(중천)의 셔 이셔 任意(임의)로
단니면서=하늘 가운데 떠 있으면서 제멋대로 다니면서　◇굿ᄒ여 光明
(광명)ᄒ 날빛츨 덥허 무슴 ᄒ리오=구태여 밝고 빛나는 햇볕을 가려 무엇
하겠는가.

101
一生ᄒᄒ기를　義皇제못난줄이
草衣를무릅쓰고木實을먹을망졍
人心이　淳厚ᄒ던줄을못늬불허ᄒ노라. 崔冲 字浩然 高麗時四朝出將入相

義皇(희황)제 못 난 줄이=태평 시절이 태어나지 못한 것이　◇草衣(초의)
를 무릅쓰고 木實(목실)을 먹을망졍=초의를 무릅쓰고 나무열매를 먹을망

정. 거친 옷을 입고 거친 음식을 먹을망정.

102
太白山이仙興을겨워 采石江의돌조츠드니
이졔니르기를술의톳이라ᄒ건만는
屈原이 自投汨羅홀졔무슴술을먹은고.

대조; '太白山이'는 '太白이'의 잘못.

太白山(태백산)이 仙興(선흥)을 겨워 采石江(채석강)의 돌 조츠드니=이백(李白)이 신선다운 흥취를 이기지 못하고 채석강에 들어가 달을 따르니 ◇ 이졔 니르기를 술의 톳이라 ᄒ건만는=지금에 와서 사람들이 말하기를 술의 탓이라 하지마는 ◇屈原(굴원)이 自投汨羅(자투멱라)홀졔 무슴 술을 먹은고=굴원이 멱라수에 빠져 죽을 때 무슨 술을 먹었느냐. 굴원은 술을 먹고 죽은 것이 아니다.

103
拔山力蓋世氣는 楚伯의버거이오
秋霜節烈日忠은伍子胥의우히로다
千古의 凜凜丈夫는來亭侯신가ᄒ노라. 林慶業

대조; '來亭侯'는 '壽亭侯'의 잘못.

拔山力 蓋世氣(발산력 개세기)는 楚霸王(초패왕)의 버금이오=힘은 산을 뽑을 만하고 기개는 세상을 덮을 만하기는 초패왕의 다음이요 초패왕(楚霸王)은 項羽(항우)를 가리킴 ◇秋霜節 烈日忠(추상절열일충)은 伍子胥(오자서)의 우히로다=추상같은 절개와 뜨거운 태양과 같은 충성심은 오자서보다 위로다. 오자서(伍子胥)는 춘추전국시대 초(楚나)라 사람으로 아버지와 형을

죽인 초의 평왕을 죽임 ◇凜凜丈夫(늠름장부)는 來亭侯(내정후)신가='來亭
侯'(내정후)는 '壽亭侯'(수정후)의 잘못. 늠름한 대장부는 수정후인가. 壽亭
侯(수정후)는 촉한의 관우(關羽)를 가리킴.

104
泰山의울나안ㅈ 大海를굽어보니
天地四方이훤출도흔져이고
丈夫의 浩然之氣를오날이야알패라. 金裕器 字大哉 肅宗朝散人

훤출도 흔져이고=넓고 탁 트이기도 하였구나 ◇浩然之氣(호연지기)를
오날이야 알패라=마음이 넓고 뜻이 아주 큰 기상을 오늘에야 알겠다.

105
泰山이놉다ᄒ딕 하날아릭뫼히로다
오르고ᄯᅩ오르면못오르리읍거마는
ᄉ람이 제아니오르고뫼흘놉다ᄒ놉도다. 楊士彦 字應聘 號蓬萊 中華 明宗朝登第官
府使骨不格筆法奇古

못 오르리 읍거마는=오르지 못할 까닭이 없건만. 오르지 못할 사람이 없
건만.

106
ᄃᆡ막ᄃᆡ너를보니 有信코반가워라
나니兒蘠ᄂ제너를ᄐᆞ고단니더니
이후란 窓뒤의셔잇다가날뒤세우고단여라. 金光煜 字時而 號竹所

나니 兒蘠(아희) ᄂ제 너를 ᄐᆞ고 단니더니=나는 어린 아이 때 너를 타고
다녔더니 ◇窓(창) 뒤의 셔잇다가 날 뒤 세우고 단여라=창문 뒤에 서 있다
가 나를 뒤에 세우고 다녀라.

107
白鷗야부럽고나 너야무음일잇시리
江湖의써단니어어듸어듸경좃터니
날다려 仔細일너든너와홈긔놀니라.

대조: '仔細'는 '仔細히'의 잘못.

너야 무음 일 잇시리=너야 무슨 일이 있겠느냐 ◇경 좃터니=경치가 좋더냐 ◇날다려 仔細(자세) 일너든=나에게 자세하게 알려 주면은.

108
白髮이공명이런들 스람마다닷톨지니
날갓흔愚拙은브라도못흐려니
世上의 至極公道는白髮인가흐노라.

스람마다 닷톨지니=사람마다 다툴 것이니 ◇날 갓흔 愚拙(우졸)은 브라도 못 흐려니=나 같은 어리석고 못난 사람은 원해도 못할 것이니 ◇至極公道(지극공도)는 白髮(백발)인가=아주 공평한 도리는 다 같이 늙는 것인가. 늙는 데는 빈부귀천이 없음.

109
白鷗야놀나지마라 너줍으리아니라
聖上이바리시니갈듸업셔예왓노라
이제란 功名을흐直흐고너를좃ㅊ놀니라.

너 줍으리 아니라=너를 잡을 내가 아니다 ◇聖上(성상)이 바리시니 갈듸 업셔 예 왓노라=임금이 버리시니 갈 곳 없어 여기에 왔노라 ◇이제란 功名(공명)을 흐直(직)흐고=이제는 공명을 그만두고

110

白雪이ᄌᆞᄌᆞ진골의　구름이머흐레라
반가온梅花ᄂᆞ어늬곳의푸엿는고
夕陽에　호올노셔이셔살곳몰나ᄒᆞ노라. 李穡 字穎叔 號牧隱 麗朝人 入我朝

白雪(백설) ᄌᆞᄌᆞ진 골에 구름이 머흐레라=흰 눈이 자욱한 골짜기에 구름이 험하구나. 나라의 장래가 어찌 될까를 짐작하기 어렵다는 뜻 ◇夕陽(석양)에 호올노 셔이셔 갈 곳 몰나 ᄒᆞ노라=저녁에 홀로 서 있어 갈 곳을 몰라 하는구나. 나라가 어려운 때에 어찌 처신해야 할지를 망설임.

111

씌읍슨손이오거늘　갓버슨主人이마ᄌᆞ
여나무졍ᄌᆞ아릐박장긔버려놋고
兒嬉야　덜괸술걸으고외싸안쥬노아라.

대조; '씌읍슨'은 '쯰읍슨'의 잘못.

씌 읍슨 손이 오거늘=예기치 않았던 손님이 오거늘. 또는 예절을 갖추지 않은 손님이 오거늘. 허리띠를 매지 아니하는 것을 창피라고 함 ◇갓 버슨 主人(주인)이 마ᄌᆞ=갓을 쓰지 않은 주인이 맞아. 예절을 갖추지 않음을 말함 ◇여나무 졍ᄌᆞ 아릐 박장긔 버려놋코=여나무 그루의 나무가 서 있는 정자 아래에 바가지 조각으로 만든 장기판을 벌려놓고 ◇덜 괸 술 걸으고 외 싸 안쥬 노아라=덜 익은 술을 거르고 오이 따서 안주로 내 오너라.

112

쓴나믈데친니슨　고기도곤맛이잇늬
草屋좁은줄이그더옥늬분이라
다만지　身安心淸ᄒᆞ니그를조아ᄒᆞ노라. 鄭澈 字季涵 號松江 延日人 明宗朝文左相

勳功寅城府院君 諡文淸公

대조: '니슨'은 '거시'의 잘못.

쓴 나믈 데친 니슨 고기도곤 맛이 잇늬='니슨'은 '거시'의 잘못. 쓴 나믈
을 데친 것이 고기보다 맛이 있네. 쓴 나물은 산나물을 가리킴 ◇草屋(초
옥) 좁은 쥴이 긔 더욱 늬 분이라=초가집이 작은 것이 더욱 나의 분수에 맞
는다 ◇身安心淸(심안심청)ᄒ니 그를 조아 ᄒ노라=몸이 편안하고 마음이
상쾌하니 그를 좋아 한다.

113
綠水靑山깁흔골의 ᄎᄌ자오리뉘잇시니
花逕도쓸니읍고柴扉를다닷ᄂᆞ듸
仙狵방이　雲外吠ᄒ니쇽긱올가ᄒ노라.

ᄎᄌᆞ오 리 뉘 잇시니=찾아올 사람이 누가 있겠느냐 ◇花逕(화경)도 쓸
니 읍고 柴扉(시비)를 다닷ᄂᆞ듸=꽃잎이 떨어져 있는 길도 쓸 사람이 없고
사립문도 굳게 닫았는데. ◇仙狵(선방)이 雲外吠(운외폐)ᄒ니 쇽긱 올가 ᄒ
노라=삽살개가 멀리서 짖으니 속세의 손이 올까 한다.

114
碧梧桐심은뜻은　鳳凰을보려더니
닉심은둣시닉기다려도아니오고
밤즁만　一片明月이뷘가枝의걸녀세라.

대조: '둣시닉'는 '탓신지'의 잘못.

碧梧桐(벽오동) 심은 뜻은 鳳凰(봉황)을 보려더니=벽오동을 심은 뜻은 봉
황이 와서 깃드는 것을 보려고 하였는데 ◇닉 심은 탓인지=내가 심은 때

문인지.

115
菊花야너는어이　三月東風다지닉고
落木寒天에네홀노퓌엿는다
아마도　傲霜高節은너샏인가ᄒ노라. 李鼎輔 字士受

落木寒天(낙목한천)에=나뭇잎이 떨어지고 차가운 때에. 가을에　◇傲霜
高節(오상고절)은=서리를 업신여기는 높은 기개는.

116
일슴어느즛퓌니　君子의덕이로다
霜風의아니지니烈士節이로다
至今의　陶淵明업스니알니젹어ᄒ노라. 成汝完 號怡軒 太祖朝昌寧府院君

일 슴어 느즛 퓌니=봄에 일찍 심어 가을에 늦게 피니　◇霜風(상풍)의 아
니 지니=서리가 내리는 차가운 바람에도 꽃이 시들지 아니하니　◇陶淵明
(도연명) 업스니 알 니 젹어 ᄒ노라=도연명이 없으니 알 사람이 적은가 한
다. 도연명은 진(晉)나라 도잠(陶潛)을 말함.

117
壁上의도든가지　孤竹君의二子로다
首陽山어딕두고半壁의와걸녀나나
至今의　周武王업시니하마남즉ᄒ여라. 李華鎭 號默齋 肅宗朝監司

壁上(벽상)의 돗은 가지 孤竹君(고죽군)의 二子(이자)로다=벽에 걸린 그
림 속에 돋은 가지가 고죽군의 두 아들이다. 고죽군은 백이(伯夷)와 숙제(叔
齊)의 아버지　◇首陽山(수양산) 어딕 두고 半壁(반벽)의 와 걸녀나냐=수양
산을 어디에 두고 벽 가운데 와서 걸렸느냐　◇周 武王(주무왕) 업시니 하마

남즉 호여라=주 나라 무왕이 없으니 벌써 날만 하구나. 주 무왕은 은(殷)나라 폭군인 주(紂)를 치려고 하는 것을 간(諫)한 백이와 숙제를 죽이려고 하였음.

118
截頂의오르다호고 나슨듸를웃지마소
雷霆되ㅂ람의失足기고이호랴
우리는　平地의안즈시니두릴거시업세라.

대조; '되ㅂ람의'는 '된ㅂ람의'의 잘못.

截頂(절정)의 오르다 호고 나슨 듸를 웃지 마소=높은 곳에 올랐다고 하여 낮은 곳에 있는 사람들을 웃지 마시오　◇雷霆(뇌정) 되 ㅂ람의 失足(실족)기 고이호랴=천둥과 번개와 강풍에 다리를 헛짚는 것이 이상한 일이냐. 떨어지거나 넘어지는 것이 당연하다　◇平地(평지)의 안즈시니 두릴 거시 업세라=평지에 앉았으니 두려울 것이 없다.

119
이몸이죽고죽어　一百番곳쳐죽어
白骨이塵土ㅣ되여넉시야잇고업고
님향호　一片丹心이야ㄱ실줄이잇시랴. 鄭夢周

白骨(백골)이 塵土(진토)ㅣ 되여 넉시야 잇고 업고=백골이 먼지와 흙이 되어 넋이야 있고 없고　◇ㄱ실 줄이 잇시랴=변할 까닭이 있느냐.

120
히지고돗는둘이　너와긔약두엇던가
闇裏에즈는곳이香氣노아만난고냐
니엇지　梅月이벗되는줄몰랏던가호노라.(詠梅) 安玟英

히지고 돗는 돌이 너와 긔약 두엇던가=해가 지고 돋는 달이 너와 약속을 하였던가 ◇閤裏(합리)에 ᄌᆞ는 곳이 香氣(향기) 노아 맛난고냐=집안에 자는 꽃이 향기를 내보내어 맞이하는구나.

121
白岳山下의볏ᄌᆞ리에 鳳闕을營如ᄒᆞ샤
經之營之ᄒᆞ오시니庶民子來로다
아모리 勿亟ᄒᆞ라ᄉᆞ듸不日成之ᄒᆞ더라. 安玟英

대조; '庶民子來'는 '庶民自來'의 잘못.

白岳山下(백악산하) 녯 ᄌᆞ리에 鳳闕(봉궐)을 營始(영시)ᄒᆞ샤=백악산 아래 옛 터전에 궁궐을 처음 경영하시니. 백악산(白岳山)은 북악산의 다른 이름 ◇經之營之(경지영지) ᄒᆞ오시니 庶民 子來(서민자래)로다='子來'(자래)는 '自來'(자래)의 잘못. 계획하고 운영하시니 백성들이 저절로 모여드는구나 ◇아모리 勿亟(물극)ᄒᆞ라ᄉᆞ듸 不日成之(불일성지) ᄒᆞ더라=아무리 서두르지 말라 하셔도 오래지 않아 이루어 내시었도다. 흥선대원군(興宣大院君)이 경복궁을 재건한 것을 말함.

羽調 三數大葉

122
秋江의月白거늘 一葉舟를흘니져어
낙듸를썰쳐드니ᄌᆞ든白鷗다놀나는다
져희도 ᄉᆞ람에흥을알아오랑가랑ᄒᆞ더라. 金光煜

秋江(추강)의 月白(월백)거늘 一葉舟(일엽주)를 흘니 져어=가을 철 강에 달빛이 환하게 밝거늘 조그마한 배를 물 흐르는 대로 저어.

123
秋江의밤이드니 물결이츳노미라
낙시드리오니고기아니무노미라
無心흔 달ㅂ빗만싯고븬비도라오노라. 月山大君 名婷 字子美 號風月亭 德宗之子
成宗之兄 諡文孝公

秋江(추강)의 밤이 드니 물결이 츳노미라=가을철 강에 밤이 되니 물결이
차갑구나.

124
이제야스람되야 웬몸의깃시돗처
九萬里長天의슈루룩소스올나
님계신 九重宮闕의굽어븰가ᄒ노라. 孝宗大王 御製

이제야 스람 되야 웬 몸의 깃시 돗쳐=이제야 사람이 되어 온 몸에 털이
돋아나 ◇九萬里長天(구만리장천)의 슈루룩 소스올나=높고 먼 하늘에 쑥
솟아올라 ◇九重宮闕(구중궁궐)의 굽어 븰가 ᄒ노라=대궐을 굽어 살필까
하노라.

125
가ᄆ괴눈빗ᄆᄌ 희ᄂᆫ듯검노미라
夜光明月이밤인들어두오랴
님向흔 一片丹心이야變홀쥴이잇시랴. 朴彭年 字仁叟 號醉琴 順天人 世宗朝登第
湖堂官至刑曹參判 世祖朝謀復魯山事覺被誅 後追封六臣 配享端廟

대조; '눈빗'은 '눈비'의 잘못.

희는 듯 검노믹라=검은 까마귀가 눈을 맞아 흰빛인 듯하다 곧 검어진다.

126

朔風은나무끗히불고　明月은눈속의춘딕
萬里邊城의一長劒쎅여들고　戍樓의놉히안즈
긴프롬　긴한소릭의것칠거시업세라. 金宗瑞 字國卿 號節齋 太宗朝相

朔風(삭풍)은 나무 끗히 불고 明月(명월)은 눈 속의 찬딕=차가운 북풍은 나무 끝에 불고 밝은 달을 눈 속에서 더욱 차게 느껴지는데 ◇萬里邊城(만리변성)의 一長劒(일장검) 쎅여 들고=멀리 떨어진 국경의 요새에서 큰 칼을 잡고 빼어 들고 ◇긴프롬 긴 한 소리의 것칠 거시 업세라=길게 울리는 휘파람과 길게 질러대는 소리에 두려운 것이 없어라.

127

桃花李花杏花芳草들아　一年春光을恨치마라
너희는그리ᄒ여도與天地無窮일다
우리는　百歲쑨이믹그를슬어ᄒ노라.

桃花李花杏花　芳草(도화이화행화방초)들아　一年春光(일년춘광)을　恨(한)치마라=봄철이 피는 꽃들과 싱싱한 풀들아 한 해의 봄볕이 짧음을 한탄하지 마라 ◇與天地無窮(여천지무궁)일다=천지와 더불어 무궁하다.

128

屈原忠魂빅희너흔고기　采石江의긴고릭되어
李謫仙등의언고ᄒ늘우희올느시니
이제는　식로는고기니낙가닌들엇더리.

屈原 忠魂(굴원충혼) 빅희 너흔 고기 采石江(채석강)의 긴 고릭 되어=굴원의 충성스런 넋을 배에 넣은 고기가 채석강의 긴 고래가 되어. 긴 고래는

파도를 가리킴 ◇시로 눈 고기니 낙가닌들 엇더리=굴원이나 이백의 넋과
는 관계가 없이 새로 생겨난 고기들이니 낚아낸다고 한들 어떻겠느냐.

129

어듸즈고여귀를왓노   平壤즈고여긔왓닉
臨津大同江을뉘뉘빅들건너왓노
船價는 만투라마는女妓빅투고것너왓닉.

대조; '빅들'은 '비로'의 잘못.

어듸 즈고 여귀를 왓노=어디서 자고 여기를 왔느냐 ◇臨津 大同江(임진
대동강)을 뉘뉘 배들 건너 왓노='빅들'은 '비로'의 잘못. 임진강과 대동강을
누구의 배를 타고서 건너 왔느냐 ◇船價(선가)는 만투라마는 女妓(여기) 빅
투고 젓너왓닉=배편은 많더라만 기생의 배를 타고 건너 왔네. 배〔船〕과 배
〔腹〕의 동음이의어를 대비하여 지은 시조임.

130

어우하늘속엿고나   秋月春風이날속엿다
節節도라오믹有信이역엿더니
白髮을 날다맛기고少年좃녀이거고나.

어우하 날 속엿고나 秋月春風(추월춘풍)이 날 속엿다=어와 나를 속였구
나 세월이 나를 속였구나 ◇節節(절절) 도라오믹 有信(유신)이 역엿더니=
철마다 돌아오매 믿음직하게 여겼더니 ◇白髮(백발)을 날 다 맛기고 少年
(소년) 좃녀 이거고나=백발을 나에게 다 맡기고 젊음을 따라 갔구나.

131

楚山秦山白雲ᄒ니   白雲處處長隨君을
長隨君君入楚山裏ᄒ다雲亦隨君渡湘水ㅣ로다

湘水上 女蘿衣白雲堪臥君早歸를ᄒ노라.

楚山秦山多白雲(초산진산다백운)ᄒ니 白雲處處長隨君(백운처처장수군)을
=초산과 진산에 백운이 덮혔으니 백운은 곳곳에 오래도록 그대를 따르도
다 ◇長隨君 君入楚山裏(장수군군입초산리)ᄒ다 雲亦隨君渡湘水(운역수군
도상수) ㅣ로다=오래도록 그대를 따르고 그대는 초산 속으로 들어가고 구름
또한 그대를 따라 상수를 건너도다 ◇湘水上(상수상) 女蘿衣(여라의) 白雲
堪臥君早歸(백운감와군조귀)를 ᄒ노라=상수 위의 여라의로 백운에 누워 머
물음 즉하나 그대는 빨리 돌아오시라. 이백(李白)의 「백운가송유십륙귀산
(白雲歌送劉十六歸山)」을 시조로 만든 것임.

132
若不坐禪消妄念인딕 直須浸醉放狂歌를
不然이면秋風明月夜의爭奈尋思往事何요
每日의 芳樽을對ᄒ야觴詠消遣ᄒ리라.

若不坐禪消妄念(약불좌선소망렴)인딕 直須浸醉放狂歌(직수침취방광가)를
='妄念'(망렴)은 '忘念'(망렴)의 잘못인 듯. 만약 좌선하여 망념을 없애지 못
할진대 곧바로 모름지기 몹시 취하여 미친 노래를 부를 것. ◇不然(불연)
이면 秋月春風夜(추월춘풍야)의 爭奈尋思往事何(쟁내심사왕사하)요=그렇지
아니하면 가을 달 밝고 봄바람 부는 밤에 지난 일을 헤아려 무엇 하리오
백낙천(白樂天)의 「强酒」(강주)란 시임 ◇芳樽(방준)을 對(대)ᄒ야 觴詠消遣
(상영소견) ᄒ리라=좋은 술을 대하여 술을 마시며 시를 읊고 소일하리라.

133
바람불어쓰러진남기 비오다고삭시나며
님그려든病이藥먹다ᄒ릴소냐
져님아 널노든병이니네고칠가ᄒ노라.

비 오다고 삭시 나며=비가 온다고 싹이 나며 ◇님 그려 든 病(병)이 藥(약) 먹다 흐릴소냐=님을 그리워해서 생긴 병이 약을 먹는다고 낫겠느냐.

134
ㅂ람부러쓰러진뫼보며 눈비마져셕은돌본다
눈졍에거룬님이슬커늘어듸본다
돌셕고 뫼쓸닌後야離別인줄알니라.

ㅂ람 부러 쓰러진 뫼 보며 눈비 마져 셕은 돌 본다=바람이 불어 쓰러진 산을 보았으며 눈비를 마자 썩은 돌을 보았는가 ◇눈졍에 거룬 님이 슬커늘 어듸본다=눈 情(정)에 든 임을 싫거늘 어찌 다시 보겠느냐. ◇돌 셕고 뫼 쓸린 後(후)야 離別(이별)인 쥴 알니라=돌이 썩고 산이 쓸려 없어진 뒤에야 이별인줄 알 것이다. 이별이란 있을 수 없다.

135
각씨늬츠오신칼이 一尺劍가二尺劍가
龍泉劍太阿劍의匕首短劍의아니여든
丈夫의 九回肝腸을슈흘슈흘슷넌고.

대조; '각씨늬'는 '각씨네'의 잘못.

각씨늬 츠오신 칼이=각씨가 차고 있는 칼이 ◇龍泉劍 太阿劍(용천검태아검)의 匕首 短劍(비수단검) 아니여든=용천검이나 태아검과 같은 보검도 비수나 단검도 아니거든 ◇九回肝腸(구회간장)을 슈흘슈흘 슷넌고=구곡간장을 마디마디 끊느냐.

136

玉갓튼漢宮女도　胡地의塵土되고
解語花楊貴妃도驛路의무텻ᄂ니
閼氏의　一時花容을앗겨무슴ᄒ리오.

玉(옥) 갓튼 漢宮女(한궁녀)도 胡地(호지)의 塵土(진토) 되고=옥처럼 고은
한(漢)나라 궁녀도 오랑캐 땅에 한 줌 흙이 되고 한(漢)나라 궁녀인 왕소군
(王昭君)이 오랑캐 땅에 묻혀 진흙이 되고　◇解語花 楊貴妃(해어화양귀비)
도 驛路(역로)의 무텻ᄂ니=말을 알아듣는 꽃이라고 한 양귀비도 죽어 마외
역(馬嵬驛)의 길가에 묻혔느니　◇一時花容(일시화용)을 앗겨 무슴 ᄒ리오=
한 때의 아름다운 얼굴을 아끼어 무엇 하겠는가.

137

엇그제님니별하고　碧紗窓의지흐엿시니
黃昏의지는곳과綠楊의걸닌달이
아무리　無心히보아도不勝悲感ᄒ여라.

대조; '지흐엿시니'는 '지혀시니'의 잘못.

碧紗窓(벽사창)의 지흐엿스니=푸른 사창에 기대었으니. 사창은 방에 쳐
놓은 가리개　◇黃昏(황혼)의 지는 곳과 綠楊(녹양)의 걸닌 달이=저녁에 시
드는 꽃과 푸른 버들에 걸린 달이　◇不勝悲感(불승비감) ᄒ여라=슬픈 감
정을 이기지 못하겠더라.

138

가로디나셰디놋줌의　죽은後ㅣ면뉘알넌가
나죽은무덤우희밧출갈지논을플셰
酒不到　劉伶墳上土ㅣ니아니먹고어니리.

대조; '플셰'는 '플지'의 잘못.

가로 지나 세디낫 즁의=가로 젊어지거나 세로 젊어지거나 간에. 제 명에
죽거나 또는 그렇지 못하거니 간에 ◇나 죽은 무덤 우회 밧출 갈지 논을
플셰='플셰'는 '플지'의 잘못. 내가 죽어 묻힌 무덤을 밭을 만들어 갈지 논
을 만들지 ◇酒不到 劉伶墳上土(주부도유령분상토)ㅣ니=술이 유령의 무덤
위에는 오지 않음. 유령은 진(晉)나라 사람으로 술을 몹시 즐겼음.

139
이러나저러ᄒ나 이草屋便코죷타
淸風은오락가락明月은들락날낙
이中의 病업슨이몸이ᄌ락씌락ᄒ더라.

대조; 'ᄒ더라'는 'ᄒ리라'의 잘못.

이리나 저러ᄒ나 이 草屋(초옥) 便(편)코 죷타=이렇거나 저렇거나 이 초
가집이 편하고 좋다 ◇ᄌ락씌락 ᄒ더라=자다가 깨다 하겠다.

140
닉가슴쓸어만ᄌ보소 슬ᄒ졈이바히업셔
굼든아니ᄒ되自然이그러ᄒ예
졔님이 널로난병이니네곳칠가ᄒ노라.

살 ᄒ 졈이 바히 업셔=살이라고는 한점도 전혀 없어 ◇굼든 아니ᄒ되
自然(자연)이 그러ᄒ예=굶지는 아니하였으나 자연 그렇게 되었네.

搔聳

141

어졔밤도혼자곱송거려시오줌즈고   디남밤도혼즈곱송고려시오줌굿닉
어이놈의八字ㅣ가晝夜長常의곱송고려시오줌만즈노
오늘은   그리돈님만나발을보리고츤츈휘감아쟐가ᄒᆞ노라.

대조; '어이놈의'는 '어인놈의'의, '보리고'는 '바리고'의 잘못.

어이 놈의 八字(팔자)ㅣ가 晝夜長常(주야장상)의 곱송고려 시오줌만 즈노
=어떻게 된 놈의 팔자가 밤낮을 가리지 않고 항상 몸을 꾸부니어 새우잠만
자느냐.

142

어험아거뉘오신고   건너佛堂의動鈴즁이외러니
홀居士의홀올노ᄉ신는방안의무시것ᄒᆞ라와계시고 오오우오오우우오오오오우오오
우우오오오 홀居士님의   노감특이벼서거는말겻히닉곡갈버서걸나왓닉.

대조: '벼서거는'은 '버서거는'의 잘못.

어험 아 긔 뉘오신고=어흠 아 그 누구십니까 ◇홀 居士(거사)님의 노감
특이 벼서 거는 말겻히 닉   곡갈 버서 걸나 왓습닉=홀아비 거사님의 노감
탁이 벗어 걸은 말꼿이 곁에 내 고깔을 벗어 걸러 왔습네. 노감탁이는 노를
꼬아서 만든 감투.

143

아마도太平홀쯘   우리君親이시졀이여
聖主有德ᄒᆞ샤國有豊雲慶이오雙親이有福ᄒᆞ샤家無桂玉愁ㅣ라 아아아아아아하아아
億兆蒼生들이   年豊의興을겨워白鷄黃酒로熙皥同樂ᄒᆞ더라.

聖主 有德(성주유덕)ᄒᆞ샤 國有豊雲慶(국유풍운경)이오 雙親(쌍친)이 有福
(유복)ᄒᆞ샤 家無桂玉愁(가무계옥수)ㅣ라=훌륭한 임금이 덕이 있으시어 나
라에 풍년이 드는 경사가 있고, 양친이 복이 있으시어 집에 먹고 사는 걱정
이 없다 ◇億兆蒼生(억조창생)들이 年豊(연풍)의 興(흥)을 겨워 白酒黃鷄(백
주황계)로 熙皡同樂(희호동락) ᄒᆞ더라=많은 백성들이 해마다 풍년에 흥을
겨워 탁주와 수탉으로 임금과 함께 한가지로 즐거움을 누리리라.

144

大棗불붉은柯枝 에후루여훌터다담고
올밤익어벙그러진柯枝흘휘두드려발나쥬어담고　오오우오오우우오오오오우우우
오우우오우오
벗모화　草堂을드러가니술이쥰의豊充淸이세라.

대조; '다담고'는 '짜담고'의 잘못.

에후루여 훌터 다 담고='다'는 '짜'의 잘못. 휘어잡아 훑어서 따 담고 ◇
올밤 익어 벙그러진 柯枝(가지)흘 휘두드려 발나 쥬어 담고=일찍 먹는 밤
이 익어 밤송이가 벌어진 가지를 마구 두드려 밤송이를 발라 알밤을 주워
담고 ◇술이 쥰의 豊充淸(풍충청) 이세라=술이 술통에 넘치도록 있구나.

145

불아니썌일지라도　절노익ᄂᆞᆫ솟과
여무죽아니먹여도크고슬제흔거는물과　짐슴줌ᄒᆞᄂᆞᆫ女妓妾과술십ᄂᆞᆫ酒煎子와　胖部
로낫ᄂᆞᆫ감은음소 오오우오오우우오오오오우우우오우우우오우오
平生의　이다섯가지두량이면부러올거시업세라.

대조; '거는'은 '것는'의 잘못.

불 아니 씌일지라도 절노 익는 솟과=불을 때지 않아도 저절로 익는 솥과
◇여무죽 아니 먹여도 크고 살졔 흔 거는 물과='거는'은 '것는'의 잘못. 여
물과 소죽을 먹이지 아니하여도 크고 살져서 잘 걷는 말과. ◇胖部(양부)로
낫는 감은 음소=새끼를 잘 낳는 검은 암소 양부는 소의 밥통 부위의 고기
를 말함.

146
닉쇠시랑을일허바린지가   오늘좃ㅊ찬三年이외러니
轉展듯헤聞傳言ᄒ니閣氏늬房안의셔잇드라ᄒ데 이이이이이이이이이이이
柯枝란   다몰쏙뮛쳐쓸지라도자로드릴구릉이나남기소.

오늘좃ㅊ 찬 三年(삼년) 이외러니=오늘까지 꽉 찬 삼년이 되었더니 ◇
轉展(전전) 듯헤 聞傳言(문전언)ᄒ니 閣氏(각씨)네 房(방)안의 셔 잇드라 ᄒ
데='轉展'(전전)은 '轉傳'(전전)의 잘못인 듯. 여러 사람을 거쳐 전해진 끝에
전하는 말에 들으니 각씨네 방안에 세워져 있다고 하더라 ◇柯枝(가지)란
다 몰쏙 뮛쳐쓸지라도 자로 드릴 구릉이나 남기소=가지는 전부 다 묻히더
라도 자루를 끼울 구멍이나 남기시오.

147
져건너검어뭇투름흔바회   뎡듸여셔두려늬여
털돗치고쏼을박아셔흥셩드뭇것게밍글녀라검은암소   오오우오오우우우오오
두엇다가   님가오실졔것구루틱여보닉라.

대조; '두려늬여'는 '두드려ㄴ여'의 잘못.

져 건너 검어 뭇투룸흔 바회=저 건너 검고 울퉁불퉁한 바위에 ◇뎡 듸
여셔 두려늬여=정을 대고 깨쳐 두드려 내어 ◇털 돗치고 쏼을 박아셔 흥
셩 드뭇 것게 밍글녀라 감은 암소=털이 돋아나고 뿔을 박아서 흥청거리며

천천히 걷게 만들겠다, 검은 암소를.

148

閣氏네되오려논의   물도만코걸다ᄒᆞ데
倂作을쥬려ᄒᆞ거든撚匠조흔나를쥬소 오오우오오우우오오오오우우우오우우오우오
眞實로   쥬기곳쥬량이면가ᄅᆡ들고삐지여볼가ᄒᆞ노라.

되 오려 논의=종자가 나쁜 올벼를 심은 논이. 여성의 성기를 은유함 ◇
물도 만코 걸다 ᄒᆞ데=물도 많고 기름지다고 하더라 ◇倂作(병작)을 쥬려
ᄒᆞ거든 撚匠(연장) 소혼 나를 쥬소=병작을 주겠거든 연장이 좋은 나에게
주시오 연장은 남자의 성기를 은유함 ◇쥬기곳 쥬량이면 가ᄅᆡ 들고 삐 지
여볼가 ᄒᆞ노라=주기만 한다면 가래를 들고 씨를 떨어뜨려 볼까 한다.

149

玉에난틔나잇지   말곳ᄒᆞ면다書房인가
닉안뒤여남못뵈고天地間에이런답답ᄒᆞᆫ일이쏘어딕잇나   아아아아아아하아
널놈이   百말을홀지라도님이斟酌하시소.

대조; '널놈이'는 '널놈이'의 잘못.

말곳 ᄒᆞ면 다 書房(서방)인가=말만 하면 다 서방인가 ◇닉 안 뒤여 남
못뵈고=내 심정을 뒤집어 남에게 못 보이고 ◇널 놈이 百(백) 말을 홀지라
도='널'은 '널'의 잘못. 열 사람이 백 마디나 되는 말을 할지라도

150

이몸이싀여져서   三水甲山제비나되여
님의窓밧쳐음춘혀굿붓허집을ᄌᆞ로종종다라디여두고 오오우오오우우우오오
밤므中만   제딥으로드ᄂᆞᆫ톄ᄒᆞ고님의츙의들니라.

이 몸이 싀여져서 三水甲山(삼수갑산) 제비나 되여=이 몸이 죽어서 삼수
갑산에 제비가 되여. 삼수와 갑산은 함경남도에 있는 오지(奧地)임. ◇즈로
종종 다라 디여 두고=계속하여 잇달아 집을 지어 두고

151
고스리닷丹의졔醬찍어먹고 물업신岡上의올나
아모리목말나물달나흔들어닉환양의쌀년이날물쩌다쥬리 오오우오오우우우오오오
오우우우오우우우우오우오
밤ㅁ中만 閣氏네품에의들면冷水ㄱ景이업세라.

고사리 닷 丹(단)의 졔醬(장) 찍어 먹고=고사리나물 다섯 단을 된장에 찍
어 먹고 ◇물 업신 岡上(강상)의 올나=물이 없는 산 위에 올라 ◇어닉 환
양의 쌀년이 날 물 쩌다쥬리=어느 화냥년의 딸이 나에게 물을 떠다 주겠느
냐 ◇閣氏(각씨)네 품에의 들면 冷水ㄱ景(냉수경)이 업세라=각씨의 품에
들게 되면 냉수를 찾을 경황이 없어라.

152
져근너羅浮山눈속의 검어웃쑥울통불통匡隊등걸아
네무습힘으로柯枝돗쳐꼿죳츠져리쒸엿는냐 오오우오오우우우오오오오오우우우오
우우우우오우오
아모리 석은빅半만남앗슬망졍봄쯧을어이ᄒ리요 安玟英

羅浮山(나부산)=중국 광동성 혜주부(惠州府) 부라(傅羅)에 있는 산 ◇검
어 웃쑥 울통불통 匡隊(광대)등걸아=검어 우뚝 울통불통하고 험상궂게 생
긴 등걸아. 등걸을 나무를 베어낸 그루터기 ◇석은 빅 半(반)만 남앗슬망졍
봄 쯧을 어이 ᄒ리요=썩은 배가 반만 남았을망정 봄을 맞아 싹을 틔우려는
의지를 어찌 하겠느냐. 배는 씨앗 속에 있어 자라서 싹이 되는 부분.

153
洛城西北三溪洞天의　水澄清而山秀麗훈딕
翼然佳亭의伊誰在矣오國太公之偃仰이시라
비ᄂᆞ니　南極老人北斗星君으로享國萬年ᄒᆞ오소셔.

대조; 中念이 빠졌음. 국악원본, 규장각본과 일석본, 동양문고본에서는 작자를 박효관으로, 『증보 가곡원류』에서 작자를 박효관 一云 안민영이라 했고, 『금옥총부』에 수록되어 있음.

洛城西北　三溪洞天(낙싱서북삼계동천)의　水澄清而山秀麗(수징청이신수려)훈딕=서울 서북 삼계동 골짜기에 물이 맑고 깨끗하며 산세가 빼어나게 아름다운데. 三溪洞(삼계동)은 자하문 밖에 있음　◇翼然　佳亭(익연가정)의 伊誰在矣(이수재의)오 國太公之 偃仰(국태공지언앙)이시라=날개를 단 것처럼 빼어난 정자에 누가 계시오, 국태공께서 편안히 쉬고 계시니라. 국태공(國太公)은 흥선대원군(興宣大院君)임　◇南極老人(남극노인) 北斗星君(북두성군)으로 享國萬年(향국만년) ᄒᆞ오소셔=남극노인성과 북두성군의 보살핌으로 나라를 목숨이 다할 때까지 누리십시오

半箴數大葉

154
이럿툿져럿탄말이　오로다두리슝슝
빗거ᄂᆞᆺ거나깁흔盞의가득부어
平生　但願長醉코不願醒을ᄒᆞ리라.

대조; '平生'은 '平生의'의 잘못.

이럿툿 져럿탄 말이 오로다 두리 슝슝=이렇다 저렇다고 하는 말이 오로

지 다 뒤숭숭 ◇빗거ᄂ 스거나 깁흔 盞에=술을 담그거나 돈을 주고 사거나 큰 잔에 ◇但願 長醉(단원장취)코 不願醒(불원성)을 ᄒ리라=다만 오랜 동안 취하길 바라고 깨기를 바라지 않으리라.

155

三月三日李白桃紅 九月九日黃菊丹楓
靑帘에술이익고동庭의秋月인제
白玉盃 竹葉酒가지고琓月長醉ᄒ리라.

靑帘(청렴)에 술이 익고 東庭(정)에 秋月인제= 청렴(靑帘)에 술이 있고 동정호에는 가을 달이 비추는데. 청렴은 금준(金樽)의 잘못인 듯. 청렴은 술집을 알리는 주기(酒旗)임 ◇白玉盃 竹葉酒(백옥배 죽엽주) 가지고=백옥으로 만든 잔에 댓잎으로 담근 술을 가지고.

156

이슝져슝ᄃ지닉고 흐롱흐롱인일업다
功名도어근버근世事라도싱슝샹슝
每日의 흔盞두盞ᄒ며그렁저렁ᄒ리라.

이 슝 져 슝 ᄃ 지닉고=이런 흥 저런 흥을 다 겪고 ◇흐롱흐롱 인 일 업다=흐롱하롱 하며 이룬 일이 없다 ◇功名(공명)도 어근버근=공명도 마땅치 않아 할까 말까를 망설이고.

157

흐리나말그나즁의이濁酒죳코 딕테메운질甁들이더보기죠희
어룬자박국이를쓰렝둥당지둥둥씌위두고
兒嬉야 져리沈茱ㅣ로만경업다말고닉여라. 蔡裕後 字伯昌 號湖洲 仁祖朝判書

흐리나 말그나 즁의=흐린 술이거나 맑은 술이거나 가운데 ◇딕테 메운

질瓶(병)들이 더 보기 죠희=대나무로 테를 메운 질병들이 더 보기 좋구나
◇어룬자 박구기를=얼씨구나 술구기로 쓰는 바가지를 ◇져리沈菜(침채)ㅣ
로 만졍=절인 김치일망졍.

158
東閣의숨은곳치 躑躅인가杜鵑花ㄴ가
乾坤이눈이어늘제엇지敢히뛰리
알괘라 白雲陽春은梅花밧게뉘잇시리, 安玟英

東閣(동각)의 숨은 곳치=동쪽 집인에 피이 있는 꽃이 ◇躑躅(척촉)인가
杜鵑花(두견화)ㄴ가=철쭉꽃인가 진달래꽃인가 ◇乾坤(건곤)이 눈이어늘
제 엇지 敢(감)히 뛰리=온 세상이 다 눈으로 덮였거늘 제가 어찌 감히 피겠
느냐 ◇白雪 陽春(백설양춘)은 梅花(매화) 밧게 뉘 잇시리=흰 눈이 쌓인 따
뜻한 봄철에 피는 꽃은 매화밖에 누가 있겠느냐.

159
三月花柳孔德星오 九月楓菊三溪洞을
我笑堂봄바람과米月舫가을달을
어즈버 六花粉粉時의賣酒詠梅ㅎ시러라. 安玟英

대조; '孔德星'은 '孔德里'의, '賣酒'는 '煮酒'(자주)의, '하시러라'는 '하시더라'의 잘못.

三月 花柳 孔德星(삼월화류공덕성)오=삼월에는 꽃이 피고 버들이 푸른
공덕리가 좋고 공덕리는 지금 서울 마포구 공덕동으로 대원군의 별장 아소
당(我笑堂)이 있었음. ◇九月 楓菊 三溪洞(구월풍국삼계동)을=구월의 단풍
과 국화는 삼계동이 좋음. 삼계동은 서울 종로구 자하문 밖임 ◇我笑堂(아
소당)=마포구 공덕동에 있던 대원군의 별장. ◇米月舫(미월방)=삼계동에
있던 대원군의 정자인 듯 ◇六花 紛紛時(육화분분시)에 賣酒 詠梅(매주영

매) ᄒ시러라='賣酒'(매주)는 '煮酒'(자주)의, '하시러라'는 '하시더라'의 잘
못. 눈이 펄펄 날릴 때에 술을 데우고 매화를 읊조리시더라.

界 初數大葉

160
압못의든고기들아 뉘라셔너를모라다가녁커늘든다
北海淸沼를어듸두고이못의와든다
들고도 못나는情은네오늬오달으랴.

뉘라셔 너를 모라다가 넉커늘 든다=누가 너를 몰아다 넣었거늘 들어왔
느냐 ◇北海淸沼(북해청소)를=넓은 북해나 맑은 웅덩이를 ◇들고도 못
나는 情(정)은 네오 늬오 달으랴=들어왔다가 못 나가는 사정은 너와 내가
다르겠느냐.

161
靑石嶺디나건냐 草河衢어드메오
胡風도ᄎ도출샤구즌비ᄂᆞ무음일고
뉘라셔 닉형色을그려늬여님계신듸두리리. 孝宗大王 丙子胡亂淸兵陷欠之而去 中
途戀戀不能忘故作此上落漏故言之

靑石嶺(청석령) 디나건냐 草河衢(초하구) 어드메오='草河衢'(초하구)는
'초하구(草河溝)'의 잘못. 청석령은 지났구나 초하구가 어디냐. 청석령과 초
하구는 평안북도 의주(義州)에서 중국의 심양(審陽)을 가는 도중에 있는 지
명 ◇胡風(호풍)도 ᄎ도출사=오랑캐 땅에서 부는 바람이 차기도 차구나.

162
窓박게菊花를슴어 菊花밋희술비저두니
술익ᄌ국화퓌자벗님오자달이도다온다

兒嬉야   거문고닉여라벗님딕접ᄒ리라.

술 익즈 국화 퓌자 벗님오자 달이 도다온다=술이 익자 국화가 피고 벗이
오자 달이 솟아오른다. 곧 술, 꽃, 벗, 달의 네 가지 아름다움을 다 이루었음.

163
牛山의지난히를   齊景公이우럿드니
三溪洞가을달을國太公이늣기샷다
아마도   今古英傑의慷慨情은흔 가진가ᄒ노라. 安玟英

牛山(우산)에 지난 히를 齊景公(제경공)이 우럿드니=우산에 지는 해를 보
고 제(齊)나라 경공(景公)이 울었더니. 우산(牛山)은 중국 산동성 치현(淄縣)
에 있는 산으로, 제나라의 경공이 이곳의 아름다운 경치를 구경하다가 자기
가 조만간에 죽을 것이라 하여 슬퍼해서 울었다고 함 ◇三溪洞(삼계동) 가
을 달을 國太公(국태공)이 늣기샷다=삼계동에서 가을 달을 보고 국태공이
감격하시었음. 삼계동(三溪洞)은 서울 자하문 밖에 있음. 국태공(國太公)은
흥선대원군을 말함 ◇今古 英傑(금고영걸)의 慷慨情(강개정)은 흔 가진가
ᄒ노라=예전부터 지금까지의 영웅과 호걸들의 비분강개하는 심정은 다 같
은가 한다.

界 二數大葉

164
春風의花滿山이오   秋夜의月滿臺라
四時佳興이ᄉ람과흔가지로다
하물며   魚躍鳶飛雲影天光이야어닉곳이이시랴. 李滉

대조: '곳이'는 '굿이'의 잘못.

春風(춘풍)의 花滿山(화만산)이오 秋夜(추야)의 月滿臺(월만대)라=봄바람
에 꽃이 온 산에 가득하고 가을밤에 달빛이 뜰에 가득하다 ◇四時佳興(사
시가흥)이=일년 내내의 아름다운 흥취가 ◇魚躍鳶飛 雲影天光(어약연비운
영천광)이야 어늬 곳이 이시랴=고기가 뛰고 솔개가 날며 구름의 그림자와
하늘의 빛은 어느 끝이 있겠느냐. 자연의 이치는 한이 없다는 말임.

165
青山은웃지ᄒ야　萬古의푸루르며
流水는웃지ᄒ야晝夜의긋지아니는고
우리도　긋지지믈아萬古常靑ᄒ리라. 李滉

流水(유수)는 웃지ᄒ야 晝夜(주야)의 긋지 아니는고=흐르는 물은 어찌해
서 밤낮으로 흘러도 그치지를 아니하는가 ◇긋지지 믈아 萬古常靑(만고상
청) ᄒ리라=사람들도 그치지 아니하고 항상 젊음을 유지하리라.

166
華山의春日暖이오　綠柳의鶯亂啼라
多情好音을못늬들어ᄒ든ᄎ의
夕陽의　繫柳靑驄이欲去長嘶ᄒ더라.

華山(화산)의 春日暖(춘일난)이오 綠柳(녹류)의 鶯亂啼(앵난제)라=꽃이 피
어 있는 산에 봄볕이 따뜻하고 푸른 버드나무에는 꾀꼬리가 시끄럽게 운다
◇多情 好音(다정호음)을 못늬 들어 ᄒ든 ᄎ의=다정하고 듣기 좋은 소리를
항상 들었으면 할 때에 ◇夕陽(석양)의 繫柳靑驄(계류청총)이 欲去長嘶(욕
거장시) ᄒ더라=저녁때 버드나무에 매어놓은 청총마가 달리고 싶어 길게
울더라. 청총은 좋은 말.

167
山上의밧가는百姓아　네신셰흔가ᄒ다
鑿飮耕食이帝力인쥴모로던냐
ᄒ믈며　肉食子도모로거든무러무슴ᄒ리요.

대조; '肉食子'는 '肉食者'의 잘못.

山上(산상)의 밧 가는 百姓(백성)아=산에서 농사를 짓는 사람들아　◇鑿飮耕食(착음경식)이 帝力(제력)인 쥴 모로던냐=우물을 파서 물을 마시고 밭을 갈아 밥을 먹는 것이 다 임금의 덕택인 줄을 모르더냐.　◇肉食子(육식자)도 모로거든='肉食子'(육식자)는 '肉食者'(육식자)의 잘못. 고기 먹는 사람들도 모르거늘. 고기 먹는 사람은 일반 백성이 아닌 높은 벼슬아치를 가리킴.

168
山村에눈이오니　돌길이뭇쳣셰라
柴扉를여지ᄆ라날츠즈리뉘잇스리
밤ᄆ중만　一片明月이긔벗인가하노라. 申欽 宣廟朝登第 官至領相

柴扉(시비)를 여지ᄆ라 날 츠즈리 뉘 잇시리=사립문을 여지 마라 나를 찾을 사람이 누가 있겠느냐.

169
山外의有山ᄒ니　넘도록山이로다
路中의多路ᄒ니녈ᄉ록길이로다
山不盡　路無窮ᄒ니님가ᄂ듸몰너라.

山外(산외)의 有山(유산) ᄒ니=산 밖에 또 산이 있으니　◇路中(노중)의 多路(다로) ᄒ니 녈ᄉ록 길이로다=길 가운데 또 길이 많으니 갈수록 길이

로다　◇山不盡 路無窮(산부진노무궁)ᄒ니 가는 듸를 몰닉라=산이 다함이
없고 길이 끝이 없으니 가는 곳을 모르겠다.

170
山밋희ᄉᄌᄒ니　杜鵑이도붓그럽다
닉집을굽어보며솟젹다우ᄂ고야
져시야　世間事보다가그도큰가ᄒ노라.

杜鵑(두견)이도 붓그럽다=두견새 보기도 부끄럽다　◇닉 집을 굽어보며
솟 젹다 우는고야=내 집을 내려다보며 솥이 젹다고 우는구나. 살림이 구차
하다고 하는구나　◇世間事(세사간)보다가 그도 큰가 ᄒ노라=세간의 일을
보면 이것도 큰 것이 아닌가 한다.

171
風波의놀난ᄉ공　빈ᄑ른말을ᄉ니
九折羊腸이물도곤어려워라
이後란　빈도말도말고밧가리나ᄒ리라. 張晩 字好古 號洛西 玉城府院君

風波(풍파)의 놀난 ᄉ공 빈 ᄑ른 말을 ᄉ니=거센 비바람과 파도에 놀란
사공이 배를 팔고 말을 사니　◇九折羊腸(구절양장)이 물도곤 어려워라=양
의 창자처럼 구불구불한 산길에 짐을 나르는 것이 뱃길보다도 어렵더라.

172
네집이어드메오　이뫼넘어긴강우희
竹林푸르르고외ᄉ립다닷ᄂ듸
그앏희　白鷗ㅣ 떳잇스니게가무러보시오.

게가 무러 보시오=그 곳에 가서 물어 보시오.

173

梧桐의듯는빗발　無心이듯것마는
닉시름生覺ᄒ니닙닙히秋聲이로다
이後야　닙닙은나무를심을줄이잇스리. 金尙容 字景澤 號仙源 仁祖朝相

대조; '시름生覺ᄒ니'는 '시름하니'의 잘못인 듯. 박씨본과 구황실본만 이와 같음.

梧桐(오동)의 듯는 빗발 無心(무심)이 듯것마는=오동나무에 떨어지는 빗발이 무심히 떨어지건만　◇닉 시름 生覺(생각)ᄒ니 닙닙히 秋聲(추성)이로다=내 근심과 생각이 많으니 나뭇잎 하나하나가 다 가을의 소리로다.　◇닙 널운 나무를 심울 줄이 잇스리=잎이 넓은 나무를 심을 일이 있겠느냐.

174

琵琶를둘에메고　玉欄干의지ᄒ엿스니
東風細雨의듯드나니桃花ㅣ로다
春鳥도　送春을슬허百般啼를ᄒ더라.

대조; '玉欄干의지ᄒ엿스니'는 '玉欄干의지혀스니'의 잘못.

玉欄干(옥난간)의 지ᄒ엿스니=옥난간에 기댔으니　◇東風細雨(동풍세우)의 듯드나니 桃花(도화)ㅣ로다=봄바람이 부는 가랑비에 떨어지는 것이 복숭아꽃이다　◇春鳥(춘조)도 送春(송춘)을 슬허 百般啼(백반제)를 ᄒ더라=봄철의 새도 봄이 가는 것이 서러워 온갖 소리로 울더라.

175

술먹지ᄆ즈ㅣ더니　술이라셔졔ᄯ론다
먹는닉원지졸로는술이원지
盞잡고　달다려뭇나니뉘야원고ᄒ노라.

술이라셔 제 쓰론다=술이라고 해서 제가 따른다 ◇먹는 뇌 윈지 쓰로는
슐이 윈지=먹는 내가 잘못인지 따르는 술이 잘못인지 ◇달 다려 뭇나니
뉘야 윈고 하노라=달에게 묻는다, 누가 잘못인가 하노라.

176
松壇의셔줌씌여 醉眼을들어보니
夕陽浦口의나드너니白鷗ㅣ로다
아마도 이강산님ㅈ는나뿐인가ᄒ노라. 金昌瀗 號三淵 或金三賢所作 肅宗朝折衝
朱義植婿

대조; '셔줌'은 '션줌'의 잘못.

松壇(송단)의 셔줌 씌여 醉眼(취안)을 들어 보니='셔줌'은 '션줌'의 잘못.
소나무 숲 속에 만들어 놓은 단에서 겨우 든 잠을 깨어 취기가 남아 있는
눈을 떠보니 ◇夕陽浦口(석양포구)의 나드너니=해질 무렵의 강 어구에 날
아 왔다 갔다 하는 것이.

177
秋水는天一色이오 龍舸는泛中流ㅣ라
簫鼓一聲의解萬古之愁兮로다
우리도 萬民다리고同樂太平ᄒ리라. 肅宗大王

秋水(추수)는 天一色(천일색)이오 龍舸(용가)는 泛中流(범중류)ㅣ라=가을
의 맑은 물은 하늘과 같이 맑고 용을 새긴 배는 강의 가운데에 떠 있다 ◇
簫鼓 一聲(소고일성)의 解萬古之愁兮(해만고지수혜)로다=퉁소와 북치는 소
리에 만고에 쌓인 근심을 푸는구나.

178

秋山이 夕陽을씌고　江心의잠겨신졔

一竿竹두러메고小舫의안즈스니

天公은　閑暇이여기스달을좃차보닉시다. 柳自新 字 號 文化人 宣祖朝登第 光海王

好父也

秋山(추산)이 夕陽(석양)을 씌고 江心(강심)의 잠겨 신졔=가을철의 산이 석양을 받아 그림자가 강 가운데 잠겨 있을 때 ◇一竿竹(일간죽) 두러메고 小舫(소방)의 안즈스니=낚싯대를 둘러메고 작은 배에 앉았으니 ◇天公(천공)이 閑暇(한가)이 여기스 달을 좃차 보닉시다=하늘이 한가롭게 여기시어 달마저 보내셨구나.

179

秋月이滿庭ᄒᆞᆫ딕　슯히우ᄂᆞᆫ져기럭아

霜風이日高ᄒᆞᆫ딕도라갈쥴모르고셔

밤口中만　中天의쩌잇셔줌든나를씌오ᄂᆞ냐. 宋宗元 字君星

秋月(추월)이 滿庭(만정)ᄒᆞᆫ딕=가을 달빛이 뜰에 가득한데 ◇霜風(상풍)이 日高(일고)ᄒᆞᆫ딕='日高'(일고)는 '일고(一高)'의 잘못인 듯. 서릿바람이 높이 부는 데.

180

柴扉의기즛거늘　님오시나반겻더니

님은아니오고닙지ᄂᆞᆫ소릭로다

져기야　秋風落葉을즛져날놀닐쥴잇스랴. 金光煜 字時而 號竹所

대조: 작자는 『海東樂章』에만 있음.

닙 지ᄂᆞᆫ 소릭로다=나뭇잎이 떨어지는 소리로다 ◇秋風落葉(추풍낙엽)을

즛져 날 놀닐 쥴 잇스랴=가을바람에 떨어지는 나뭇잎을 짓는다고 내가 놀
랄 까닭이 있겠느냐.

181
南山의鳳凰이놀고 北岳의棋麟이논다
堯天舜日이我東方의붉아셰라
우리도　聖主믜옵고同樂昇平ᄒ리라.

대조; '鳳凰이놀고'는 '鳳이울고'의, '棋麟'은 '麒麟'의 잘못.

鳳凰·麒麟(봉황·기린)=봉황과 기린은 다 상상(想像)의 동물로 나라가
태평하면 나타난다고 함　◇堯天 舜日(요천순일)이=요임금 때의 세상과 순
임금 때 비추었던 해가.

182
南陽의궁경홈은　伊尹의경륜이오
三顧草廬홈은太公의王佐才라
三代後　大人物은武侯런가ᄒ노라. 郭興 高麗睿宗朝棄官隱者 號金門羽客

대조; '大人物은'은 '正大人物은'의 잘못.

南陽(남양)의 궁경홈은 伊尹(이윤)의 경륜이오=남양에서 몸소 밭 갈고 농
사를 지은 것은 이윤이 잘 다스림이요 이윤(伊尹)은 은(殷)나라 재상임. 처
음 신야(莘野)에서 밭을 갈다가 탕왕(湯王)의 초빙으로 출사하여 탕왕을 도
와 걸(桀)을 침　◇三顧草廬(삼고초려)홈은 太公(태공)의 王佐才(왕좌재)라=
'태공'은 '제갈량'의 잘못인 듯. 세 번씩이나 초려를 방문하여 도움을 청하
였을 때 허락한 제갈량의 왕을 도울 만한 재량이다　◇三代後 大人物(삼대
후대인물)은 武侯(무후)런가='大人物'(대인물)은 '正大人物'(정대인물)의 잘
못. 중국 의 삼대, 즉 하·은·주 이후의 바르고 큰 인물은 제갈무후인가.

諸葛武侯(제갈무후)는 제갈량을 말함.

183
梨花雨훗낫일졔　울며잡고離別ᄒ님
秋風落葉의져ᄂ날을싱각난다
千里의　외로운쑴만오락가락ᄒ괘라. 桂娘 扶安名妓 能詩出梅窓集 與劉村隱希慶
故人 村隱還京後 頓無音信 作此歌而守節

桃花雨(이화우) 훗 낫일 졔=복숭아 꽃잎이 비처럼 흩어져 떨어질 때　◇秋
風落葉(추풍낙엽)의=가을바람에 나뭇잎이 떨어질 때에도 봄부터 가을까지.

184
張翰이江東去ᄒ졔　셔마츰秋風이라
白日져믄듸限업슨滄波일다
어듸셔　외로온기럭이ᄂ홈긔녜ᄌᄒ더라. 金光煜

대조; '셔마츰'은 '씨마츰'의 잘못.

張翰(장한)이 江東去(강동거)ᄒ졔=장한이 강동으로 갈 때에. 장한(張翰)은
진(晉)나라 사람으로 벼슬하고 있다가 가을바람이 불자 고향의 순채(蓴菜)와
농어회(鱸魚膾) 생각이 나서 벼슬을 그만두고 고향으로 돌아갔다고 함　◇
白日(백일) 져믄듸=해가 저물었는데　◇홈긔 녜ᄌ ᄒ더라=같이 가자고 하
더라.

185
丹楓은半만붉고　시내ᄂ묽앗ᄂ듸
여흘의그믈치고바회우희누엇
아마도　事無閑身은나ᄲᆞᆫ이가ᄒ노라.

대조; '누엇'은 '누엇시니'의 잘못.

여흘의 그믈 치고=여울에다 그물을 치고 ◇事無 閑身(사무한신)은=특별히 하는 일 없이 한가한 신세는.

186
窓밧긔童子ㅣ와서 오늘이시히라라커늘
東窓을열고보니녜듯든히도다온다
두어라 萬古흔히이後天의와닐너라.

대조; '듯든'은 '돗든'의, '히이'는 '히니'의 잘못.

네 듯든 히 도다온다='듯든'은 '돗든'의 잘못. 예전에 돋던 해가 다시 돋아온다. 다를 것이 조금도 없다 ◇萬古(만고) 흔 히이 後天(후천)의 와 닐너라=예전이나 지금이나 똑같은 해이니 후세에 와서 알려라.

187
前村의鷄聲滑ᄒ니 봄소식이갓가웨라
南窓의日暖ᄒ니閣裏梅푸르럿다
兒禧야 盞가득부어라春興계워ᄒ노라.

前村(전촌)의 鷄聲滑(계성활)ᄒ니=앞마을에서 우는 닭소리가 매ㄲ러운 듯 부드러우니 ◇南窓(남창)의 日暖(일난)ᄒ니 閣裏梅(합리매) 푸르럿다=남쪽으로 난 창에 햇볕이 따뜻하니 뜰 안에 있는 매화가 푸르렀다 ◇春興(춘흥) 계워 ᄒ노라=봄의 흥취를 억제하기 어렵구나.

188
비즌슐다먹으니 먼듸셔손이왓다
슐집은졔연만는헌옷의언ᄆ나치리

兒僖야   셕이진말고쥬는듸로밧아라.

먼듸셔 손이 왔다=먼 곳에서 손님이 왔다   ◇제연만는 헌옷의 언무나
치리=저기지마는 헌옷에 얼마나 따져 주겠느냐   ◇셕이진 말고=속이지
는 말고.

189
꼿지자속닙나니   綠陰이다펴졋다
솔가지것거솔가지것거늬여柳絮를쓰르치고
醉ᄒ여   게우든줌을喚友鶯이싀거디.

대조: '솔가지것거'는 중복임.

柳絮(유서)를 쓰르치고=버들솜을 쓸어버리고   ◇喚友鶯(환우앵)이 싀거
다=벗을 부르는 꾀꼬리가 깨겠다.

190
田園의남은興을 전나귀의모도싯고
溪山익은길노興치며도라와셔
兒僖야   琴書를다쓰러라남은히를보늬리라. 河緯地 字天章 號臥隱堂 端宗朝參判
六臣

대조: '다쓰러라'는 '다스려라'의 잘못.

전나귀의 모도 싯고=다리를 저는 나귀에 모두 싣고   ◇溪山(계산) 익은
길노 興(흥)치며 도라와셔=산으로 이어지는 익숙한 길로 흥에 겨워 돌아와
셔   ◇琴書(금서)를 다쓰러라 남은 히를 보늬리라='다쓰러라'는 다스러라
'의 잘못. 거문고와 서책을 챙기거라. 여생을 보내리라.

191

滕王閣놉흔집이　녯ㅅ람의노든데라
物換星移ᄒ여몃三秋ㅣ지ᄂᆡ엿노
至今의　檻外長江이空自流를ᄒ노라.

滕王閣(등왕각)=중국 상서성 신건현(新建縣) 서쪽에 있는 누각. 왕발(王勃)의 서(序)와 한유(韓愈)의 기(記)로 유명함　◇物換星移(물환성이)ᄒ여 몃三秋(삼추)ㅣ 지ᄂᆡ엿노=사물이 바뀌고 별이 옮겨지기를 몇 년을 지내었나 ◇檻外 長江(함외장강)이 空自流(공자류)를 ᄒ노라=난간 너머로 긴 강이 공허하게 흐른다. 왕발의 「등왕각서」(滕王閣序) 가운데 '物換星移度幾秋'(물환성이도기추)와 '檻外長江空自流'(함외장강공자류)를 말함.

192

靑山아말물어보자　古今을네알니라
萬古英雄이몃몃치나지ᄂᆡ더냐
이後의　뭇ᄂᆞ니잇거든나도함긔일너라. 金尙玉 字 號 官至兵使

古今(고금)을 네 알니라=예전부터 지금까지의 일을 네가 알 것이다　◇萬古英雄(만고영웅)이 몃몃치나 지ᄂᆡ더냐=이제까지의 영웅들이 몇몇이나 있었더냐　◇뭇ᄂᆞ니 잇거든 나도 함긔 일너라=묻는 사람이 있거든 나도 똑같은 영웅이었다고 말하여라.

193

靑春은어ᄃᆡ두고　白髮은언졔온고
오고가ᄂᆞ길을아든덜막굴지슬
알고도　못막ᄂᆞ길이니그를슬허ᄒ노라.

대조; '막굴지슬'은 '막을거슬'의 잘못.

오고 가는 길을 아든덜 막굴 지슬='막굴지슬'은 '막을거슬'의 잘못. 세월이 오고 가는 것을 알았다면 미리 막았을 것을 ◇알고도 못 목는 길이니=늙음은 알고도 못 막는 것이니.

194
靑蛇劍드러메고　白鹿을지질너타고
扶桑지는히의洞天으로도라드니
仙宮의　鐘聲맑은소리구름밧게들니더라.

靑蛇劍(청사검) 드러메고 白鹿(백록)을 지질너 타고=청사검을 둘러메고 흰사슴을 올라타고. 청사검은 보검(寶劍)의 하나임 ◇扶桑(부상) 지는 히의 洞天(동천)으로 도라드니=부상은 함지(咸池)와 혼동한 듯 부상으로 해가 지는 때 동천으로 돌아오니. 부상을 해가 뜨는 곳이고 함지는 해가 지는 곳임. ◇仙宮(선궁)의 鐘聲(종성) 맑은 소리 구름 밧게 들니더라=신선이 산다고 하는 궁전에서 울리는 종소리가 마치 구름 밖에서 들리는 것 같구나.

195
靑篛笠속이쓰고 綠簑衣님의츠고
細雨江口로낙딕메고나려가니
어듸서　一聲漁笛은밋친興을돕ᄂᆞ니.

대조; '속이쓰고'는 '숙이쓰고'의 잘못.

靑篛笠(청약립) 속이 쓰고='속이'는 '숙이'의 잘못. 푸른 대나무 껍질로 엮은 삿갓을 숙여 쓰고 ◇綠簑衣(녹사의) 님의 츠고=푸른 도롱이를 차려 입고 ◇細雨 江口(세우강구)로=이슬비가 내리는 때에 강의 어구로 ◇一聲 漁笛(일성어적)은 밋친 興(흥)을 돕ᄂᆞ니=한 가락 어부들의 피리소리는 신나는 흥을 돕느냐.

196

臨高臺臨高臺ㅎ여　長安을굽어보니

雲裏帝城은雙鳳闕이오雨中春樹萬人家ㅣ로다

아마도　繁華世界는예샌인가ㅎ노라. 禹倬 高麗祭酒 通性理學

대조: 작자는 이정보(李鼎輔)인데, 禹倬(우탁)의 작품으로 된 곳은 『海東樂章』뿐임.

臨高臺 臨高臺(임고대임고대)ㅎ여＝높은 곳에 올라 높은 곳에 올라서 ◇
雲裏帝城(운리제성)은 雙鳳闕(쌍봉궐)이오 雨中春樹萬人家(우중춘수만인가)
ㅣ로다＝구름 속으로 보이는 황성은 궁궐이 여럿이요, 비 오는 가운데 봄철
의 나무는 만백성의 집이다 당(唐)나라 왕유(王維)의 시의 한 구절임.

197

空山의우는졉동　너는어이우지는다

너도날과갓치무음離別ㅎ엿는냐

아모리　피ㄴ게운들對答이나ㅎ더냐. 朴孝寬 字景華 號雲崖 常居弼雲洞

空山(공산)의 우는 졉동＝아무도 없는 산에서 우는 접동새야. ◇너도 날
과 갓치 무음 離別(이별)＝너도 나처럼 무슨 이별.

198

靑山의눈이오니　峯마다玉이로다

져山푸르기는봄비의잇거니와

엇지라　우리白髮은검겨볼줄 이시랴.

져 山(산) 푸르기는 봄비의 잇거니와＝저 산이 푸른 것은 봄비가 있기 때
문이거니와 ◇검겨 볼 줄 이시랴＝검게 만들 수 있겠느냐.

199

瀟湘江細雨中의　簑笠쓴져老翁아
뷘빈를흘니져어듸로向ᄒᄂ냐
太白이　騎鯨飛上天ᄒ니風月실너가노라.

瀟湘江 細雨中(소상강세우중)의=소상강에 이슬비가 내리는 속에　◇太白(태백)이 騎鯨飛上天(기경비상천)ᄒ니=이백(李白)이 고래를 타고 하늘로 날아갔으니. 고래는 파도를 가리키는 듯.

200

瀟湘斑竹길게뷔여　낙씨민여들어뫼고
不求功名ᄒ고碧波로도라드니
白鷗야 날본쳬마라世上알ㄱ가ᄒ노라.

대조; 가번 45번과 유사.

瀟湘斑竹(소상반죽) 길게 뷔여=소상강에 아황과 여영의 눈물 흔적이 남아 있다고 하는 대나무를 길게 잘라. 소상의 반죽은 순(舜)임금이 붕어하자 두 비(妃)인 아황과 여영이 피눈물을 흘리고 운 흔적이라 함　◇不求功名(불구공명)ᄒ고 碧波(벽파)로 도라드니=공명을 구하지 아니하고 푸른 물결이 치는 곳으로 돌아오니.

201

거문고쥴골나놋고　忽然이잠을드니
柴扉의기즈즈며반가온손오노미라
兒禧야　點心도ᄒ려니와濁酒몬져걸너라.

거문고 쥴 골나 놋고=거문고의 줄을 알맞게 조절해 놓고　◇柴扉(시비)의 기 즈즈며 반가온 손 오노미라=사립문에 개가 짖으며 반가운 손님이 오는구나.

202
오거다도라간봄을   다시보니반갑도다
無情훈歲月은白髮만보닉는고나
엇지튼   나의소년은가고아니오나니.

오거다 도라 간 봄을=오다가 되돌아 간 봄을   ◇나의 소년은 가고 아니
오나니=나의 어린 시절은 가고 아니 오느냐.

203
金風이부난봄의   나무닙다지거다
寒天明月夜의기럭이우러녤제
千里에   집써난客이야잠못일워ᄒ노라. 宋宗元 字君星

대조; '봄의'는 '밤의'의 잘못.

金風(금풍)이 부난 봄의='봄의'는 '밤의'의 잘못. 가을바람이 부는 밤에
◇寒天 明月夜(한천명월야)에 기럭이 우러 녤졔=서리가 내려 차갑고 달이
밝은 밤에 기러기가 울며 날아갈 때.

204
人生이긔언마오   白駒之過隙이라
어려셔헴못나고헴이나자다늙거다
어즈버   中間光景이씌업슨가ᄒ노라. 宋宗元

白駒之過隙(백구지과극)이라=흰 망아지가 문틈으로 달라는 것과 같다.
매우 빠르다   ◇어려셔 헴 못나고 헴이 나자 다 늙거다=어려서는 철이 나
지 아니하였고 철이 나자 벌써 다 늙었구나   ◇中間 光景(중간광경)이 씌

업슨가 ᄒ노라=중간에 볼 수 있는 광경이 특별한 때가 있는 것이 아닌가
한다.

205

興亡이有數ᄒ니 滿月臺도秋草로다
五百年王業이牧邃의붓첫시니
夕陽의 지ᄂᆞᆫ客이눈물겨워ᄒ노라. 元天錫 字子正 號耘谷 麗朝人 入我朝 隱居雉
嶽山 太宗親迎不出

興亡(흥망)이 有數(유수)ᄒ니 滿月臺(만월대)도 秋草(추초)로다=흥하고 망
하는 것에도 운수가 있으니 만월대도 추초뿐이다. 만월대는 옛 고려의 궁궐
◇五百年 王業(오백년왕업)이 牧邃(목적)의 붓첫시니=오백년 동안 이어온
고려의 역사도 한갓 목동의 피리 소리에 날려 버리니.

206

歸去來歸去來ᄒ되 믈쏜이오가리업시
田園이將蕪ᄒ니아니가고어이ᄒ리
草堂의 淸風明月은들며나며기다린다. 李賢輔 字棐仲 號聾巖 永川人 燕山時登第
官至崇政判中樞 年至致仕奉朝賀 贈諡孝節公

歸去來 歸去來(귀거래귀거래)ᄒ되 믈쏜이오 가리 업시=도라 가야지 도라
가야지 하지만 말 뿐이고 가려는 사람이 없네 ◇田園(전원)이 將蕪(장무)ᄒ
니 아니 가고 어이 ᄒ리=전원이 바야흐로 황폐하여 가니 아니 가고 어찌
하겠느냐 ◇淸風明月(청풍명월)은 들며 나며=맑은 바람과 밝은 달빛은 초
당 안으로 들어오고 나오면서. 세월이 흘러가면서.

207

셔리치고별성긘듸 울고가ᄂᆞ져기력아
네길이은마나밧바밤길좃ᄎ녜ᄂᆞᆫ것가

江南의 期約을두엇시리늣져갈ㅣ가져혜라. 朴孝寬

대조; '은마나'는 '긔언머나'로 되어 있고, '두엇시리'는 '두엇시미'의 잘못.

서리 치고 별 성긘 듸=서리가 내리고 별이 드믄드믄 할 때에. 새벽녘에
◇밤길 좃츠 녜는 것가=밤길을 따라 가는 것인가 ◇期約(기약)을 두엇시
리 늣져 갈ㅣ가 저혜라=약속을 하였으므로 늦게 갈까 두렵다.

       208
    잘식는나라들고 싀달이도다온다
    외나무다리로홀노가는져禪師야
    네절이 언마나ㅎ관듸遠鐘聲이들니나니.

대조; 가번 7번과 중복.

       209
    시름을줍아아닉여 얽어민여부동혀셔
    碧波江流의돌안고어너헛시니
    兒嬉야 盞가득부어라終日醉를ㅎ리라.

碧波 江流(벽파강류)의 돌 안고어 너헛시니=푸른 물결이 출렁이는 흐르
는 강에 돌을 안기어서 넣었으니.

       210
    仙人橋나린물이 紫霞洞의흘으리니
    半千年王業이물소리쑨이로다
    兒禧야 古國興亡을무러무엇ㅎ리오. 鄭道傳 字宗之 號三峯

仙人橋(선인교) 나린 물이 紫霞洞(자하동)의 흘으리니=선인교 아래 흐르
는 물이 자하동으로 흐르니. 선인교는 개성(開城) 자하동에 있는 다리 ◇半

千年 王業(반천년 왕업)이 물소리 뿐이로다=오백년의 고려 왕통의 역사가 물소리뿐이다. 허망함을 뜻함.

211
닉마음버혀닉야 져달을밀들과져
九萬里長天의번드시걸녀잇셔
고은님 계신곳의빗췌여냐보리라. 鄭澈

대조; '밀들과져'는 '민들과져'의 잘못.

닉 마음 버혀 닉야 져 달을 밀들과져=내 마음을 잘라 내어 저 달을 만들고 싶다 ◇九萬里長天(구만리장천)의 번드시 걸녀 잇셔=아득히 먼 하늘에 뚜렷하게 걸려 있어.

212
간밤에부던바람의 눈셔리치단말가
落落長松이다기우러가노미라
흐물며 못다핀꼿치야일너무슴흐리오. 兪應孚 字 號 端宗朝摠管 六臣

못다 핀 꼿치야 일너 무슴 흐리오=다 피지 못한 꽃이야 말하여 무엇 하겠는가. 못다 핀 꽃은 젊은 선비를 비유한 것임.

213
烏騅馬우는곳의 七尺長劍빗겻는데
百二函關이뉘싸히되단말가
鴻門宴 三擧不應을못닉슬허흐노라.

烏騅馬(오추마) 우는 곳의 七尺 長劍(칠척장검) 빗겻는데=오추마가 우는 곳에 일곱 자나 되는 긴 칼을 비스듬히 찼는데. 오추마는 항우가 타던 말의

이름 ◇百二函關(백이함관)이 뉘 싸히 되단말가=백이함관이 누구의 땅이
되었단 말인가. 백이함관은 진(秦)나라 땅이 험준하여 이 만의 병력으로도
능히 백만의 제후를 당할 수 있다는 데서 유래한 말임 ◇鴻門宴(홍문연) 三
擧 不應(삼거불응)을 못늬 슬허 ᄒ노라=홍문의 잔치에서 옥결(玉玦)을 세
번이나 들었으나 불응한 것을 끝내 서러워하노라. 홍문연은 홍문에서 항우
와 유방(劉邦)이 회음(會飲)한 연회로 항우의 부하 범증(范增)이 옥결을 세
번이나 들어 유방을 저격할 것을 지시하였으나 성사시키지 못했음.

214
長沙王賈太傅야 눈물도열닙시고
漢文帝昇平時에痛哭은무슴일고
　우리도 그런셕만낫시니어이울고ᄒ노라. 李恒福 字常春 號白沙 慶州人 宣祖朝登
第湖堂文衡 勳功鰲城府院君 諡文莊公 當世才能

대조; '열닙시고'는 '여릴시고'의 잘못.

　長沙王 賈太傅(장사왕가태부)야 눈물도 열닙시고=장사왕의 태부인 가의
야 눈물도 어리었구나. 또는 눈물도 많구나. 한(漢)나라 가의(賈誼)가 장사왕
(長沙王)의 태부가 되어, 천하의 제후들이 강대하여 제어하기 어려움을 매
우 슬퍼했다고 함 ◇漢文帝 昇平時(한문제승평시)에=한나라 고조(高祖)의
아들인 문제가 통치하던 태평한 시절에.

215
千萬里머나먼길의 고은님여희읍고
늬마음둘듸업셔닛가에안즈시니
　져물도 늬안과갓ᄒ야우러빌만ᄒ더라. 王邦衍 字 號 開城人 以蔭金吾郎

대조; '고은님'은 '고은님'의 잘못.

고은 님 여희옵고=고운 임을 이별하고 ◇니 안과 갓ᄒ야 우러 녤 만 ᄒ
더라=나의 마음과 같아서 울며 흘러갈 법하더라.

216
頭流山兩端水를   녯듯고이제보니
桃花水쁜묽은물의山影죷ᄎ잠계셰라
兒孺야   武陵이어디메오나ᄂᆞᆫ녯가ᄒ노라. 曹植

대조: '桃花水'는 '桃花'의 잘못임.

頭流山(두류산) 兩端水(양단수)를 녯 듯고 이제 보니=두류산의 물길이 서
로 갈라서는 곳을 예전에 듣고 이제 와서야 보니. 두류산은 지리산(智異山)
의 다른 이름 ◇武陵(무릉)이 어디메오 나ᄂᆞᆫ 녯가 ᄒ노라=무릉도원이 어
디냐 나는 여기인가 한다.

217
믹암이밉다울고   ᄲᆞᆯ으람믹쓰다운니
山茱를밉다ᄂᆞᆫ가박쥬를쓰다는가
우리ᄂᆞᆫ   草野의뭇쳐시니밉고쓴줄몰너라. 李廷藎 字仲集 號百悔翁

草野(초야)에 뭇쳣시니 밉고 쓴 줄 몰너라=시골에 묻혀 사니 세상 살기
의 어려움을 모르겠더라.

218
벼슬을져ᄆᆞ다ᄒ면   農夫되리뉘잇시리
醫員이病곳치면北邙山이져러ᄒ랴
우리ᄂᆞᆫ   天性을직희여ᄂᆡ뜻딕로ᄒ리라.

대조: 종장이 '아희야 盞 가득부어라내쌋대로ᄒ리라'로 작자가 김창업(金昌業)으로
되어 있으나, 『歌曲源流』계 가집에서는 위와 같고 작자가 미상임.

農夫(농부) 되 리 뉘 잇시리=농부 될 사람이 누가 있겠느냐 ◇北邙山(북망산)이 져러 ᄒ랴=북망산이 저렇게 묘지가 많겠느냐. 북망산은 공동 묘지임.

219
　　西廂의긔약ᄒ님　달듯도록아니온다
　　지게ᄃ門반만열고밤드도록기드리니
　　月移코　花影이動ᄒ니님이오나역여노라. 朴英秀 字士俊

대조; '듯도록'은 '돗도록'의 잘못.

西廂(서상)의 긔약ᄒ 님 달 듯도록 아니 온다=서쪽에 있는 방에서 만나기로 약속한 님이 달이 돌아오도록 아니 온다 ◇지게ᄃ門(문) 반만 열고=방으로 드나드는 문을 반쯤 열고 ◇月移(월이)코 花影(화영)이 動(동)ᄒ니 님이 오나 역여노라=달이 기울고 꽃나무 그림자가 바뀌었으니 님이 오나 생각했다.

220
　　千里의그리ᄂ님을　숨속의나보려ᄒ고
　　紗窓을倚支ᄒ야午夢을일우더니
　　어듸셔　無心ᄒ黃鸎兒ᄂ나의쑴을씨셔도나냐. 朴英秀

대조; '씨셔도나냐'는 '씨오나냐'의 잘못.

千里(천리)에 그리는 님을=멀리 떨어져 있어 그리워하는 임을 ◇紗窓(사창)을 倚支(의지)ᄒ야 午夢(오몽)을 일우더니=비단을 쳐놓은 창에 기대어 낮잠을 들었더니 ◇無心(무심)ᄒ 黃鸎兒(황앵아)는=아무런 생각이 없는 꾀꼬리는.

221

主人이슐부으니 客으란노릐ᄒ소
한잔슐ㅅ한曲調식시도록즐기다가
싀거든 식슐식노릐로이어놀녀ᄒ노라. 李象斗 字 號 蔭牧使

싀도록 즐기다가=밤이 샐 때까지 즐기다가 ◇이어 놀녀 ᄒ노라=계속
하여 놀까 한다.

222

燈盞불그무러갈졔 窓ᄯᅵ집고드ᄂᆞᆫ님과
五更鍾나리올졔다시안고눕ᄂᆞᆫ님을
아모리 白骨이塵土ㅣ된들이즐쥴이잇스랴.

대조; '窓ᄯᅵ'는 '窓젼'의 잘못.

燈盞(등잔)불 그무러갈 졔 窓(창)ᄯᅵ 집고 드ᄂᆞᆫ 님과=등잔불 꺼져갈 때 창
틀을 잡고 몰래 들어오는 임과 ◇五更鍾(오경종) 나리올 제=오경을 알리
는 종소리가 들려올 때.

223

空手來空手去ᄒ니 世上事如浮雲을
成이人盡歸면月黃昏이오山寂寞일다
저마다 이리될人生이니아니놀고어이ᄒ리.

대조; '成이人盡歸'는 '成墳人盡歸'의 잘못.

空手來 空手去(공수래공수거)ᄒ니 世上事 如浮雲(세상사여부운)을=빈손
으로 태어나 빈손으로 죽는 것이니 세상의 모든 일들이 뜬구름과 같은 것

을 　◇成이人盡歸(성이인진귀)면 月黃昏(월황혼이오 山寂寂(산적적)이로다
='成이'는 '成墳'(성분)의 잘못. 무덤이 만들어지고 사람들이 다 돌아간 뒤
면 어느새 황혼이고 산은 적막하구나.

224
슈심계운님의얼골　뉘라젼만못ᄒ다든고
훗터진운환이며화긔거든살빗치야
늣기며　실갓치ᄒᄂᆞᆫ말슴희ᄯ끛ᄂᆞᆫ듯ᄒ여라.

대조: '희ᄯ끛ᄂᆞᆫ듯'은 '이ᄯ끛ᄂᆞᆫ듯'의 잘못.

뉘라 젼만 못 ᄒ다든고=누가 이전만 못하다고 하던고　◇훗터진 운환이
며 화긔 거든 살빗치야=흐트러진 구름 같은 머리며 온화한 기운이 걷힌 혈
색이다　◇늣기며 실 갓치 ᄒᄂᆞᆫ 말슴 희 ᄯ끛ᄂᆞᆫ 듯ᄒ여라=흐느끼며 겨우 하
는 말에 창자가 끊어지는 듯 하더라.

225
長風이건듯부러　浮雲을헤쳣시니
華表千年의달ㅂ빗치어제런듯
뭇노라　丁令威어듸가니네나알가ᄒ노라. 孝宗大王

長風(장풍)이 건듯 부러=먼 곳에서 불어오는 바람이 잠깐 불어　◇浮雲
(부운)을 헤쳣시니=뜬 구름을 헤치니　◇華表 千年(화표천년)의=화표는 천
년이 지나도 변하지 않았는데. 화표는 장소를 표시하기 위해 세운 푯말.　◇
달ㅂ빗치 어졔런 듯=천년 전의 일이 마치 어제인 것처럼　◇丁令威(정령위)
어듸 가니=정령위는 어디 갔느냐. 정령위(丁令威)는 한(漢)나라 때 요동 사
람으로 도술에 통하여 학이 되었다가 천년 만에 다시 고향에 돌아오니 성
곽은 여전하나 사람이 간 곳이 없다고 한탄 했다고 함.

226
朝天路보뮈단물가 玉河舘이뮈단말가
大明崇禎이어드러로가신건고
三百年 事大誠信이쉼이런가ᄒ노라. 孝宗大王

대조; '玉河舘이뮈단말가'는 '玉河舘이뷔단말가'의 잘못.

朝天路(조천로) 보뮈단 말가 玉河舘(옥하관)이 뮈단 말가='뮈단말가'는
'뷔단말가'의 잘못인 듯. 중국의 천자를 뵈러 가던 길에 녹이 났단 말인가
옥하관이 비었단 말인가. 옥하관은 중국 북경(北京) 근처에 있던 집의 이름.
조선시대 사신들의 숙소였음 ◇大明 崇禎(대명숭정)이 어드러로 가신건고
=대국이었던 명나라의 숭정이 어디로 갔는고 숭정(崇禎)은 명(明)나라 말
의 연호(年號). 명의 멸망을 한탄하는 말. ◇三百年 事大 誠信(삼백년사대성
신)이=삼백년 동안의 명나라를 섬기던 성의와 신의가.

227
가마괴눈비자져 희는듯검노민라
夜光明月이밤인들어두우랴
님向ᄒ 一片丹心일단變홀쥴이이시랴. 朴彭年

대조; 가번 125번과 중복.

228
功名도富貴도말고 이몸이閑暇ᄒ야
萬水千山의슬커니노니다가
말업슨 物外乾坤과함끠늙즈ᄒ노라.

萬水 千山(만수천산)에 슬커니 노니다가=헤아릴 수 없이 많은 경치가 좋

은 곳을 찾아 싫증이 나도록 놀다가 ◇말 업슨 物外 乾坤(물외건곤)과=아
무런 말이 없는 속세 밖의 세상과.

229
　唐虞는언제時節　孔孟은뉘시런고
　淳風禮樂이戰國이되엿스니
　이몸이 셕은선비로되擊節悲歌ᄒ노라.

대조; '선비'는 '선븨'로 된 곳이 있음.

　唐虞(당우)는 언제 時節(시절) 孔孟(공맹)은 뉘시런고=당우는 언제 시절
이고 공자와 맹자는 누구시던가. 당우는 요순의 태평시절 ◇淳風 禮樂(순
풍예악)이 戰國(전국)이 되엿스니=순박한 풍속과 예법과 음악이 전국시대
처럼 되었으니. 전국시대는 중국 주(周)나라 말기로 진시황이 천하를 통일
하기 이전까지의 혼란한 시대를 말함 ◇셕은 선비로 擊節 悲歌(격절비가)
ᄒ노라=썩은 선배로 박자를 맞춰가며 슬프게 노래한다. 또는 썩은 선비로.

230
　孔夫子大聖人으로　陳蔡의辱을보고
　蘇季子口辯으로남의손의죽엇스니
　출알이　是非를모르고니뜻듸로ᄒ리라.

　孔夫子 大聖人(공부자대성인)으로 陳蔡(진채)의 辱(욕)을 보고=공자(孔子)
와 같은 훌륭한 성인도 진(陳)나라와 채(蔡)나라에서 욕을 보았고 진(陳)나
라나 채(蔡)나라는 모두 작은 나라로 공자가 초(楚)나라의 초청으로 이 두
나라를 가는 도중에 그 나라 병사들에게 포위를 당하여 욕을 본 일이 있음.
◇蘇季子 口辯(소계자구변)으로=소진(蘇秦)의 뛰어난 말주변으로 소진은
전국시대 모사(謀士)임.

231
天地도唐虞ㄷ적天地　日月도唐虞ㄷ적日月
天地日月은古今의唐虞ㅣ로다
엇지타　世上人事는나날달나가노니. 李濟臣 字夢應 號淸江 全義人 明宗朝登第 官
至大司憲 善筆法

唐虞(당우)=요순(堯舜) 시절　◇世上 人事(세상인사)는 나날 달나 가느니
=세상의 사람들의 인심은 날이 갈수록 달라 가느냐.

232
나혼ᄌ오날이여　즑거온ᄌ今日이여
줄거온오늘이倖혀나져물셰라
每日의　오날갓ᄒ면무ᄉ시름잇스리. 金玄成 字餘慶 號南窓 順天人 明宗朝登第 官
同敦寧 善筆法

대조: 가번 65와 중복.

233
놉ᄒ나놉흔남긔　날勸ᄒ여올녀두고
이보오벗님닉야흔드지나말여미나
나려져　죽기는셟지아니되님못볼가하노라. 李陽元 字伯春 號鷺渚 完山人 明宗朝
登第 湖堂文衡 官領相 完平府院君 有志略

대조: '놉ᄒ나'는 '놉흐나'의 '말여미나'는 '말여무나'의 잘못.

날 勸(권)ᄒ여 올녀 두고=나를 권하여 올라가게 하고

234
슐먹고노는일은　나도왼쥴알건마는
信陵君무덤우희밧가는쥴못보신가

百年이   亦草草ᄒ니아니놀고어이ᄒ리.

　나도 왼 줄 알건마는＝잘못인 줄 알건마는　◇信陵君(신릉군) 무덤 우희 밧 가는 쥴 못 보신가＝신릉군 무덤이 밭이 되어 갈고 있는 것을 못 보았는가. 신릉군(信陵君)은 위국(魏國)의 공자(公子) 무기(無忌)가 이곳에 봉함을 받고 신릉군이라 했음　◇百年(백년)이 亦草草(역초초)ᄒ니＝백년이라고 하는 긴 세월도 또한 쓸쓸하기는 마찬가지니.

235
엇그제부던바람　눈셔리치단말가
落落長松이다기우러가노믜라
ᄒ물며　못다퓐곳이야닐러무슴ᄒ리요. 兪應孚 此全篇 慨烈嘆世

대조; 가번 212번과 중복.

236
房안의혓ᄂᆞ燭불　눌나離別ᄒ엿관ᄃᆡ
것츠로눈물지고속ᄐᆞᄂᆞ쥴모로ᄂᆞᆫ고
져燭불　날과갓ᄒ여속타ᄂᆞᆫ쥴모로도다.

대조; '눌나'는 '눌과'의 잘못.

　房(방)안에 혓ᄂᆞᆫ 燭(촉)불 눌나 離別(이별)ᄒ엿관ᄃᆡ＝방 안에 켜 있는 촛불 누구와 이별을 하였기에　◇날과 갓ᄒ여 속타는 쥴 모로도다＝나와 같아서 애절한 심정을 모르더라.

237
龍갓치ᄒᆞᆫ것ᄂᆞᆫ말게　ᄌᆞ남운미풀밧고
夕陽山路로기부르며도라드니
아마도　丈夫의노리는이뿐인가ᄒᆞ노라.

대조: '미풀밧고'는 '미를밧고'의 잘못임.

龍(용)갓치 흔 것는 말게 즈 남운 미풀 밧고='미풀'은 '미를'의 잘못. 용
처럼 잘 걷는 말과 한 자가 넘는 커다란 매를 받고 ◇夕陽 山路(석양산로)
로 긔 부르며 도라드니=해가 지는 산길로 개를 부르며 돌아드니 ◇丈夫
(장부)의 노리는=사나이의 놀이는.

238
어제도爛醉ᄒ고   오날도슐이로다
그제는엇더턴지긋그제는닉몰너라
來日은 江湖의벗뫼이니쎌쏭만ᄒ여라.

대조; '쎌쏭만'은 '쎌쏭만쏭'의 잘못.

어제도 爛醉(난취)ᄒ고=어제도 술에 몹시 취하고 ◇그제는 엇더턴지 긋
그제는 닉 몰너라=그저께는 어떠했는지 그끄제는 나도 모르겠다.

239
霜風이셕거친날의 갓픠는黃菊花들
金盆의가둑담아玉堂의보닉오니
桃李야 곳인톄말아임의뜻을알니라. 宋純 字守初 號止齋 永平人 中宗朝登第湖堂
官至判中樞奉朝賀 諡靖肅公 藏書萬卷 詩文俱奇

金盆(금분)의 가둑 담아 玉堂(옥당)의 보닉오니=좋은 화분에 가득 담아
옥당에 보내니. 옥당(玉堂)은 홍문관(弘文館)의 다른 이름임 ◇桃李(도리)야
곳인톄 말아 임의 뜻을 알니라=복숭아와 오얏 꽃들아 너희들만 꽃인 체 마
라. 임의 뜻을 알겠다.

240

雲淡風輕近午天의 小車의술을싯고
訪花隨柳ᄒ야前川을지ᄂ가니
어듸셔 모로ᄂ벗님네ᄂ學少年을ᄒ다네.

雲淡風輕 近午天(운담풍경근오천)의=맑은 구름 떠 있고 가벼이 바람불어
해는 정오에 가까웠는데 ◇訪花 隨柳(방화수류)ᄒ야 前川(전천)을 지ᄂ가니
=꽃을 찾고 버들을 따라 앞내를 지나가니. ◇學少年(학소년)을 ᄒ다네=소
년은 배운다고 한다네. 송(宋)나라 정호(程顥)의 「在鄂詩」(재악시) '雲淡風輕
近午天 訪花隨柳過前川 時人不識予心樂 將謂偸閑學少年'(운담풍경근오천
방화수류과전천 시인불식여심락 장위투한학소년)을 시조로 만든 것임.

241

心如長江流水淸이오 身似浮雲無是非라
이몸이閑暇ᄒ니ᄯ로ᄂ니白鷗ㅣ로다
어즈버 世上名利說이귀의올가ᄒ노라. 申光漢 字漢之 號止齋 高靈人 中宗朝登第
湖堂文衡官至贊成領經筵 贈諡文簡公

心如長江流水淸(심여장강류수청)이오 身似浮雲無是非(신사부운무시비)라
=마음은 긴 강을 흐르는 물과 같이 맑고, 몸은 뜬 구름처럼 시비가 없고 자
유롭다 ◇世上 名利說(세상명리설)이 귀의 올가 ᄒ노라=세상의 명예와 이
득에 관한 말들이 귀에 들릴까 걱정이 된다.

中擧 즁허리드는쟈즌한닙

242

池塘의비ᄲ리고 楊柳의늬ᄭ인제
沙工은어듸가고뷔비만믜엿ᄂ고
夕陽의 싹일은굴멱이ᄂ오락가락ᄒ더라. 趙憲 號雲峰 宣廟朝人

池塘(지당)의 비 쑤리고 楊柳(양류)의 닌 씨인제=연못에는 비가 내리고 버드나무에는 안개가 자욱하게 끼었는데.

243
이시렴부듸갈짜　아니가든못홀소냐
無端이슬터냐남의毁言을들엇느냐
져님아　하이닯고야가는뜻을일너라. 成宗大王

이시렴 부듸 갈짜=있으려무나 부디 가겠느냐　◇無端(무단)이 슬터냐 남의 毁言(훼언)을 들엇느냐=아무 까닭도 없이 싫더냐. 다른 사람의 헐뜯는 말을 들었느냐　◇하 이닯고야=너무 슬프구나.

244
山村의밤이드니 먼듸ㅅ기즈져온다
柴扉를열고보니하늘이츳고달이로다
져기야　空山잠들달을즈져무슴ᄒ리오.

대조: '잠들'은 '잠든'의 잘못.

山村(산촌)의 밤이 드니 먼듸ㅅ 기 즈져 온다=산골 마을에 밤이 되니 먼 곳의 개들이 짖어 운다　◇空山(공산) 잠들 달을 즈져 무슴 ᄒ리요='잠들'은 '잠든'의 잘못. 텅 빈 산에 인적이 끊겨 조용한 가운데 떠 있는 달을 짖어 무엇 하겠느냐.

245
東窓이旣明커늘　님을닌여보닉오니
非東方則明이라月出之光이로다
脫鴛衾　退鴛枕ᄒ고展轉反側ᄒ노라.

대조; '展轉反側'은 '輾轉反側'의 잘못.

東窓(동창)이 旣明(기명)커늘 님을 늬여 보닉오니=동창이 이미 밝았거늘 서둘러 임을 깨워 보내니 ◇非東方卽明(비동방즉명)이오 月出之光(월출지 광)이로다=동방이 이미 밝은 것이 아니라. 날이 샌 것이 아니라. 달이 떠오 르는 빛이로다 ◇脫鴦衾 退鴛枕(탈앙금퇴원침)ㅎ고 展轉反側(전전반측) ㅎ 노라='展轉反側'(전전반측)은 '전전반측(輾轉反側)'의 잘못. 원앙을 수놓은 베개와 이불을 물리고 이리 둥글 저리 둥글면서 잠을 이루지 못하더라.

246
秋江의봄이드니 물결이ㅊ노민라
낙시드리오니고기아니무노민라
無心흔 달ㅂ만싯고뷘빅도라오노라. 月山大君

대조; 가번 123번과 중복.

247
南樓의북이울고 銀漢이三更인졔
白馬金鞍의少年心도ㅎ다마는
紗窓의 기다릴님업시니그를슬허ㅎ노라.

南樓(남루)의 북이 울고 銀漢(은한)이 三更(삼경)인졔=남쪽 누각에 시각 을 알리는 북소리가 울리고 은하수는 기울어 한밤중인데. ◇白馬金鞍(백마 금안)의 少年心(소년심)도 ㅎ다마는=흰 말에 황금 안장을 얹어 호사하고 싶 은 어릴 쩍 마음이 많기도 하지마는.

248
西山의日暮ㅎ니 天地의가히업다

梨花의月白ᄒ니님싱각이시로웨라
杜鵑아　너는누를글여밤시도록우나니.

西山(서산)의　日暮(일모)ᄒ니　天地(천지)의 가히 업다＝서산으로 해가 지니 세상이 끝이 없다. 캄캄하다　◇누를 글여＝누구를 그리워하여.

249
青春의보든거울　白髮의곳쳐보니
青春은간ᄃᆡ업고白髮만뵈ᄂᆞᆫ고나
白髮아　青春이제갓시랴네쏫츤가ᄒ노라. 李廷蓋

青春(청춘)이 제 갓시랴 네 쏫츤가 ᄒ노라＝젊음이 제가 스스로 갔겠느냐 네가 쫓았는가 한다.

250
青山이寂寞ᄒᆞᆫᄃᆡ　麋鹿이벗이로다
藥草에맛드리니世味를이즐노라
夕陽의　낙ᄃᆡ를메고나니漁興계워ᄒ노라.

麋鹿(미록)이 벗이로다＝사슴이 벗이로구나　◇世味(세미)를 이즐노라＝속세를 잊겠구나　◇낙ᄃᆡ를 메고 나니 漁興(어흥) 계워 ᄒ노라＝낚싯대를 메고 나서니 고기 잡는 흥취를 억제하기 어렵구나.

251
青天의써ᄂᆞ믜야　우리님의믜도것다
단장고쎅짓쳬방울소리더욱것다
우리님　酒色의잠겨셔믜써ᄂᆞᆫ쥴모ᄅᆞ거다.

대조; ‘써ᄂᆞᆫ’은 ‘썻ᄂᆞᆫ’의 잘못.

단쟝고 쎗짓체 방울소릭 더욱 것다=단장고와 뻬깃에 방울소리도 더욱
똑 같다. 단장고는 매에게 하는 치장. 뻬깃은 매의 소유자를 표시하기 위하
여 덧꽂는 깃털. 시치미라고도 함.

252
靑山이不老ㅎ니　麋鹿이長生ㅎ고
江漢이무궁ㅎ니白鷗의富貴로다
우리ᄂᆞᆫ　이江山의風景에分別업시늙으리라. 任義直 字伯亨 一國善琴

　靑山(청산)이 不老(불노)ㅎ니 麋鹿(미록)이 長生(장생)ㅎ고=푸른 산이 항
상 푸른 것처럼 사슴이 오래 살고 ◇江漢(강한)이 無窮(무궁)ㅎ니 白鷗(백
구)의 富貴(부귀)로다=크고 작은 강들이 다 끝이 없으니 이는 갈매기들의
먹이가 풍부하니 부귀나 다름이 없다.

253
江村의日暮ㅎ니　곳곳이漁火ㅣ로다
滿江船子들은북치며告祀ㅎ다
밤중만　欸乃一聲의山更幽를ㅎ더라. 任義直

　江村(강촌)의 日暮(일모)ㅎ니 곳곳이 漁火(어화)ㅣ로다=강가에 있는 마을
에 해가 저무니 곳곳에 고기잡이들의 횃불이로구나 ◇滿江船子(만강선자)
들은 북치며 告祀(고사)ㅎ다=강에 그득한 고기잡이배를 탄 사람들이 북을
치며 고사를 지낸다 ◇欸乃 一聲(애내일성)의 山更幽(산경유)를 ㅎ더라=노
젓는 시끄러운 소리에 사방이 다시 어둡고 고요해지더라. 시끄러웠다 고요
해짐을 말함.

254
門닷고글일넌지　몃歲月이되얏관듸

庭畔의슴은솔이 老龍鱗을일우엇다
名園에 픠여진흔桃花야몃번인쥴알니오. 李廷藎

庭畔(정반)에 심은 솔이 老龍鱗(노룡린)을 일우엇다=뜰에 심은 솔이 늙은 용의 비늘을 이루었구나 ◇名園(명원)에 픠여진 흔 桃李(도리)야 몃 번인 쥴 알니오=이름난 동산에 피고 지고한 도리야 몇 번인 줄을 알겠느냐.

255
清江의낙시넛코 扁舟의실넛시니
남이이르기를고기낙다ᄒ노믜라
두어라 取適非取魚를졔뉘라셔알니오. 宋宗元

扁舟(편주)의 실넛시니=조그만 배에 실렸으니 ◇남이 이르기를 고기 낙다 ᄒ노믜라= 다른 사람들이 말하기를 고기를 낚는다고 하는구나 ◇取適非取魚(취적비취어)를 졔 뉘라셔 알니오=고기를 낚는 것에 아니라 세상의 일을 잊고자 하는 뜻을 그 누가 알겠느냐.

256
人生이쑴인쥴을 져마다아노라늬
아노라ᄒ오시나아나니를못볼너고
우리는 眞實노아오믜醉코놀녀ᄒ노라.

아노라 ᄒ오시나 아나 니를 못 볼너고=알겠다고 들 하시나 아는 이를 못 보았구나.

257
金樽의가득흔슐을 슬카장거우르고
醉흔後긴노래의즑어오믜시로워라
兒矯야 夕陽이盡타마라달이좃ᄎ오노믜라.

슬카장 거우리고=마음껏 마시고 ◇夕陽(석양)이 盡(진)타 마라 달이 좃
츳 오노미라=석양이 다 되어 날이 저물었다고 하지마라 달이 계속해서 떠
오르는구나.

258
金樽의酒滴聲과 玉女의解裙聲이
兩聲之中의어늬소릐더조흔고
아마도 月沈三更의解裙聲인가ᄒ노라.

金樽(금준)의 酒滴聲(주적성)과 玉女(옥녀)의 解裙聲(해군성)이=술통에서
술이 떨어지는 소리와 아름다운 여인의 옷 벗는 소리가 ◇月沈 三更(월침
삼경)의 解裙聲(해군성)인가=달이 없는 캄캄한 한밤중에 옷 벗는 소리인가.

259
睢陽城月暈中의 누구누구男子ㅣ런고
秋霜은萬春이오烈日은霽雲이라
아무나 英雄을뭇거든두사람을일으리라.

睢陽城 月暈中(수양성월훈중)의=수양성에 달무리를 하는 가운데. 수양성
은 중국 하남성에 있던 당(唐)나라의 성으로 안녹산의 난리 가운데 장순(張
巡)과 남제운(南霽雲)이 죽음으로 지킨 성 ◇秋霜(추상)은 萬春(만춘)이오
烈日(열일)은 霽雲(제운)이라=추상같이 엄한 장수는 뇌만춘(雷萬春)이요 뜨
거운 해와 같은 충신을 남제운(南霽雲)이다 ◇아무나 英雄(영웅)을 뭇거든
두 사람을 이르리라=누구든 영웅이 누구냐고 묻는다면 만춘과 제운 두 사
람을 일컬으리라.

260
기럭이외기럭이 洞庭瀟湘어듸두고

半夜殘城의잠든나를씨오느니
이後란　碧波寒月인제影徘徊만ㅎ여라.

대조: '半夜殘城'은 '半夜殘燈'의 잘못.

洞庭 瀟湘(동정소상)을 어듸 두고＝동정호(洞庭湖)와 소상강(瀟湘江)을 어
디 두고 동정호와 소상강은 다 중국에 있는 강과 호수임　◇半夜 殘城(반야
잔성)의＝'殘城'(잔성)은 '殘燈'(잔등)의 잘못. 한밤중 까물거리는 등불에　◇
碧波 寒月(벽파한월)에 影徘徊(영배회)만 ㅎ여라＝푸른 물결 위에 차가운 달
빛만 어릴 때 한 일 없이 그림자만 왔다 갔다 하는구나.

261
梨花의月白ㅎ고　銀漢이三更인데
一枝春心을子規야알냐마는
多情도 病이냥ㅎ야잠못드러ㅎ노라. 李兆年 高麗文學 或云尹淮 字淸卿 茂松人 太
宗朝文壯元文型 官兵曹判書 諡文慶公

梨花(이화)의 月白(월백)ㅎ고 銀漢(은한)이 三更(삼경)인제＝배꽃에 달빛이
하얗게 비취고 은하수는 기울어 한밤중인데　◇一枝 春心(일지춘심)을 子規
(자규)야 알냐마는＝한 가지에 어린 봄뜻을 소쩍새가 알겠느냐만　◇多情(다
정)도 病(병)이냥 ㅎ야＝다정다감한 것도 병인 것 같아.

262
平沙의落雁ㅎ고　荒村의日暮ㅣ로다
漁舡도도라들고白鷗ㄱ다줌든적의
뷘빈의　돌시러가지고江亭으로오더라. 趙憲

平沙(평사)의 落雁(낙안)ㅎ고 荒村(황촌)의 日暮(일모)ㅣ로다＝평평한 모래
벌에 기러기가 내려앉고 쓸쓸한 마을에 해가 저물도다　◇漁舡(어강)도 도

라들고 白鷗(백구)ㄱ 다 줌든 젹의=고기잡이 배들도 돌아오고 갈매기들도
다 잠든 때에.

263
閑山셤들 밝은밤의　戌樓의혼ᄌ안ᄌ
큰칼녑히ᄎ고깁흔시름ᄒ노ᄎ에
어ᄃ셔　一聲胡笳ᄂᆫ斷我腸을ᄒ노니. 李舜臣 字汝諧 德水人 明宗朝登武科 官至資
憲統制使 贈右相 謚忠武公 倭亂節死 建大捷碑

戌樓(수루)의 혼ᄌ 안ᄌ=수자리를 보는 누각에 홀로 앉아　◇어ᄃ셔 一
聲 胡笳(일성호가)는 斷我腸(단아장)을 ᄒ노니=어디서 들려오는 오랑캐 피
리소리는 나의 애를 끊느냐.

264
時節도져러ᄒ니　人事도이러ᄒ다
이러ᄒ거니어이져러홀소냐
이런ᄌ　져런ᄌᄒ니흔슘계워ᄒ노라. 李恒福 字子常

時節(시절)도 져러ᄒ니　人事(인사)도 이러ᄒ다=시절이 저렇게 어수선하
니 인사도 이렇게 시끌시끌하다　◇이런ᄌ 져런ᄌ ᄒ니 흔슘 계워 ᄒ노라=
이렇다 저렇다 하고 일관성이 없느니 한숨이 절로 나오는 것을 어쩔 수 없
어 하노라.

265
君平이旣棄世ᄒ니　世亦棄君平을
醉狂은上之上이오詩思ᄂᆫ更之更이라
다만지　淸風明月이니벗인가ᄒ노라. 鄭斗卿 字 號

君平(군평)이 旣棄世(기기세)ᄒ니 世亦棄君平(세역기군평)을=군평이 이미

세상을 버리니 세상 또한 군평을 버렸음을. 군평(君平)은 지은이 정두경(鄭斗卿)의 자(字) ◇醉狂(취광)은 上之上(상지상)이오 詩思(시사)는 更之更(경지경)이라=술에 취해 미친 듯 세상을 잊고 사는 것은 잘한 것 가운데 으뜸이요 시에 대한 생각은 고치고 또 고치는 것이다.

266
가마귀져가마귀 너를보니이닭고야
너무슴藥을먹고머리좃ᄎ검엇ᄂᆞ냐
우리ᄂᆞᆫ 白髮검길藥을못오들가ᄒᆞ노라.

대조: 가번 39번과 유사.

267
간밤에ᄭᅮᆷ도좃코 ᄉᆡᆨ벽가티일우더니
반가온자너를보랴ᄒᆞ고그럿턴지
뎌님아 왓ᄂᆞᆫ곳이니ᄌᆞ고간들엇더리.

ᄉᆡᆨ벽 가티 일 우더니=새벽에 까치가 일찍부터 울더니 ◇왓ᄂᆞᆫ 곳이니 ᄌᆞ고 간들 엇더리=이왕에 왔으니 자고 간들 관계하겠느냐.

268
烏江의月黑ᄒᆞ고 騅馬ᄂᆞᆫ아니간다
虞兮虞兮여닉너를어이ᄒᆞ리
平生의 萬人敵비와닉여이리될쥴어이알니.

烏江(오강)의 月黑(월흑)ᄒᆞ고 騅馬(추마)ᄂᆞᆫ 아니 간다=오강에 달이 캄캄하고 오추마는 가지 아니한다. 오강은 항우(項羽)가 해하성에서 패해 자결한 곳이고 오추마는 항우가 타던 말의 이름임 ◇虞兮 虞兮(우혜우혜)여 닉 너를 어이 ᄒᆞ리=우여 우여 내가 너를 어찌하면 좋겠느냐. 우(虞)는 항우가

사랑하던 여인 ◇平生(평생)의 萬人敵(만이적) 비와 니여 이리 될 쥴 어이
알니=생전에 혼자서 만인의 적을 상대할 수 있는 재주를 배워서 이렇게 될
줄을 어찌 알았겠느냐. 항우를 두고 한 말임.

269
져건너一片石이　姜太公의釣臺로다
文王은어듸가고뷘듸만남앗는고
夕陽의　물츠는제비만오락오락ᄒ더라.

姜太公(강태공)의 釣臺(조대)로다=강태공이 낚시하던 곳이다　◇文王(문
왕)은 어듸 가고=강태공을 만나 그를 등용했던 주(周)나라 문왕은 어디 가
고　◇물 츠는 제비만=무심한 제비만.

270
峨嵋山月半輪秋와　赤壁江山無限景을
李謫仙子瞻이놀고남겨두은뜻은
後世의　英雄豪傑로이어놀이 ᄒ미라.

대조: '子瞻'은 '蘇子瞻'의, '이어놀이'는 '이어놀게'의 잘못.

娥眉山月半輪秋(아미산월반륜추)와　赤壁江山無限景(적벽강산무한경)을=
아미산에 반달이 뜬 가을과 적벽강과 산의 무한한 경치를. '아미산월반륜
추'는 이백의 「아미산월가(娥眉山月歌)」의 기구(起句)임　◇李謫仙(이적선)
과 子瞻(자첨)이=이백(李白)과 소식(蘇軾)이. 소식은 송(宋)나라 문인임　◇
이어 놀이 ᄒ미라='놀이'는 '놀게'의 잘못. 계속하여 놀게 함이다.

271
遠上寒山石逕斜ᄒ니　白雲深處有人家ㅣ라
停車坐愛楓林晚ᄒ니霜葉이紅於二月花ㅣ로다

아마도 　無限淸景은이쑨인가ᄒ노라.

遠上寒山石逕斜(원상한산석경사)ᄒ니　白雲深處有人家(백운심처유인가)ㅣ
라=멀리 한산의 돌길이 비꼈는데 흰 구름 깊은 곳에 인가가 있구나 ◇停
車坐愛楓林晩(정거좌애풍림만)ᄒ니　霜葉(상엽)이　紅於二月花(홍어이월화)ㅣ
로다=수레를 멈추고 늦가을의 경치를 보니 서리 맞은 나뭇잎이 봄철의 꽃
보다 붉더라. 당(唐)나라 두목(杜牧)의 「山行」(산행)시를 시조로 만든 것임.

　　　272
　우는거시벅국신가　푸른거슨버들숩가
　漁村두세집이暮烟의잠계셰라
　夕陽의　짝일은갈멱이ᄂ오락가락ᄒ더라.

暮烟(모연)에 잠계셰라=저녁때에 퍼지는 연기에 잠겼구나.

　　　273
　萬頃蒼波欲暮天의　穿魚換酒柳橋邊을
　客來問我興亡事어늘笑指蘆花月一舡이로다
　슐醉코　江湖의져이시니節가ᄂ쥴몰닉라.

　萬頃蒼波欲暮天(만경창파욕모천)의　穿魚換酒柳橋邊(천어환주유교변)을=
만경창파에 해는 저물어가려 하는데 잡은 고기를 꿰어 버드나무가 있는 다
리의 가에서 술과 바꾸거늘　◇客來問我興亡事(객래문아흥망사)어늘　笑指
蘆花月一舡(소지노화월일강)이로다=손이 내게 와서 흥망사를 묻거늘, 흥망
사(興亡事)는 속세의 일을 말함, 웃으며 갈대꽃에 달이 비친 배 한 척을 가
리키더라.

274

故人無復洛城東이오　今人還對落花風을
年年歲歲花相似오歲歲年年人不同이로다
花相似　人不同ᄒ니그를슬허ᄒ노라.

故人無復洛城東(고인무부낙성동)이오　今人還對落花風(금인환대낙화풍)을
＝옛 사람은 다시 낙성 동쪽에 없고 금인은 다시 꽃을 떨어뜨리는 바람을
대한다　◇年年歲歲花相似(연년세세화상사)오　歲歲年年人不同(세세연년인
부동)이로다＝해마다 피는 꽃은 비슷한데 해마다 사람은 죽고 다시 오지 않
는구나. 유연지(劉延芝)의 「대비백두옹(大悲白頭翁)」의 일부임.

275

田園의봄이드니　이몸이일이ᄒ다
ᄭᅩᆺ남근뉘옴기며藥밧튼뉘갈소냐
兒禧야　듸븨어오너라삿갓몬져결으리라. 成運 字廷叔 號大谷 昌寧人 中宗朝以隱
逸 官至宗簿正 不就仕 年至八十卒

대조;『歌曲源流』계 가집에만 성운(成運)의 작품으로 되어 있음.

이 몸이 일이 ᄒ다＝이 몸이 해야 할 일이 많다　◇ᄭᅩᆺ 남근 뉘 옴기며 藥
(약)밧튼 뉘 갈소냐＝꽃나무는 누가 옮기며 약밭은 누가 갈 것이냐　◇삿갓
몬져 결으리라＝삿갓을 먼저 엮으리라.

276

老人이쥬령을업고　玉闌干의지혜셔셔
白雲을가르치며故鄕이제연만ᄂ
언제나　乘彼白雲ᄒ고至于帝鄕ᄒ리오.

대조; '업고'는 '집고'의 잘못.

老人(노인)이 쥬령을 업고 玉闌干(옥난간)에 지혀 셔셔='업고'는 '집고'의 잘못. 노인이 지팡이를 짚고 옥으로 만든 난간에 기대서서 ◇白雲(백운)을 가르치며 故鄕(고향)이 졔연만는=흰 구름을 가리키며 고향이 저기지만 ◇ 乘彼白雲(승피백운)호고 至于帝鄕(지우제향) 호리오=저기 떠 있는 흰 구름을 타고 제향에 이르리요 제향(帝鄕)은 신선이 사는 곳.

277
細버들가지것거　낙근고기쎄여들고
술집으로츳즈랴호고斷橋로건너가니
그곳의　杏花ㅣ져날니니아모덴쥴몰닉라.

細(세)버들가지 것거=수양버드나무 가지를 꺾어 ◇杏花(행화)ㅣ 져 날니니 아모덴 쥴 몰닉라=살구꽃이 떨어져 바람에 날리니 어디인 줄을 모르겠구나.

278
곳이진다호고　시들아슬혀말아
브람에훗날니니곳의탓이아니로다
가노라　희짓는봄을싀와무슴호리오.

곳이 진다호고=꽃잎 떨어진다고 ◇브람에 훗날니니 곳의 탓이 아니로다=바람에 흩어져 날리니 꽃의 잘못이 아니다 ◇가노라 희짓는 봄을 싀와 무슴 호리오=간다고 손짓하는 봄을 시기하여 무엇 하겠느냐.

279
곳은밤비의퓌고　빗즌술다익거다
거문고가즌벗이달흠쯰오마더니
兒嬉야　茅簷의달옷낫다벗오시나보아라.

대조: '옷낫다'는 '올낫다'의 잘못.

달 홈싀 오마더니=달과 함께 온다고 하더니 ◇茅簷(모첨)에 달 옷낫다
='옷낫다'는 '올낫다'의 잘못. 초가집 추녀에 달 떴다.

280
곳아싴을밋고 오ᄂᆞ나뷔검치마라
春光이덧업슨쥴녠들아니즘작ᄒᆞ랴
綠葉이 成陰子滿枝면어ᄂᆞ나븨오리요.

대조: '검치마라'는 '禁치마라'의 잘못.

곳아 싴을 밋고 오ᄂᆞ 나뷔 검치마라=꽃아, 아름다운 꽃의 색깔만 믿고서
날아오는 나비를 막지마라 ◇春光(춘광)이 덧 업슨 쥴 녠들 아니 즘작ᄒᆞ랴
=봄빛이 덧없는 것을 너인들 아니 짐작하였으랴 ◇綠葉(녹엽)이 成陰子滿
枝(성음자만지)면=푸른 잎이 그늘을 드리울 정도로 가지가 번성하면. 꽃이
지고 없으면. 본래의 뜻은 여자가 출가하여 자식을 많이 두는 것을 뜻함.

281
小園百花叢의 나니ᄂᆞ나뷔들아
香ᄂᆡ를조히넉여柯枝마다안지말아
夕陽의 슴ᄉᆞ즌거뮈ᄂᆞ그물걸고엿ᄂᆞ다.

小園 百花叢(소원백화총)의 나니ᄂᆞ 나뷔들아=작은 동산에 핀 온갖 꽃 속
을 날아다니는 나비들아 ◇香(향)ᄂᆡ를 조히 넉여=향내만 좋게 생각하여
◇슴ᄉᆞ즌 거뮈ᄂᆞ 그물 걸고 엿ᄂᆞ다=음흉한 거미는 그물을 쳐놓고 엿본다.

282
三萬六千里을 每樣만넉이지마쇼

夢裏靑春이어슨덧지나나니
이조흔　太平烟月인제아니놀고어이리.

三萬六千里(삼만육천리)을 每樣(매양)만 넉이지 마쇼='六千里'(육천리)는
'六千日'(육천일)의 잘못. 백년을 매번 같은 것으로만 생각하지 마십시오
◇夢裏靑春(몽리청춘)이 어슨 덧 지내나나니=꿈속과 같은 젊음이 어느 덧
에 지나가느니.

283
어와보안제고　그리던님을보안제고
七年之旱의열구름의빗ㄷ발본듯
이後의　쏘다시만나면九年之水의볏뉘본듯ᄒ여라.

어와 보안제고=어와, 보았도다　◇七年之旱(칠년지한)의 열구름의 빗ㄷ
발 본 듯=칠년 동안의 가뭄에 지나가는 구름의 빗발을 본 듯. 칠년대한(七
年大旱)은 은(殷)나라 탕왕(湯王) 때에 있었다고 함　◇九年之水(구년지수)의
볏뉘 본 듯ᄒ여라=구년 동안의 홍수에 햇볕을 본 듯하여라. 구년지수는 요
(堯)임금 때에 있었다고 함.

284
어와늬일일이여　노도늬일을모롤너라
우리님가오실제가지못ᄒ네ᄒ올넌가
보늬고　길고긴歲月의살쓴싱각어이료. 朴孝寬

어와 닉 일일이여 노도 닉 일 모룰너라='일일이여'는 '일이여'의, '또'는
'나도'의 잘못. 아 내가 한 일이여. 또는 나의 일이여. 나도 내가 한 일을 모
르겠구나 ◇가지 못하네 ᄒ올년가='못하네'는 '못하게'의 잘못. 가지 못하
게 할까 ◇살쓴 싱각 어이료=애타는 생각을 어찌 하리요

285
님이가오실젹의 날은어이두고간고
陽緣이有數ᄒ여두고갈법은ᄒ거니와
玉皇긔 所志原情하여다시오게ᄒ시오.

날은 어이 두고 간고=나는 왜 두고 갔는고 ◇陽緣(양연)이 有數(유수)ᄒ
여 두고 갈 법은 ᄒ거니와='陽緣'(양연)은 '양연(良緣)'의 잘못인 듯. 서로간
의 좋은 인연이 관련이 있어 두고 갔을 법은 있거니와 ◇玉皇(옥황)긔 所志
原情(소지원정)하여='原情'(원정)은 '원정(願情)'의 잘못. 옥황상제에게 마음
에 원하는 바를 하소연하는 진정서를 올려.

286
울며잡은소믹 썰치고가지무소
沼遠長堤의히다져무런네
客窓의 殘燈도도고싀와보면알니라. 李明漢 字天章 號白洲 延安人

沼遠長堤(초원장제)의 히 다 져무런네=아득하게 먼 긴 둑에 해가 거의
저물었네 ◇客窓(객창)의 殘燈(잔등) 도도고 싀와보면 알니라=객지에서 까
물거리는 등잔불의 심지를 돋우고 밤을 새워 보면 알 것이다.

287
天下匕首釖을 한듸모화뷔를믹여
南蠻北狄을다쓸어바린후의

그쇠로 허믜를밍그러江上田을미리라.

天下 匕首釰(천하비수검)을 한듸 모화 뷔를 믜여=세상에 잘 드는 칼을 한 곳에 모아 뷔를 만들어 ◇南蠻北狄(남만북적)을=남북의 오랑캐를. 만은 남쪽의 오랑캐, 적은 북쪽의 오랑캐를 지칭함 ◇허믜를 밍그러 江上田(강상전)을 미리라=호미를 만들어 강가에 있는 밭을 매겠다.

288

前山昨夜雨의 봄ㅂ빗치식로이라
豆花田관술ㅂ불의밤호뮈ㄷ빗치로다
兒嬉야 뒷ㄴㄷ桶바리의고기건져오너라.

前山 昨夜雨(전산작야우)의=앞산은 지난 밤 내린 비에 ◇豆花田(두화전)관술ㅂ불의 밤 호뮈ㄷ빗치로다=콩밭의 관술불에 밤에 호미가 반짝인다 ◇뒷ㄴㄷ 桶(통)바리의=뒷 개울의 통발에. 통발은 고기를 잡는 기구.

289

天地몃番지며 英雄은누구누구
萬古興亡이垂胡子쑴이여늘
어듸셔 妄伶윗거들은노지말나ㅎㄴ니.

대조; '거들은'은 '것들은'의 잘못.

萬古 興亡(만고흥망)이 垂胡子(수호자) 쑴이여늘='垂胡子'(수호자)는 '수유(須臾)'의 잘못인 듯. 이제까지의 흥하고 망하는 것이 잠깐의 꿈과 같거늘. 수호자(垂胡子)는 늙은이를 뜻함. ◇妄伶(망녕)윗 거들은=사리 판단도 못하는 것들은.

290
淸風 北窓下의 갈건을 기우로쓰고
義皇벼기우희님업시누엇스니
夕陽에 短髮樵童이 王大篴還을ᄒ여라

대조; '님업시'는 '일업시'의, '王大篴還'은 '弄篴還'의 잘못.

淸風 北窓下(청풍북창하)의=맑은 바람이 부는 북쪽 창문 아래에 ◇갈건
을 기우 쓰고=칡으로 만든 건을 비스듬히 쓰고 ◇義皇(희황) 벼기 우히 님
업시 누엇스니='님업시' 는 '일업시'의 잘못. 희황상인(義皇上人)이라 수놓
은 베개를 베고 한가하게 누었으니 ◇夕陽(석양)에 短髮樵童(단발초동)이
王大篴還(왕대적환)을 ᄒ여라='王大篴還'(왕대적환)은 '弄篴還'(농적환)의
잘못. 저녁때 더벅머리 나무꾼 아이들이 피리를 불며 돌아오더라.

291
明燭達夜ᄒ니 千秋의高節이오
獨行千里ᄒ니萬古의大義로다
世上의 節義兼全은漢壽亭侯ㄴ가ᄒ노라.

明燭達夜(명촉달야)ᄒ니 千秋(천추)의 高節(고절)이오=촛불을 밝히고 밤
을 새우니 이제까지 보기드믄 높은 절개요 ◇獨行千里(독행천리)ᄒ니 萬古
(만고)의 大義(대의)로다=홀로 천리를 가니 만고에 없는 커다란 의리로다.
관우(關羽)가 의리를 중히 여겨 적진 천리를 달려 유비(劉備)에게 달려갔던
고사를 말함 ◇節義 兼全(절의겸전)은 漢壽亭侯(한수정후)ㄴ가 ᄒ노라=절
개와 의리를 온전하게 겸비한 사람은 한(漢)나라의 수정후인가 한다. 수정
후는 관우에게 준 칭호임.

292
슐이멋가지오 濁酒와淸酒ㅣ로다

먹고醉홀센졍淸濁 ㅣ 關係ᄒ랴
月明코　風淸홀밤이여니아니씬들웃더리.　申欽

먹고 醉(취)홀센졍 淸濁(청탁) ㅣ 關係(관계)ᄒ랴=먹고 취할 것이라면 청주
와 탁주가 상관이 있겠냐.

293
東嶺의달오르니　柴扉의기줏ᄂ다
僻巷窮村의뉘날을ᄎᄌ오리
兒禧야　柴扉를기우려라너나둘이잇스리라.

東嶺(동령)의 달 오르니 柴扉(시비)의 기 줏ᄂ다=동쪽 마루에 달이 뜨니
사립에 개가 짖는다　◇僻巷 窮村(벽항궁촌)의 뉘 날을 ᄎᄌ오리=외지고
궁벽한 마을에 누가 나를 찾아오겠느냐　◇柴扉를 기우려라=사립문을 닫
아라.

294
長空九萬里의　구름을ᄲ어열고
두렷시굴너올나中央의붉앗시니
알괘라　聖世上元은이봄인가ᄒ노라.　安玫英

長空 九萬里(장공구만리)의 구름을 ᄲ어 열고=아득히 먼 하늘에 구름을
쓸어버리고 하늘을 열고　◇두렷시 굴너 올나 中央(중앙)의 붉앗시니=둥글
게 굴러 떠올라 하늘 중앙에 밝았으니　◇聖世 上元(성세상원)은=태평한
세월에 맞은 정월 보름은.

295
春風和煦好時節의　범나뷔몸이되여
百花叢裡의香氣졋져놀니거니

世上의 이러흔豪興을그무허로비홀소냐. 朴孝寬

대조; '놀니거니'는 '노닐거니'의 잘못.

春風和煦 好時節(춘풍화후호시절)의=봄바람이 화창하고 따뜻한 좋은 시
절에 ◇百花叢裡(백화총리)의 香氣(향기) 젓져 놀니거니='놀니거니'는 '노
닐거니'의 잘못. 온갖 꽃이 핀 가운데 향기에 젖어 노닐거니 ◇이러흔 豪興
(호흥)을 그 무허로 비홀소냐=이렇게 호사스런 흥취를 그 무엇에 비할 수
가 있겠느냐.

平擧 막늬는ㅈ는호입

296
님그린相思夢이 蟋蟀의넉시로다
秋夜長깁흔밤의님의방의드럿다가
날넛고 깁히든줌을째와볼가ㅎ노라. 朴孝寬

님 그린 相思夢(상사몽)이 蟋蟀(실솔)의 넉시로다=임을 그려 꾸는 꿈이
귀뚜라미의 넋이 로다.

297
져ᄂ귀모노라니 西山의日暮ㅣ로다
山路險ㅎ거든澗水나潺潺커ᄂ
風便의 聞犬吠ㅎ니다왓ᄂ가ㅎ노라.

대조; '져ᄂ귀'는 '젼ᄂ귀'의 잘못.

져ᄂ귀 모노라니 西山(서산)의 日暮(일모)ㅣ로다='져ᄂ귀'는 '젼ᄂ귀'의
잘못. 다리를 저는 나귀를 몰고 가니 서산에 해가 저물었다. ◇山路(산로)

險(험)ᄒ거든 澗水(간수)나 潺潺(잔잔)커ᄂᆞ=산길이 험하거든 골짜기의 물이나 잔잔하던지 ◇風便(풍편)의 聞犬吠(문견폐)ᄒ니=바람결에 개 짖는 소리가 들리니.

298
五百年都邑地를 匹馬로도라드니
山川은依舊커늘人傑은어딕간고
어즈버 太平烟月이ᄭᅮᆷ이런가ᄒ노라.

五百年 都邑地(오백년도읍지)를 匹馬(필마)로 도라드니=개성(開城)을 한 필의 말을 타고 찾아가니. 오백년도읍지는 고려의 수도였던 개성(開城)을 가리킴 ◇山川(산천)은 依舊(의구)커늘 人傑(인걸)은 어딕 간고=산천은 예전과 같거늘 사람들은 어디로 갔는고

299
五丈原秋夜月의 어엿불슨諸葛武侯
竭忠報國다가將星이ᄡᅥ러지니
至今의 兩表忠言을못늬슬허ᄒ노라. 郭興

五丈原 秋夜月(오장원추야월)의 어엿불슨 諸葛武侯(제갈무후)=오장원의 가을 달밤에 불쌍하기는 제갈무후. 오장원은 중국 섬서성에 있는 지명으로 제갈량이 죽은 곳이고, 諸葛武侯(제갈무후)는 제갈량을 가리킴 ◇竭忠報國(갈충보국)다가 將星(장성)이 ᄡᅥ러지니=충성을 다하여 나라의 은혜에 보답하다가 장성이 떨어지니. 장성은 장군을 가리킴 ◇兩表 忠言(양표충언)을=두 표문의 충성된 말을. 양표는 출진(出陣)에 앞서 왕에게 올린 전후출사표(前後出師表)를 말함.

300

洞庭호밝은달이　楚懷王의녁시되여
七百里平湖의두렷시뷘친뜻은
屈三閭　魚腹忠魂을못늬발겨ᄒ미라.

洞庭湖(동정호)=중국 호남성에 있는 중국 제일의 호수.　◇楚懷王(초회왕)=초(楚)나라의 의제(義帝)　◇七百里 平湖(칠백리평호)의 두렷시 뷘친 뜻은=주위가 칠 백리나 되는 동정호에 둥그렇게 떠 비추는 뜻은　◇屈三閭(굴삼려) 魚腹 忠魂(어복충혼)을 못늬 발겨 ᄒ미라=굴삼려의 고기뱃속에 든 충성스런 넋을 끝내 밝히려 한다. 굴삼려는 굴원(屈原)의 자(字)임.

301

半남아늙엇시니　다시졈듯못ᄒ여도
이후나늙지말고每樣이만ᄒ엿과져
白髮이　네짐酌ᄒ여더듸늙게ᄒ여라.

대조; '졈듯'은 '졈든'의 잘못.

다시 졈듯 못 ᄒ여도='졈듯'은 '졈든'의 잘못. 다시 젊어질 수는 없다고 하여도　◇每樣(매양) 이만 ᄒ엿과져=항상 이만 하였으면.

302

아ᄌ네少年이여　어드러로간것이고
酒色의잠겻인제白髮과밧괴도다
이後야　아무말ᄎ즌들다시보기쉬오랴.

대조; '아무말'은 '아무만'의 잘못.

아자 네 少年(소년)이여 어드러로 간 것이고=아! 너의 어린 시절이여 어디로 간 것이냐 ◇酒色(주색)의 잠겼인제 白髮(백발)과 밧괴도다=술과 여색에 빠져 있을 동안 백발과 바뀌었구나 ◇아무말 츠즌들 다시 보기 쉬오랴='아무말'은 '아무만'의 잘못. 아무리 찾은들 다시 보기 쉽겠느냐.

303

春風桃李花들아 고온樣子자랑말아
蒼松綠竹을歲寒의보려무나
貞貞코 落落ᄒᆞᆫ節을곳칠쥴이잇스랴. 金裕器

春風 桃李花(춘풍도리화)들아 고온 樣子(양자) 자랑말아=봄바람에 핀 복숭아와 오얏들아. 고은 모양을 자랑하지 마라 ◇蒼松 綠竹(창송녹죽)을 歲寒(세한)의 보려무나=푸른 소나무와 대나무를 차가운 겨울에 보렴으나 ◇貞貞(정정)코 落落(낙락)ᄒᆞᆫ 節(절)을 곳칠 쥴이 잇스랴=곧고 높은 절개를 바꿀 까닭이 있으랴.

304

죽기셜워란믈 늙기도곳더셜우랴
무거운팔츔이요숨졀은노릭로다
갓둑의 酒色지못ᄒᆞ니그를슬허ᄒᆞ노라. 李廷藎

대조: '셜워란믈'은 '셜워란들'의, '도곳'은 '도곤'의 잘못.

죽기 셜워란믈 늙기도곳 더 셜우랴='셜워란믈'은 '셜워란들'의, '늙기도곳'은 '늙기도곤'의 잘못. 죽기가 서럽다고 한들 늙는 것보다 더 서러우랴 ◇무거운 팔츔이요 숨 졀은 노릭로다=무거운 팔뚝춤이요 숨이 가뿐 노래로다. 춤을 추고 노래하기에 너무 늙었다 ◇갓둑에 酒色(주색)지 못ᄒᆞ니=가뜩이나 술과 계집마저 가까이 못하니.

305
늙어도흔일이　百의서흔일도업닉
쏘든활못쓰고먹든슐도못머패라
閣氏네　有味흔것도쓴의보듯흐패라. 李廷藎

대조; '쓰고'는 '쏘고'의 '쓴의'는 '쓴외'의 잘못.

百(백)의서 흔 일도 업닉=백 가지 일 가운데 하나도 없네　◇閣氏(각씨)
네 有味(유미)흔 것도 쓴의 보듯 흐패라='쓴의'는 '쓴외'의 잘못. 여자들과
의 재미있는 일도 쓴 오이를 본 듯 하구나.

306
人間五福中의　一曰壽도조커니와
하물며富貴흐고康寧좃츠흐오시니
그남아　修好德考終命이야일너무슴흐리요. 李廷藎

一曰 壽(일왈수)도 조커니와=첫째 장수(長壽)도 좋지만　◇그 남아 修好
德 考終命(수호덕고종명)이야 일너 무슴 흐리요=그밖에 덕을 닦는 것과 제
명에 죽는 것이야 말하여 무엇 하겠느냐.

307
남이히흘지라도　나는아니결울거시
츰우면덕이오결우면것트려니
굽으미　졔게잇거니결울쥴이잇스랴. 李廷藎

남이 히흘지라도 나는 아니 결울 거시=다른 사람이 나에게 해를 끼친다
해도 나는 아니 싸울 것이　◇결우면 것트려니=싸우면 같은 사람이 되는
것이니　◇굽으미 졔게 잇거니 결울 쥴이 잇스랴=잘못이 저에게 있으니 싸
울 까닭이 있겠느냐.

308
꿈의項羽를만나 勝敗를義論ᄒ니
重瞳의눈물지고큰칼쎄여일흔말이
至今의 不渡烏江을못ᄂ닉슬허ᄒ노라.

勝敗(승패)를 議論(의논)ᄒ니=싸움에 이기고 지는 것에 대해 의논하니
◇重瞳(중동)의 눈물지고 큰 칼 쎄여 일흔 말이=겹눈에 눈물을 흘리며 큰
칼을 빼어 하는 말. 중동(重瞳)은 눈에 눈동자가 두 개인 것 ◇不渡 烏江
(부도오강)을 못ᄂ닉 슬허 ᄒ노라=오강을 건너지 못한 것을 끝내 슬퍼하더라.
항우가 해하(垓下)에서 패하고 오강을 건너야 했는데 건너지 못하고 오강에
서 자살한 것을 말함.

309
꿈아어린꿈아 왓ᄂ는님도보닐것과
왓ᄂ는님보닉ᄂ니줌든날을쎄오렴운
이後란 님이오시거든줍고나를쎄와라.

꿈아 어린 꿈아 왓ᄂ는 님도 보닐것가=꿈아 어리석은 꿈아. 꿈에 왔던 님
도 그냥 보낼 것이냐 ◇왓ᄂ는 님 보닉ᄂ니 줌든 날을 쎄오렴운=온 님을 보
내기보다 잠든 나를 먼저 깨우려무나.

310
꿈이날위ᄒ야 먼듸님다려와늘
耽耽히반기녀겨줌을쎄여이러보니
그님이 셩닉여간지기도망도업더라.

대조: '기도'는 '긔도'의 잘못.

먼듸 님 다려와늘=먼 곳의 임을 데려 왔거늘 ◇耽耽(탐탐)히 반기녀겨 줌을 쌔여 이러보니=매우 반갑게 생각되어 잠을 깨어 일어나 보니 ◇셩 늬여 간지 긔도 망도 업더라='긔도'는 '긔도'의 잘못. 성이 나서 갔는지 간 곳도 없더라.

311
꿈이다니는길이 자최ㅣ곳나량이면
님의집窓밧기石路ㅣ라도다르런마는
꿈길이 조최업셔니그를슬허ᄒ노라.

꿈에 다니는 길이 자최ㅣ곳 나량이면=꿈에 다니는 길이 자취가 남는다면 ◇님의 집 窓(창)밧기 石路(석로)ㅣ라도 다르런마는=님의 집 창 밖에 돌 길이라도 닳겠지만.

312
꿈의왓던님이 씌여보니간듸업늬
耽耽히괴던ᄉ랑날ᄇ리고어듸간고
꿈속이 虛事ㅣ라난졍조로나뵈게ᄒ여라. 朴孝寬

대조: 'ㅣ라난졍'은 'ㅣ라만졍'의 잘못.

耽耽(탐탐)히 괴던 ᄉ랑=때대로 사랑 하던 사랑 ◇꿈속이 虛事(허사)ㅣ 라난졍 조로나 뵈게 ᄒ여라='ㅣ라난졍'은 'ㅣ라만졍'의 잘못. 꿈속이 헛일 이라 하더라도 자주 나타나게 하여라.

313
太平天地間의 簞瓢를두러메고
두ᄉ민느르치고우즑우즑ᄒ는뜻은
人世에 걸닐것업스니그를슬허ᄒ노라.

대조; '슬허'는 '즑겨'의 잘못.

太平 天地間(태평천지간)의 簞瓢(단표)를 두러메고=태평한 세상에 도시
락과 바가지를 둘러메고 ◇두 스믹 느르치고 우즑우즑 ㅎ는 쁫은=두 소매
를 늘어뜨리고 우쭐우쭐하는 뜻은 ◇人世(인세)에 걸닐 것 업스니 그를 슬
허 ㅎ노라='슬허'는 '즑겨'의 잘못. 세상에 거리낄 것 없으니 그를 즐겨 하
노라.

달이둘엿ㅎ야 碧空의걸녀셰라
萬古風霜의써더뎜즉ㅎ다마는
至今의 醉客을위ㅎ야長照金樽ㅎ도라. 李德馨 字明南 號漢陰

대조; '써더뎜즉'은 '써러졈즉'의 잘못. '字明南'은 '字明甫'의 잘못.

달이 둘엿ㅎ야 碧空(벽공)의 걸녀셰라=달이 둥그렇게 떠서 푸른 하늘에
걸렸구나 ◇萬古風霜(만고풍상)의 써더졈 즉ㅎ다마는= '써더'는 '써러'의
잘못. 오랜 세월 동안의 바람과 서리에 떨어질 법도 하다마는 ◇長照金樽
(장조금준) ㅎ도다=오랜 동안 술통에 비추어 주는구나.

芳草욱어진골의 시닉는우러녠다
歌臺舞殿이어딕어딕어딕메오
夕陽의 물춘제비야네나알ㄱ가ㅎ노라.

시닉는 우러녠다=시냇물을 소리를 내며 흘러간다 ◇歌臺 舞殿(가대무
전)이=노래하며 춤추는 무대가 ◇물 춘 제비야 네나 알ㄱ가=물을 차고 오

르는 제비야 너는 알까.

316
青草욱어진골의 즈는가누엇는가
紅顔은어듸가고白骨만못첫는고
盞줍아 勸홀적업스니그를슬허ᄒ노라. 林悌 號白湖

靑草(청초) 욱어진 골의=푸른 풀이 우거진 골에 ◇紅顔(홍안)은 어듸 가고=예쁜 얼굴은 어디 가고

317
어제닷토더니 오늘은賀禮혼다
喜惧는白髮이오愛慶은黃口ㅣ로다
날다려 華封三祝을스람마다닐컷더라. 任義直

어제 닷토더니 오늘은 賀禮(하례)혼다=어제는 다투더니 오늘은 축하하고 사례한다 ◇喜惧(희구)는 白髮(백발)이오 愛慶(애경)은 黃口(황구)ㅣ로다= 즐거움과 두려움은 늙은이와 같고 사랑하는 일과 경사스런 일은 어린애 같 다 ◇날다려 華封三祝(화봉삼축)을 스람마다 닐컷더라=나에게 화봉삼축을 사람들마다 칭찬하더라. 화봉삼축(華封三祝)은 화봉인(華封人)이 요(堯)임금 에게 수(壽), 부(富), 다남(多男)의 세 가지를 축수하였는데, 화봉인은 화(華) 의 봉경(封境)을 관리하던 사람임.

318
속뷔인고양남게 석은쥐춘소록이야
가마가치는씔시가올커니와
雲間의 놉히쁜鳳鳥이야눈흙길줄이이시랴.

대조: '가마'는 '가막'의 잘못.

속 뷔인 고양남게 석은 쥐 츤 소록이야=고목이 되어 속이 썩어 텅 빈 회양나무에 썩을 쥐를 잡은 솔개야　◇가마가치는 씰시가 올커니와=까마귀와 까치가 꾀는 것은 당연하거니와　◇雲間(운간)의 놉히 쁜 鳳鳥(봉조)이야 눈힑긜 쥴이 이시랴=구름 속에 높이 뜬 봉황새야 거들떠 볼 까닭이 있겠느냐.

319
쥐츤소록이들아　빅불워라ᄌ랑말아
淸江여윈鶴이쥬린들부를소냐
一身에　閑暇ᄒ올센졍슬져무슴ᄒ리오.

쥐 츤 소록이들아 빅불워라 ᄌ랑말아=쥐를 잡은 솔개들아 배부르다고 자랑하지 마라　◇淸江(청강) 여윈 鶴(학)이 쥬린들 부를소냐=맑은 강의 학이 주린들 부러워하겠느냐.　◇閑暇(한가)ᄒ올센졍 슬져 무슴 ᄒ리오=한가할 망정 살은 져서 무엇 하겠느냐.

320
히다져문날의　ᄌ져괴ᄂᆞᆫ춤식들아
조고마ᄒᆞᆫ몸이半柯枝도足ᄒ거든
굿ᄒ여　크나ᄒᆞᆫ덤불을싀와무슴ᄒ리오.

굿ᄒ여 크나ᄒᆞᆫ 덤불을 싀와 무슴 ᄒ리오=일부러 크나 큰 덤불을 시샘하여 무엇 하느냐.

321
히져黃昏이되면　내못가도졔오더니
졔몸의병이든지뉘흐듸줍히엿ᄂᆞ지

落月이 西樓의나릴제면익긋는듯ᄒᆞ여라.

落月(낙월)이 西樓(서루)의 나릴 제면 이 긋는 듯ᄒᆞ여라=지는 달이 서쪽
에 있는 누각으로 떨어질 때면 창자를 끊는 듯 하여라.

322
슐을ᄃᆡ醉ᄒᆞ고 오다가空山의지니
뉘날을ᄭᆡ오리天地卽衾枕이로다
東風이 細雨를모라다가줌든날을ᄭᆡ오도다. 趙浚 字明仲 號松堂 太祖朝相

뉘 날을 ᄭᆡ오리 天地 卽衾枕(천지즉금침)이로다=누가 나를 깨우겠느냐
천지가 곧 잠자리로구나.

323
슐을醉케먹고 두렷시안ᄌᆞ시니
億萬근심이가노라下直ᄒᆞ다
兒禧야 盞가득부어라시름餞送ᄒᆞ리라 鄭太和 字囿春 號陽坡 仁祖朝領相 諡翼憲
公

두렷시 안ᄌᆞ시니=동그마니 앉았으니 ◇億萬(억만) 근심이 가노라 下直
(하직)ᄒᆞ다=모든 걱정거리들이 간다고 하직을 한다 ◇시름 餞送(전송)ᄒᆞ리
라=시름을 보내겠다.

324
슐을ᄂᆡ즑기더냐 狂藥인쥴알건ᄆᆞᄂᆞᆫ
一寸肝腸의萬端愁를시러두고
眞實노 슐곳아니면시름풀것업세라.

슐을 ᄂᆡ 즑기더냐 狂藥(광약)인 줄 알건ᄆᆞᄂᆞᆫ=술을 내가 즐기더냐. 사람을

미치게 하는 약인 줄만 알지마는 ◇一寸肝腸(일촌간장)의 萬端愁(만단수)를
시러두고=마음속에 여러 가지 시름을 간직하고 일촌간장은 한 치 길이의
간장, 즉 마음을 뜻함 ◇슐곳 아니면 시름 플 것 업셰라=술이 아니면 근심
거리를 풀어버릴 것이 없구나.

325
죽어이져야ᄒ랴 슬아서글러야ᄒ랴
죽어잇기도어렵고슬아글이기도어려웨라
져님아 한말슴만ᄒᄉ라보자死生決斷ᄒ리라.

대조: '글러야'는 '글여야'의 잘못.

죽어 이져야 ᄒ랴 슬아서 글러야 ᄒ랴='글러야'는 '글여야'의 잘못. 죽어
서 잇어야 하겠느냐 살아서 그리워하여야 하랴 ◇한 말슴만 ᄒᄉ라 보자
死生決斷(사생결단)=한 말씀만 하여라. 보자, 죽고 사는 것을 결단.

326
山은녯山이로ᄃᆡ 물은녯물이아니로다
晝夜의흘으니녯물이잇슬소냐
人傑도 물과갓트야가고아니오더라. 眞伊 字明月 松都名妓

물은 녯 물이 아니로다=물은 예전의 물이 아니다 ◇晝夜(주야)의 흘으
니 녯 물이 잇슬소냐=밤낮으로 계속 흘러가니 옛날의 물이 있겠느냐 ◇人
傑(인걸)도 물과 갓트야 가고 아니 오더라=사람들도 물과 같아서 가고나면
아니 온다. 죽으면 그뿐이다.

327
희여검을지라도 희ᄂᆞᆫ거시셜우려든

희여못검는쥴긔아니셜울소냐
희여셔 못검을人生이아니놀고어이리.

희여 검을지라도 희는 거시 셜우려든=희였다가 검을지라도 희는 것이
서럽거든 ◇희여 못검는 쥴 긔 아니 셜울소냐=희어져 못 검는 줄을 그 아
니 서러우랴.

328
님이오마더니 달이지고시별뜬다
속이는제그르랴기드리는닉그르랴
이후야 아모리온다(외마)흔들밋을쥬리잇시랴.

속이는 졔 그르랴 기드리는 닉 그르랴=거짓말을 하여 속이는 제가 잘못
이랴 기다리는 내가 잘못이랴 ◇아모리 온다흔들 밋을 쥬리 잇시랴=아무
리 온다고 한들 기다릴 까닭이 있느냐.

329
綠楊芳草岸의 쇠등의兒孩로다
비마즌行客이문는니술푸는데
져건너 杏花ㅣ더늘니니게가무러보시소.

綠楊 芳草岸(녹양방초안)의 쇠등의 兒孩(아희)로다=버들과 풀이 싱그러
운 둔덕에 소의 등에는 아이들 탔구나 ◇비 마즌 行客(행객)이 문는니 술
푸는 데=비를 맞은 나그네가 묻는구나, 술파는 곳을 ◇杏花(행화)ㅣ 뎌 늘
니니 게가 무러 보시소=살구꽃이 떨어져 날리니 그곳에 가서 물어 보시오.

330
霜天明月夜의 우러녜는져기럭아
北地로向南흔제漢陽을디느마는

엇지튼 故鄕消息을傳치안고녜는니. 宋宗元

霜天 明月夜(상천명월야)의 우러 녜는 져 기럭아=서리가 내린 달 밝은
밤에 울며 날아가는 저 기러기야 ◇北地(북지)로 向南(향남)흔 졔 漢陽(한
양)을 디느마는=북쪽으로부터 남쪽으로 향할 때 한양을 지나가지마는 ◇
傳(전)치 안코 녜는니=전하지 아니하고 가느냐.

    331
九月九日望鄕臺를 흐여보니엇덧턴고
他席의送客盃를닉라오늘흐거고나
鴻雁아 南中苦슬타마는너는어이오느니. 宋宗元

九月九日(구월구일) 望鄕臺(망향대)를 흐여보니 엇덧턴고=구월 구일에
망향대를 하여 보니 어떠하던고 망향대(望鄕臺)는 고향을 보기 위해 만들
어 놓은 대 ◇他席(타석)의 送客盃(송객배)를 닉라 오늘 흐고거나=타향에
서 손님을 보내며 술을 마시는 일은 내가 오늘 하겠구나 ◇鴻雁(홍안)아 南
中苦(남중고) 슬타마는 너는 어이 오느니=기러기야. 남쪽 땅에서의 괴로움
이 싫지마는 너는 어찌하여 날라 오느냐. 당(唐)나라 왕발(王勃)의 「蜀中九
日」(촉중구일)시 '九月九日望鄕臺 他席他鄕送客杯 人情已厭南中苦 鴻雁那
從北地來'(구월구일망향대 타석타향송객배 인정이염남중고 홍안나종북지
래)를 시조화한 것임.

    332
花落春光盡이오 樽空흐니客不來라
鬢髮이희엿시니佳人도畵餠如ㅣ로다
少壯의 隨意歡樂이엇그젠듯흐여라. 朴英秀 字士俊

花落 春光盡(화락춘광진)이오 樽空(준공)흐니 客不來(객불래)라= 꽃이 떨

어지니 봄이 다 갔고 술통이 비었으니 손님도 오지 않는다 ◇鬢髮(빈발)이 희엿스니 佳人(가인)도 畵餠如(화병여)ㅣ로다=수염과 머리카락이 허여 졌으니 아름다운 여인도 그림의 떡이로다 ◇少壯(소장)의 隨意歡樂(수의환락)이 엇그젠 듯ᄒ여라=젊었을 때 마음대로 즐긴 것이 엊그제 인 듯하여라.

333
우러셔ᄂᆞᆫ눈물   우ᄒᆞ로솟지말고
九回肝腸의속으로흘너들어
님그려   다타ᄂᆞᆫ肝腸을녹여볼가ᄒᆞ노라. 朴英秀

우ᄒᆞ로 솟지 말고=위로 솟아나지 말고 눈물이 되지 말고

334
渭城아츰버들의   柳色이싀로외라
그듸를勸ᄒᆞ노니ㅣ盃酒나오시소
西ᄒᆞ로   陽關을나가면故人업셔ᄒᆞ노라.

대조; '아츰버들의'는 '아츰비의'의 잘못.

渭城(위성) 아츰 버들의 柳色(유색)이 싀로외라='버들의'는 '비의'의 잘못. 위성에 아침에 내리는 비에 버들 빛이 새롭구나. 위성은 중국 의 지명. ◇西(서)ᄒᆞ로 陽關(양관)을 나가면 故人(고인) 업셔 ᄒᆞ노라=서쪽으로 양관을 나서면 연고가 있는 사람이 없다. 양관은 관문의 이름. 당(唐)나라 왕유(王維)의 「送元二使西安」(송원이사서안)인 '渭城朝雨浥輕塵 客舍靑靑柳色新 勸君更進一杯酒 西出陽關無故人'(위성조우읍경진 객사청청유색신 권군경진일배주 서출양관무고인)을 시조로 만든 것임.

335

洛陽三月時의　곳곳치花柳ㅣ로다
滿城繁華는太平을그럿는듸
어즈버　義皇世界를이어본듯ᄒ여라.

洛陽(낙양) 三月時(삼월시)의=낙양의 삼월에. 낙양은 막연히 서울을 가리
킴　◇滿城 繁華(만성번화)는 太平(태평)을 그럿는듸=성안 가득히 번잡하고
화려함은 태평시대를 연상시키는데　◇義皇 世界(희황세계)를 이어 본 듯ᄒ
여라=희황(義皇) 시대를 계속하여 본 듯하구나.

336

닭아우지말아　일우노라ᄌ랑말아
반야秦關의孟嘗君이아니로다
오늘은 님오신날이니아니운들엇더리.

일 우노라 ᄌ랑말아=일찍 운다고 자랑하지 마라　◇반야 秦關(진관)의
孟嘗君(맹상군)이 아니로다=한밤중에 진나라 관문에 맹상군이 아니다. 맹
상군이 진(秦)나라에 잡히어 있다 도망하여 나올 때 함곡관(函谷關)에 이르
러 성문이 닫혔으므로, 식객 가운데 닭 우는 소리를 잘 내는 사람이 있어
닭의 우는 소리를 내자 성안의 닭들이 일제히 울어 수문장이 날이 샌 줄로
착각하고 성문을 열었기에 도망하였다는 고사임.

337

닭아우지말아　옷버서中錢쥬료
날아시지말아닭의손듸비럿노라
無心ᄒ　東녁다히는漸漸붉아오더라.

옷 버서 中錢(중전) 쥬료=옷 벗어서 중전을 주랴. 중전(中錢)은 전당잡히
고 빌린 돈　◇닭의 손듸 비럿노라=닭에게 빌었도다　◇東(동)녁 다히는=

동쪽은.

338
말읍신靑山이오　態업슨流水] 로다
갑읍슨淸風이오님ㅈ업슨明月이라
이중위　病읍슨이몸이分別읍시늙으리라. 成渾 字浩源 號牛溪

態(태) 업슨 流水(유ᅀᆔ)] 로다=일정한 모양이 없는 흐르는 물이로다.

339
舜이南巡狩ᄒ사　蒼梧野의崩ᄒ시니
五絃琴南風詩를뉘게傳코崩ᄒ신고
至今의　鼎湖龍飛를못ᄂᆡ슬허ᄒ노라.

舜(순)이 南巡狩(남순수)ᄒ사 蒼梧野(창오야)의 崩(붕)ᄒ시니=순임금이 남
쪽으로 사냥을 위해 순행(巡幸)하시다 창오산에서 돌아가시니 ◇五絃琴 南
風詩(오현금남풍시)를 뉘게 傳(전)코 崩(붕)ᄒ신고=오현금과 남풍시를 누구
에게 전하고 돌아가셨는고 ◇鼎湖龍飛(정호용비)를 못ᄂᆡ 슬허 ᄒ노라=임
금의 죽음을 끝내 슬퍼하노라. 정호용비(鼎湖龍飛)는 예전 황제(黃帝)가 형
산(荊山) 아래에서 솥을 만들고 용을 타고 하늘로 올라가 신선이 되었는데
후인이 이곳을 정호라 하였다 함.

340
才秀名盛ᄒ니　達人의快事] 여늘
晝耕夜讀ᄒ니隱者의志趣] 로다
이밧긔　詩酒風流ᄂᆞ逸民인가ᄒ노라.

대조; ‘才秀名盛’은 ‘才秀名成’의 잘못.

才秀名盛(재수명성)ᄒ니   達人(달인)의   快事(쾌사)ㅣ여늘='名盛'(명성)은 '명성(名成)'의 잘못. 재주가 뛰어나고 성공을 하니 학문이니 기예에 통달한 사람의 기분 좋은 일이거늘   ◇晝耕夜讀(주경야독)ᄒ니 隱者(은자)의 志趣(지취)ㅣ로다=낮에는 농사를 짓고 밤에는 독서를 하니 세상에 숨어 지내는 사람의 의지와 취향이로다   ◇詩酒 風流(시주풍류)는 逸民(일민)인가 ᄒ노라 =시와 술을 즐기고 풍류를 아는 보통 사람인가 한다.

341
宦海놀난물결   林泉의밋츨소냐
갑업슨江山의일업시누엇시니
白鷗도   늬뜻을아던지오락가락ᄒ더라.

宦海(환해)에 놀난 물결 林泉(임천)의 밋츨소냐=환해에 놀란 물결이 숲 속에 미치겠느냐 벼슬살이의 어려움이 한가롭게 사는 시골과는 무관하다 ◇갑 업슨 江山(강산)의=돈을 주고 사고파는 것이 아니기에 값으로 따질 수 없는 강산에.

342
靑春豪和日에   離別곳아니런들
어닉덧늬머리의셔리를뉘라치니
이後란   秉燭夜遊ᄒ여남은히를보닉리라.

대조; 종장이 『금옥총부』에 '오날에 ᄲᅡ나마검운털이마자세여허노라'로 되어 있고, 작자 안민영(安玟英)이 누락되었음.

靑春 豪華日(청춘호화일)에 離別(이별)곳 아니런들=젊어서 호사스럽게 지낸 날에 이별이 없었다면   ◇셔리를 뉘라치리=백발이 되었으랴   ◇秉燭 夜遊(병촉야유)ᄒ여 남은 히를 보닉리라=촛불을 켜고 밤새 놀며 여생을 보

내리라.

343

희기눈갓ᄒ니　西施의後身인가
곱기곳가트니太眞의넉시런가
至今의　雪膚花容은너를본가ᄒ노라.

대조; 작자 누락. 안민영 작품으로 본 가집과 박씨본, 구황실본에만 수록.

희기 눈 갓ᄒ니 西施(서시)의 後身(후신)인가＝희기가 눈과 같으니 서시가
다시 태어난 것인가　◇곱기 곳 가트니 太眞(태진)의 넉시런가＝곱기가 꽃
과 같으니 양귀비의 넋이런가.　◇雪膚花容(설부화용)은 너를 본가 ᄒ노라＝
희기가 눈 같고 꽃 같이 아름다운 얼굴의 미인은 너를 보았는가 한다.

344

님離別ᄒ올적의　져는나귀恨치마소
가노라돌쳐셜졔거름안이런들
곳아리　눈물젹신얼골을유지仔細보리오.

대조; '거름'은 '져난거름'의, '유지'는 '엇지'의 잘못. 작자 누락. 안민영 작품임.

져는 나귀 恨(한)치 마소＝다리를 저는 나귀를 원망하지 마시오　◇가노
라 돌쳐셜졔 거름 안이런들＝'거름'은 '져난거름'의 잘못. 간다고 돌아 섰을
때 저는 걸음이 아니었다면.

345

萬頃蒼波水로도　다못쓰슬千古愁를
一壺酒가지고오늘이야씻거고야
太白이　이러홈으로長醉不醒ᄒ닷다.

萬頃蒼波水(만경창파수)로도 다 못 쓰슬 千古愁(천고수)를=넓은 바다의 물로도 다 씻지 못할 오래 된 걱정을 ◇一壺酒(일호주) 가지고 오늘이야 씻거고야=한 병의 술을 가지고 오늘에야 씻겠구나.

346

늙어믈넌이고 다시졈어보럇터니
靑春이날속이고白髮이거의로다
잇다감 곳밧츨지날졔면罪지은듯ᄒ더라.

늙어 믈넌이고=더 늙지 말려 하고 ◇白髮(백발)이 거의로다=백발이 거의 다 되었구나. ◇잇다감 곳밧츨 지날졔면 罪(죄)지은 듯ᄒ여라=어쩌다 꽃밭을 지날 때면 죄를 짓는 것 같구나.

347

恨唱ᄒ니歌聲咽이오 愁飜ᄒ니舞袖遲라
歌聲咽舞袖遲는님글인툿이로다
西陵의 日欲暮ᄒ니잇긎는듯ᄒ여라.

恨唱(한창)ᄒ니 歌聲咽(가성열)이오 愁飜(수번)ᄒ니 舞袖遲(무수지)라=한스럽게 노래하니 노랫소리가 목이 메이고 근심하여 번득이니 춤추는 옷소매가 더디도다 ◇西陵(서릉)의 日欲暮(일욕모)ᄒ니 잇 긎는 듯ᄒ여라=서쪽 구릉으로 해가 넘어가려 하니 창자가 끊어지는 듯 하구나. 마음이 아프구나.

348

남은다ᄌ는밤의 닉어이홀노쎠야
玉帳깁흔곳의자는님싱각ᄂ는고

千里의　외로온쑴만오락가락ᄒ더라.

남은 다 ᄌᄂᆫ 밤의 늬 어이 홀노 씌야=다른 사람들은 다 잠자는 밤에 내 어찌 홀로 잠을 깨어　◇玉帳(옥장) 깁흔 곳의 자ᄂᆫ 님=좋은 포장을 친 규방에서 잠자는 임을. 유부녀를.

349
ᄉ람이죽어갈졔　갑슬쥬고ᄉ량이면
顔淵이早死ᄒ졔孔子ㅣ아니ᄉ계시랴
갑쥬고　못슬人生아니놀고어이리.

갑슬 쥬고 ᄉ량이면=돈을 주고 살 수가 있다면　◇顔淵(안연)이 早死(조사)ᄒ졔 孔子(공자)ㅣ 아니 ᄉ계시랴=안연이 일찍 죽을 때 공자께서 아니 사셨겠느냐. 안연은 공자의 수제자임.

350
시닉흐르는곳이　ᄇ희ᄶ려草堂짓고
돌아릐밧츨갈고구름속의누엇시니
乾坤이　날불너이르기를ᄒ쐬늙ᄌᄒ더라.

대조: '돌아릐'는 '달아릐'의, 'ᄒ쐬'는 '홈쐬'의 잘못.

ᄇ희 ᄶ려 草堂(초당) 짓고=바위를 깨고 집을 짓고　◇구름 속의 누엇시니=자연 속에서 묻혀 생활하니　◇乾坤(건곤)이 날 불너 이르기를=하늘과 땅이 나를 불러서 말하기를.

351
말이놀나거늘　革잡고굽어보니
錦繡靑山이물속의잠겻셰라

뎌말아 놀나지말아이를보려ᄒᆞ노라.

革(혁) 잡고 굽어보니=고삐를 잡고 내려다보니 ◇錦繡靑山(금수청산)이
=비단같이 아름다운 산이.

352
細柳淸風비긴後의 우지말아뎌미암아
ᄭᅮᆷ의나님을보랴계유들ᄌᆞᆷ을ᄭᅵ오ᄂᆞ냐
ᄭᅮᆷᄭᅵ여 것희업스면病되실ㄱ가ᄒᆞ노라.

대조; '들ᄌᆞᆷ'은 '든ᄌᆞᆷ'의 잘못.

細柳淸風(세류청풍) 비긴 後(후)의=실버들이 맑은 바람 불고 비가 갠 뒤
에 ◇계유 들 ᄌᆞᆷ을 ᄭᅵ오ᄂᆞ냐=겨우 든 잠을 깨우느냐.

353
ᄆᆡ화옛등걸의 봄졀이도라오니
옛퓌든가지ᄆᆞ다퓌염즉도ᄒᆞ다마ᄂᆞᆫ
春雪이 亂紛紛ᄒᆞ니퓔ᄯᅩᆼ말ᄯᅩᆼᄒᆞ여라. 平壤妓 梅花 春雪亦妓

ᄆᆡ화 녯 등걸의=매화나무의 오래된 둥치에 ◇春雪(춘설)이 亂紛紛(난분
분)ᄒᆞ니=봄눈이 어지럽게 날리니. 춘설은 다른 여인을 나타내는 중의(重義)
적인 표현으로 보는 견해도 있음.

354
洛陽앗튼물의 蓮ᄏᆡᄂᆞᆫ兒嬉들아
잔蓮ᄏᆡ다가굴근蓮닙닷칠셰라
蓮닙희 길드린鴛鴦이셔잠ᄭᅵ여놀나리라. 成世昌 字蕃仲 號遯齋 昌寧人 中宗朝登
第 湖堂文衡 官至右相 謚文忠公

洛陽(낙양) 얏튼 물의=낙양의 얕은 물에 ◇잔 蓮(연) 키다가 굴근 蓮(연) 닙 닷칠셰라=작은 연을 캐다가 굵은 연잎을 다칠까 두렵다. 작은 일을 하다 큰일을 그르칠까 두렵다.

355
오려고기숙고 넌무우술졋ᄂ듸
낙시의고기물고게ᄂ늙ᄂ고야
아마도 農家興味ᄂ이쑨인가ᄒ노라.

대조: '게ᄂ늙ᄂ고야'는 '게ᄂ어이나리ᄂ고야'의 잘못

오려 고기 숙고 넌무우 술졋ᄂ듸=올벼는 고개를 숙이고 열무는 실하게 자랐는데 ◇게ᄂ늙ᄂ고야='게ᄂ 어이나리ᄂ고'의 잘못. 게는 어째서 물을 따라 내려오느냐.

356
丈夫로되야나셔 立身揚名못헐딘듸
츨아리다ᄇ리고酒色으로늙으리라
이밧게 碌碌흔營爲야걸닐줄이이시랴. 金裕器

丈夫(장부)로 되야 나셔 立身揚名(입신양명) 못 헐딘듸=남자로 태어나서 출세하여 이름을 떨치지 못한다면 ◇이 밧게 碌碌(녹록)흔 營爲(영위)야 걸닐 줄이 이시랴=이밖에 보잘 것 없이 하는 일에 거리낄 까닭이 있느냐.

357
蘆花깊흔골의 落霞을빗기씌고
三三五五히셧니ᄂ뎌白鷗야
우리도 江湖舊盟을ᄎᄌ보랴ᄒ노라. 金麟厚 字厚之 號河西 蔚州人 中宗朝科官校

理求外玉果乙巳後終不仕 贈吏判文靖公

대조: '셧니'는 '셧거'의 잘못.

蘆花(노화) 깁흔 골의 落霞(낙하)을 빗기 씌고=갈대꽃이 우거진 곳에 저녁노을을 비스듬히 띠고 ◇三三五五(삼삼오오)히 셧니 ᄂᆞᆫ=셋 또는 다섯씩 섞여 날으는 ◇江湖舊盟(강호구맹)을=강호에서 살겠다고 한 오래된 약속을.

358
青春少年들아 白髮老人웃지말아
公변된ᄒᄂᆞᆯ아리녠들어마졈어시리
우리도 少年行樂이어졔런듯ᄒᆞ여라.

대조: '어마'는 '얼마'의 잘못.

公(공)번된 ᄒᄂᆞᆯ 아릐 녠들 어마 졈어시리='어마'는 '얼마'의 잘못. 공평한 하늘 아래 너흰들 얼마나 젊어 있겠느냐. 늙지 않고 항상 젊겠느냐.

359
世上ᄉ람들이 닙들만셩ᄒᆞ여셔
졔허믈젼혀넛고남의凶만보ᄂᆞᆫ고나
남의凶 보거라말고졔허믈을곳치과져.

닙들만 셩ᄒᆞ여셔=입만 살아서. 말들만 많아서 ◇보거라 말고 졔 허믈 곳치과져=보려고 하지 말고 졔 허물이나 고쳐라.

頭擧 존즈즌호님

360

客散門扃ᄒ고　風微月落홀졔
酒甕을다시열고詩句를훗부르니
아마도　山人得意ᄂᆞ이ᄲᅮᆫ인가ᄒ노라. ―河緯地 字天章 號臥隱堂 端宗朝參判六臣

客散 門扃(객산문경)ᄒ고 風微 月落(풍미월락)홀졔=손님이 가니 문을 닫고 바람은 잔잔하고 달이 졌을 때 ◇酒甕(주옹)을 다시 열고 詩句(시구)를 훗부르니=술항아리를 다시 열고 시구를 마음 내키는 대로 읊조리니 ◇山人 得意(산인득의)ᄂᆞ 이 ᄲᅮᆫ인가 ᄒ노라=산골에 사는 사람의 기분 좋은 일은 이 것뿐인가 한다.

361

뉘라가마귀를　검고凶타ᄒ듯던고
反哺報恩이긔아니아람다온가
ᄉ람이　져시만못ᄒ믈못ᄂᆞ슬허ᄒ노라. ―朴孝寬

검고 凶(흉)타 ᄒ듯던고=빛이 검고 흉측하다고 하였던고 ◇反哺報恩(반포보은)이 긔 아니 아람다온가=자라면 부모에게 보답하는 것이 그 어찌 훌륭하지 않은가.

362

綠楊이千萬絲ᆫ들　가ᄂ春風미여두며
耽花蜂蝶인들지ᄂ곳을어이ᄒ리
아모리　根源이重ᄒ들가ᄂ님을어이ᄒ리. ―李元翼 字公勵 號梧里 全義人 宣祖朝
進疏言甚宜 光海大怒配洪州 仁祖元年相 諡文忠公

綠楊(녹양)이 千萬絲(천만사)ᆫ들= 푸른 버들이 수많은 가지를 드리운들

◇가는 春風(춘풍) 믹여 두며=가는 봄바람을 매어 두며 ◇耽花 蜂蝶(탐화
봉접)인들 지는 곳을 어이 흐리=꽃을 찾는 벌과 나비인들 시들어 떨어지는
꽃을 어찌하겠느냐.

363
綠楊春三月을 줍아믹야두량이면
셴마리쏩아닉야촌 춘동여두런마는
희마다 믜던못흐고늙기셜워흐노라. —金昌翕 字 肅宗朝折衝 朱義植壻

대조: '믜던'은 '믹던'의 잘못.

綠楊 春三月(녹양춘삼월)을 줍아믹야 두량이면=버들이 푸르른 봄 석 달
을 잡아 매여 둘 수가 있다면 ◇셴 머리 쏩아닉야=흰 머리카락을 뽑아내
어서 ◇믜던 못 흐고 늙기 셜워=매지는 못 하고 늙는 것을 서러워.

364
우리둘이後生흐여 네나되고닉너되야
닉글여굿든이를너도날그려굿쳐보렴
平生의 닉셜워흐던쥴을돌려보면알니라.

대조; '닉글여'는 '닉너글여'의 잘못.

우리 둘이 後生(후생)흐여 네 나 되고 닉 너 되야=우리 둘이 뒷세상에 다
시 태어나서 네가 내가 되고 나는 네가 되어 ◇닉 글여 굿든 이를 너도 날
그려 굿쳐보렴=내가 너를 그리워하여 가슴 아파 하던 심정을 너도 나를 그
리워하여 끊어지듯 하여 보렴 ◇닉 셜워흐던 쥴을 돌려 보면 알니라=내가
서러워하는 심정을 바꾸어 생각해 보면 알 것이다.

365

白雲집흔골의　綠水靑山둘넛ᄂᆞ듸
神龜로卜築ᄒᆞ니松竹間집이로다
每日의　靈筍를맛드리며鶴鹿함긔놀니라.

神龜(신구)로　卜築(복축)ᄒᆞ니　松竹間(송죽간) 집이로다=신령스런 거북점을 쳐서 살만한 곳에 집을 지으니 소나무와 대나무 사이의 집이로다　◇靈筍(영균)를 맛드리며 鶴鹿(학록)함긔 놀니라=대나무 순에 맛들이며 학과 사슴과 함께 놀리라.

366

白日은西山에지고　黃河ᄂᆞᆫ東海로든다
古來英雄은北邙으로드다말가
두어라　物有盛衰니恨홀쥴이이시랴. ―崔冲 字浩然 高麗時四朝出將入相

白日(백일)은 西山(서산)에 지고 黃河(황하)는 東海(동해)로 든다=해는 서산으로 지고 황하는 동해로 흘러든다. 자연의 섭리다　◇古來 英雄(고래영웅)은 北邙(북망)으로 드다말가=예전부터 이제까지의 영웅들은 북망산으로 들어갔다는 말인가. 북망산에 묻혔단 말인가　◇物有盛衰(물유성쇠)니=물건에는 나름대로의 흥성할 때와 쇠할 때가 있으니.

367

白雲이이러나니　나무긋치움죽인다
밀물의東湖가고혈물의란西湖가ᄌᆞ
兒嬉야　넌그물거더셔리담아닷글들고돗을놉히달아라.

그물 거더 셔리 담아 닷글 들고 돗을 놉히 달아라=그물을 걷어 서려 담고 닻을 들고 돛을 높이 달아라.

368

白雪이滿乾坤ᄒᆞ니　千山이玉이로다
梅花ᄂᆞᆫ半開ᄒᆞ고竹葉이푸르럿다
兒禧야　盞가득부어라興을겨워ᄒᆞ노라.

白雪(백설)이 滿乾坤(만건곤)ᄒᆞ니 千山(천산)이 玉(옥)이로다＝흰 눈이 온 세상을 덮으니 모든 산이 옥처럼 빛나는구나.

369

白雪이ᄌᆞᄌᆞ진골의 구름이머흐레라
반가온 梅花ᄂᆞᆫ어ᄂᆡ곳의푸엿ᄂᆞᆫ고
夕陽의 호올로션 客이갈곳몰나ᄒᆞ노라. ―李穡 字潁叔 號牧隱

대조: 가번 110번과 중복.

370

白雪이紛紛ᄒᆞᆫ날의　天地가다희거다
羽衣를썰쳐닙고玉堂의올나가니
어즈버　天上白玉京을밋쳐본가ᄒᆞ노라.

白雪(백설)이 紛紛(분분)ᄒᆞᆫ 날의＝흰 눈이 펄펄 날리는 날에　◇羽衣(우의)를 썰쳐 닙고＝새의 깃처럼 부드러운 옷을 맵시 있게 차려 입고　◇天上 白玉京(천상백옥경)을 밋쳐 본가 ᄒᆞ노라＝하늘 위에 있다고 하는 옥황상제가 사는 곳에 가보았는가 한다.

371

白髮을훗날니며　青藜杖잇글면서
滿面紅潮로綠陰間의누엇더니
偶然이　黑甛鄕丹夢을黃鳥聲의ᄭᆡ거다. ―金敏淳 字 號梅翁 安東人 萬蔭縣監

白髮(백발)을 훗날니며 靑黎杖(청려장) 잇글면서=백발을 바람에 흩어 날리고 푸른 명아주 지팡이를 이끌면서 ◇滿面 紅潮(만면홍조)로 綠陰間(녹음간)의 누엇더니=술에 취해 붉어진 얼굴로 녹음 가운데 누웠더니 ◇黑甜鄕丹夢(흑첨향단몽)을 黃鳥聲(황조성)의 씌거다=곤히 든 잠 속에서 그리는 이상향에 대한 단꿈을 꾀꼬리 소리에 깨겠다.

372
落葉聲츤바람의 기러기슬피울고
夕陽江顔의고온님보닉올졔
釋迦와 老聃이當흔들아니울줄잇스랴.

대조; '江顔'은 '江頭'의 잘못.

夕陽 江顔(석양강안)의 고온 님 보닉올 제='江顔'(강안)은 '江頭'(강두)의 잘못. 해질 무렵 강 어구에서 고은님을 보낼 때 ◇釋迦(석가)와 老聃(노담)이 當(당)흔들=석가나 노자(老子) 같은 사람들도 사랑하는 사람과 이별을 하게 된다면.

373
楚伯王의壯흔쯧도 죽기도곳離別셜워
玉帳悲歌의눈물은디엇시나
히진후 烏江風浪의우단물이업세라

대조; '楚伯王'은 '楚覇王'의, '도곳'은 '도곤'의 잘못.

楚伯王(초백왕)의 壯(장)흔 쯧도 죽기도곳 離別(이별) 셜워='楚伯王'은 '楚覇王'의, '도곳'은 '도곤'의 잘못. 초패왕의 호기(豪氣)가 넘치는 뜻도 죽기보다 이별이 더 서러워. 초패왕(楚覇王)은 항우를 가리킴 ◇玉帳 悲歌

(옥장비가)의 눈물은 디엇시나=장즁(帳中)에서 부른 슬픈 노래에 눈물은 흘렸으나. 옥장비가는 항우가 해하(垓下)에서 유방에게 패하고 우미인(虞美人)과 함께 장즁(帳中)에서 불렀다고 하는 노래 ◇히진 후 烏江 風浪(오강풍랑)의 우단 믈이 업셰라=해가 진 뒤에 오강(烏江)의 풍랑에 울었다는 말이 없어라.

374
楚襄王은무ᄉ일노 人間樂事다바리고
巫山十二峯의雲雨夢만싱각ᄂ고
두어라 神仙의生涯ᄂ쑴쑨인가ᄒ노라.

楚襄王(초양왕)은 무ᄉ 일노=초양왕은 무슨 일로 ◇巫山 十二峯(무산십이봉)의 雲雨夢(운우몽)만 싱각ᄂ고=무산의 열 두 봉우리에 운우의 꿈만 생각하는고. 운우몽은 초(楚)의 양왕(襄王)이 고당(高唐)에서 노는데 꿈에 선녀가 나타나 동침을 하고 떠나면서 '아침에는 구름, 저녁에는 비가 되어 무산의 기슭에 나타나겠다' 하고 떠났다는 고사에서 남녀간의 행락을 뜻함.

375
楚山의우ᄂ범과 沛澤의잠긴龍이
吐雲生風ᄒ여氣勢도壯홀시고
秦나라 외로운사슴이갈곳몰나하노라. -李芝蘭

楚山(초산)의 우는 범과 沛澤(패택)의 잠긴 龍(용)이=초산에서 우는 범과 패택에 잠긴 용이. 초산에 우는 범은 항우(項羽)를, 패택에 잠긴 용은 유방(劉邦)을 가리킴 ◇吐雲 生風(토운생풍)ᄒ여 氣勢(기세)도 壯(장)홀시고=구름을 토하고 바람을 일으키니 기세도 대단하구나. 항우와 유방의 싸움을 비유한 말임 ◇秦(진)나라 외로운 사슴이=항우가 죽인 진(秦)나라의 자영(子嬰)을 가리킴.

376
首陽山바라보며 夷齊를恨하노라
쥬려죽을신들採薇조ᄎ ᄒ옷것가
아무리 푸싀엣거신들그뉘싸희난것고. ―成三問 字謹甫 號梅竹堂 端宗朝承旨 六臣

대조; '흐옷것가'는 '흐올것가'의 잘못.

首陽山(수양산) 바라보며 夷齊(이제)를 恨(한)ᄒ노라=수양산을 바라다보며 백이와 숙제를 한탄한다 ◇쥬려 죽은신들 採薇(채미)조차 ᄒ옷 것가=굶어 죽은들 고사리조차 캐어 먹어야 하는 것인가 ◇푸싀엣 거신들 그 뉘 싸희 난 것고=날 것인들 그것이 누구의 땅에 난 것인고

377
首陽山나린물이 夷齊의怨淚되야
晝夜不息ᄒ고여흘여흘우ᄂ쯧은
至今의 爲國忠誠을못늬슬허ᄒ노라. ―洪翼漢 三學士

夷齊(이제)의 怨淚(원루)되야=백이(伯夷)와 숙제(叔齊)의 원통한 눈물이 되어 ◇晝夜不息(주야불식)ᄒ고=밤낮을 쉬지 않고 ◇爲國忠誠(위국충성)을 못늬=나라를 걱정하는 충성된 마음을 끝내.

378
북소릭들니ᄂ졀이 머다ᄒ들언마멀니
靑山之上이오白雲之下연마ᄂ
그곳의 白雲이자옥ᄒ니아모덴줄몰니라.

靑山之上(청산지상)이오 白雲之下(백운지하)연마ᄂ=푸른 산 위요 흰 구름 아래지마는.

379

岳陽樓의올나안ㅈ　洞庭湖七百里를둘어보니

落霞與孤鶩齊飛요秋水ㅣ共長天一色일다

어즈버　滿江秋興이數聲漁邃뿐이로다.

岳陽樓(악양루)·洞庭湖 七百里(동정호칠백리)=악양루는 중국 악양에 있는 누각. 동정호에 면하고 있음. 동정호는 중국 제일의 호수로 주위가 칠백리라고 함　◇落霞與孤鶩齊飛(낙하여고목제비)요 秋水ㅣ共長天一色(추수공장천일색)일다=낮게 드리운 저녁노을은 외로운 들오리와 더불어 가지런히 날고 가을의 맑은 물은 하늘과 같이 맑다　◇滿江 秋興(만강추흥)이 數聲 漁邃(수성어적) 뿐이로다=강에 가득한 가을 흥취가 몇 가락의 어부들의 피리 소리뿐이더라.

380

夕鳥는나라들고　暮煙은이러난다

東嶺의달이올나襟懷의벗최도다

兒禧야　瓦樽의슐걸너라彈琴ᄒ고놀니라. —宋宗元

대조; '벗최도다'는 '빗최도다'의 잘못.

夕鳥(석조)는 나라 들고 暮煙(모연)은 이러난다=저녁에 둥우리로 돌아오는 새는 날아들고 저녁연기는 일어난다　◇襟懷(금회)의 벗최도다='벗최도다'는 '빗최도다'의 잘못. 마음속까지 비추는구나. 금회는 가슴 속 깊이 품고 있는 생각　◇瓦樽(와준)의 술 걸너라 彈琴(탄금)ᄒ고=술통의 술을 걸러라 거문고를 타며.

381

太公의고기낙든낙디　긴쥴믜여압너희나려

銀鱗玉尺을버들움의쎄여들고오니
杏花村　酒家의모든벗님네는더듸온다ᄒᆞ더라. ─朴後雄 字君弼 肅宗朝同知 朝鮮
名歌 界搔聳伊出於此人

　銀鱗玉尺(은린옥척)을=비늘이 번쩍이는 커다란 고기를　◇杏花村 酒家
(행화촌주가)의 모든 벗님네는 더듸 온다 ᄒᆞ더라=술집에 모인 벗님들은 늦
게 온다고 하더라.

　　　382
　자다가ᄭᆡ여보니　이어인소릭런고
　入我床下蟋蟀인가秋思도迢迢ᄒ다
　童子도　對答치아니코고개슉여조으더라. ─李廷蓋

　이 어인 소릭런고=이 무슨 소리인가　◇入我床下 蟋蟀(입아상하실솔)인
가 秋思(추사)도 迢迢(초초)ᄒ다=내 책상 아래로 드는 것은 귀뚜라미인가
가을에 일어나는 쓸쓸한 생각도 아득한 듯하구나.

　　　383
　ᄌ다가ᄭᆡ여보니　님의계셔片紙왓ᄂᆡ
　百番남아펴보고가슴우희언졋더니
　굿터나　무겁든아니ᄒ되가슴답답ᄒ더라.

　百番(백번) 남아 펴보고 가슴 우희 언졋더니=백 번도 넘게 펴 보고 가슴
위에 얹었더니　◇굿터나 무겁든 아니 ᄒ되=구태여 무겁지는 않지만.

　　　384
　草堂의깁히든줌을　ᄉᆡ소릭놀나ᄭᆡ니
　梅花雨긴柯枝의夕陽이거의로다
　兒禧야　낙ᄃᆡ여라고기잡이ᄂᆞ졌다.

대조: '긴柯枝의'는 '긴柯枝의'의, '낙듸여라'는 '낙듸니여라'의 잘못.

梅花雨(매화우) 긴 柯枝(가지)의 夕陽(석양)이 거의로다='긴'은 '긴'의 잘못. 매화우가 개인 가지에 석양이 다 되었다. 매화우(梅花雨)는 매우(梅雨)로 음력 4월에서 5월 사이에 오는 비.

385
草堂의일이업셔　거문고를볘고누어
太平聖代를꿈이나보렷더니
門前의　數聲漁笛이잠든날을씨와다. ─柳誠源 字太初 端宗朝司藝 六臣

門前(문전)의 數聲 漁篴(수성어적)이=문 앞에 두어 가락 어부들의 피리소리가,

386
雪月이滿窓흔듸　ㅂ람아부지말아
曳履聲아닌줄은判然이아라마는
글입고　아쉬온ᄆᆞ음의힝혀긘가ᄒᆞ노라.

雪月(설월)이 滿窓(만창)흔듸=눈 위에 비치는 달빛이 뜰에 가득한데　◇
曳履聲(예리성) 아닌 줄은 判然(판연)이 아라마는=신발을 끄는 소리가 아님을 분명히 알지마는.

387
雪月은前朝色이오　寒鍾은故國聲을
南樓의홀로셔녜님군싱각홀졔
殘郭의　暮煙生ᄒᆞ니不勝悲感ᄒᆞ여라.

雪月(설월)은 前朝色(전조색)이오 寒鍾(한종)은 故國聲(고국성)을=눈 위에 비친 달은 전왕조의 빛이요 차갑게 들리는 종소리는 옛 나라의 종소리 같이 들리거늘 ◇南樓(남루)의 홀로 셔=남쪽에 있는 다락에 홀로 서서 ◇殘郭(잔곽)의 暮煙生(모연생)ᄒ니 不勝悲感(불승비감) ᄒ여라=무너진 성곽에 저녁연기가 일어나니 슬픈 감정을 억제하가 어렵구나. 황진이의 시로 알려졌으나 권겹(權韐)의 시 '雪月前朝色 寒鍾故國聲 南樓愁獨立 殘郭暮煙生'(설월전조색 한종고국성 남루수독립 잔곽모연생)을 시조로 만든 것임.

388
雪嶽山가는길의 皆骨山즁을만나
즁다려무른말이楓葉이엇더터니
이ᄉ이 連ᄒ여셔리치니씬마즌가ᄒ노라. ―趙明履 英廟朝判書

대조: '楓葉이'는 '楓岳이'의 잘못인 듯.

皆骨山(개골산)=금강산을 부르는 이름의 하나로 겨울에 해당함 ◇楓葉(풍엽)이 엇더터니=단풍 든 잎이 어떻더냐. '楓葉'(풍엽)은 '풍악(楓嶽)'의 잘못인 듯. 풍악은 금강산의 가을철 이름임 ◇이 ᄉ이 連(연)ᄒ여 셔리 치니 씬 마즌가 ᄒ노라=요즈음 계속하여 서리가 내리니 알맞은 때를 만났는가 한다.

389
積雪이다녹도록 봄ㅁ消息을몰를너니
歸鴻得意天空闊이오臥柳生心水動搖ㅣ로다
兒禧야 싀슐걸너라싀봄마지ᄒ리라.

歸鴻得意天空闊(귀홍득의천공활)이오 臥柳生心水動搖(와류생심수동요)ㅣ로다=북으로 돌아가는 기러기는 하늘이 공활하므로 뜻을 얻고 기우뚱한

버들은 물이 움직임에 따라 마음이 생긴다.

390
가더니이즈장ᄒ여 숨의도아니뵈네
너아니뎌를니졋거든젠들혈마이즐소냐
언마나 진장ᄒᆞᆯ님이완ᄃᆡ슬ᄯᅳᆫ이를긋ᄂᆞ니.

대조; '이즈장ᄒ여'는 '이즈낭ᄒ여'의, '뵈네'는 '뵈네'의 잘못.

가더니 이즈장 ᄒ여='이즈장'은 '이즈낭'의 잘못. 가더니 잊은 양하여
◇젠들 혈마 이즐소냐=저인들 설마 나를 잊었겠느냐 ◇언마나 진장ᄒᆞᆯ 님
이완ᄃᆡ 슬ᄯᅳᆫ 이를 긋ᄂᆞ니=얼마나 진중하게 생각할 임이기에 살뜰한 심사
를 끊느냐.

391
北斗星도라지고 ᄃᆞᆯ은밋쳐안이졋다
녜ᄂᆞᆫ비언마ㅣ나오냐봄은임의집ᄒᆞᆺ도다
風便의 數聲砧들ᄂᆞᆫ니다왓ᄂᆞᆫ가ᄒ노라. -李廷藎

北斗星(북두성) 도라지고 ᄃᆞᆯ은 밋쳐 안이 졋다=북두성은 이미 자리가 바
뀌고 달은 아직 지지 않았다 ◇녜ᄂᆞᆫ 빗 언마ㅣ나 오냐=가는 배가 얼마나
왔느냐 ◇風便(풍편)의 數聲砧(수성침) 들ᄂᆞᆫ니 다 왔는가 ᄒ노라=바람결에
두어 차례의 다듬이 소리가 들리니 다 왔는가 하노라.

392
北天이몱다커ᄂᆞᆯ 雨裝업시길을나니
山의ᄂᆞᆫ눈이요들의ᄂᆞᆫ춘비로다
오날은 춘비마잣시니어러잘ㄱ가ᄒ노라. -林悌 字子順 號白湖 錦城人 宣廟朝登
第 官至禮曹正郎 詩文琴歌俱奇 常以豪士 見名妓寒雨 作此歌與同枕

北天(북천)이 묽다커늘=북쪽 하늘이 맑다고 하거늘 ◇춘비 마잣시니 어러 잘ㄱ가 ㅎ노라=차가운 비를 맞았으니 얼어 잘까 하노라. 찬비는 기생 한우(寒雨)를 가리키는 중의적인 표현임.

393
벼뷔여쇠게싯고 고기건져아희쥬며
이는 네몬져모라다가슐은몬져걸너스라
우리는 夕陽이아즉멀엇시니興티트가리라.

대조; '이는네몬져'는 '이쇼네'의 잘못.

벼 뷔여 쇠게 싯고=벼를 베어 소에게 싣고 ◇이는 네 몬져='이쇼네'의 잘못. 이 소를 네가 먼저 ◇夕陽(석양)이 아즉 멀엇시니 興(흥)티트 가리라 =해질려면 아직 멀었으니 취흥을 즐기다가 가겠다.

394
易水寒波져문날의 荊卿의거동보소
一劍行裝이그아니㤀㤀홈흔가
至今의 未講劍術을못닉슬허ㅎ노라.

易水 寒波(역수한파) 져문 날의 荊卿의 거동 보소=역수에 차가운 물결이 일고 해가 저문 날에 형경의 거동을 보시오. 역수(易水)는 중국 하북성 역현 (易縣)에 근원을 둔 강. 형경은 제(齊)나라 형가(荊軻)로 연(燕)나라 태자 단 (丹)의 명령으로 진왕(秦王) 정(政)을 죽이려다 실패하고 피살됨 ◇一劍 行 裝(일검행장)이 그 아니 㤀㤀齟齬(저어)흔가=칼 하나를 꾸린 행장이 그 아 니 어색하지 않은가. 형가가 진왕의 살해에 실패한 것을 풍자한 말임 ◇未 講劍術(미강검술)을 못닉 슬혀 ㅎ노라=검술을 제대로 배우지 못한 것을 끝

내 서러워하노라.

395
冊덥고憁을녀니　江湖의빗셔잇다
往來白鷗는무슴뜻먹엇는고
앗구려　功名을下直ᄒ고너를좃ᄎ놀니라. －鄭蘊 字輝遠 號桐溪 光海時弼善 丙子胡
亂 隨駕入南漢及和議旣成刺刃幾死 乃曰 吾不死於南漢 何面目對妻子 入山 作此歌

앗구려　功名(공명)을　下直(하직)ᄒ고＝아서라, 공명을 그만두고.

396
보거든슬뮈거나　못보거든니치거나
제나지말거나닉제를모르거나
츨ᄒ로 닉몬져칙여셔제글이게ᄒ리라.

보거든 슬뮈거니 못 보거든 니치거나＝보거든 싫고 밉거나 못 보거든 잊
혀지거나　◇제 나지 말거나 닉 제를 모르거나＝제가 태어나지 말거나 내가
저를 모르거나　◇닉 몬져 칙여셔 제 글이게 ᄒ리라＝내가 먼저 죽어서 제
가 나를 그리워하게 하리라.

397
이몸이쥭어가셔　무어시될고ᄒ니
蓬萊山才一峯의落落長松되여이셔
白雪이 滿乾坤홀졔獨也靑靑ᄒ리라. －成三問

대조: ‘才一峯’은 ‘第一峰’의 잘못.

蓬萊山 才一峯(봉래산재일봉)에 落落長松(낙락장송) 되여 이셔＝‘才一’(재
일)은 ‘第一’(제일)의 잘못. 금강산 제일 높은 봉우리에 커다란 소나무가 되

어 있어 ◇白雪(백설)이 滿乾坤(만건곤)홀제 獨也靑靑(독야청청) ᄒ리라=
흰 눈이 온 세상을 뒤덮었을 때 홀로 푸르고 푸르리라.

398
이몸이쥭고쥭어 一百番쥭고쥭어
白骨이塵土ㅣ되여넉시라도잇고업고
님向ᄒ 一片丹心이야가실쥴이잇시랴.(萬古貞忠) 一鄭夢周

대조: 가번 119번과 중복.

399
篴소ᄅㅣ반기듯고 竹窓을널고보니
細雨長堤의싀등의아희로다
兒禧야 江湖의봄이드냐낙ᄃㅣ推尋ᄒ리라.

대조: '싀등의'는 '쇠등의'의, 'ᄒ리라'는 'ᄒ여라'의 잘못.

篴(적) 소리 반기 듯고=피리소리 반겨 들고 ◇細雨 長堤(세우장제)의 싀
등의 아희로다='싀등'은 '쇠등'의 잘못. 이슬비 내리는 긴 둑에 쇠등에 아
이들이 타고 있구나 ◇낙ᄃㅣ 推尋(추심)ᄒ리라=낚싯대를 찾아 두겠다.

400
越相國范少伯이 名遂功成못홀前의
五胡烟月이조흔쥴알녀므ᄂ
西施를 싯노라ᄒ야ᄂ져도라오도다. 一乙巴素 高麗隱士 故國天王時相國 西鴨綠
谷左勿村人

越相國 范少伯(월상국범소백)이 名遂功成(명수공성) 못홀 前(전)에='少
伯'(소백)은 소백(小伯)의 잘못. 월나라 재상인 범소백이 명예를 이루지 못한

이전에. 범소백은 월의 재상이었던 범려(范蠡)를 가리킴 ◇五胡 烟月(오호
연월)이 조흔 쥴 알녀ᄆᆞᄂᆞᆫ=오호의 은은한 달빛이 좋은 줄을 알았겠지만
◇西施를 싯노라 ᄒᆞ야 느져=서시를 싣는다 하여 늦게. 서시는 춘추시대 월
(越)나라의 미녀.

401
菊花야너ᄂᆞᆫ어이 三月東風슬혀ᄒᆞ다
셩긘울츤빗뒤희츌아리얼지연졍
반드시 群花로더부러 一安玫英

대조; 누락된 부분은 '한봄말녀ᄒᆞ노라'임.

셩긘 울 츤 빗 뒤희 츌아리 얼지연졍=엉성한 울타리에 차가운 비가 내린
뒤에 차라리 얼지언정 ◇群花(군화)로 더불어 한봄 말녀 ᄒᆞ노라=여러 가
지 꽃과 더불어 다 함께 즐기는 봄을 혼자 그만두려 하는구나. 혼자서 싫어
하느냐.

402
落花芳草路의 깁치마를슬엇시니
風前의니ᄂᆞᆫ곳치玉類의부듸친다
앗갑다 쓸어올지연졍넓든마라ᄒᆞ노라. 一安玫英

대조; '니ᄂᆞᆫ'은 '나ᄂᆞᆫ'의, '玉類'는 '玉頰'의 잘못.

落花 芳草路(낙화방초로)의 깁치마를 슬엇시니=꽃이 떨어지고 향기로운
풀이 우거진 길에 비단 치마를 끌리 듯 입었으니 ◇風前(풍젼)의 니ᄂᆞᆫ 곳치
玉類(옥류)의 부듸친다='니ᄂᆞᆫ'은 '나ᄂᆞᆫ'의, '玉類'(옥류)는 '玉頰'(옥협)의 잘
못. 바람 앞에 날리는 꽃이 고운 뺨에 부딪힌다.

403

出自東門ᄒ니　綠楊이千萬絲ㅣ라
絲絲結心曲은쇠고리말속이라
닛다감　벅국ᄉᆡ슬푼소ᄅᆡ의이긋ᄂᆞᆫ듯ᄒᆞ여라.

대조; '닛다감 벅국ᄉᆡ슬푼소ᄅᆡ의'는 『금옥총부』에 '벅국ᄉᆡ깁푼우름예'로 되어 있고, 작자 안민영 누락.

出自 東門(출자동문)ᄒ니 綠楊(녹양)이 千萬絲(천만사)ㅣ로다=동대문으로 나오니 푸른 버들이 가지마다 늘어졌구나　◇絲絲 結心曲(사사결심곡)은 쇠고리 말 속이라=가지마다 맺힌 노래 소리는 꾀꼬리의 말소리뿐이로다　◇ 벅국ᄉᆡ 슬푼 소ᄅᆡ의 이 긋ᄂᆞᆫ 듯 ᄒᆞ여라=뻐꾹새 슬픈 울음소리에 창자가 끊어지는 듯 하구나.

404

울밋희 퓌여진菊花　黃金色을펼치온듯
山넘어듯ᄂᆞᆫ달은詩興을모라도다온다
兒禧야　盞가득부어라醉코놀녀ᄒᆞ노라.

대조; '듯ᄂᆞᆫ'은 '돗ᄂᆞᆫ'의 잘못.

詩興(시흥)을 모라 도다온다=시에 대한 흥취를 모두 몰아서 돋다온다.

405

ᄌᆞ녁집의슐닉거든　부듸나를부르시소
草堂에꼿치퓌여드란나도ᄌᆞ녁를청히옴ᄉᆡ
百年썻　시름업슬쇠를議論과져ᄒᆞ노라. －金堉 號潛谷 孝宗朝領相

草堂(초당)에 꽃치 퓌여드란=초당에 꽃이 피게 되면 ◇百年(백년)쩟 시름 업슬 쇠를=평생을 두고 근심 없을 대책을.

406
子規야우지마라   네우러도속절업다
울거든너만우지날을어이울니는다
아마도   네소리들을제면가슴앏ᄒ흐노라. ─李溪號小岳樓 肅宗朝縣監

네 우러도 속절 업다=네가 울어도 쓸 데 없다 ◇울거든 너만 우지 날을 어이 울니는다=울려거든 너만 울 것이지 나는 왜 울리느냐.

407
뉘라셔날늙다턴고   늙으니도너러흐가
꼿보면반갑고盞즙으면우음난다
귀밋희   흣늘니는白髮이야닌들어이ᄒ리오. ─李仲集

盞(잔) 즙으면 우음 난다=술잔을 잡으면 좋아서 웃음이 나온다.

408
활지어팔의걸고   칼가라엽희ᄎ고
鐵甕城邊의筒箇볘고누엇스니
보완다   보패랏소리의줌못들어ᄒ노라. ─林晉

활 지어 팔의 걸고=활을 만들어 팔에 걸치고 ◇鐵甕城邊(철옹성변)의 筒箇(통개) 볘고 누엇스니=철옹성 가에 통개를 베고 누었으니. 통개는 화살을 넣어 운반할 수 있는 주머니 ◇보완다 보패랏 소리의=‘보았느냐’ ‘보았다’ 하고 외치는 소리에.

409

鐵嶺놉흔고기 즈고넘는뎌구름아
孤臣寃淚를비슴아씌여다가
님계신 九重宮闕에뿌려쥬미엇더리. —李恒福

鐵嶺(철령) 놉흔 고기=철령의 높은 고개. 철령(鐵嶺)은 강원도와 함경도 사이에 있는 고개 ◇孤臣 寃淚(고신원루)를 비슴아 씌여다가=외로운 신하의 원통한 눈물을 비삼아 가져다가 ◇님 계신 九重宮闕(구중궁궐)에 뿌려 쥬미=임금님이 계신 대궐에 뿌려 주는 것이.

410

騎司馬呂馬童아 項籍인줄모로더냐
八年干戈의날듸젹ᄒ리뉘잇더냐
오늘늘 이리되기는하늘인가ᄒ노라.

騎司馬(기사마) 呂馬童(여마동)아 項籍(항적)인줄 모로더냐=기사마인 여마동아 항적인줄 몰랐더냐. 기사마는 벼슬이름이고 여마동은 항우의 친구였는데 나중에 한나라에 투항하여 낭기장(郞騎將)이 되어 용차(龍且)를 치고 항적을 죽임. 항적(項籍)은 項羽(항우)를 가리킴 ◇八年干戈(팔년간과)의 날 듸젹ᄒ리 뉘 잇더냐=팔년 동안의 초와 한의 전쟁 가운데 나를 대적할 사람이 누가 있느냐 ◇이리 되기는 하늘인가 ᄒ노라=이렇게 되기는 하늘인가 하노라. 항우가 여마동에게 죽을 때 '하늘이 나를 망쳤다'고 하였음.

411

솔이라솔이라 무슴솔만너기는다
千仞絶壁의落落長松닌긔로다
길아리 樵童의졉낫시야걸어볼쥴이시라. —松伊 古之名妓

대조; '솔이라'는 '솔이라ᄒ니'의 잘못.

솔이라 솔이라 무슴 솔만 넉이는다=소나무다 소나무다 하니 무슨 소나
무로만 여기느냐 ◇千仞絶壁(천인절벽)의 落落長松(낙락장송) 늬 긔로다=
천 길이나 되는 절벽에 가지가 늘어지고 키가 큰 소나무가 바로 나 그것이
다. ◇樵童(초동)의 접낫시야 걸어볼 쥴 이시라=나무하는 아이들의 조그마
한 낫이야 걸어볼 수가 있겠느냐.

412
집方席너지마라 落葉의랏타못안즈랴
솔불혀지마라어제진들이도다온다
兒禧야 山菜와濁醪ㅣ로만뎡업다말고늬여라.

대조; '濁醪ㅣ로'는 '濁醪ᆯ'의 잘못.

落葉(낙엽)의랏타=낙엽이라고 해서 ◇솔불 혀지 마라=관솔불을 켜지
마라 ◇山菜(산채)와 濁酒(탁료)ㅣ로만뎡=산나물과 막걸리일망정.

413
듸슴어울을슴고 솔갓고와졍지로다
白雲덥힌곳의늘잇는쥴졔뉘알이
庭畔의 鶴徘徊ᄒ니긔벗인가ᄒ노라.

듸 슴어 울을 슴고 솔 갓고와 졍지로다=대나무를 심어 울타리를 삼고 소
나무를 가꾸어 정자를 삼았구나 ◇白雲(백운) 덥힌 곳의 늘 잇는 쥴 제 뉘
알이=흰 구름이 덮여 있는 곳에 내가 있는 줄을 그 누가 알겠느냐.

414
蜀의셔우는식는 漢나라를그려울고

봄ㅁ비의웃는곳츤時節만난툿이로다
月下의 외로운離別은이쑌인가ᄒ노라.

蜀(촉)에서 우는 식는=촉국(蜀國)의 흥망을 생각하여 우는 새는. 촉은 중
국 상고시대 제곡(帝嚳)의 왕자가 봉함을 받았던 작은 나라로, 후에 진(秦)에
게 망했음 ◇봄ㅁ비의 웃는 곳츤 時節(시절)만난 툿이로다=봄비를 맞고
환하게 웃는 꽃을 시절을 잘 만난 탓이다.

415

큰盞의가득부어 醉토록먹으면셔
萬古英雄을손곱아혜여보니
아마도 劉伶李白이늬벗인가하노라. －李德馨

손곱아 혜여 보니=손꼽아 헤아려 보니 ◇劉伶 李白(유령이백)이=유령
과 이백이. 술을 좋아 했다는 유령과 이백이.

416

玉을돌아라ᄒ니 그러도이닭고야
博物君子는아는法잇것마는
알고도 몰오는톄ᄒ니그를슬허ᄒ노라. －洪暹 字退之 號忍齋 南陽人 中宗朝科 湖
堂文衡 官領相 諡景憲公 詩文俱奇

대조; '돌아라'는 '돌이라'의 잘못.

玉(옥)을 돌아라 ᄒ니 그러도 이닭고야='돌아라'는 '돌이라'의 잘못. 옥을
돌이라고 하니 그렇더라도 안타깝구나 ◇博物君子(박물군자)는 아는 法(법)
잇것마는=온갖 것에 능통한 사람은 아는 법이 있겠지마는.

417

玉欄의옷치퓌니 十年이어닉덧고
中夜悲歌의눈물계워안즛잇셔
살들이 셜운마음은나혼잔가ᄒᆞ노라. 曹漢英 號晦谷 官參判

玉欄(옥난)의 옷치 퓌니 十年(십년)이 어닉 덧고=아름다운 난간에 꽃이
피니 십년이 어느 덧인가 ◇中夜 悲歌(중야비가)의 눈물계워 안즛 잇셔=
한 밤중에 들리는 슬픈 노래에 눈물을 억제치 못하고 앉아 있어.

418

玉으로白馬를삭여 洞庭湖의흘니싯겨
艸原長堤의바느러믜엿다가
그말이 풀쓰더먹거든님과離別ᄒᆞ리라.

玉(옥)으로 白馬(백마)를 삭여 洞庭湖(동정호)의 흘니 싯겨=옥으로 백마
를 만들어 동정호의 물에 씻어 ◇艸原 長堤(초원장제)의 바 느러 믜엿다가
=풀이 우거진 들판의 긴 둑에 바를 길게 늘여 매었다가.

419

니뫼를허러닉여 져바다흘메오면은
蓬萊山고은님을니러가도보련마ᄂᆞ
이몸이 精衛鳥갓ᄒᆞ야바즛님만ᄒᆞ노라. -徐益

대조; '니러가도' 는 '거러가도'의, '바즛님만'은 '바즛닐만'의 잘못.

니러가도 보련마는='니러가도'는 '거러가도'의 잘못. 걸어가서라도 만나
볼 수 있으련만 ◇精衛鳥(정위조) 갓ᄒᆞ야 바즛님만 ᄒᆞ노라='바즛님만'은
'바즛닐만'의 잘못. 정위조와 같아 서성거리기만 한다. 정위조(精衛鳥)는 해
변에 사는 작은 새로 옛날 염제(炎帝)의 딸이 죽어서 되었다고 함.

420
綠柳間黃鶯兒들아 나의쑴을씨오지마라
아오라흔遼西길을쑴아니면못가려니
兒孺야 줌든덧스란부듸打起ᄒ여라. ─朴英秀 字士俊

綠柳間 黃鶯兒(녹류간황앵아)들아=푸른 버드나무 사이의 쯰꼬리들아 ◇
아오라흔 遼西(요서)길을=아득히 먼 요서의 길을. 요서(遼西)는 요하(遼河)
의 서쪽을 가리키나 여기서는 멀리 변방의 수자리에 간 남편이 있는 곳을
가리킴 ◇줌든 덧스란 부듸 打起(타가)ᄒ여라=잠들었거든 부디 나무를 때
려 날아가게 하여라.

421
日暮蒼山遠ᄒ니 날져무래못오ᄂ가
天寒白屋貧ᄒ니ᄒ날이츠못오ᄂ가
柴門의 聞犬吠ᄒ니風雪夜歸人인가ᄒ노라.

대조; '져무래'는 '저무러'의 잘못.

日暮蒼山遠(일모창산원)ᄒ니=해가 저물어 푸른 산이 멀리 보이니 ◇天
寒白屋貧(천한백옥빈)ᄒ니=날이 차가워서 가난한 집이 더욱 가난해 보이니
◇柴門(시문)의 聞犬吠(문견폐)ᄒ니 風雪夜歸人(풍설야귀인)인가 ᄒ노라=사
립문에 개 짖는 소리가 들리니 바람 불고 눈 날리는 밤에 돌아온 사람인가
하노라.

422
樂遊原빗긴날의 昭陵을바라보니
白雲깁흔곳의金粟堆보기셟다
어느제 이몸이돌아가셔다시뫼셔보리오. ─曺漢英

樂遊原(낙유원) 빗긴 날의 昭陵(소릉)을 바라보니=낙유원 저녁나절에 소릉을 바라보니. 낙유원(樂遊原)은 중국 섬서성 장안현 남쪽에 있는데, 한(漢)의 선제(宣帝)의 묘우(廟宇)가 있음. 소릉(昭陵)은 당(唐)나라 태종(太宗)의 능임. 이는 당(唐)나라 두목(杜牧)의 「將赴吳興登樂遊原」(장부오흥등낙유원)의 결구(結句)인 '樂遊原上望昭陵'(낙유원상망소릉)임 ◇金粟堆 (금속퇴)보기 섧다=금속퇴를 보기가 서럽다. 금속퇴(金粟堆)는 당 명황(唐明皇)의 무덤이 있는 곳 ◇어느 제 이 몸이 돌아가셔=어느 때 내가 죽어서.

423

ᄌ남은보라미를   엇그제갓손대여
쎼깃체방올달아夕陽의밧고나니
丈夫의 平生得意ᄂᆞ이쑨인가ᄒᆞ노라. －金昌業 號老稼齋

대조: '갓손대여'는 '갓손쎼여'의 잘못.

ᄌ 남은 보라미를 엇그제 갓 손 대여=한 자가 넘는 보라매를 엇그제 막 손을 떼어 ◇쎼깃체 방올 달아 夕陽(석양)의 밧고 나니=빼깃에 방올을 달아 석양에 팔에 받고 나서니. 빼깃은 매의 소유를 밝히기 위해 꽁지 털 외에 덧붙이는 털. 시치미 ◇丈夫(장부)의 平生得意(평생득의)는=사나이의 생전에 마음먹은 뜻을 성취하기는.

424

구름아너ᄂᆞᆫ어이   힛벗츨감초ᄂᆞᆫ다
油然作雲ᄒᆞ면大旱의도커니와
北風이   ᄉᆞ라져불제면볏뉘몰나ᄒᆞ노라.

대조:'힛벗츨'은 '힛빗츨'의 잘못.

油然作雲(유연작운)ㅎ면 大旱(대한)의 도커니와=구름이 뭉게뭉게 일어나면 큰 가뭄에도 좋거니와 ◇北風(북풍)이 스라져 불 졔면 볏뉘 몰나 ㅎ노라=북풍이 없어져 불 때만 볕을 볼 수가 없구나.

425
鶴타고져부는童子야　너다려무러보자
瑤池宴坐客이누구누구와잇더냐
닉뒤히　南極仙翁이오시니거긔무러보시오.

瑤池宴 坐客(요지연좌객)이=요지연에 참석하여 앉아 있는 손님이. 요지연은 주(周)의 목왕(穆王)이 요지에서 서왕모와 주연을 베풀었다고 하는 고사 ◇南極仙翁(남극선옹)이 오시니=님극노인성이 오시니. 남극노인성을 사람의 수명을 맡았다고 함.

426
日中三足烏야　가지말고닉말들어
너희는反哺鳥ㅣ라鳥中之曾某ㅣ로다
北堂의　鶴髮雙親을더듸늙게ㅎ노라. -許斑 字 號松湖 官承旨 古之善歌

日中 三足烏(일중삼족오)야 가지 말고 닉말 들어=해 가운데 있다고 하는 까마귀야 가지 말고 내 말을 들어라 ◇너희는 反哺鳥(반포조)ㅣ라 鳥中之 曾某(조중지증모)ㅣ로다='曾某'(증모)는 '曾子'(증자)의 잘못. 너희는 부모가 먹이를 물어다 준 것에 보답하는 새니, 새 가운데 증 아무개로구나. 증자(曾子)는 공자(孔子)의 제자로 효(孝)를 실행한 사람 ◇鶴髮雙親(학발쌍친)을= 학의 깃털처럼 머리가 하얀 부모님을.

427
비오는날들의가랴　簑笠걸고소먹여라

마히每樣이라匠枝撚粧을다스려라
쉬다가 기는날을보아서긴밧갈녀ᄒ노라.

簑笠(사립) 걸고 소 먹여라=사립은 한자말이 아님. 사립문을 닫고 소 먹여라 ◇마히 每樣(매양)이랴 匠枝撚匠(장지연장)을 다스려라=장지연장도 한자말이 아님. 장마가 오래 계속되겠느냐 쟁기와 연장을 손보아라.

三數大葉　轅門出將　舞刀提賊

428
夕陽의醉興을겨워 나귀등의실녀시니
十里溪山이夢裏의디나거다
어듸서 數聲漁篴이줌든나를씌오거다.

夕陽(석양)의 醉興(취흥)을 겨워 나귀등의 실녀시니=해질녘에 술에 취한 흥취를 억제하지 못하여 나귀의 등에 실렸으니 ◇十里 溪山(십리계산)이 夢裏(몽리)의에 디나거다=십리나 되는 시내를 휘감은 산이 마치 꿈속을 지나친 것 같구나. ◇數聲 漁篴(수성어적)이=두어 가락의 어부들의 피리소리가.

429
뎌盞의부은술이골아시니 劉伶이와마시도나
두렷ᄒ달이여즈러덧시니李白이와씌티도다
남은술 남은달가디고玩月長醉ᄒ리라.

대조: '마시도나'는 '마시도다'의 잘못.

뎌 盞(잔)의 부은 술이 골아시니 劉伶(유령)이 와 마시도나=이 잔이 부은 술이 잔에 차지 않았으니 유령이 와서 마시었나보다. 유령(劉伶)은 진(晉) 나라 때 사람으로 술을 좋아 했음 ◇두렷흔 달이 여즐어졋시니 李白이와 씨 티도다=둥글던 달이 한 쪽이 이즈러졌으니 이백이 와서 깨쳐버렸나 보다.

430
이러니져러니흐고 世俗奇別傳티마소
남의是非는나의알배아니로다
瓦樽의 술이익엇시면긔죠흔가흐노라.

이러니 져러니 흐고 世俗 奇別(세속기별) 傳(전)티 마소=이러니 저러니 하고 속세의 소식을 전하지 마시오 ◇瓦樽에=술통에.

431
그러니져러니말고 술만먹고노식그려
먹다가醉흐거든먹음은치잠들니라
醉흐여 잠든덧이나시름잇즈흐노라.

대조: '그러니'는 '이러니'의 잘못.

먹다가 醉(취)흐거든 먹음은 치 잠 들니라=술을 먹다가 취하게 되면 술을 먹음은 채 잠들겠노라 ◇잠든 덧이나=잠든 동안이나.

432
이러니뎌러니흐니 날더러란雜말마소
닉當付임의盟誓ㅣ오로다虛事ㅣ로다
情밧게 못닐울盟誓ㅣ야흐여무슴흐리요.

닉 當付(당부) 임의 盟誓(맹서)ㅣ 오로다 虛事(허사)ㅣ로다=나의 부탁과 임의 맹세가 모두가 헛일이구나.

433

이런들엇더ᄒ며   뎌러흔들엇더ᄒ리
萬壽山드렁츩이얼어지다긔엇더ᄒ리
우리도 이갓티얼거져서百年가디누리과져. ―太宗大王 仕高麗時欲夢周合意成功作
此歌 以見所向夢周以一片歌和之不應 太宗使調英圭殺夢周而及擧事

萬壽山(만수산) 드렁츩이=만수산에 있는 드렁츩이. 만수산은 개성에 있
는 산임 ◇百年(백년)가디 누리과져=먼 후일까지 누리고 싶다.

434

엇그제쥐비즌술을   酒桶이재두러메고나니
집안兒曹들은허허쳐웃는고야
江湖의   봄간다ᄒ니餞送ᄒ려ᄒ노라.

엇그제 쥐비즌 술을 酒桶(주통)이 재 두러메고 나니=엇그제 담근 술을
술동이 채로 둘러메고 나서니 ◇허허 쳐 웃는고야=허허 하고 소래 내어
웃는구나.

435

藥山東臺여즈러진틈의   倭躑躅갓튼져닉님아
뉘눈의덜뭡거든남인들디내보랴
싀만코 쥐쇠인東山의오죠간듯ᄒ여라.

대조: '틈의'는 '바희틈의'의, '뉘눈의'는 '닉눈의'의 잘못.

藥山 東臺(약산동대) 여즈러진 틈의=약산의 동대 이즈러진 바위틈에. 약
산 동대는 평안북도 영변(寧邊)에 있는 산의 봉우리 ◇뉘 눈의 덜 뭡거든
남인들 디내보랴='뉘눈의'는 '닉눈의'의 잘못. 나의 눈에도 덜 뭡거든 남이
라 해서 지나쳐 보겠느냐 ◇싀 만코 쥐 쇠인 東山(동산)의 오죠 간 듯ᄒ여

라=새가 많고 쥐가 모여든 동산에 오조를 간 것 같구나. 오조는 일찍 추수하는 조나 또는 까마귀를 가리키는 듯.

436
落葉의두字만덕어 西北風의놉히씌여
月明長安애님계신듸보내고겨
眞實노 보오신後면님도슬허ᄒ리라.

月明 長安(월명장안)애=달이 환하게 비춰는 서울에.

437
落葉이말발의채이니 닙닙히秋聲이로다
風伯이뷔데어다쓸허ᄇ리도다
두어라 崎嶇山路를덥허둔들엇더리.

落葉(낙엽)이 말발의 채이니 닙닙히 秋聲(추성)이로다=낙엽이 말발에 채이니 잎마다 가을의 소리로구나 ◇風伯(풍백)이 뷔 데어 다 쓸허 ᄇ리도다=바람이 비가 되어 다 쓰러버리는구나 ◇崎嶇 山路(기구산로)를=험악한 산길을.

438
우레갓치소릐ᄂ님을 번기갓치번덕만나
비갓치오락가락구름갓치헤여디니
胸中에 ᄇ람갓튼한숨이나셔안개퓌듯ᄒ여라.

우레 갓치 소릐 ᄂ 님을=우레처럼 소리가 요란한 님을.

439
綠耳霜蹄ᄂ櫪上의셔늙고 龍泉雪鍔은匣裏의운다

丈夫되어나셔志槪을못닐우고
귀밋히　白髮이직측ᄒ니그를슬허ᄒ노라.

綠耳霜蹄(녹이상제)는　櫪上(역상)의셔　늙고　龍泉　雪鍔(용천설악)은　匣裏
(갑리)의 운다=녹이상제는 마구간의 마판 위에서 늙고 용천과 설악은 칼집
속에서 운다. 녹이상제는 명마(名馬)이고 용천과 설악은 보검(寶劍)임　◇丈
夫(장부) 되어 나셔　志槪(지개)을 못 닐우고=사나이로 태어나서 뜻과 기개
를 이루지 못하고

440
綠耳霜蹄슬지게먹여　시내물의싯겨타고
龍泉劍鍔을들게가라두러메고
丈夫의　爲國忠節을세워볼가ᄒ노라.

대조; '龍泉劍鍔'은 '龍泉雪鍔'의 잘못.

爲國 忠節(위국충절)을 세워 볼가 ᄒ노라=나라를 위한 충성된 절개를 세
워볼까 한다.

441
朔風은나무긋히불고　明月은눈속의춘듸
萬里長城 一長劍집고셔셔
긴파람　큰한소리의것칠거시업세라

대조; 가번 126번과 유사.

442
曹仁의八門金鎖陣을　潁川徐庶ㅣ아랏던가
百萬陣中의휩쓰나니子龍이로다

一身의 都是膽이여니제뉘라서對敵ᄒ리.

曹仁(조인)의 八門金鎖陣(팔문금쇄진)을 潁川 徐庶(영천서서)ㅣ 아랏던가
=조인의 팔문금쇄진을 영천의 서서가 알았던가. 조인은 조조(曹操)의 아우
로 위(魏)의 장수. 영천 서서는 영천사람 서서로 처음에는 유비를 섬겼으나
후에 조조에게로 감 ◇百萬 陣中(백만진중)의 휩쓰나니 子龍(자룡)이로다=
백만의 군사들이 싸우는 전진의 속을 휩쓰는 이는 자룡이로다. 자룡은 조자
룡을 말함 ◇一身(일신)의 都是 膽(도시담)이니 제 뉘라셔 對敵(대적)ᄒ리=
몸뚱이 전부가 담덩어리와 같으니 그 누가 대적하겠느냐.

443
博浪沙中쓰고남은鐵槌를 天下壯士項羽쥬어
힘ᄉ지두러메여씻치리라離別두字
그제야 情든님다리고百年同住ᄒ리라.

博浪沙中(박랑사중) 쓰고 남은 鐵槌(철퇴) 天下壯士 項羽(천하장사항우)를
쥬어=박랑사에서 쓰고 남을 철퇴를 천하장사인 항우에게 주어. 박랑사(博
浪沙)는 중국 하남성 박랑현(博浪縣)에 있는 지명으로 장량(張良)이 철퇴로
진시황을 저격하였던 곳 ◇힘ᄉ지 두러메여=힘껏 둘러메어.

444
酒客이淸濁을갈히랴 다나쓰나막우걸너
잡거니勸ᄒ거니量딕로먹은후의
大醉코 草堂밝은달에누엇신들엇더리.

酒客(주객)이 淸濁(청탁)을 갈히랴 다나 쓰나 막우 걸너=술꾼이 좋은 술
과 나쁜 술을 가리겠느냐 달거나 쓰거나 마구 걸너서.

445
기러이衡陽天의나디말고　네나릭를날빌녀든
心速未歸處의暫간단녀도라오마
가다가　故人相逢ᄒ여드란卽還來을ᄒ리라.

기러기 衡陽天(형양천)의 나디 말고=기러기 너 형양천에 날지 말고 형양천(衡陽天)은 중국에 있는 지명으로 이곳에 회안봉(回雁峰)이 있는데 기러기도 날아 넘어갈 수 없을 정도로 높다고 하여 소식이 끊김을 비유함　◇心速未歸處(심속미귀처)의=마음은 바쁜데 미처 가지 못하는 곳에　◇故人 相逢(고인상봉) ᄒ여드란 卽還來(즉환래)을 ᄒ리라=친구를 만나게 되면 즉시 돌아오리라.

446
百年을可使人人壽ㅣ라도　憂樂中分未百年을
況是百年을難可必이니不如長醉百年前이로다
두어라　百年前ᄭᆞ지란醉코놀녀하노라.

百年(백년)을　可使人人壽(가사인인수)ㅣ라도　憂樂中分未百年(우락중분미백년)을=백년을 혹시 사람마다 살더라도 근심과 즐거움을 나누면 백년이 안 되거늘　◇況是 百年(황시백년)을 難可必(난가필)이니 不如長醉百年前(불여장취백년전)이로다=하물며 백년을 채우기가 어려운 것이니 백 년 동안 오래도록 취하는 것만 못하니라.

447
洛東江上의션주泛ᄒ니　吹笛歌聲이落遠風이로다
客子停驂聞不樂은蒼梧山色이暮雪中이로다
至今의　鼎湖龍을못닉슬허ᄒ노라.

대조: '暮雪中'은 '暮雲中'의, '鼎湖龍'은 '鼎湖龍飛'의 잘못.

洛東江上(낙동강상)에 션주泛ᄒᆞ니 吹笛 歌聲(취적가성)이 落遠風(낙원풍)
이로다=낙동강에 배를 띄우니 피리와 노래 소리가 먼 바람에 떨어지도다
◇客子停驂聞不樂(객자정참문불락)은 蒼梧山色(창오산색)이 暮雪中(모설
중)이로다='暮雪中'은 '暮雲中'의 잘못. 나그네가 말을 멈추고 들어도 즐
겁지 아니하니 창오산의 빛깔이 저녁의 눈 속과 같구나 ◇鼎湖龍(정호용)
을 못닉 슬허 ᄒᆞ노라='鼎湖龍'(정호용)은 '鼎湖龍飛'(정호용비)의 잘못. 임
금의 죽음을 못내 슬퍼하노라. 정호용은 정호용비(鼎湖龍飛)로 임금의 죽
음을 뜻함.

448
簫聲咽秦娥夢斷秦樓月　秦樓月年年柳色覇陵傷別
樂遊原上淸秋節咸陽故都音塵絶이로다
音塵絶　西風殘照漢家陵闕이로다.

대조: '故都'는 '古都'의 잘못임.

簫聲咽秦娥夢斷秦樓月(소성열진아몽단진루월)　秦樓月年年柳色覇陵傷別
(진루월연년유색패릉상별)=퉁소소리에 목이 메인다. 진아의 꿈은 진루의
달에 끊어졌구나. 진루의 달이여 해마다 버들빛 같기만 한데 패릉의 이별에
가슴 태우다　◇樂遊原上淸秋節(낙유원상청추절) 咸陽故都音塵絶(함양고도
음진절)이로다=낙유원 맑은 가을철 함양 옛 도읍에 소식이 없구나　◇音塵
絶(음진절) 西風殘照(서풍잔조) 漢家陵闕(한가능궐)이로다=소식이 없다. 서
녘바람 쇠잔한 빛 한나라 왕조의 궁궐이로다. 이백(李白)의 「억진아(憶秦娥)」
를 시조로 만든 것임.

449

轅門樊將이氣豪雄ᄒ니　七尺長身의佩寶刀ㅣ라

大獵陰山三丈雪ᄒ고帳中歸飮碧葡萄ㅣ로다

大醉코　南蠻을헤아리니草芥런듯ᄒ여라.

轅門 樊將(원문번장)이 氣豪雄(기웅호)ᄒ니 七尺長身(칠척장신)에 佩寶刀(패보도)ㅣ라=군대 영문(營門)의 번쾌(樊噲) 장군이 기상이 뛰어난 영웅과 같으니 칠 척이나 되는 장신에 보검을 찼구나. 번쾌(樊噲)는 한 고조(漢高祖)의 장수 ◇大獵陰山三丈雪(대렵음산삼장설)ᄒ고 帳中歸飮碧葡萄(장중귀음벽포도)ㅣ로다=음산의 세 길이나 쌓인 눈 속에서 크게 사냥하고 장막 안에 돌아와 푸른 포도주를 마신다. 음산(陰山)은 중국 요동 밖에 있는 산임 ◇南蠻(남만)을 헤아리니 草芥(초개)런 듯ᄒ여라=남쪽 오랑캐를 생각해 보니 하찮은 것인가 하여라.

450

擊鼉鼓吹龍笛ᄒ니　皓齒歌細腰舞ㅣ라

즐겁다모다酩酊醉ᄒ쟈酒不到劉伶墳上土ㅣ니

兒禧야　換美酒ᄒ여라與君同醉ᄒ리라.

擊鼉鼓 吹龍笛(격타고취용적)ᄒ니 皓齒歌 細腰舞(호치가세요무)ㅣ라=타고를 치고 용적을 부니 호치가에 세요무라. 타고(鼉鼓)는 천산갑의 껍질로 만든 북이고 용적(龍笛)은 머리 부분에 용을 새긴 피리임. 호치가(皓齒歌)는 흰 이를 드러내며 노래를 부르는 것이고 세요무(細腰舞)는 날랜 동작으로 춤을 추는 것을 말함 ◇모다 酩酊醉(명정취)ᄒ쟈 酒不到劉伶墳上土(주부도유령분상토)ㅣ니=모두 마음껏 취하자, 술이 유령의 무덤 위까지 오지 아니할 것이니 ◇換美酒(환미주)ᄒ여라 與君同醉(여군동취)ᄒ리라=좋은 술로 바꾸어라. 그대와 더불어 같이 취하리라.

蔓橫　舌戰群儒 變態風雲

451

青的了흔換陽의쌸년　紫的粧옷슬뮈쳐바릴년아

엇그졔날속이고쏘누를마쟈속이려ᄒ고

夕陽에　가느단허리를흔들흔들ᄒᄂ니.

　青的了(청적료)흔 換陽(환양)의 쌸년 紫的粧(자적장)옷슬 무쳐바릴 년아＝
청치마를 입은 화냥의 딸년 자지장옷을 찢어버릴 년아. '換陽'(환양)은 '화
냥'을 한자로 표기한 것.

452

기럭이풀풀다나라드니　消息인들뉘傳ᄒ리

愁心은**疊疊**흔듸잠이와야ᄉ쑴인들안이쑤랴

찰ᄒ로　뎌달이되야셔빗최여셔볼가ᄒ노라.

　愁心(수심)은 **疊疊**(첩첩)흔듸 잠이 와야ᄉ 쑴인들 안이 쑤랴＝수심은 겹겹
이 쌓였는데 잠이 와야 꿈이라도 아니 꾸랴.

453

青天구름밧긔　놉히떳난白松鶻이

四方天地를咫尺만녁이는듸

엇지타　싀궁치뒤져엇먹는오리는제집門支防넘기를百千里만치녁이는고.

　대조: '넘기를'은 '넘나들기를'의 잘못.

　青天(청천) 구름 밧긔 놉히 떳난 白松鶻(백송골)이＝푸른 하늘 구름 위에
높이 떠 있는 송골매가　◇四方天地(사방천지)를 咫尺(지척)만 녁이는듸＝넓
은 세상을 아주 가깝게만 여기는데.　◇엇지타 싀궁치 뒤져 엇먹는 오리는

제집 門支防(문지방) 넘기를 百千里(백천리)만치 넉이는고='넘기를'은 '넘 나들기를'의 잘못. 어쩌다 시궁창을 뒤져 얻어먹는 오리는 제 집 문지방 넘 기를 백리나 천리보다 어렵게 여기는고

454
二十四橋月明夜의 佳節은月正上元이라
億兆는欄街歡同ᄒ고貴類도携笻步踥이로다
四時의 觀燈賞花歲時伏臘도트러萬姓同樂이오늘인가ᄒ노라.

二十四橋 月明夜(이십사교월명야)의 佳節(가절)은 月正上元(월정상원)이 라=이십사교에 달이 밝은 밤에 좋은 계절은 마침 정월 보름이라. 이십사교 (二十四橋)는 중국 강소성 강도현(江都縣)의 서문 밖에 있는 다리로 명소임 ◇億兆(억조)는 欄街歡同(난가환동)ᄒ고 貴類(귀류)도 携笻步踥(휴공보극)이 로다='欄街歡同'(난가환동)은 '난가환동(攔街歡同)'의 잘못. 많은 백성들은 길을 메우고 함께 즐거워하고, 귀족의 자제들은 지팡이를 짚고 자박자박 걷 는구나 ◇四時(사시)의 觀燈賞花 歲時伏臘(관등상화세시복납) 도틀어 萬姓 同樂(만성동락)이=일년 내내 관등하고 꽃을 감상하며 한 해의 삼복과 납향 (臘享)에 통틀어 온 백성이 함께 즐기는 것이.

455
揚淸歌發皓齒ᄒ니 北方佳人東隣才ㅣ로다
且吟白苧停綠水요長袖로拂面爲君起라寒雲은夜捲桑海空이오胡風이 到天飄塞鴻이 로다
玉顔이 滿堂樂未終ᄒ여館娃의日落歌吹濛을ᄒ여라.

대조: '夜捲桑海空'은 '夜捲霜海空'의 잘못.

揚淸歌 發皓齒(양청가발호치)ᄒ니 北方佳人 東鄰才(북방가인동린재)ㅣ로

다=맑은 노래를 부르며 흰 이를 들어 내 보이니 북녘의 미인과 이웃의 남자로다 ◇且吟白苧停綠水(차음백저정녹수)요 長袖(장수)로 拂面爲君起(불면위군기)라=또 백저곡을 읊고 녹수를 쉬며 긴 소매로 얼굴을 떨치며 그대를 위해 일어나다 ◇寒雲(한운)은 夜捲桑海空(야권상해운)이오 胡風(호풍)이 吹天飄塞鴻(취천표새홍)이로다='夜捲桑海空'(야권상해공)은 '야권상해공(夜捲霜海空)'의 잘못. 찬 구름이 밤에 거두니 비다와 하늘에 서리치고 북풍이 하늘에 부니 변방 기러기가 나부끼도다 ◇玉顔(옥안)이 滿堂 樂未終(만당낙미종)ᄒ여 館娃(관왜)의 日落 歌吹濛(일락가취몽)을 ᄒ여라=미인이 집안에 가득하니 즐거움이 그치지 아니하고 관왜에 해지니 노랫소리 그윽하여라. 관왜(館娃)는 미녀가 거처하는 집. 이백(李白)의 「白苧詞」(백저사)의 첫째 수(首)임.

456
漢武帝의北折西擊 諸葛武侯七縱七擒
晉나라謝都督에八公山威嚴으로百萬强胡를다쓰러ᄇ린後의
漢南의 王庭을업시이고 愷歌歸來ᄒ여告厥成功ᄒ더라.

대조: '北折'은 '北斥'의 잘못.

漢武帝(한무제)의 北折西擊(북절서격) 諸葛武侯(제갈무후) 七縱七擒(칠종칠금)='北折'(북절)은 '北斥'(북척)의 잘못. 한 무제(漢 武帝)가 북쪽과 서쪽의 오랑캐를 치고 제갈량의 칠종칠금. 칠종칠금은 제갈량이 남만(南蠻)의 맹획(孟獲)을 일곱 번 잡았다 일곱 번 놓아 주어 항복 받은 일 ◇晉(진)나라 謝都督(사도독)에 八公山 威嚴(팔공산위엄)으로 百萬 强胡(백만강호)를 다 쓰러 ᄇ린 後(후)의=진나라의 도독인 사현(謝玄)이 팔공산에서 북호(北胡)의 부견(符堅)을 방어하고 있을 때 부견이 팔공산을 바라보니 그곳의 초목들이 모두 진나라의 병사로 보여 비수(肥水)에서 패하여 백만의 강력한 오랑캐를 모두 쓸어버린 뒤에 ◇漠南(막남)의 王庭(왕정)을 업시이고 凱歌 歸來(개가 귀래)ᄒ여 告厥成功(고궐성공)ᄒ더라=막남에 있는 오랑캐의 조정을 없애고 승리를 구가하며 돌아와 그 성공을 아뢰더라. 漠南(막남)은 지금의 내몽고 에 있었음.

457
漁村의落照ᄒ니　水天이한빗친제
小艇의그물싯고十里沙汀나려가니滿江蘆狄의霞鶩은셧거날고桃花流水의鱖魚ᄂ살 졋ᄂ디柳橋邊의비를믹고기쥬고술을ᄉ셔酩酊케醉ᄒ후의欸乃聲불으며날을씌고도 라오니
아마도　江湖之樂은이뿐인가ᄒ노라.

대조; '날을'은 '달을'의 잘못.

漁村(어촌)의 落照(낙조)ᄒ니 水天(수천)이 한 빗친 제=어촌에 저녁 해가 비추니 수면과 하늘이 같이 붉게 물들었을 때 ◇小艇(소정)의 그믈 싯고 十 里 沙汀(십리사정) 나려가니=작은 배에 그물을 싣고 십리나 되는 모래톱을 내려가니 ◇滿江 蘆荻(만강노적)의 霞鶩(하목)은 셧거 날고=강에 가득한 갈대밭에 노을과 따오기는 섞여 날고 ◇桃花 流水(도화유수)의 鱖魚(궐어) ᄂ 살 졋ᄂ디=복숭아꽃이 떨어져 흐르는 물에 쏘가리는 살졌는데 ◇柳橋 邊(유교변)의 비를 믹고=버드나무가 있는 다리 곁에 배를 매고 ◇酩酊(명 정)케 醉(취)ᄒ 후의 欸乃聲(애내성) 불으며 날을 씌고 도라오니='날을'은 '달을'의 잘못. 거나하게 취한 뒤에 뱃노래를 부르며 달빛을 띠고 돌아오니 ◇江湖之樂(강호지락)은 이 뿐인가=강호에서 사는 즐거움은 이 것 뿐인가.

458
두고가ᄂ의안과　보내고잇ᄂ니와
두고가나니ᄂ雪雍南關의馬不前뿐이어니와

보내고 잇는의안은芳草年年의恨無窮을ㅎ여라.

대조: '雪雍南關의'는 '雪擁藍關의'의 잘못.

두고 가는의 안과 보내고 잇는 니와=두고 가는 사람의 심정과 보내고 있는 사람과 ◇두고 가나 니는 雪雍南關(설옹남관)의 馬不前(마부전)쑌 이어니와='雪雍南關'(설옹남관)은 '설옹남관(雪擁藍關)'의 잘못. 두고 가는 사람의 심정은 눈이 남관을 막고 있어 말이 앞으로 나가지 못하는 심정과 같거니와. 남관은 중국의 지명. 한유(韓愈)의 시의 한 구절임 ◇芳草 年年(방초 연년)의 恨無窮(한무궁)을 ㅎ여라=꽃다운 풀이 해마다 자라건만 이별의 한은 끝이 없는 것과 같다.

459
靑天의셔셔울고가난외기럭이　나지말고내말들어
漢陽城內暫間들너부듸내말잇지말고웨웨처불너이르기를月黃昏계워갈졔寂寞空閨
의더진듯홀노안져님그려춤아못슬네라ㅎ고부듸흔말을젼ㅎ여듀렴
우리도　님보라밧비가옵는길이오미傳홀죵말죵ㅎ여라.

漢陽 城內(한양성내) 暫間(잠간) 들너 부듸 내 말 닛지 말고 웨웨처 불너 이르기를 月黃昏(월황혼) 겨워 갈 졔 寂寞空閨(적막공규)에 더진 듯 홀노 안져=한양의 성내에 잠간 들려 내 말을 부듸 잊지 말고 소리쳐서 불러 말하기를 달이 황혼이 되어갈 때 쓸쓸한 빈 방에 던져버린 듯 홀로 앉아 ◇님 그려 춤아 못 슬네라 ㅎ고 부듸 흔 말을 젼ㅎ여 듀렴=님을 그리워하여 참으로 못살겠다고 부듸 한 마디만 전하여 주려무나.

460
白馬는欲去長嘶ㅎ고　靑娥난惜別牽衣로다
夕陽은已傾西嶺이요去路는長程短程이로다

아마도   설운離別은百年三萬六千日의오날인가하노라.

白馬(백마)는 欲去長嘶(욕거장시)ᄒ고 靑娥(청아)난 惜別 牽衣(석별견의)
로다=백마는 가려고 길게 울고 미인은 이별을 아쉬워 하여 옷을 잡아끈다
◇夕陽(석양)은 已傾西嶺(이경서령)이요 去路(거로)는 長程短程(장정단정)이
로다=석양은 이미 서쪽 마루로 기울었고 갈 길은 멀고 또 가깝도다.

461
李太白의酒量은긔엇더ᄒ여 一日須傾三百盃ᄒ고
杜牧之風采는긔엇더ᄒ여醉過楊州ㅣ橘滿車런고
아마도 이둘의風采는못미칠가ᄒ노라.

一日 須傾 三百盃(일일수경삼백배)ᄒ고=하루에 모름지기 삼백 잔의 술을
마시고 ◇杜牧之 風采(두목지풍채)는 긔 엇더ᄒ여 醉過 楊州ㅣ 橘滿車(취
과양주귤만거)런고=두목의 풍채는 어떠하기에 취하여 양주를 지날 때 귤이
수레에 가득 차던고 두목지는 당나라 시인 두목(杜牧)의 자(字). 두목이 술
을 취해 양주를 지나가니 기생들이 그 풍채에 넋이 나가 귤을 수레에 던져
가득했다고 함.

462
泰山이不讓土壤故로大ᄒ고 河海不擇細流故로深ᄒ나니
萬古天下英雄俊傑建安八字와竹林七賢蘇東坡李謫仙것흔詩酒風流와絶大豪士를어
듸가일오다ᄉ괼손고
鷰雀도 鴻鵠의무리라旅遊狂客이洛陽才子모도신곳의末地의參預ᄒ여놀고갈가ᄒ
노라.

대조: '八字'는 '八子'의 잘못.

泰山(태산)이 不讓 土壤 故(불양토양고)로 大(대)ᄒ고 河海 不擇 細流 故

(하해불택세류고)로 深(심)ᄒ나니=태산이 토양을 사양하지 아니한 까닭으로 높고, 하해는 조그만 물도 가리지 않은 까닭에 깊나니 ◇萬古天下(만고천하) 英雄俊傑(영웅준걸) 建安八字(건안팔자)와='八字'(팔자)는 '八子'(팔자)의 잘못. 만고 천하에 영웅 준걸들과 건안의 여덟 아들이. 건안팔자는 한(漢) 헌제(獻帝) 때 연호(年號)로 후한 의 영음(潁陰)사람 순숙(荀淑)의 여덟 아들을 가리킴 ◇竹林七賢(죽림칠현) 蘇東坡(소동파) 李謫仙(이적선) 것흔 詩酒風流(시주풍류)와 絶代 豪士(절대호사)를 어듸가 일오 다 ᄉ필손가=죽림칠현과 소동파 이적선 같은 시를 잘하고 술을 즐기는 풍류객과 위대하고 호탕한 선비를 어디 가서 전부 다 사귈 수가 있을까 ◇鷰雀(연작)도 鴻鵠(홍곡)의 무리라 旅遊 狂客(여유광객)이 洛陽 才子(낙양재자) 모돈 곳의 末地(말지)의 參預(참예)ᄒ여=제비와 참새와 같은 새도 기러기나 고니와 같이 새의 무리이니 떠돌아다니며 노니는 미친 사람이 서울의 재주 있는 남자들이 모인 곳에 말석에 참석하여.

463
十載經營屋數椽ᄒ니　錦江之上이오月峯前이로다
桃花泛露紅浮水요柳絮風飄白滿舡을石逕歸僧은山影外여ᄂᆞᆯ烟沙眼鷺ᄂᆞ雨聲邊이로다
若令磨詰遊於此런들　不必當年의畵輞川을ᄒ여라.

대조; '磨詰'은 '摩詰'의 잘못.

十載(십재)를 經營 屋數椽(경영옥수연)ᄒ니 錦江之上(금강지상)이오 月峯前(월봉전)이로다=십년을 경영하여 조그만 초가집을 지으니 금강의 위요 월봉의 앞이로다. 월봉은 지명임 ◇桃花泛露紅浮水(도화읍로홍부수)요 柳絮飄風白滿舡(유서표풍백만강)을=복숭아꽃은 이슬에 젖어 붉은 꽃잎이 물에 뜨고 버들솜은 바람에 나부껴 흰 빛이 배에 가득함을 ◇石逕 歸僧(석경

귀승)은 山影外(산영외)여늘 烟沙眠鷺雨聲邊(연사면로우성변)이로다=돌길
에 돌아오는 스님은 산 그림자 밖이거늘 안개 낀 백사장에 잠든 백로는 빗
소리 가이로다 ◇若令 摩詰(약령마힐)로 遊於此(유어차)런들 不必 當年(불
필당년)의 畫輞川(화망천)을 헐낫다=만약에 마힐로 하여금 이곳에서 놀게
했던들 반드시 당년에는 망천을 그리지 않았을 것이다. 마힐(摩詰)은 당(唐)
나라 왕유(王維)의 자(字)로 망천도(輞川圖)를 그렸음. 우리나라 사람의 고시
(古詩)를 시조화로 만든 것임.

464
八萬大藏佛體님게비나이다 나과님을다시보게하오쇼셔
如來菩薩地藏菩薩文殊菩薩普賢菩薩五百羅漢八萬伽侑西方淨土極樂世界觀音菩薩
南無阿彌陀佛
後生의 還道相逢ᄒ여芳緣을잇게되면菩薩님恩擇을捨身報施ᄒ오리다.

대조; '伽侑'은 '伽藍'의 '觀音菩薩'은 '觀世音菩薩'의 잘못.

八萬大藏 佛體(팔만대장불체)님게=모든 부처님께 ◇如來菩薩 地藏菩薩
(여래보살지장보살) 文殊菩薩 普賢菩薩(문수보살보현보살) 五百羅漢 八萬伽
侑(오백나한팔만가남) 西方淨土 極樂世界(서방정토극락세계) 觀音菩薩 南無
阿彌陀佛(관음보살나무아미타불)=여래보살 지장보살 문수보살 보현보살
오백나한 팔만 가람 서방정토 극락세계 관세음보살 나무아미타불. 여래보
살은 석가모니불, 지장보살은 석가가 입멸한 뒤에 미륵불이 나오기 전까지
세계에 머물러 중생을 제도한다는 부처, 문수보살은 석가불 왼편에 있어 지
혜를 맡은 보살, 보현보살은 부처의 이(理)·정(定)·행(行)의 덕을 맡아 보
는 보살, 오백나한은 부처의 제자인 오백 사람의 나한, 가람은 절을 말함,
서방정토는 서쪽에 있다는 아미타불의 세계 ◇後生(후생)의 還道 相逢(환
도상봉)ᄒ여 芳緣(방연)을 잇게 되면 菩薩(보살)님 恩惠(은혜)를 捨身報施(사

신보시) ᄒ오리라=후세에 다시 태어나 만나서 꽃다운 인연을 계속하게 되면 보살님의 은혜에 몸을 바쳐 은혜에 보답하리라.

465
귓도리져귓도리　엇엿부다져귓도리
어인귓도리지ᄂᆞ돌ᄉᆡᄂᆞ밤의節節이슬흔소릐제혼ᄌᆞ우러예ᄂᆞ紗窓여읜ᄌᆞᆷ을살들리도
ᄭᆡ오ᄂᆞ졔고
두어라　졔비록미물이나無人洞房의ᄂᆡ뜻알니ᄂᆞ져뿐인가ᄒ노라.

대조; '밤의' 다음에 '긴소릐 져른소릐' 생략. '우러예ᄂᆞ'은 '우러녜여'의 잘못.

엇엿부다 져 귓도리=불쌍하다 저 귀뚜라미　◇어인 귓도리=어찌 된 귀뚜라미가　◇우러예ᄂᆞ 紗窓(사창) 여읜 ᄌᆞᆷ을 살들이도 ᄭᆡ오ᄂᆞ 졔고=계속 울어서 깊숙한 방에 겨우 든 잠을 알뜰히도 깨우느냐　◇제 비록 미물이나 無人 洞房(무인동방)의=제가 비록 하잘 것 없는 벌레이나 님이 없는 외로운 방에.

466
재우희웃쑥셧ᄂᆞ소나무　바람불졔마다흔들흔들
기울의셧ᄂᆞ버들은무음일좃ᄎ셔흔들흔들흔들흔들
님글여　우ᄂᆞ눈물은올커니와님ᄒ고코난어이무음일좃ᄎ셔후루룩빗쑥이ᄂᆞ고.

대조; '올커니와님ᄒ고'는 '올커니와입ᄒ고'의 잘못.

재 우히 웃쑥 셧ᄂᆞ 소나무=고개 위에 우뚝 서 있는 소나무　◇우ᄂᆞ 눈물은 올커니와 님ᄒ고 코ᄂᆞᆫ 어이 무음 일 좃ᄎ셔 후루룩 빗쑥이ᄂᆞ고 =우는 눈물은 당연하거니와 입하고 코는 무슨 일 따라서 후루룩 소리를 내고 비쭉하는고.

467

압논의오려를뷔여　百花酒를비져두고
뒤東山松枝의箭筒우희활지어걸고훗허진보득쓰러치고손도구굴무지낙가움버들의
쎄여돌에줄어물의치와두고
兒禧야　날볼손오셔드른긴여흘노스르와라.

대조: '보득'은 '바둑'의, '손도'는 '손조'의 잘못.

　압 논의 오려를 뷔여 百花酒(백화주)를 비져 두고=앞 논의 올벼를 타작
하여 백화주를 담가 두고　◇ 뒤東山(동산) 松枝(송지)의 箭筒(전통) 우희 활
지어 걸고 훗허진 보득 쓰러치고=뒷동산 소나무 가지에 전통 위에는 활을
만들어 걸고 흩어진 바둑돌을 쓸어 치우고　◇손도 구굴무지 낙가 움버들
의 쎄여 돌에 줄어 물의 치와 두고=손수 구구리를 낚아 연한 버들에 꿰어
돌을 눌러 물에 채워두고　◇날 볼 손 오셔드른 긴 여흘노 스르와라=나를
만나겠다는 손님이 오셨거든 뒤 여울로 와서 알려.

468

赤壁水火死地를　僅免흔曹孟德이
華容道를當ᄒ여壽亭侯를만나鳳眸龍劍으로秋霜것튼號令에草露奸雄이어이臥席終
身을바라리요마ᄂ
關公은　千古의義將이라옛일을싱각ᄒ시快히노하보내시다.

　赤壁水火 死地(적벽수화사지)를 僅免흔 曹孟德(조맹덕)이=적벽대전(赤壁
大戰)에서 수공(水攻)과 화공(火攻)의 죽을 처지를 겨우 모면한 조맹덕이. 조
맹덕은 조조(曹操)를 가리킴　◇華容道(화용도)를 當(당)ᄒ여 壽亭侯(수정후)
를 만나 鳳眸龍劍(봉모용검)으로 秋霜(추상)것튼 號令(호령)에 草露 奸雄(초
로간웅)이 어이 臥席 終身(와석종신)을 바라리요 마는=화용도에 이르러 수

정후를 만나 봉의 눈에 용검으로 서릿발 같은 호령에 하찮고 간사한 영웅 조조가 어찌 자기 명에 죽기를 바라겠느냐 마는. 화용도(華容道)는 조조가 도망하다 關羽(관우)를 만난 장소 수정후는 관우를 가리킴. ◇옛 일을 싱 각ᄒ스 快(쾌)히 노하 보내시다=관우가 예전에 조조에 잠시 의탁했던 일을 생각하고 조조를 흔쾌히 살려 보내다.

469
七年之旱과九年之水의　人心이淳厚터니
時和歲豊ᄒ고國泰民安ᄒ되人情은險陟千層浪이오世事ᄂᆞᆫ危登百尺竿이로다
古今의　人心이不同홈을못내슬허ᄒ노라.

七年之旱(칠년지한)과　九年之水(구년지수)의=칠년 동안의 가뭄과 구년 동안의 홍수에. 칠년대한은 은(殷)의 탕왕(湯王) 때에 있었고 구년지수는 요 (堯) 임금 때 있었음 ◇時和 歲豊(시화세풍)ᄒ고 國泰 民安(국태민안)ᄒ되 人情(인정)은 險陟 千層浪(험척천층랑)이오 世事(세사)는 危登 百尺竿(위등 백척간)이로다=일기가 온화하여 풍년이 들고 나라가 태평하고 백성이 편안 하되 인정은 천 층의 물결을 헤치고 오르는 것만큼 험하고 세상일은 백 척 의 장대에 오르는 것처럼 위태롭다.

470
極目天涯의恨孤雁之失侶ᄒ고　回眸樑上의羨雙燕之同巢ㅣ로다
遠山은無情ᄒ여能遮千里之望眼이오明月은有意ᄒ여相照兩向之思心이로다
花不待二三之月에　預發於衾中ᄒ고月不當三五之夜의圓明於枕上이로다.

대조: '相照兩向之思心'은 '相照兩鄕之思心'의 잘못.

極目 天涯(극목천애)의 恨孤雁之失侶(한고안지실려)ᄒ고 回眸 樑上(회모 양상)의 羨雙燕之同巢(선쌍연지동소)ㅣ로다=눈을 하늘 끝에 두니 외로운

기러기 짝 잃은 것을 한탄하고 눈동자를 대들보 위에 돌리니 두 마리 제비
가 한 집에 즐김을 부러워한다 ◇遠山(원산)은 無情(무정)ᄒ여 能遮千里之
望眼(능차천리지망안)이오 明月(명월)은 有意(유의)ᄒ여 相照兩向之思心(상
조양향지심)이로다='兩向'(양향)은 '兩鄕'(양향)의 잘못. 먼 산은 무정하여
능히 천리를 바라보는 눈을 가리고 밝은 달은 뜻이 있어 서로 두 고향을 그
리는 마음을 비추도다 ◇花不得 二三之月(화부득이삼지월)에 預發於衾中
(예발어금중)ᄒ고 月不當 三五之夜(월부당삼오지야)에 圓明於枕上(원명어침
상)이로다=꽃은 봄을 기다리지 않는데 미리 이불 속에서 피고 달은 보름의
밤이 되지 않았는데 베갯머리에 둥글다.

471
照烈之大度喜怒를不形於色과 諸葛武侯王佐大才三代上人物
五虎大將들의雄豪之勇略으로攻城掠地ᄒ여忘身之高節과愛君之忠義ᄂ古今의쪽업
ᄉ되
蒼天의 不助順ᄒᄉ中懷를못일우고英雄의恨을깃쳐曠百代之傷感이로다.

대조: '中懷'ᄂ '中興'의 잘못.

昭烈之大度 喜怒(소열지대도희로)를 不形於色(불형어색)과=소열의 큰 도
량은 희로를 얼굴에 나타내지 아니함과. 소열(昭烈)은 촉한의 유비(劉備)를
가리킴 ◇諸葛武侯 王佐大才(제갈무후왕좌대재) 三代上 人物(삼대상인물)
=제갈량의 왕을 보좌할 수 있는 훌륭한 재능은 삼대의 으뜸이 되는 인물
◇五虎 大將(오호대장)들의 雄豪之勇略(웅호지용략)으로 攻城掠地(공성략지)
ᄒ여=오호대장들의 뛰어난 용기와 지략으로 성을 공격하고 땅을 점령하여.
오호대장은 유비를 돕던 관우(關羽), 장비(張飛), 조운(趙雲), 마초(馬超)와 황
충(黃忠)임 ◇忘身之高節(망신지고절)과 愛君之忠義(애군지충의)ᄂ 古今(고
금)의 쪽 업ᄉ되=육신을 돌보지 않는 높은 절개와 임금을 사랑하는 충성과

의리는 예전이나 지금에 비할 데가 없으되 ◇蒼天(창천)의 不助順(부조순)
ᄒᆞᆺ 中懷(중회)를 못 일우고 英雄(영웅)의 恨(한)을 깃쳐 曠百代之傷感(광백
대지상감)이로다='中懷'(중회)는 '중흥(中興)'의 잘못임. 하늘이 도와주지 않
으시어 중원(中原)의 회복을 이루지 못하고, 영웅의 한을 남겨 멀리 백대의
후에도 아픔을 느끼게 하도다.

472

閣氏네내妾이되옵거나 닉閣氏네後ㄷ男便이되옵거나
곳본나븨요물본기럭이줄에좃츤거뮈요고기본가마오디茄子의젓이오水박의쪽슐이
로다
閣氏네ᄒᆞ나 水鐵匠의쑬년이오져하ᄂᆞ님匠이라솟것고남은쇠로츤츤감아나딜가ᄒᆞ노
라.

대조; '가마오디'는 '가마오지'의, '님匠'은 '딤匠'의, '것고'는 '디고'의 잘못.

줄에 좃츤 거뮈요 茄子(가자)의 젓이오 水(수)박에 쪽 슐이로다=줄을 쫓
는 거미요 고기를 본 가마우지요 가재에 젓이요 수박에는 조그만 숟가락이
다. ◇閣氏(각씨)네 ᄒᆞ나 水鐵匠(수철장)의 쑬년이오 져 하ᄂᆞ 님匠(장)이라=
각씨네 하나는 무쇠장이의 딸이요 저 하나는 땜장이라 ◇솟 것고 남은 쇠
로 츤츤 감아나 딜가 ᄒᆞ노라= '것고'는 '디고'의 잘못. 솥 때우고 남은 쇠를
가지고 단단히 가마솥이나 때울까 하노라. 또는 칭칭 감아 잘가 하노라.

473

陽德孟山鐵山嘉山나린물 浮碧樓로감도라들고
莫喜樂里空遺愁斗尾月溪로나린물은濟川亭으로감도라들고
님글여 우난눈물은벼기소으로흘으도다.

陽德 孟山 鐵山 嘉山(양덕맹산철산가산) 나린 물은 浮碧樓(부벽루)로 감

도라 들고=양덕과 맹산, 철산, 가산을 흘러내린 강물은 평양의 부벽루를 감돌아 흐르고, 양덕, 맹산, 철산, 가산은 다 평안도의 지명임 ◇莫喜樂里 空遺愁(막희락리공유수) 斗尾 月溪(두미월계)로 나린 물은 濟川亭(제천정)으로 감도라 들고=막희락리 공유수 두미 월계로 흘러내리는 강물은 제천정을 감돌아들고, 막희락리와 공유수는 충청도 충주지방의 지명인 마흐라기 공이소이며, 두미는 지금의 경기도 팔당(八堂) 아래인 도미진(渡米津)인 듯 하고 월계는 그 하류의 나루인 듯. 제천정은 지금의 서울 금호동 근처에 있던 정자임 ◇벼기 소으로=베개 속으로.

474
듕놈은僧년의머리털손의츤츤휘감아손의쥐고 僧년은듕놈의상토풀쳐쥽고
이외고져외다작즈공이쳣는듸뭇쇼경놈들은굿보는고야
그겻히 귀먹은벙어리는외다올타ㅎ더라.

이 외고 져 외다 작즈공이 쳣는듸 뭇 쇼경놈들은 굿 보는고야=이것이 그르고 저것이 그르다고 다투었는데 여러 소경 놈들은 구경을 하는구나 ◇귀먹은 벙어리는 외다 올타 ㅎ더라=귀머거리인 벙어리는 그르다 옳다 하고 참견을 하는구나.

475
鶬鶊은雙雙綠潭中이오 皓月團團映窓籠이로다
凄凉한羅帷안의蟋蟀은슯히울고人寂夜深ㅎ듸玉漏는潺潺金爐香爐參橫月落토록有美故人은뉘게줍혀못오던고
임이야 날싱각ㅎ랴마는나는님싱이민九回肝腸을寸寸이슬우다가슬아져쥭을ㅁ졍못니즐가ㅎ노라.

鶬鶊(증경)은 雙雙 綠潭中(쌍쌍녹담중)이오 皓月 團團(호월단단) 映窓籠(영창롱)이로다=원앙은 쌍쌍이 푸른 웅덩이 가운데 있고 환하게 밝은 둥근

달은 미닫이를 비춘다 ◇凄凉(처량)훈 羅帷(나유) 안에 蟋蟀(실솔)은 슯히 울고 人寂 夜深(인적야심)혼듸=쓸쓸한 비단 휘장 안에 귀뚜라미는 슬피 울고 사람의 인적도 끊어져 밤은 깊은데 ◇玉漏(옥루)는 潺潺(잔잔) 金爐 香爐(금로향진) 參橫 月落(참횡월락)토록 有美 故人(유미고인)은=물시계 소리는 잔잔하게 들리고 향로에 향은 다 타고 별이 비끼고 달이 지도록 아름다운 옛 임은 ◇九回 肝腸(구회간장)을 寸寸(촌촌)이 슬우다가 슬아저 죽을몬정=구곡간장을 마디마디 태우다가 다 없어져 죽을망정.

弄歌　浣沙淸川 逐浪飜覆

476

물우히人工과물아릿沙工놈들이　三四月田稅大同실나갈제
一千石싯는大中船을즈귀듸여쑴여닐제三色實果와머리가진것가초와필이巫鼓를둥둥치며五江城隍之神과南海龍王之神께손곳초아告祀홀제全羅道ㅣ라慶尙道ㅣ라蔚山바다羅州ㅣ 브다휘도라安興목이라孫돌목江華목감돌아들제平盤의물담다시萬里蒼波의가는듯도라오게고스레고스레所望일게ᄒ오쇼셔
어어라져어라　빗씌여라至菊叢南無阿彌佗佛.

대조; '물우히人工'은 '물우희沙工'의, 잘못. '휘도라' 앞에 '漆山바다' 생략.

　一千石(일천석) 싯는 大中船(대중선)을 즈귀 듸여 쑴여 닐 제=일천 석을 싣는 큰 배를 자귀를 가지고 만들 때 ◇三色 實果(삼색실과)와 머리 가진 것 가초와=세 가지 색을 갖은 과일과 희생의 머리와 모든 제물을 갖추어 ◇五江 城隍之神(오강성황지신)과 南海 龍王之神(남해용왕지신)께 두 손 곳초아 告祀(고사)홀 제=오강의 성황신과 남해 용왕의 신에게 두 손을 갖추어 고사를 지낼 때. 오강(五江)은 서울 한강 연안의 5곳으로 한강, 용산, 마포 서호, 지호(支湖)임 ◇平盤(평반)의 물 담다시 萬里滄波(만리창파)의 가는 듯 도라오게 고스레 고스레 所望(소망)일게 ᄒ오쇼셔=평평한 그릇에 물

담듯이 머나먼 험난한 물길에 가는 즉시 돌아올 수 있게 고스레 고스레 바라는 대로 되게 하오소서.

477

山靜ᄒ니 似太古요　日長ᄒ니 如少年이라
蒼蘚은 盈階ᄒ고 落花ㅣ 滿庭ᄒ되 午睡ㅣ 初足커늘 讀周易國風左ᄃ傳離騷太史公書及
陶杜詩韓蘇文數篇ᄒ고 興到則出步溪邊ᄒ여 邂逅園翁溪友ᄒ여 問桑麻說秔稻相與劇
談牛晌타가 歸而依杖柴門下ᄒ니
이윽고　夕陽이在山ᄒ고 紫綠萬狀ᄒ야 變幻頃刻의悅加人目이라牛背簑聲兩兩歸來
ᄒᆯ제月印前溪ᄒ여라

대조; '左ᄃ傳'은 '左ᄃ氏傳'의, '依杖'운 '倚杖'의 잘못.

山靜(산정)ᄒ니 似太古(사태고)요 日長(일장)ᄒ니 如少年(여소년)이라=산이 고요하니 태고와 같고 해가 길어지니 소년과 같다 ◇蒼蘚(창선)은 盈階(영계)ᄒ고 落花ㅣ 滿庭(낙화만정)ᄒ되 午睡ㅣ 初足(오수초족)커늘=푸른 이끼는 층계에 가득하고 낙화가 뜰에 가득한데 낮잠이 만족커늘 ◇讀 周易(독주역) 國風 左ᄃ傳(국풍좌전) 離騷 太史公書(이소태사공서) 及陶杜詩 韓蘇文(급도두시한소문) 數篇(수편)ᄒ고=주역과 국풍, 좌씨전, 이소, 태사공의 글과 도잠과 두보의 시와 한유와 소식의 문장 여러 편을 읽고 국풍은 시경(詩經)의 편명(篇名), 좌씨전은 춘추를 좌구명(左丘明)이 주석한 것이고, 이소는 굴원(屈原)이 지은 운문의 편명이고, 태사공서는 사마천의 사기를 말하며, 도두시는 진(晉)나라 도연명과 당(唐)나라 두보의 시를 말하며, 한소문은 당(唐)나라 한유(韓愈)와 송(宋)나라 소식(蘇軾)의 글을 말함 ◇興致則出步溪邊(흥치즉출보계변)ᄒ야 邂逅園翁溪友(해후원옹계우)ᄒ야 問桑麻 說秔稻(문상마설갱도) 相與劇談 牛晌(상여극담반향)타가 歸而依杖 柴門下(귀이의장시문하)ᄒ니=흥이 이르면 시냇가에 나가 거닐며 원옹과 계우를 만나 상마를 묻고 농사를 이야기하며 서로 극담하기를 반나절까지 하다가

지팡이에 의지하여 시문아래에 돌아오니. 상마(桑麻)는 누에치고 길쌈하는 일 ◇夕陽(석양)이 在山(재산)ᄒ고 紫綠 萬狀(자록만상)ᄒ야 變幻 頃刻(변환경각)에 悅加人目(황가인목)이라=저녁 해가 기울고 붉고 푸르게 온 세상이 물들어 사람의 눈을 황홀케 하더라. ◇牛背 篴聲(우배적성)이 兩兩歸來(양양귀래)홀제 月印前溪(월인전계)ᄒ여라 쇠등에 타고 저를 불며 쌍쌍이 돌아올 때 달은 앞 시내에 비추도다. 당(唐)나라 당경시(唐庚詩)를 시조로 만든 것임.

478
功名을혜아리니 榮辱이半이로다
東門의掛冠ᄒ고田廬의도라와서聖經賢傳헷쳐놋고읽기를罷ᄒ후의읍내의솔딘고기
도낙고뒷뫼의엄긴藥도키다가登高遠望ᄒ야任意逍遙홀제淸風은時至ᄒ고明月은自
來ᄒ니아디못게라天地之間의이갓치즐어오믈무어스로對홀소냐
平生을 이렁셩즑이다가乘化歸盡ᄒ미긔願인가ᄒ노라.

  東門(동문)의 掛冠(괘관)ᄒ고=동쪽 관문(關門)에다 관을 걸어놓고 벼슬을 그만두고 ◇뒷 뫼의 엄긴 藥(약)도 키다가=뒷산에 싹이 길게 자란 약초도 캐다가 ◇登高 遠望(등고원망)ᄒ야 任意 逍遙(임의소요)홀 제 淸風(청풍)은 時至(시지)ᄒ고 明月(명월)은 自來(자래)ᄒ니=높은 곳이 올라 먼 곳을 바라보고 마음 내키는 대로 걸을 때 맑은 바람의 때에 맞게 불고 밝은 달은 점점 떠오니 ◇乘化 歸盡(승화귀진)ᄒ미 그 願(원)인가=자연으로 돌아가 목숨이 다하기를 기다리는 것이 소원인가.

479
山不在高라有仙則名ᄒ고 水不在深이라有龍則靈ᄒ나니
斯是陋室이나惟吾德馨이라苔痕은上階綠이오草色은入簾靑이라談笑有鴻儒오往來
無白丁이라可以調素琴閱金經ᄒ니無絲竹之亂耳ᄒ고無案牘之勞形이로다
南陽諸葛廬와 西蜀子雲을孔子云何陋之有오.

대조; '子雲을'은 '子雲亭을'의 잘못.

山不在高(산부재고)라　有仙則名(유선즉명)호고　水不在深(수부재심)이라
有龍則靈(유룡즉영)호나니=산은 높은 데 있는 것이 아니라 신선이 있으므
로 해서 유명하고 물은 깊은 데 있는 것이 아니라 용이 있으므로 신령한 것
이니　◇斯是 陋室(사시누실)이나 惟吾德馨(유오덕형)이라=이 방이 비록 누
추하나 오직 나의 덕으로 인하여 향기롭고　◇苔痕(태흔)은 上階綠(상계록)
이오 草色(초색)은 入簾靑(입렴청)이라=이끼의 흔적이 섬돌에 올라 푸르고
풀빛은 방안에 들어 푸르더라　◇談笑有鴻儒(담소유홍유)오 往來無白丁(왕
래무백정)이라=이야기하고 웃는 가운데 훌륭한 선비가 있고 왕래하는 가운
데 백정이 없다　◇可以調素琴 閱金經(가이조소금열금경)호니=가히 거문고
를 고르고 금경을 읽음직하니　◇無絲竹之亂耳(무사죽지난이)호고 無案牘
之勞形(무안독지노형)이로다=사죽이 귀를 시끄럽게 하는 일이 없고 책상
위의 편지가 얼굴을 찌프리게 하는 일이 없도다　◇南陽 諸葛廬(남양제갈
려)와 西蜀 子雲亭(서촉자운정)을 孔子云(공자운) 何陋之有(하루지유)오=남
양의 제갈량의 초려와 서촉의 자운정을 공자가 이르기를 '무엇이 더러운 것
이 있으리오.' 자운정(子雲亭)은 한(漢)나라 양웅(揚雄)의 정자. 당(唐)나라 유
우석(劉禹錫)의 「누실명(陋室銘)」을 시조로 만든 것임.

　　　480
色갓치좋코조흔거술　데뉘라셔말니듯던고
穆王은天子ㅣ로딕瑤臺의宴樂호고項羽는天下壯士ㅣ로딕滿營秋月의悲歌慷慨호고
明皇은英主로解語花離別홀제馬嵬坡下에우럿ᄂ니
至今에　餘남은小丈夫야몃百年슬니라히올닐아니호고속절업시늙으리오.

제 뉘라셔 말니듯던고=그 누가 감히 하지 못하도록 말리었던가　◇穆王

(목왕)은 天子(천자) l 로티 瑤臺(요대)의 宴樂(연악)ᄒ고=주(周)나라 목왕은 천자이지만 요대에서 서왕모와 연악(宴樂)하고 ◇項狖(항우)는 天下壯士(천하장사) l 로티 滿營 秋月(만영추월)의 悲歌慷慨(비가강개)ᄒ고=항우는 천하장사지만 가을 달빛이 가득한 군영(軍營)에서 슬픈 노래를 불러 분을 삭이지 못했고 ◇明皇(명황)은 英主(영주)로 解語花 離別(해어화이별)홀 제 馬嵬坡下(마외파하)의 우럿ᄂᆞ니=당명황은 영특한 임금이로되 양귀와 이별할 때 마외의 언덕에서 울었나니 ◇餘(여)남은 小丈夫(소장부)야 몃 百年(백년) 술니라 ᄒ 올 닐 아니 ᄒ고 속졀 업시 늙으리오=나머지 못난 사람이야 몇 백 년을 살겠다고 할 일을 아니하고 쓸 데 없이 늙으리오

481

밋男眞廣州ᄡ리뷔쟝ᄉ　踈對男眞그남朔寧닛뷔쟝ᄉ
눈情의걸운님은쑥쑥쑤ᄃ려방망티쟝ᄉ듸듸글마라홍도씨쟝ᄉ빙빙도ᄂᆞ물네쟝ᄉ울
물던의치다라근딩근딩ᄒ다가셔월형츙챵풍덩샌디와물담북써닉ᄂᆞᆫ들예쏙디쟝ᄉ
어듸가　이얼울취여들고쏘ᄒᆞ죠리박쟝ᄉ못여드리.

대조: '그남'은 '그놈'의 잘못.

밋男眞(남진) 廣州(광주) ᄡ리뷔 쟝ᄉ 踈對 男眞(소대남진) 그 남 朔寧(삭녕) 닛뷔 쟝ᄉ=본 남편은 광주 싸리비 장수 샛 남편 그 놈은 삭녕 잇비 장수. 삭녕(朔寧)은 경기도 연천과 장단 사이에 있던 지명 ◇눈情(정)의 걸운 님은=눈짓으로 약속한 임은 ◇이 얼울 취여 들고=이 얼굴을 쳐들고 이 얼굴을 하고서.

482

무근희보너올졔　시름흔듸餞送ᄒᆞ시
흰곤무콩인덜미ᄌ쳐슐국按酒의庚申을식오랼졔
이윽고　紫微星도라가니싴희런가ᄒ노라. 李廷藎

대조; '紫微星'은 '粢米僧'의 잘못으로『海東樂章』에만 이렇게 되어 있음.

무근 히 보너올제 시름 흔듸 餞送(전송)ᄒ시=지난 해를 보낼 때 근심을 함께 잘 대접해 보내세 ◇흰곤무 콩인덜미 즈처 슐국 按酒(안주)의 庚申(경신)을 식오랼 졔=흰 골무떡 콩인절미 자채쌀로 만든 술을 마시기 위해 끓인 국을 안주삼고 경신을 새우려고 할 때. 경신은 섣달 중 경신일(庚申日)밤을 새우는 일 ◇紫微星(자미성) 도라가니 싀히런가 ᄒ노라='紫微星'(자미성)은 '자미승(粢米僧)'의 잘못. 자미승이 돌아가니 새해인가 한다. 자미승(粢米僧)은 음력 섣달 대목이나 정월 보름날에 아이들의 복을 빈다고 하면서 쌀을 얻으러 다니는 중.

483
南山누에어리굿히　남ㅁ中만치싀히우ᄂ더부엉이
長安百萬家戶의뉘집을向ᄒ야부헝부헝우노
前前의　알뮙고분잣뮈운년을좁아가려ᄒ노라.

대조; '어리'는 '머리'의, '남ㅁ中만치'는 '밤ㅁ中만치'의 잘못이고, '뮈운년'은 '뮈운놈'으로 되어있음.

南山(남산) 누에어리 굿히='어리'는 '머리'의 잘못. 남산의 잠두봉(蠶頭峰) 끝에 ◇알뮙고분 잣뮈운 년을=알뮙고 잣달게 미운 년을.

484
玉髮紅顔第一色아　너ᄂ눌을보아이고
明月黃昏風流郞아나ᄂ너를알앗노라
陽台의　雲雨會ᄒ니路柳墻花를젹셔나볼ㄱ가ᄒ노라.

대조; '玉髮紅顔'은 '玉鬢紅顔'의 '적셔나'는 '것거나'의 잘못.

玉髮 紅顔 第一色(옥발홍안제일색)아 너는 눌을 보아이고=윤기 나는 나
룻과 불그레한 얼굴을 가진 제일 아름다운 사람아 너는 누구를 보았느냐
◇明月 黃昏(월명황혼) 風流郞(풍류랑)아=달이 밝은 황혼에 풍류를 아는 사
람아 ◇陽台(양태)의 雲雨會(운우회)ᄒ니 路柳墻花(노류장화)를 적셔나 볼
ㄱ가 ᄒ노라=ʻ적셔나'는 ʻ것거나'의 잘못인 듯. 양대에서 운우의 즐거움을
누리니 길가의 버들과 담장의 꽃을 꺾어나 볼가 하노라.

485
님다리고山의가도못슬거시　蜀魂聲의긋ᄂ듯
물ㄱ가의가도못슬거시물우힛沙工과물아릿沙工이밤中만빗쩌날졔至菊叢於而臥而
닷치ᄂ소릐에한슘디고도라눕너
이後란　山도물도믈고들의나가슬리라.

蜀魄聲(촉백성)의 이긋ᄂ 듯=두견새의 우는 소리에 창자가 끊어지는 듯
◇至菊叢 於而臥而於(지국총어이와이어) 닷치ᄂ 소릐에=지국총 이어와 이
어 하고 닻을 끌어올리는 소리에.

486
ᄉ랑ᄉ랑고고이밋친ᄉ랑　왼ᄇ다흘두루덥ᄂ그믈가치밋친ᄉ랑
往十里라踏十里라참외넛츌水박넛츌얽어지고트러져셔골골이버더가ᄂᄉ랑
아마도　이님의ᄉ랑은쯧간듸를몰너라.

고고이 밋친 ᄉ랑=굽이굽이 맺힌 사랑　◇往十里(왕십리)라 踏十里(답십
리)라 참외 넛츌 水(수)박 넛츌 얽어지고 트러져셔 골골이 버더가는 ᄉ랑=
왕십이나 답십리의 참외 넝쿨 수박 넝쿨처럼 엉켜지고 흐트러져 고랑고랑
으로 뻗어가는 사랑.

남이라님을아니두랴 豪蕩도긋이업다

霽月光風겨문놀의牧丹黃菊이다盡토록우리의故人은白馬金鞍으로어듸를단니다가

笑人胡姬肆酒中인고

兒嬉야 秋風落葉掩重門의기ᄃ련들엇더리(一作무엇ᄒ리).

霽月光風(제월광풍) 겨문 놀의 牧丹 黃菊(목단황국)이 다 盡(진)토록=비
온 뒤의 달과 시원한 바람처럼 준수하여 모란이 피는 봄철에서 국화가 피
는 가을이 다 가기까지 ◇우리의 故人(고인)은 白馬 金鞭(백마금편)으로 어
듸를 단닌다 笑入胡姬酒肆中(소입호희주사중)인고=아리 님은 호사스런
차림을 하고 어디를 다니다가 웃으며 계집이 있는 술집으로 들어간 것인고
◇秋風落葉掩重門(추풍낙엽엄중문)의=가을바람에 중문을 닫고

自古男兒의豪心樂事를 歷歷히혜여ᄒ니

漢代金張甲第車馬와晉室王謝風流文物白香山의八節吟詠과郭汾陽花園行을다둇타

니르련이와

아마도 春風十二窩의小車를잇글고太和湯五六甌의擊壤歌불으면서任意去來ᄒ여

老事太平이累ㅣ 업슨가ᄒ노라.

自古 男兒(자고남아)의 豪心 樂事(호심낙사)를=예로부터 남자의 호쾌한
마음씨와 즐거운 일을 ◇漢代 金張(한대김장) 甲第 車馬(갑제거마)와=한
(漢)나라 때 김일제(金日磾)와 장안세(張安世)의 훌륭한 집과 말과 수레와
◇晉室 王謝(진실왕사) 風流文物(풍류문물)=진(晉)나라 때의 왕탄지(王坦之)
와 사안(謝安)의 풍류와 문물 ◇白香山(백향산)의 八節吟詠(팔절음영)과 郭
汾陽(곽분양) 花園行樂(화원행락)을 다 둇타 니르련이와=백거이의 팔절을
읊은 시와 곽분양의 화원에서 즐거움을 누린 것을 다 좋다고 말하겠거니와

◇春風 十二窩(춘풍십이와)의 小車(소거)를 잇글고 太和湯 五六甌(태화탕오륙구)의 擊壤歌(격양가) 불으면서 任意 去來(임의거래)ᄒᆞ야 老事 太平(노사태평)이 累(누)ㅣ 업슨가=봄바람이 부는 십이와에 조그만 수레를 이끌고 술 대여섯 항아리에 격양가를 부르면서 마음 내키는 대로 거닐어 늙어 태평을 누리는 것이 비길 데가 없는 것인가 하노라.

489

窓밧게긔뉘신고 小僧이올소이다
어젯제녁의老偲보라왔던즁이외러니閣氏네ᄌᆞᄂᆞᆫ房簇道里버셔거ᄂᆞᆫ물겻히이늬松絡
을걸고가ᄌᆞ왓늬
저즁아 걸기ᄂᆞᆫ걸고갈디라도後ㄷ물업시ᄒᆞ시소.

老偲(노시) 보라 왓던 즁이외러니 閣氏(각씨)네 ᄌᆞᄂᆞᆫ 房(방) 簇道里(족도리) 버셔 거ᄂᆞᆫ 물겻히 늬 松絡(송낙)을 걸고 가ᄌᆞ 왓늬=할멈을 보려고 왔던 중이온데 각씨가 혼자 자는 방 족두리 거는 말코지 곁에 내 송낙을 걸고자 왔네. 송락(松絡)은 중이 쓰는 모자의 하나 ◇後(후)ㄷ물 업시 ᄒᆞ시소=뒷말이 없도록 하시오.

490

窓밧게어룬어룬거늘 님만너겨펄덕쮜여쑥나셔보니
님은아니오고우수름달ㅂ빗희열구름이날속여고나
마초아 밤일썻만졍힝혀낫이런들남우일번ᄒᆞ여라.

님만 너겨 펄덕 쮜어 쑥 나셔 보니=님으로 생각하고 펄쩍 뛰어 쑥 나셔니 ◇우수름달ㅂ빗희 열구름이=어두컴컴한 달빛에 지나가는 구름이 ◇마초아 밤일썻만졍 힝혀 낫이런들 남 우일 번=마침 밤이니 망정이지 행여나 낮이었다면 남의 웃음거리가 될 번.

491

柴扉의기즛거늘 님오시나반겻더니
님은아니오고넙지는소릭로다
제기야 秋風落葉聲헛도이즈져날놀닐쥴잇스랴.

대조: 가번 180번과 중복

492

月一片燈三更인딕 나간님을혀여ᄒ니
靑樓酒肆의싀님을걸어두고不勝蕩情ᄒ여花間陌上春將晩흔딕走馬鬪鷄猶未返이로
다
三時出望無消息ᄒ니 盡日欄頭의空斷腸을ᄒ소라.

月一片 燈三更(월일편등삼경)인딕 나간 님을 허여 ᄒ니=달은 초승달이고
등불은 한밤인데 집을 나간 님을 생각하니 ◇靑樓 酒肆(청루주사)의 싀 님
을 걸어 두고 不勝 蕩情(불승탕정)ᄒ여=기생이 있는 술집에 새 님을 약속
해 두고 방탕한 마음을 억제하지 못하여 ◇花間陌上春將晩(화간맥상춘장
만)흔딕 走馬鬪鷄猶未返(주마투계유미반)이로다='花間'(화간)은 '화간(花看)'
의 잘못인 듯. 길 위의 꽃을 보니 봄은 장차 늦어 가는 듯하고 말달리고 닭
싸움에 미친 님은 아직 돌아오지 않았구나 ◇三時出望 無消息(삼시출망무
소식)ᄒ니 盡日 欄頭(진일난두)의 空斷腸(공단장)을 ᄒ소라=하루 세 번이나
이문(里門) 밖에 나가 마중을 하여도 소식이 없으니 종일 난간머리에서 외
로이 슬퍼하더라.

493

洛陽三月時의 宮柳는 黃金枝로다
春服이旣成커늘小車의술을싯고桃李園ᄎᄌ들어東風으로쇠掃ᄒ고芳草로ᄌ리슴아
鸚鵡酌鸕鶿盃로一盃一盃醉케먹고吹笙鼓簧ᄒ여詠歌舞蹈홀제日已西ᄒ고月復東이
로다

兒僖야　春風이멋늘이랴林間의宿不歸롤ㅎ리라. 任義直

대조; '쇠掃'는 '洒掃'의 잘못.

洛陽 三月時(낙양삼월시)의 宮柳(궁류)는 黃金枝(황금지)로다=낙양의 삼월에 궁중의 버들이 꾀꼬리로 인해 황금빛이로구나. 이백의 시 '낙양이삼월궁류황금지(洛陽二三月 宮柳黃金枝)'를 가져 온 것임. ◇春服(춘복)이 旣成(기성)커늘 小車(소거)의 술을 싯고=봄철에 입을 옷이 다 만들어졌거든 수레에 술을 싣고 ◇桃李園(도리원) 츠즌들어 東風(동풍)으로 쇠掃(소)ㅎ고 芳草(방초)로 자리 삼아='쇠掃'는 '洒掃'(쇄소)의 잘못. 복숭아와 오얏이 피어 있는 정원을 찾아 들어 동풍으로 깨끗이 씻어 버리고 향기로운 풀로 자리를 삼아 ◇鸕鷀酌 鸚鵡盃(노자작앵무배)로 一盃一盃(일배일배) 醉(취)케 먹고 吹笙 鼓篁(취생고황)ㅎ여 詠歌 舞蹈(영가무도)홀제 日已西(일이서)ㅎ고 月復東(월부동)이로다=새 모양으로 생긴 술잔으로 한 잔 한 잔 취하게 먹고 생황을 불고 북을 두드려 노래를 부르며 춤을 줄 때 해는 이미 서쪽으로 지고 달이 다시 동쪽에 떠오르도다 ◇春日(춘일)이 몃 늘이랴 林間(임간)의 宿不歸(숙불귀)롤ㅎ리라=봄날이 며칠이나 계속되랴 숲 속에 자고 돌아가지 않으리라.

494
谷口哢우는소리의　낫줌씨야니러보니
덕은ㅇ들글닐으고며늘아기벗쓰는듸어린孫子는곳노리흔다
마초아　디엄이술걸으며맛보라고ㅎ더라. 吳景化 字子亨 東國名歌

대조; '벗쓰는듸'는 '벼쓰는듸'의, '디엄이'는 '지엄이'의 잘못.

谷口哢(곡구롱) 우는 소릭의=꾀꼬리의 울음소리에 ◇곳노리 흔다=꽃놀이를 한다.

495
이시름뎌시름여러가디시름　방픠연의細書成文ᄒ온后의
春正月上元日의西風이고이불졔올白絲ᄒ얼네를잣가디풀어쯰올젹의ᄆ즈목錢送ᄒ
ᄌ둥게둥게놉히셔서白龍의구뷔ᄀ치굼틀굼틀뒤트러져구름속의들게고나東海바다
건너가셔외로션남게걸니였다가
風蕭蕭　雨落落홀졔自然消滅ᄒ여라.

대조: '외로션남게'는 '외로이선남게'의 잘못.

　방픠연의 細細成文(세세성문)ᄒ온 后(후)의=방패연에 자세하게 글을 적
은 뒤에 ◇春正月　上元日(춘정월상원일)의 西風(서풍)이 고이 불 제 올 白
絲(백사) ᄒ 얼네를=정월 대보름에 서풍이 알맞게 불 때 흰 실 한 얼레를
◇白龍(백룡)의 구뷔ᄀ치=폭포의 한 구비처럼　◇외로션 남게 걸니엿다가
=외롭게 서 있는 나무에 걸렸다가. ◇風蕭蕭 雨落落(풍소소우낙락)홀졔 自
然 消滅(자연소멸)ᄒ여라=바람이 솔솔 불고 비가 내릴 때 저절로 없어지게
하여라.

496
얼골곱고쯧다ᄅ온년아　行實ᄎᄎ不淨ᄒ년아
날으란속이고何物輕薄子를月黃昏이爲期ᄒ고거줏脉밧아ᄌ고가란물이닙으로촘아
도아나ᄂ냐
두어라 娼條冶葉이本無定主ᄒ고蕩子之耽春好花情이彼我에一般이라허믈ᄒ줄이잇
스라.

대조: '月黃昏'은 '日黃昏'의 잘못.

　얼골 곱고 쯧 다ᄅ온 년아=얼골이 예쁘고 마음이 더러운 년아　◇날으란

속이고 何物輕薄子(하물경박자)를 月黃昏(월황혼)이 爲期(위기)ㅎ고 거즛 脉
(맥)밧아 즈고가란 물이 춤아도 아나느냐=나를 속이고 어떤 경박한 사람을
저녁에 기약하고 거짓 꾸며 자고가라는 말이 입으로 참으로 나오더냐 ◇
娼條冶葉(창조야엽)이 本無定主(본무정주)ㅎ고 蕩子之耽春好花情(탕자지탐
춘호화정)이 彼此(피차)에 一般(일반)이라 허믈홀 줄이 잇스랴=기생이 본래
주인이 정해진 것이 없고 방탕한 사내가 봄을 탐내고 꽃을 좋아하는 감정
이야 피차일반이라 허물할 까닭이 있겠느냐.

497
덤엇과져덤엇과져   녈다섯만ㅎ엿과져
어엽분얼골이닛가의섯ᄂ슈양버드남우광듸등걸이다된더이고
우리도   少年쩍ᄆ음이어졔른듯ㅎ여라.

어엽분 얼골이 닛가의 섯ᄂ 슈양버드남우 광듸등걸이 다 된더이고=어여
쁘던 얼굴이 냇가에 서있는 수양버드나무처럼 몹시 여윈 등걸이 다 되었구
나.

498
옳ᄂ니나뒤닛中의   쇼먹이ᄂ아희놈들아
옳ᄂ니의고기나뒷ᄂ니의ㅅ고기를다몰속잡아ᄂ다락기의너허쥬어들안네쇠등의걸러다
가두럼
우리도   西疇의일이만하소먹여밧비모라가ᄂ길이오믹傳홀쏭말쏭ㅎ여라.

대조: '걸려다가'는 '걸쳐다가'의 잘못.

다 몰쏙 잡아 ᄂ 다락기의 너허 쥬어들안 네 쇠등의 걸러다가 주럼=다
몽땅 잡아내어 다락기에 넣어 주거든 네 소등에 얹었다가 주럼 ◇西疇(서
주)의 일이 만하=서쪽에 있는 밭두둑에 일이 많아.

499

春風杖策上蠶頭ᄒ여 漢陽를둘너보니
仁王三角은虎踞龍盤勢로北極을괴왓잇고漢水終南은天府金湯으로享國長久홈이萬
千年之無疆이로다
君修德臣修政ᄒ여 禮義東이堯之日月이오舜之乾坤인가ᄒ노라.

대조; '禮義東이'는 '禮義東方이'의 잘못.

春風杖策 上蠶頭(춘풍장책상잠두)ᄒ여 漢陽(한양)를 둘러보니=봄바람에
지팡이를 짚고 잠두봉에 올라서 한양을 둘러보니 ◇仁王三角(인왕삼각)은
虎踞龍蟠勢(호거용반세)로 北極(북극)을 괴왓 잇고=인왕산과 삼각산은 호
랑이가 걸터앉고 용이 서린 형세로 북극을 괴었고 ◇漢水 終南(한수종남)
은 天府 金湯(천부금탕)으로 享國長久(향국장구)홈이 萬千歲之無疆(만천세
지무강)이로다=한강과 남산은 천연적인 요새로 나라를 오래도록 계승함이
만 천 년의 무궁이로다 ◇君修德 臣修政(군수덕신구정)ᄒ샤 禮義 東方(예
의동방)이 堯之日月(요지일월)이요 舜之乾坤(순지건곤)인가=임금이 덕을 닦
고 신하가 정사를 닦아 예의 바른 우리나라가 요 임금의 세상이요 순 임금
의 천지인가.

500

萬古離別하던中의 누구누구더셜운고
項王에虞美人은劍光의香魂이나라나고漢公主王昭君은胡地의遠嫁ᄒ야琵琶絃黃鵠
歌의遺恨이綿綿ᄒ고石崇은金谷繁華를綠珠를못딘엇나니
우리난 連理枝並帶花를님과나와깃거줴고鴛鴦枕翡翠衾의百年同樂ᄒ리라.

項王(항왕)에 虞美人(우미인)은 劍光(검광)의 香魂(향혼)이 나라나고=항우
의 애첩인 우미인은 칼날의 번쩍이는 빛에 꽃다운 넋이 날아가고 ◇漢公

主 王昭君(한공주왕소군)은 胡地(호지)의 遠嫁(원가)ᄒ야 琵琶絃 鴻鵠歌(비
파현홍곡가)의 遺恨(유한)이 綿綿(면면)ᄒ고=한(漢)나라 궁녀인 왕소군은 멀
리 오랑캐 땅으로 시집을 가서 비파 줄에 홍곡가을 불러 생전의 남은 한이
계속하여 이어졌고 ◇石崇(석숭)은 金谷繁華(금곡번화)를 綠珠(녹주)를 못
딛엇나니=석숭의 금곡의 호화로운 재산으로도 녹주를 지니지 못하였느니.
석숭은 진(晉)나라의 부자(富者)였고, 녹주는 그의 애첩으로 당시 권력자 손
수(孫秀)가 권력으로 녹주를 빼앗으려고 하자 녹주가 다락에서 떨어져 자살
했음 ◇連理枝(연리지) 並蔕花(병체화)를 님과 나와 것거 쥐고 鴛鴦枕 翡翠
衾(원앙침비취금)에 百年同樂(백년동락) ᄒ리라=연리지와 병체화를 임과
나가 꺾어 쥐고 원앙을 수놓은 이불과 비취색 이불을 덮고 평생을 같이 즐
기리라. 연리지는 두 나무가 서로 맞닿아서 결이 통한 것. 병체화는 한 뿌리
에 두 개의 꽃이 핀 것으로 부부간의 사랑과 화목함을 뜻함.

     501
  萬古歷代人臣之中의 明哲保身이누구누구
  范蠡의五湖舟와張良의辭病辟穀疏廣의散千金과季膺의 秋風江東去陶處士의歸去來
  辭ㅣ라
  이밧게 貪官汚吏之輩야닐너무슴ᄒ리오.

 대조: '貪官汚吏之輩' 앞에 '碌碌ᄒ'이 빠졌음.

  萬古歷代 人臣之中(만고역대인신지중)의 明哲 保身(명철보신)이=예전부
터 역대의 신하 가운데 총명하고 사리에 밝아 일을 잘 처리하고 몸을 보전
한 사람이 ◇范蠡(범려)의 五湖舟(오호주)와 張良(장량)의 辭病 辟穀(사병벽
곡) 疏廣(소광)의 散千金(산천금)과 季膺(계응)의 秋風 江東去(추풍강동거) 陶
處士(도처사)의 歸去來辭(귀거래사)ㅣ라=범려가 오호에 띄운 배와 장량이
병을 핑계로 곡식을 먹지 않은 것과 소광이 많은 돈을 뿌린 것과 계응의 가

을바람이 불자 강동으로 간 것과 도연명의 귀거래사라. ◇貪官汚吏之輩(탐관오리지배)야 닐너 무슴 흐리오=탐관오리의 무리들이야 말하여 무엇하리요.

502
白雲은千里萬里 明月은前溪後溪
罷釣歸來홀 제낙근고기쇠여들고斷橋를 건너杏花村酒家로興치며가는더늙으니
뭇노라 네興味긔연마오금못칠가흐노라.

대조; '연마오'는 '언마오'의 잘못.

白雲(백운)은 千里 萬里(천리만리) 明月(명월)은 前溪 後溪(전계후계)=흰 구름은 멀리멀리 밝은 달은 앞뒤의 시내에 골고루 비침 ◇罷釣 歸來(파조귀래)홀 제=낚시를 끝내고 돌아올 때 ◇斷橋(단교)를 건너 杏花村 酒家(행화촌주가)로 興(흥)치며=끊어진 다리를 건너 술집을 찾아 흥겨워하며 ◇네 興味(흥미) 긔 연마오 금 못 칠가 흐노라="네 흥미가 얼마냐" 돈으로 따지지 못할까 하노라.

503
大丈夫ㅣ 되야나서 孔孟顔曾못되량이면
출하로다쎌치고太公兵法외와니여 물 만흔大將印를허리아릭빗기츠고金壇의놉히안즈萬馬千兵을指揮間의너허두고坐作進退흐미긔아니快홀소냐
아마도 尋章摘句흐는셕은선빅는느는아니흐니라.

대조; '선빅는'은 '선뷔는'의 잘못.

孔孟 顔曾(공맹안증) 못 되량이면=공자와 맹자, 안회와 증삼이 못될 것 같으면 ◇太公 兵法(태공병법) 외와 니여 물 만흔 大將印(대장인)을 허리

아리 빗기 츳고=태공이 지은 병법을 외워서 말만큼이니 큰 대장의 인장을 허리 아래에 비스듬히 차고 ◇金壇(금단)의 놉히 안즈 萬馬 千兵(만마천병)을 指揮間(지휘간)의 너허두고 坐作 進退(좌작진퇴)ᄒ미 긔 아니 快(쾌)홀소냐=대장이 지휘하는 단에 높이 앉아 많은 병마를 지휘할 수 있게 되고 앉아서 진퇴를 결정하는 일이 그 아니 유쾌하지 않겠느냐 ◇尋章摘句(심장적구)ᄒ는 셕은 선비는='선배'는 '선비'의 잘못. 남의 글이나 인용해서 글을 짓는 썩은 선비는.

504

大丈夫ㅣ功成身退ᄒ여　林泉의집을딧고
萬卷書를썻하두고동ᄒ야밧갈니고보라미길드리고千金駿馬욹희두고絶代佳人겻히두고碧梧桐검은고의南風詩노릭하며太平烟月에醉ᄒ여누엇시니
아마도　太平ᄒ은일은이쁜인가ᄒ노라.

대조; '碧梧桐' 앞에 '金樽에술을노코'가 빠졌음. '이쁜인가'는 '이쑨인가'의 잘못.

功成 身退(공성신퇴)ᄒ여 林泉(임천)의 집을 딧고=공을 세우고 벼슬에서 물러나 숲 속 우물가에 집을 짓고 ◇千金駿馬(천금준마) 욹희 두고 絶代佳人(절대가인) 겻헤 두고 碧梧桐(벽오동) 검은고의 南風詩(남풍시) 노릭ᄒ며 太平烟月(태평연월)에 醉(취)ᄒ여 누엇시니=천금의 값을 하는 좋은 말을 앞에 두고 뛰어난 미인을 곁에 두고 푸른 오동나무로 만든 거문고에 순임금이 부른 남풍시를 노래하며 태평한 시절에 취하여 누었으니.

505

大丈夫ㅣ天地間의나셔　히올일이젼혀업다
글을ᄒ즈ᄒ니人間識字憂患是요 劍劒를ᄒ즈ᄒ니乃知兵者ᄂ是凶器ㅣ로나
츨ᄒ로　靑樓酒肆로오며가며늙으리라.

대조: '劍劍'은 '劍術'의 잘못. '憂患是'는 '憂患始'의 잘못이나 『歌曲源流』계 가집에 이렇게 되어 있음.

글을 ᄒᆞ즈 ᄒᆞ니 人間識字憂患是(인간식자우환시)요 劍劍(검검)를 ᄒᆞ즈 ᄒᆞ니 乃知兵者(내지병자)는 是凶器(시흉기)ㅣ로나='憂患是'(우환시)는 '우환시(憂患始)'의, '劍劍'(검검)은 '劍術'(검술)의 잘못. 글을 배우자 하니 사람이 문자를 아는 것은 우환이 시작이요 검술을 배우자고 하니 곧 병사(兵事)를 아는 것은 이것이 흉기처럼 위험하다 ◇靑樓 酒肆(청루주사)로 오고 가며= 기생이 있는 술집이나 출입하며.

506

梨花의露濕도록 뉘게잡히여못오던가
옷ᄌᆞ락뷔여줍고가디ᄆᆞ소ᄒᆞᄂᆞᆫᆞᆫᄃᆡ無端히썰치고오ᄌᆞ흠도어렵더라
져님아 혜여보소라네오졔오다르랴.

梨花(이화)의 露濕(노습)도록=배꽃에 이슬이 내려 꽃잎이 다 젖도록. 밤 늦도록 ◇혜여보소라 네오 졔오 다르랴=헤아려 보십시오. 너와 내가 다르랴.

507

平生의景慕홀쓴 白香山의四美風流
老境生計移般홀졔身兼妻子都三口요鶴與琴書로共一船ᄒᆞ니긔더옥節价廉退
唐時의 三大作文章이李杜와並家ᄒᆞ여百代芳名이셕을쥴이잇ᄉᆞ랴.

대조: '老境生計' 앞에 '駿馬佳人은丈夫의壯年豪氣로다'가 『歌曲源流』계 가집에는 생략되었음. '並家'는 '並駕'의 잘못이나 마찬가지로 『歌曲源流』계 가집에는 이렇게 되어 있음.

平生(평생)의 景慕(경모)홀쓴 白香山(백향산)의 四美風流(사미풍류)=평생

에 우러러 사모할 것은 백향산의 네 가지 아름다움을 갖춘 풍류. 백향산은 唐(당)나라 시인 백거이(白居易), 사미풍류는 꽃, 술, 달, 벗의 네 가지를 갖춘 풍류를 말함 ◇老境 生計(노경생계) 移般(이반)훌졔 身兼妻子都三口(신겸처자도삼구)요 鶴與琴書(학여금서)로 共一船(공일선)ᄒ니 긔 더욱 節价 廉退(절개염퇴)=늙어 생계를 옮길 때 나와 처자 모두 세 식구요 학과 금서로 모두 배 한 척뿐이니 그 더욱 절개를 지켜 벼슬에서 물러남이라 ◇唐時(당시)의 三大文章(삼대문장)이 李杜(이두)와 並家(병가)ᄒ여 百代芳名(백대방명)이 셕을 쥴이 잇스랴=당 나라 때에 삼대문장이 이백(李白)과 두보와 아울러 일가를 이루어 오래도록 꽃다운 이름이 썩을 까닭이 있겠느냐.

508
즁과 僧이 萬疊山中의만나 어드러로가오어드러로오시너니
山곳코물조흔듸곳실씨름ᄒ여보시두곳쌀이흔듸다하녀푼너푼넘노ᄂ양은白牧丹두
퍼귀가春風의興을계워흔들흔들흔들휘드러져넘노ᄂ듯
아므도 山中씨름은이쭌인가ᄒ노라.

즁과 僧(승)이 萬疊山中(만첩산중)의 만나=남자 중과 여자 중이 깊은 산속에서 만나 ◇어드러로 가오 어드러로 오시너니="어디로 가시오", "어디서 오시오" ◇곳실씨름 ᄒ여 보시=고갈씨름을 하여 봅시다. 고깔씨름은 性交(성교)를 의미함 ◇휘드러져 넘너는 듯=휘들어지게 넘실대며 노니는 듯.

509
千古羲皇之天과 一寸無懷之地의
名區勝地를 갈희고갈혀여數間茅屋디여ᄂ여雲山烟樹松風蘿月과野獸山禽이졀노ᄂ
器物이다된져이고
兒孫야 山翁의이富貴를남다려힝혀니를셰라.

千古 羲皇之天(천고희황지천)과 一寸 無懷之地(일촌무회지지)의=천고에
변함없는 복희씨 때의 태평한 하늘과 한 치의 무회씨 때의 안락한 땅에 ◇
雲山 烟樹(운산연수) 松風 蘿月(송풍나월)과 野獸 山禽(야수산금)이 절노 뇌
器物(기물)이 다 된져이고='器物'(기물)은 '기물(己物)'의 잘못. 구름 낀 산과
안개 낀 나무와 소나무 사이를 부는 시원한 바람과 넌출에 걸린 달과 들짐
승과 산새가 저절로 나의 소유물이 다 되었구나 ◇山翁(산옹)의 이 富貴(부
귀)를 남다려 힝혀 니를세라=산골에 사는 늙은이의 이 같은 부귀를 남에게
행여나 말할까 두렵다.

510
漢ㄷ高祖의文武之功을 이제와서議論컨딕
蕭何의不絶糧道와張良의運籌帷幄과韓信의戰必勝을三傑이라ㅎ려니와陳平의六出
奇計아니런들白登의에운거슬뉘라셔푸러닉며項羽에范亞夫를뉘라셔離間ㅎ리
아마도 金刀創業은四傑인가ㅎ노라.

漢ㄷ高祖(한고조)의 文武之功(문무지공)을=한(漢)나라 고조에게 바친 문
무의 공을 ◇蕭何(소하)의 不絶 糧道(부절양도)와 張良(장량)의 運籌 帷幄
(운주유악)과 韓信(한신)의 戰必勝(전필승)을 三傑(삼걸)이라 ㅎ려니와=소하
가 군량을 끊기지 않고 보급한 것과 장량의 본영(本營)에서 작전 계획을 세
운 것 한신의 싸우면 반드시 이기는 것을 세 호걸이라 할 수 있겠으나 ◇
陳平(진평)의 六出奇計(육출기계) 아니런들 白登(백등)의 에운 거슬 뉘라셔
푸러닉며 項羽(항우)에 范亞夫(범아부)를 긔 무엇으로 離間(이간)ㅎ리=진평
의 여섯 가지 기묘한 계책이 아니었다면 백등산에서 포위가 된 것을 누가
풀어내며 항우에게서 범아부를 그 무엇으로 이간하랴 ◇金刀創業(금도창
업)은 四傑(사걸)인가=한고조가 나리를 세운 공로는 네 호걸인가. 금도는
유(劉)의 파자(破字)임.

511
南薰殿舜帝琴을　夏殷周의傳ᄒ오셔
秦漢唐自覇干戈와宋齊梁風雨乾坤의王風이委地ᄒ여正聲이긋쳐졋더니
東方의　聖人이나오샤彈五絃歌南風을이어븐가ᄒ노라.

대조; '이어븐가'는 '이어본가'의 잘못.

　南薰殿 舜帝琴(남훈전순제금)을 夏殷周(하은주)의 傳(전)ᄒ오셔=남훈전에
서 타던 순 임금의 악기를 하은주 삼대(三代)에 전하시여 ◇漢唐宋(한당송)
自覇 干戈(자패간과)와 宋齊梁(송제량) 風雨 乾坤(풍우건곤)의 王風(왕풍)이
委地(위지)ᄒ여 正聲(정성)이 긋쳐 졋더니='自覇'(자패)는 '잡패(雜覇)'의 잘
못. 한당송과 여러 패왕들의 전쟁과 송제양의 싸움 때문에 어지러운 세상에
왕의 은덕이 땅에 떨어져 바른 음악이 끊어졌더니 ◇彈五絃 歌南風(탄오현
가남풍)을 이어 븐가 ᄒ노라='븐가'는 '본가'의 잘못. 순임금이 타던 오현금
을 타고 남풍가를 계속하여 불러볼까 하노라.

512
司馬遷의名萬古文章　王逸少의掃千人筆法
劉伶의嗜酒와杜牧之의風彩은百年從事ᄒ여一身兼備ᄒ려니와
아ᄆ로　雙全키어려올쁜大舜曾子孝와龍逢比干忠인가ᄒ노라.

대조; '名萬古'는 '鳴萬古'의 잘못. '風彩'는 '好色'으로 되어 있음.

　司馬遷(사마천)의 名萬古文章(명만고문장) 王逸少(왕일소)의 掃千人筆法
(소천인필법)='名'(명)은 '鳴'(명)의 잘못. 사마천의 만고에 떨친 이름 난 문
장과 왕일소의 천 사람을 쓸어버릴 만한 필법. 왕일소는 진(晉)나라의 명필
인 왕휘지(王羲之)를 가리킴 ◇劉伶(유령)의 嗜酒(기주)와 杜牧之(두목지)의
風彩(풍채)은 百年 從事(백년종사)ᄒ여 一身 兼備(일신겸비) ᄒ려니와=유령

의 술을 즐기는 것과 두목지의 풍채는 평생 한 일에만 좇으면 한 몸에 갖출 수 있으려니와. 두목지는 두목(杜牧)을 가리킴 ◇雙全(쌍전)키 어려울쁜 大舜 曾子(대순증자) 孝(효)와 龍逢 比干(용봉비간) 忠(충)인가=두 가지를 다 온전하기 어려운 것은 순임금과 증자의 효와 용봉과 비간의 충성심인가. 용봉은 하(夏)의 걸왕(桀王)의 신하 관용봉(關龍逢)이고, 비간은 은(殷)나라 주왕(紂王)의 신하로 모두 왕의 무도(無道)함을 간하다가 죽임을 당했음.

513
月黃昏계위갈졔　定處업시나간님이
白馬金鞭으로어듸룰단니다가酒色의즘겨잇셔도라올쥴이덧ᄂᆞᆫ고
獨宿空房ᄒᆞ여　長相思글이워展展不寐ᄒᆞ노라.

대조: '展展不寐'는 '輾轉不寐'의 잘못.

月黃昏(월황혼) 계위갈 제 定處(정처) 업시 나간 님이=저녁 늦게서 정한 곳 없이 집을 나간 님이 ◇白馬 金鞭(백마금편)으로 어듸를 단니다가 酒色(주색)의 즘겨 잇셔=백마와 좋은 말채찍으로 어디를 다니다가 술과 여색에 빠져 있어 ◇獨宿空房(독수공방)ᄒᆞ여 長相思(장상사) 글이워 展展不寐(전전불매) ᄒᆞ노라='展展不寐'(전전불매)는 '輾轉不寐(전전불매)의 잘못. 빈 방에 홀로 자면서 오랜 동안 그리워하여 잠 못 이루어 하노라.

514
어룬ᄌᆞ너츌이야　에어룬ᄌᆞ박너츌이야
어인너츌이담을넘어손쥐ᄂᆞᆫ고야
이룬님　이리로셔뎌리로갈졔손을쥐려ᄒᆞ노라.

대조: '이룬님'은 '어룬님'의 잘못

어룬즈 너츌이야 에어룬즈 박너츌이야=얼씨구나 넝쿨이야 에루화 얼씨
구나 박넝쿨이야. ◇어인 너츌이 담을 손 쥐는고야=어떤 넝쿨이기에 담을
넘어 손을 주는구나 ◇이룬님 이리로셔 더리로 갈 졔 손을 쥐려 ᄒ노라=
'이룬님'은 '어룬님'의 잘못. 사랑하는 임이 이런 까닭으로 왔다가 저런 사
정으로 갈 때는 손을 주려 한다.

515
完山裡도라들어 萬景台올나보니
三韓古都와一春光景이라錦袍羅裙과酒肴爛漫ᄒ듸白雲歌ᄒ曲調를管絃의셧거부니
丈夫의 逆旅豪遊의名區壯觀이터음인가ᄒ노라.

대조: '萬景台'는 '萬頃臺'의 잘못, '白雲歌'는 '白雪歌'의 잘못인 듯.

完山裡(완산리) 도라 들어 萬景台(만경대) 올나 보니=완산 안으로 돌아들
어 만경대에 올라보니. 완산(完山)은 전라도 전주(全州)의 옛 이름, 만경대는
전주에 있는 누대의 이름 ◇三韓古都(삼한고도)와 一春光景(일춘광경)이라
=삼한의 옛 도읍과 봄의 풍경뿐이라 ◇錦袍羅裙(금포나군)과 酒肴爛漫(주
효난만)ᄒ듸 白雲歌(백운가) ᄒ 曲調(곡조)를 管絃(관현)의 셧거 부니=비단
도포를 입은 풍류객과 기생과 술과 안주가 가득한데 백설가 한 곡조를 관
악기와 현악기에 섞여 부니 ◇逆旅 豪遊(역려호유)의 名區 壯觀(명구장관)
이=여기저기를 돌아다니며 호사스럽게 노는 것과 이름난 곳의 볼만한 경
치가.

516
寒碧堂瀟洒ᄒ景을 비긴後에올라보니
百尺元龍과一川花月이라佳人은滿座ᄒ고衆樂은喧空ᄒ듸浩蕩ᄒ風烟이오狼藉ᄒ盃
盤이로다
兒禧야 盞가득부어라遠客愁懷를씨셔볼가ᄒ노라.

寒碧堂(한벽당) 瀟洒(소쇄)흔 景(경)을=한벽당의 깨끗한 경치를. 한벽당은 전라도 전주에 있는 누각 ◇百尺 元龍(백척원룡)과 一川 花月(일천화월)이라=백척이나 되는 높은 다락과 한 줄기 시내에 꽃과 달이 어울어졌다. 원룡은 동한(東漢) 진등(陳登)의 자(字)인데, 허범(許氾)이란 사람이 찾아가니 그가 높은 침상에서 자고 있었다고 하여 높은 다락을 말함 ◇佳人(가인)은 滿座(만좌)ᄒ고 衆樂(중악)은 喧空(훤공)ᄒ듸 浩蕩(호탕)흔 風烟(풍연)이오 狼藉(낭자)흔 盃盤(배반)이로다=예쁜 여자들은 집에 가득하고 여러 가락은 하늘에 울려 요란한데 호탕한 풍경이요 어즈러이 흩어진 술잔과 술상이로다 ◇遠客 愁懷(원객수회)를 씨셔 볼가=멀리 떠나 온 나그네의 근심스런 회포를 씻어볼까.

517
窓밧게가ᄆ솟막히쟝ᄉ　離別나ᄂ구멍도막히옵ᄂ가
쟝ᄉ의對答ᄒᄂ말이秦始皇漢武帝ᄂ令行天下ᄒ듸威嚴으로못ᄆ앗고諸葛武侯經天緯地之才로막단 믈을못들엇고西楚覇王힘으로도能히못막앗ᄂ니이구멍막히란믈이하마도하우슈웨라
眞實로　쟝ᄉ의말과갓흘단듸長離別인가ᄒ노라.

대조; '막히'는 '막히라ᄂ'의 잘못.

窓 밧게 가ᄆ솟 막히 쟝ᄉ 離別(이별) 나ᄂ 구멍도 막히옵ᄂ가=창밖에 가마솥 때우라고 하는 장수 이별이 생기는 구멍도 막을 수 있는가 ◇秦始皇 漢武帝(진시황한무제)ᄂ 令行天下(영행천하)ᄒ듸 威嚴(위엄)으로 못 ᄆ앗고 諸葛武侯(제갈무후) 經天緯地之才(경천위지지재)로 막단 믈을 못 들엇고 西楚覇王(서초패왕) 힘으로도 能(능)히 못 막앗ᄂ니=진시황과 한 무제는 명령이 천하에 행하였어도 위엄으로 못 막았고 제갈량의 경천위지의 재주로

도 막았다는 말을 못 들었고 항우의 힘으로도 능히 못 막았으니 ◇이 구멍
막히란 물이 하마도 하 우슈웨라=이 구멍을 막으란 말이 아마도 너무 우습
구나.

518
즁놈이졈운ᄉ랑을어더   媤父母의孝道를무어슬ᄒ야갈ᄀ고
松起ᄃ썩콩佐飯믜흐로치다라싱검초습쥬고ᄉ리며들밧츨나리다라금달늬물쑥게우
목곳다디잔다귀고들쌕이두루키야바랑ᄀ국케너허가셰
上佐야   암쇠등의언치노하시삿갓모시長衫곳갈의念籌밧텨어울ᄐ고가리라.

대조; 'ᄉ랑을'은 '사당년을'의, '믜흐로'는 '뫼흐로'의, '잔다귀'는 '잔다귀씀바귀'의
잘못.

즁놈이 졈운 ᄉ랑을 어더=중이 젊은 사당년을 얻어 ◇松起(송기)ᄃ썩
콩佐飯(좌반) 믜흐로 치다라 싱검초 습쥬 고ᄉ리며 들밧츨 나리다라 금달늬
물쑥 게우목 곳다디 잔다귀 고들쌕이 두루 키야 바랑ᄀ국케 너허 가셰=송
기떡 콩자반 산으로 치뛰어 승검초 삽주 고사리며 들의 밭으로 내리뛰어
곤달비 물쑥 거여목 꽃다지 잔대 고들빼기를 두루 캐어 바랑에 잔뜩 넣어
가세. ◇암쇠 등의 언치 노하 시삿갓 모시 長衫(장삼) 곳갈의 念籌(염주) 밧
텨 어울 ᄐ고 가리라=암소의 등에 언치 놓아 가늘게 엮은 삿갓에 모시 장
삼 고깔에 염주 바쳐 같이 타고 가겠다.

519
아마도豪傲ᄒᄂ   靑蓮居士李謫仙이로다
玉皇香案前의黃庭經一字誤讀ᄒ罪로謫下人間ᄒ야藏名酒肆ᄒ고水石의弄月ᄒ다가
긴고릭타고飛上天ᄒ니
至今의   江南風月이閑多年인가ᄒ노라.

대조; '水石의'는 '釆石의'의 잘못.

靑蓮居士 李謫仙(청련거사이적선)이로다=청련거사인 이적선이로다 청련거사(靑蓮居士)는 이백(李白)의 호(號)이며 달리 적선이라 부름 ◇玉皇 香案前(옥황향안전)의 黃庭經 一字(황정경일자) 誤讀(오독)흔 罪(죄)로 謫下 人間(적하인간)흐야 藏名 酒肆(장명주사)흐고=옥황상제의 책상 앞에서 황정경 한 자를 잘못 읽은 죄로 인간에 귀양 와서 이름을 술집에 감추고 ◇水石(수석)의 弄月(농월)흐다가 긴 고릭 타고 飛上天(비상천)흐니='水石'(수석)은 '采石'(채석)의 잘못. 채석강에서 달을 희롱하다가 긴 고래를 타고 하늘로 올라가니 ◇江南 風月(강남풍월)이 閑多年(한다년)인가='閑多年'(한다년)은 '문다년(聞多年)'의 잘못인 듯. 강남의 풍월이 들은 지 오래런가.

520

니르랴보쟈니르랴보쟈 닉아니니르랴네書房더러
거즛긔슬물깃눈톄흐고桶을나리와우물뎐의놋코쏘아일버서桶조디의걸고건넌집젹은金書房눈금젹불너닉여두손목ㅁ조딤쩍쥐고슈군슈군믈ᄒ다가슴밧흐로드러가무음일흐눈디즌슴은쓰러디고굵은슴딗긋만남아우즑우즑ᄒ드라고ㄴ아닐르랴네書房다려
더아희 닙이보드라와거즛말마라스라우리도ㅁ을디엄인詮次로실슴키라갓더니라.

대조: '거즛긔슬'은 '거즛거스로'의 잘못.

니르랴 보쟈=일러나 보자 ◇거즛긔슬 물 깃눈 톄흐고 桶(통)을 나리와 우물뎐의 놋코=거짓으로 물 긷는 체하고 통은 내려 우물가에 놓고 ◇쏘아 일 버서 桶(통)조디에 걸고=또아리는 벗어 통의 손잡이에 걸고 ◇닙이 보드라와 거즛말 마라스라=입이 가벼워 거짓말 하지마라 ◇ㅁ을 디엄인 詮次(전차)로 실슴 키라=마을의 아낙네인 까닭에 실삼을 캐러.

521
님그러깁히든病을 무음藥으로곳쳐닉리
太上老君招魂丹과西王母의千里蟠桃樂伽山觀世音甘露水와眞元子의人蔘果며三山
十洲不死藥을아모만먹은들할일소냐
아마도 글이던님을묫나랑이면긔良藥인가ᄒ노라.

대조; '千里蟠桃'는 '千年蟠桃'의 잘못.

　太上老君(태상노군) 招魂丹(초혼단)과 西王母(서왕모)의 千里蟠桃(천리반
도) 樂伽山(낙가산) 觀世音(관세음) 甘露水(감로수)와 眞元子(진원자)의 人蔘
菓(인삼과)며 三山十洲 不死藥(삼산십주불사약)을 아모만 먹은들 할일소냐
＝태상노군의 초혼단과 서왕모의 천년 복숭아 낙가산(落迦山) 관세음보살의
감로수와 진원자의 인삼으로 만든 과자며 삼신산의 신선이 산다는 십주의
불사약을 아무만큼을 먹은들 낫겠느냐.

522
술먹고病업슬藥과 色ᄒ여도長生홀슐을
갑쥬고ᄉ량이면즘盟誓ㅣᄒ디아무만인들석일소냐
갑쥬고 못슬藥이니소로소로ᄒ여百年쌔디ᄒ리라.

대조; '즘盟誓'는 '춤盟誓'의 잘못.

　色(색)ᄒ여도 長生(장생)홀 슐을＝여색을 좋아해도 오래 살 수 있는 재주
를 ◇갑쥬고 ᄉ량이면 즘 盟誓(맹서)ㅣ ᄒ디 아무만인들 석일소냐＝값을
주고 살 수 있다면 참으로 맹세하자. 얼마인들 관계할쏘냐 ◇갑 쥬고 못슬
藥(약)이니 소로소로 ᄒ여＝값을 주고도 사지 못할 약이니 살금살금 하여.

523
슐이라ᄒᄂ거시 어이슘긴거시완듸

一杯一杯復一杯ᄒ면恨者ㅣ洗憂者ㅣ樂에掖腕者ㅣ蹈舞ᄒ고呻吟者ㅣ嘔歌ᄒ며伯倫
은頌德ᄒ고嗣宗은澆胸ᄒ며淵明은葛巾素琴으로眄庭柯而怡顔ᄒ고太白은接罹錦袍
로飛羽觴而醉月ᄒ니
아무도　시름풀기ᄂ 술만ᄒ거시업세라.

대조: '洗'ᄂ '悅'의, '嘔歌'ᄂ '謳歌'의 잘못.

어이 슴긴 거시 완ᄃ=어떻게 생긴 것이기에　◇一杯一杯 復一杯(일배일
배부일배)ᄒ면 恨者(한자)ㅣ 洗(세) 憂者(우자)ㅣ 樂(락)에 掖腕者(액완자)ㅣ 蹈
舞(도무)ᄒ고 呻吟者(신음자)ㅣ 嘔歌(구가)ᄒ며=한 잔 한 잔 또 한 잔하면
한(恨)이 있는 사람은 기뻐하고 근심이 있는 사람은 즐거워하며 팔을 낀 사
람은 춤을 추고 신음하는 사람은 노래를 부르며　◇白倫(백륜)은 頌德(송덕)
ᄒ고 嗣宗(사종)은 澆胸(요흉)ᄒ며=백륜은 덕을 칭송하고 완적은 경박하며
◇淵明(연명)은 葛巾　素琴(갈건소금)으로 眄庭柯而怡顔(면정가이이안)ᄒ고
太白(태백)은 接罹錦袍(접리금포)로 飛羽觴而醉月(비우상이취월)ᄒ니=연명
은 뜰의 나뭇가지를 보고 얼굴에 기쁨을 띠고 태백은 비단 도포를 입고 술
잔을 날리며 달에 취하니. 백륜(白倫)은 유령(劉伶)을 말함.

524
간밤의大醉ᄒ고　北平樓의올나큰쑴을ᄭ니
七尺劍千里馬로遼陽을건너가셔天驕를降伏밧고北闕의도라들어告厥成功ᄒ여뵌다
男兒의　慷慨ᄒᄆ 음이胸中鬱鬱ᄒ여쑴의試驗ᄒ도다.

대조: '遼陽을'은 '遼海를'의 잘못.

北平樓(북평루)의 올나=북평루에 올라. 북평루는 소재 미상의 누각. 혹
중국 북경에 있는 것인지(?)　◇七尺劍 千里馬(칠척검천리마)로 遼陽(요양)을
건너가셔 天驕(천교)를 降伏(항복)밧고 北闕(북궐)의 도라들어 告厥成功(고

궐성공) ᄒᆞ여뷘다=일곱 자나 되는 큰 칼과 하루에 천리를 달릴 수 있는 말로 먼 곳의 바다를 날으듯 건너 천교를 항복 받고 대궐 북쪽으로 돌아와 이를 보고하여 성공을 알리니. 천교는 흉노(匈奴)를 가리킴. ◇男兒(남아)의 慷慨(강개)ᄒᆞᆫ ᄆᆞ음이 胸中 鬱鬱(흉중울울)ᄒᆞ여 ᄭᅮᆷ의 試驗(실험) ᄒᆞ도다=남자의 비분강개한 마음이 가슴 속에 답답하여 꿈에 한 번 시험하여 보았다.

525
高大廣室나ᄂᆞᆫᄆᆞ이　錦衣玉食더욱미고
銀金寶貨奴婢田宅蜜花珠걋칼紫的香織赤古里쓴머리石雄黃으로다ᄭᅮᆷᄌᆞ리로다
平生에　　나의願ᄒᆞ기ᄂᆞᆫ믈줄ᄒᆞ고글줄ᄒᆞ고人物ᄀᆞᆽᄒᆞ고품ᄌᆞ리가쟝알뜨리줄ᄒᆞᄂᆞᆫ졈운書房인가ᄒᆞ노라.

대조: '쓴머리'는 '쏜머리'의, '으로다'는 '오로다'의 잘못.

高大廣室(고대광실) 나ᄂᆞᆫ ᄆᆞ이 錦衣 玉食(금의옥식) 더욱 미고=크고 좋은 집을 나는 싫다. 호화로운 옷과 기름진 음식은 더욱 싫다 ◇銀金寶貨(은금보화) 奴婢田宅(노비전택) 蜜花珠(밀화주) 걋칼 紫的香職 赤古里(자적향직적고리) 쓴머리 石雄黃(석웅황) 으로다 ᄭᅮᆷᄌᆞ리로다='紫的香織'(자적향직)은 '자적향직(紫赤鄕織)'의, '쓴머리'는 '쏜머리'의, '으로다'는 '오로다'의 잘못. 금은과 같은 보물 노비와 전답과 집 밀화로 만든 구슬 은장도 자줏빛 명주 저고리 덧넣은 머리 석웅황이 오로지 꿈자리라 ◇人物(인물) ᄀᆞᆽᄒᆞ고 품ᄌᆞ리 가쟝 알뜨리 줄 ᄒᆞᄂᆞᆫ=인물이 준수하고 잠자리를 가장 알뜰히 하는.

526
어우아벗님네야　님의딥에勝戰ᄒᆞ라가세
前營將後營將軍務衛千摠朱鑼喇叭太平簫錚북을難又難투둥쾡치며님의딥으로勝戰ᄒᆞ라가세　그것히　楚覇王이잇신들둘리줄이잇시랴.

前營將 後營將(전영장후영장) 軍務衛 千摠(군무위천총) 朱鑼喇叭(주라나 발) 太平簫 錚(태평소쟁) 북을 難又難(난우난) 투둥 쾡쾡 치며 님의 딥으로 勝戰(승전)ㅎ라 가세=전영의 장수 후영의 장수 군영을 지키는 병졸 천총과 주라 나팔 태평소 징 북을 나누나 투둥 쾡쾡 치면서 임의 집으로 전승을 축 하하러 가세 ◇楚覇王(초패왕)이 잇신들 둘리 쥴이 잇시랴=초패왕인 항우 가 있다고 한들 두려워할 줄이 있겠느냐.

527
於于兒우은디고 우은일도보완졔고
소경이붓슬들고그리ᄂ니細山水ㅣ로다
그리고 못보는情이야네오늬오달으랴.

於于兒(어우아) 우은디고 우은 일도 보완졔고=어허 우습구나. 우스운 일 도 보앗구나 ◇細山水(세산수)ㅣ로다=자세하게 그리는 산수화로다.

528
琵琶야너는어이 간곳마다앙조아리뇨
싱금흔목을에후루여진득안크엄파갓흔손으로빅를줍아뜻거든아니앙조아리랴
잇다감 大珠小珠落玉盤홀 졔면써날뉘를모르리랴.

대조; '안크'는 '안고'의 잘못.

간 곳마다 앙조아리뇨=가는 곳마다 앙알거리느냐 ◇싱금흔 목을 에후 루여 진득 안크 엄파 갓흔 손으로 빅를 줍아뜻거든 아니 앙조아리랴=가느 다란 목을 휘둘러 단단히 안고 움파 같이 희고 갸날픈 손으로 배를 잡아 뜯 거늘 어찌 아니 앙알거리겠느냐 ◇大珠 小珠(대주소주) 落玉盤(낙옥반) 홀 졔면 써날 뉘를 모르리랴=크고 작은 구슬이 옥소반에 떨어지는 듯한 소리 가 날 때면 떠날 겨를을 모르겠더라.

529

三春色자랑마소　花殘ᄒ면蝶不來라

昭君玉骨도胡城土ㅣ되고貴妃花容은驛路塵을蒼松綠竹은千古節이오碧桃紅杏은一
年春이로다

閼氏네　一時花容을앗겨무슴ᄒ리오.

三春色(삼춘색) 자랑마소 花殘(화잔)ᄒ면 蝶不來(접불래)라=봄빛을 자랑
하지 마시오 꽃도 시들면 나비도 오지 않느니라 ◇昭君 玉骨(소군옥골)도
胡城土(호성토)ㅣ되고 貴妃 花容(귀비화용)은 驛路塵(역로진)을=왕소군의
고운 육신도 오랑캐의 흙이 되고 양귀비의 아름다운 얼굴도 마외역(馬嵬驛)
의 먼지가 된 것을 ◇蒼松 綠竹(창송녹죽)은 千古節(천고절)이오 碧桃 紅杏
(벽도홍행)은 一年春(일년춘)이로다=푸른 소나무와 대나무는 천고에 변함
없는 절개요 푸르고 붉은 복숭아와 살구꽃은 일 년의 봄이로다 ◇一時 花
容(일시화용)을 앗겨 무슴 ᄒ리요=한 때의 아리따운 얼굴을 아껴서 무엇
할 것이요

530

春意ᄂ透酥胸이오　春色橫眉黛라

賤却那人間玉帛이라 杏臉桃腮乘月色ᄒ니 嬌滴嬌滴越顯紅白이로다 下香階步蒼苔
ᄒ니 非關弓鞋鳳頭窄이라

鰍生不才로　多嬌錯愛를感歎이로다.

대조: ‘嬌滴嬌滴은 ‘嬌滴滴’의 잘못.

春意(춘의)ᄂ 透酥胸(투수흉)이오=봄의 뜻은 젖가슴을 뚫는 듯하고 ◇春
色橫眉黛(춘색횡미다)라=봄빛은 아름다운 눈썹에 비꼈다 ◇賤却那人間玉
帛(천각나인간옥백)이라=인간 옥백을 천히 여겨 물리치고 ◇杏臉桃腮乘月

色(행검도시승월색)ᄒ니=살구빛 눈시울 복숭아 같은 뺨이 달빛을 대하니 ◇嬌滴嬌滴越顯紅白(교적교적월현홍백)이로다=어여쁨이 방울방울 홍백이 뚜렷하다 ◇下香階步蒼苔(하향계보창태)ᄒ니=原文(원문)에는 '下香階懶步蒼苔'(하향계나보창태)로 되어 있음. 향계에 나려 느릿느릿 푸른 이끼 위를 걸으니 ◇非關宮鞋鳳頭窄(비관궁혜봉두착)이라=궁혜와 봉두가 작아서이라 ◇鰍生不才(추생부재)로 多嬌錯愛(다교착애)를=추생이 부재하여 어여쁜 그대를 짝사랑함이 애닯고나. 중국소설 『西廂記』(서상기)의 일부임.

531

누구서大醉ᄒ後ㅣ면 시름을잇다턴고
望美人於天一方홀제百盞을먹어도寸功이젼혀업닉
眞實로 白髮倚門은더욱잇디못ᄒ혜..

望美人於天一方(망미인어천일방)홀졔 百盞(백잔)을 먹어도 寸功(촌공)이 젼혀 업닉=하늘 한 편에 미인을 바라볼 때면 백 잔을 넘게 먹어도 아주 적은 공로도 전혀 없네. 미인은 왕을 뜻함 ◇白髮 倚門(백발의문)은 더욱 잇디 못 ᄒ혜=백발의 부모가 이문(里門)에 기대어 자식이 돌아오기를 기다리는 것을 더욱 잊지 못 하겠네.

532

淸明時節雨紛紛홀졔 路上行人이欲斷魂이로다
뭇노라牧童아슐파ᄂ딥이어딕메나ᄒ뇨
뎌건너 靑帘酒旗風이니게나가셔무러보시소.

淸明時節雨紛紛(청명시절우분분)홀 졔 路上行人(노상행인)이 欲斷魂(욕단혼)이로다=청명 때 비가 어지럽게 흩뿌리니 길 가는 나그네의 마음이 아프구나 ◇靑帘酒旗風(청렴주기풍)이니 게나 가셔=술집에 꽂은 기가 바람에 펄럭이니 거기나 가서. 당(唐)나라 두목(杜牧)의 「淸明詩」(청명시) '淸明時節

雨紛紛 路上行人欲斷魂 借問酒家何處在 牧童遙指杏花村'(청명시절우분분
노상행인욕단혼 차문주가하처재 목동요지행화촌)에서 결구(結句)만 바꾼 것
임.

533
솔아릭童子다려므르니 니릭기룰先生이藥키라갓너이다
다만이山中의잇것므눈구름이깁허간곳을아다못게이다
童子야 네先生오셔들안날왓다드라살와라.

대조; '아다못게이다'는 '아지못게라'의 잘못.

구름이 깁허 간 곳을 아다 못게이다=구름이 잔뜩 끼어 간 곳을 알지 못
하겠습니다 ◇네 先生(선생) 오셔들안 날 왓다드라 살와라=네 선생님이
오시거든 내가 왔더라고 알려라. 당(唐)나라 시인 가도(賈島) 「尋隱者不遇」
(심은자불우) 인 '松下問童子 言師採藥去 只在此山中 雲深不知處'(송하문동
자 언사채약거 지재차산중 운심부지처)를 시조로 만든 것임.

534
아히눈藥을키라가고 竹亭은휑덩그러뷔엿눈듸
훗허진보독을뉘라셔쓰러담을소냐
술醉코 松下의누엇시니節가눈쥴몰늬라.

竹亭(죽정)은 휑덩그러 뷔엿눈듸=대나무 숲에 있는 정자는 텅 비어 있는
데 ◇松下(송하)의 누엇시니 節(절)가눈 쥴 몰늬라=소나무 아래 누었으니
세월 가는 줄 모르겠더라.

535
蜀道之難 於上靑天이로듸 딉고긔면너무려니와

어렵고어려을쓴이님의離別이어려왜라
아마도 이님의離別은難於蜀道難인가ㅎ노라.

대조: '於上靑天'은 '難於上靑天'의 잘못.

蜀道之難 於上靑天(촉도지난어상청천)이로듸 딥고 기면 너무려니와=촉
으로 가는 길이 힘든 것이 청천에 오르는 것보다 어렵지만 짚고 기면 넘으
려니와 ◇難於蜀道之難(난어촉도지난)인가=촉으로 가는 길의 어려움보다
더 어려운 것인가.

536
蜀魄啼山月低ㅎ니 相思孤倚樓頭ㅣ라
爾啼苦我心愁ㅎ니無爾聲이면無我愁ㄹ낫다
寄語人間離別客ㅎ니 愼莫登春三月子規啼明月樓룰ㅎ여라. 端宗大王

대조: '相思孤倚樓頭'는 '相思苦倚樓頭'의 잘못.

蜀魄啼山月低(촉백제산월저)ㅎ니 相思孤倚樓頭(상사고의루두)ㅣ라=두견
이 슬피 울고 밤이 깊으니 멀리 있는 사람들을 그리며 다락 머리에 외로이
기대었다 ◇爾啼苦 我心愁(이제고아심수)ㅎ니 無爾聲(무이성)이면 無我愁
(무아수)ㄹ낫다=네가 슬피 울면 내 마음이 괴롭고 네 울음이 없으면 내 근
심도 없을 것이다 ◇寄語人間離別客(기어인간이별객)ㅎ니 愼莫登春三月(신
막등춘삼월) 子規啼 明月樓(자규제명월루)룰=이별한 사람들에게 말하노니
춘삼월 두견이 울고 달 밝은 다락에는 삼가 오르지 말기를.

537
遠別離古有皇英之二女ㅎ니 乃在洞庭之南瀟洲之浦ㅣ라
海水ㅣ直下萬里心ㅎ니誰人不道此離若오日慘慘兮雲溟溟ㅎ니

猩猩이 啼咽兮여鬼嘯雨를 ᄒᆞ더라.

대조; '萬里心'은 '萬里深'의 잘못.

遠別離(원별리) 古有皇英之二女(고유황영지이녀)ᄒᆞ니 乃在洞庭之南 瀟州之浦(내재동정지남소주지포)ㅣ라=원별리 옛날 아황 여영의 두 여자가 있었으니 곧 동정호의 남쪽 소주의 포구라 ◇海水ㅣ直下萬里心(해수직하만리심)ᄒᆞ니 誰人不道此離苦(수인부도차리고)오='萬里心'(만리심)은 '만리심(萬里深)'의 잘못인 듯. 해수는 곧바로 나려 만 리쯤이나 깊으니 어느 누가 이별의 괴로움을 말하지 않으리오 ◇日慘慘兮雲溟溟(일참참혜운명명)ᄒᆞ니 猩猩(성성)이啼咽兮(제열혜)여 鬼嘯雨(귀소우)를 ᄒᆞ더라=해는 어둡고 구름 또한 컴컴하니 원숭이는 목메어 울고 귀신은 비 내리는데 휘파람을 불더라. 이백(李白)의 「遠別離」(원별리)의 일부를 시조로 만든 것임.

538
鐵驄馬타고보라믜밧고　白羽長箭千勻角弓허리의ᄭᅵ고
山넘어구름디나쒱손영ᄒᆞᄂᆞ져閑暇ᄒᆞᆫᄉᆞ람
우리도　聖恩갑흔後의너를좃차놀니라.

白羽 長箭(백우장전) 千勻 角弓(천근각궁) 허리의 ᄭᅵ고=흰 깃이 달린 기다란 화살과 천근이나 되는 각궁을 허리에 차고 각궁(角弓)은 활의 손잡이에 동물의 뼈를 덧대어 단단하게 만든 활.

539
한ᄒᆡ도열두달이요　閏朔들면열석달이한ᄒᆡ로다
한달도셜흔날이요그달젹으면스무아흐레그무나니
밤다셧　낫일곱씩의날볼할니업스랴.

밤 다섯 낫 일곱 씩의 날 볼 할니 업스랴=밤 다섯 낮 일곱 때에 나를 볼
수 있는 하루가 없으랴.

540
南山의눈날니는양은　白松鶻이당도난듯
漢江의비쁜양은江城두룸이고기를물고넘노는듯
우리도　남의님걸어두고넘노라볼ㄱ가ㅎ노라.

南山(남산)의 눈 날리는 양은 白松鶻(백송골)이 당도는 듯=남산에 눈이
날리는 모습은 백송골이 빙빙 도는 듯　◇漢江(한강)의 비 쁜 양은 江城(강
성) 두룸이 고기를 물고 넘노는 듯=한강이 배가 뜬 모습은 강성의 두루미
가 고기를 물고 넘나들며 노는 듯　◇남의 님 걸어 두고 넘노라 볼ㄱ가 ㅎ
노라=임자 있는 임을 마음속에 두고 넘나들며 놀아볼까 하노라.

541
소경이밍관이를둘우쳐업고　굽쩌러진편격디민발의신고
외남무석은다리로믹대업시앙걍감거너가니
그아릭　돌뷧쳐서잇다가仰天大笑ㅎ더라.

대조: '믹대'는 '막대'의, '거너가니'는 '건너가니'의 잘못.

소경이 밍관이를 둘우쳐 업고=소경이 맹과니를 둘쳐 업고 맹과니도 장
님을 말함　◇굽 쩌러진 편격디 민발의 신고= 굽이 떨어진 납작한 나막신
을 맨발에 신고　◇외남무 석은 다리로 믹대 업시 앙감장감 거너가니=외나
무 썩은 다리로 지팡이 없이 엉금엉금 건너가니　◇仰天大笑(앙천대소) ㅎ
더라=하늘을 쳐다보고 큰 소리로 웃더라.

542

開城府쟝ᄉ북경갈제걸고간銅爐口ᄃᄌ리　올제보니盟誓ㅣ치痛憤이도반가왜라

져銅爐口ᄃᄌ리져리반갑거든돌ㅅ쇠어미말이야일너무솜ᄒ리

드러가　돌쇠어미보옵거든銅爐口ᄎ리보고반기운말솜ᄒ리라.

대조: 'ᄎ리'는 'ᄌ리'의 잘못.

開城府(개성부) 쟝ᄉ 북경 갈 제 걸고 간 銅爐口(동노구) ᄌ리=개성에 사
는 장사꾼 북경 갈 때에 걸고 간 통노구 자리　◇盟誓(맹서)치 痛憤(통분)이
도 반가왜라=정말이지 몹시도 반갑구나　◇돌ㅅ쇠 어미 말이야 일너 무슴
ᄒ리=돌쇠어미의 말이야 말하여 무엇 하겠느냐　◇드러가 돌쇠어미 보옵
거든 銅爐口(동노구) ᄎ리 보고 반기운 말삼 하시쇼='들어가'는 '돌아가'
의,'ᄎ리'는 'ᄌ리'의 잘못. 돌아가 돌쇠 어미 보거든 통노구 자리　보고 반
긴 말을 하시요.

543

가을ㅂ비 긧똥언마나오리　雨裝으란닉디므라

十里ᄃ길긧똥언마나가리등닷코비알코다리져는나귀를캉캉쳐셔하다모딤ㅣ라

가다가　酒肆를맛나면갈똥말똥ᄒ여라.

대조: '모딤ㅣ라'는 '모지마라'의 잘못.

가을ㅂ비 긧똥 언마나 오리=가을비가 그까짓 얼마나 오겠느냐　◇등 닷
코 비 알코 다리 져는 나귀를 캉캉 쳐셔 하 다 모딤ㅣ라=등이 낫고(?) 배 앓
고 다리를 저는 나귀를 마구 때려서 너무 다 몰지마라.　◇酒肆(주사)를 맛
나면=술집을 만나게 되면.

544

金約正자너는 點心을츨으고　盧風憲으란酒肴만히댱만ᄒ소
稽琴琵琶笛필이長鼓란禹堂掌이다려오소
글짓고　노릭부르기女妓和間을는녀아모조록나擔當ᄒ옴새.

대조: '女妓和間'은 '女妓和姦'의, '아모조록나'는 '아모조로나'의 잘못.

約正・風憲・堂掌(약정풍헌당장)=약정과 풍헌은 조선시대 향직(鄕職)의
하나. 당장은 서원(書院)에 속한 하례(下隷)의 하나 ◇女妓和間(여기화간)을
는 녀 아모조록나 擔當(담당)ᄒ옴새=기생과 서로 즐기는 것이란 내가 아무
려나 다 담당 하겠네.

545

이몸이죽거드란　뭇디말고줍푸르여메여다가
酒泉웅덩이의풍덩드룻쳐씌워두면
平生의　즑이든슐을長醉不醒ᄒ리라.

뭇디 말고 줍푸르 메여다가=묶지 말고 대강 꾸려 메어다가 ◇酒泉(주
천) 웅덩이의 풍덩 드룻쳐 씌워두면=술이 샘솟는다고 하는 웅덩이 위에 풍
덩 들이 차서 띄워 두려무나.

546

還子도타와잇고 小川魚도건져왓너
비즌술쇠로닉고뫼희달이도다온다
兒薔야　거문고너여라벗請ᄒ여놀니라.

대조: '쇠로닉고'는 '싀로닉고'의 잘못.

還子(환자)도 타와 잇고=환자도 타다 놓았고 환자(還子)는 가을에 갚기

로 하고 나라에서 꾸어온 쌀.

547

長衫쓰더치마젹슴짓고　念籌글너당나귀멜치ᄒᆞ시
釋王世界極樂世界觀世音菩薩南無阿彌陀佛十年호工夫도너갈듸로이게
밤ロ中만　암긔ᄉ의품의들면念佛景이업셰라.

대조: '멜치'는 '밀치'의, '긔ᄉ의'는 '거ᄉ의'의 잘못임.

念珠(염주) 글너 당나귀 멜치 ᄒᆞ시=염주를 끌러 당나귀의 밀치하니. 밀치
는 말안장이나 길마의 꼬리 부분에 대는 막대기　◇너 갈듸로 이게=너 가
고 싶은 곳으로 가게　◇암긔ᄉ의 품의 들면 念佛景(염불경)이 업셰라='암
긔사'는 '암거사'의 잘못. 밤중쯤에 여자 중의 품에 들면 염불할 경황이 없
어라.

548

江原道皆骨山감도라들어　楡岾ㄷ졀뒤히웃쑥셧ᄂᆞ더나무굿히
슝슝그려혀안즌白松鶻이롤아무려나줍아길드려두메꿩손영보닉ᄂᆞᄃᆡ
우리도　남의님거러두고길쓰려볼가ᄒᆞ노라.

江原道 皆骨山(강원도개골산) 감도라 들어 楡岾(유점)ㄷ졀=강원도 개골
산을 감아 돌아 유점사. 개골산은 금강산의 겨울철에 부르는 이름　◇슝슝
그려 안즌 白松鶻(백송골)이롤=웅크리고 앉은 솔골매를.

549

有馬有金兼有酒홀제　素非親戚이强爲親터니
一朝의馬死黃金盡ᄒᆞ니親戚도還爲路上人이로다
世上의　人事ㅣ이러ᄒᆞ니그롤슬혀ᄒᆞ노라.

有馬有金兼有酒(유마유금겸유주)홀 졔 素非親戚(소비친척)이 强爲親(강위친)터니=말이 있고 돈이 있고 게다가 술이 있을 때 본래 친척이 아닌 사람이 억지로 친척인 체하더니 ◇一朝(일조)의 馬死黃金盡(마사황금진)ᄒ니 親戚(친척)도 還爲路上人(환위노상인)이로다=하루아침에 말이 죽고 돈이 다 없어지니 친척도 다시 길에서 만난 사람처럼 되는구나.

550

기름에지진ᄭᅮᆯ藥果도아니먹ᄂᆞᆫ날을　冷水의술믄돌饅頭를먹으라디근
平壤女妓년들도아니ᄒᄂᆞᆫ나를閣氏님이ᄒ라고디근디근
아모리　지근지근ᄒᆞᆫᄃᆞᆯ품이ᄌᆞᆯ줄이잇시랴.

冷水(냉수)의 술믄 돌饅頭(만두)를 먹으라 디근=찬 물에 삶은 소를 넣지 않은 만두를 먹으라고 지근덕 지근덕 ◇平壤 女妓(평양여기)년들도 아니ᄒ ᄂᆞᆫ=평양의 아름다운 기생들도 가까이 하지 않는.

551

그ᄃᆡ故鄕으로붓터오니　故鄕일을응당알니로다
오던늘綺窓ᆞᆲ히寒梅푸엿더냐아니퓌엇더냐
퓌기ᄂᆞᆫ　퓌엿드라마ᄂᆞᆫ임자를글여ᄒ더라.

오던 늘 綺窓(기창) ᆞᆲ히 寒梅(한매)가 푸엿더냐 아니 퓌엇더냐=오던 말 비단을 쳐놓은 창 앞에 겨울 매화가 피었더냐 아니 피었더냐.

552

것거딘활부러딘鎗재인통노구메고　怨ᄒᄂᆞ니黃帝軒轅氏를
相奪也하닌졔ᄂᆞᆫ萬八千歲를누렷거든
엇디ᄐ　習用干戈ᄒᆞ여後生을困케ᄒ신고.

대조; '하닌졔ᄂᆞᆫ'은 '아닌졔도'의 잘못.

것거딘 활 부러딘 鎗(창) 씌인 銅爐口(동노구) 메고 怨(원)ᄒᆞᄂᆞ니 黃帝 軒
轅氏(황제헌원씨)를=꺾어진 활 부러진 창 때운 통노구를 메고 원망하느니
황제 헌원씨를 ◇相奪也(상탈야) 하닌 졔ᄂᆞᆫ 萬八千歲(말팔천세)를 누렷거든
=서로 치고 빼앗는 것이 아니어도 만 팔천 년을 살았거든 ◇엇디ᄐᆞ 習用
干戈(습용간과)ᄒᆞ여 後生(후생)을 困(곤)케 ᄒᆞ신고=어쩌다 싸움하는 것을 가
르쳐 후생들을 피곤하게 하시었는고

553
壽夭長短뉘아던가 죽은後면거짓거시
天皇氏一萬八千歲라도죽어딘後거짓거시
世上의 이러ᄒᆞᆫ人生이아니놀고어이리.

壽夭長短(수요장단) 뉘 아던가 죽은 後면 거짓 거시=오래 살고 일찍 죽
는 것처럼 길고 짧은 것을 누가 아던고 죽은 뒤에는 거짓 것이로다.

554
老人이섭플디고 怨하나니燧人氏를
食木實ᄒᆞ올졔도萬八千歲를ᄒᆞ엿거든
엇디ᄐᆞ 敎人火食ᄒᆞ야後生을困케ᄒᆞ시뇨.

老人(노인)이 섭플 디고 怨(원)하나니 燧人氏(수인씨)를=노인이 섶을 지
고 원망하느니 수인씨를. 수인씨(燧人氏)는 인간에게 불을 처음 사용하여
화식(火食)을 가르쳤다고 함 ◇食木實(식목실) ᄒᆞ올 졔도=나무의 열매를
따 먹을 때도 ◇敎人火食(교인화식)ᄒᆞ야 後生(후생)을 困(곤)케 ᄒᆞ시뇨=사
람에게 화식을 가르쳐 후에 난 사람을 피곤하게 하시는고

555

兒禧야말안장ᄒ여라타고川獵가쟈　술병걸졔힝혀盞니즐셰라
白髮룰훗날니며여흘여흘건너가니
닉뒤히　쁜소탄벗님네ᄂ함ᄭᅴ나가옵세ᄒ더라.

白髮(백발)룰 훗날니며 여흘여흘 건너가니=흰 나룻을 바람이 흩날리며
쉽게쉽게 건너가니　◇쁜 소 탄 벗님네ᄂ=(사람이나 물건을) 받기를 잘하
는 소를 탄 벗님네ᄂ.

556

노시노시每樣長息노시　밤도놀고낫도노시
壁上의그린黃鷄숫닭이홰홰텨우도록노시노시
人生이　아츰이슬이니아니놀고어이리.

壁上(벽상)의 그린 黃鷄(황계) 숫닭이 홰홰 텨 우도록=벽에 그린 누런 수
닭이 활개 쳐 울도록　◇아츰 이슬이니=아침에 풀잎에 달려 있는 이슬과
같이 잠간 동안에만 존재하는 것이니.

557

巖畔雪中孤竹　반갑기도반가왜라
뭇노라孤竹君의네엇더ᄒ던인가
首陽山　萬古淸風의夷齊본ᄃᆺᄒ여라. 徐甄 號市隱 高麗掌令

巖畔雪中孤竹(암반설중고죽)=바위 둔덕에 눈 속에 외롭게 서 있는 대나무
◇뭇노라 孤竹君(고죽군)의 네 엇더 ᄒ던 인가=묻겠다. 고죽군이 네 어떤 사
람이라 생각하느냐. 고죽군(孤竹君)은 백이(伯夷)와 숙제(叔齊)의 아버지임　◇
首陽山(수양산) 萬古淸風(만고청풍)의 夷齊(이제)본 ᄃᆺᄒ여라=수양산에서 고
사리를 캐먹다 죽은 만고의 곧은 절개인 백이와 숙제를 본 듯하구나.

558
藍色도아니옵고　草色도아니온닉요
唐多紅眞粉紅의軟牛物도아니온닉의
閣氏네　物色을보오니나는眞藍인가ᄒ노라.

藍色(남색)도 아니옵고 草色(초색)도 아니온 닉요=남색도 아니고 초색도
아닌 나요 ◇唐多紅 眞紛紅(당다홍진분홍)의 軟牛物(연반물)도 아니온 닉의
=중국에서 들여 온 짙은 붉은색이나 짙은 분홍에 연한 검은 빛을 띤 남빛
도 아니네요 ◇閣氏(각씨)네 物色(물색)을 보오니 나는 眞藍(진남)인가=각
씨네 사정도 모르는지 나는 진한 남빛인가. 여기서는 순진한 남자의 뜻으로
쓰인 듯.

羽樂

559
닷는말도誤往ᄒ면셔고　셧는소도이라打ᄒ면가고
深意山모딘범도經說곳도셔거든
閣氏네　뉘엄의쌸년이완딕經說롤不聽ᄒᄂ고.

대조; '經說곳'은 '經說곳ᄒ면'의 잘못.

닷는 말도 誤往(오왕)ᄒ면 셔고 셧는 소도 이라打(타) ᄒ면 가고=달리는
말도 '워'하면 서고 서있는 소도 '이러'하면 가고 ◇深意山(심의산) 모딘 범
도 經說(경세)곳 도셔거든=깊은 산의 사나운 범도 깨우치고 타이르면 돌아
서거든 ◇뉘 엄의 쌸년이완대 經說(경세)를 不聽(불청)ᄒᄂ고=누구 어미의
딸이기에 타이르고 깨우쳐도 듣지를 아니하는고.

560
즌서리술이되여　滿山을다권ᄒ니
먹어붉은빗치碧溪의줌겻셰라
우리도　醉토록먹은후의붉어볼ㄱ가ᄒ노라.

　즌서리 술이 되여 滿山(만산)을 다 권ᄒ니=된서리가 술이 되어 모든 산
을 권하더니.　◇먹어 붉은 빗치 碧溪(벽계)의 줌겻셰라=술을 먹어 붉은 빛
이 푸른 시냇물에 잠겼구나.

561
봄이가려ᄒ니　니라혼ᄌ말닐소냐
다못퓐桃李花롤엇디ᄒ고가려ᄂ다
兒禧야　덜퀸술걸너라가ᄂ봄餞送ᄒ리라.

　니라 혼ᄌ 말닐소냐=나라고 혼자서 말릴 수가 있겠느냐　◇다 못 퓐 桃
李花(도리화)롤 엇디ᄒ고 가려는다=미처 다 피지 않은 복숭아와 오얏꽃을
어떻게 하고 가려고 하느냐.

562
四月綠陰鶯世界ᄂ　又石公의風流節롤
石想樓놉흔곳의琴韻영농홀졔
玉階의　蘭花低ᄒ고鳳鳴梧桐ᄒ더라. 安玟英 玉娘蘭珠鳳心

　四月 綠陰(사월녹음) 鶯世界(앵세계)ᄂ 又石公(우석공)의 風流節(풍류절)
롤=녹음이 우거지고 꾀꼬리가 노래하는 세상인 사월은 우석공이 풍류를
즐기기에 좋은 계절. 우석(又石)은 대원군의 큰 아들 이재면(李載冕)의 아호
임 ◇石想樓(석상루) 놉흔 곳의 琴韻(금운)이 영농홀 졔=석상루의 높은 곳
에 거문고의 가락이 영롱할 때 ◇玉階(옥계)의 蘭花(난화)低(저)ᄒ고 鳳鳴
梧桐(봉명오동) ᄒ더라=대궐의 섬돌에는 난초꽃이 이슬을 머금어 수그러지

고 봉황은 오동나무에서 울더라. 기생 난주(蘭舟)와 봉심(鳳心)을 두고 지은 것임.

羽擧　堯風湯日 花爛春城

563

琉璃鍾琥珀濃이오　小槽酒滴眞珠紅이로다

烹龍炰鳳玉指泣이오羅幃繡幕圍香風을吹龍笛擊鼉鼓皓齒歌細腰舞라況是靑春日將暮ᄒ니桃花ㅣ亂落如紅雨ㅣ로다

五花馬　千金裘로呼兒將出換美酒를ᄒ리라.

琉璃鍾 琥珀濃(유리종호박농)이오 小槽 酒滴 眞珠紅(소조주적진주홍)이로다=유리종 호박잔이 짙고 작은 통속에 떨어지는 술은 진주보다 붉다 ◇烹龍 炰鳳 玉脂泣(팽룡포봉옥지읍)이오 羅幃繡幕 圍香風(나위수막위향풍)을=용을 삼고 봉을 구우니 구슬 같은 기름이 끓고 비단 휘장과 수놓은 막은 향기로운 바람을 에웠구나 ◇吹龍笛 擊鼉鼓(취용적격타고) 皓齒歌 細腰舞(호치가세요무)라=용적을 불고 타고를 치며 고운 노래 아름다운 춤이라 ◇況是靑春日將暮(황시청춘일장모)ᄒ니 桃花亂落如紅雨(도화난락여홍우)ㅣ로다=하물며 이 푸른 봄이 늦어 복숭아꽃이 어즈러이 떨어져 붉은 비와 같구나 ◇五花馬 千金裘(오화마천금구)로 呼兒將出換美酒(호아장출환미주)를 ᄒ리라=오화마와 천금구로 아이를 불러 좋은 술로 바꾸어 드리리라.

564

正二三月은杜莘杏桃李花꼿코　四五六月은綠陰芳草가더욱죠희

七八九月은黃菊丹楓의놀기조희

十一二月은 閣裏春光이雪中梅ㄴ가ᄒ노라.

杜莘 杏桃 李花(두신행도이화) 꼿코=진달래와 살구꽃, 복숭아와 오얏의

꽃이 좋고 ◇閤裏春光(합리춘광)이 雪中梅(설중매) ㄴ가=규방 안에 따뜻한
봄빛은 매화인가.

565
가을횟듯언마나가리 나귀안쟝으란츠르디말아
雲山은검어어득침침石逕은崎嶇潺潺흔듸져뫼흘너머닉어이가리
草堂의 갑업슨明月과홈긔놀녀ᄒ노라.

대조; '가을'은 '가을히'의 잘못.

가을 횟듯 언마나 가리=가을 햇볕이 반짝 든들 얼마나 가겠느냐 ◇雲山
(운산)은 검어 어득 침침 石逕(석경)은 崎嶇 潺潺(기구잔잔)흔듸 져 뫼흘 너
머 닉 어이 가리=구름이 낀 산은 검어 어둠침침하고 돌길은 험하고 질퍽한
데 저 산을 넘어 내 어찌 가겠느냐.

566
가을ㅂ비긔쫑언마나오리 雨裝으란넉디마라
十里ㄷ희쫏언마나가리등닷코빗알코다리져는나귀를캉캉치다라
가다가 酒肆를맛나면갈쫑말쫑ᄒ여라.

대조; 가번 543번과 중복.

567
길우희두돌부톄 벗고굼고마조셔셔
ㅂ람비눈셔리를맛도록맛즐만졍
平生의 離別數ㅣ업시니그룰불워ᄒ노라.

ㅂ람비 눈셔리를 맛도록 맛즐만졍=바람과 비 눈과 서리를 맞을 대로 맞
을망졍. 즉 일년내내 고통을 겪으면서.

보리샄리麥根麥根　梧桐열민桐實桐實
묵근풋나물쓰든숯셤이오덕은大棗덜문老松이라
九月山中春草綠이　五更樓下夕陽紅인가ᄒ노라.

대조; '묵근'은 '묵은'의 잘못.

묵근 풋나무 쓰든 숯셤이오 적은 大棗(대조) 젊은 老松(노송)이라=묵은 풋나무 쓰던 숯셤이요 적은 대추 젊은 노송이라. '묵은'과 '풋'은 서로 모순되고, 쓰던 숯셤은 숯은 처음이란 뜻으로 쓰던 숯셤을 새것이 아니라는 말이고, 대추라고 하면서 작다고 한 것과 노송이라고 하면서 젊다는 것을 모순 됨을 말함 ◇九月山中 春草綠(구월산중춘초록)이 五更樓下 夕陽紅(오경루하석양홍)인가=구월에 산중의 봄풀이 푸르고 오경루에 석양이 붉은가. 구월은 가을인데도 봄풀이 푸르고 오경루에는 새벽인데 저녁노을이 붉다고 한 것은 구월산과 오경루가 이름에 맞지 않아 모순됨을 말한 것임.

琵琶琴瑟은八大王이요　魑魅魍魎은四小鬼라
東方朔西門豹南宮适北宮黝는東西南北ᄉ롬이오魏無忌長孫無忌는古無忌今無忌며
司馬相如藺相如는姓不相名相如ㅣ로라
그남아　黃絹幼婦外孫薤臼는絶妙好辭ㄴ가ᄒ노라.

대조; 'ᄉ롤이오'는 'ᄉ롬이오'의, '姓不相名相如'는 '姓不相如名相如'의 잘못. '사람이오' 다음에 '前朱雀後玄武左靑龍右白虎는前後左右之山이요'가 빠졌음.

琵琶 琴瑟(비파금슬)은 八大王(팔대왕)이요 魑魅魍魎(이매망량)은 四小鬼(사소귀)라=비파금슬에는 왕자(王字)가 여덟이나 있고 이매망량에는 귀자(鬼字)가 넷이나 있다 ◇東方朔(동방삭) 西門豹(서문표) 南宮适(남궁괄) 北

宮黝(북궁유)는 東西南北(동서남북) 스룰이오='스룰'은 '스룸'의 잘못. 동방삭 서문표 남궁괄 북궁유는 성(姓)에 동서남북이 다 들어 있다. 동방삭은 한(漢) 무제 때 사람, 서문표는 위(魏) 문제(文帝) 때 사람, 남궁괄은 춘추시대 노(魯)나라 사람, 북궁유는 전국시대 사람 ◇魏無忌(위무기) 長孫無忌(장손무기)는 古無忌 今無忌(고무기금무기)며=위무기와 장손무기는 옛날의 무기이며 이제의 무기이다. 위무기는 전국시대 위나라의 공자(公子)인 신릉군(信陵君), 장손무기는 당(唐)나라 때 사람 ◇司馬相如(사마상여) 藺相如(린상여)는 姓不相 名相如(성불상명상여)ㅣ로라=사마상여와 린상여는 성이 다른 상여요 이름이 같은 상여로다. 사마상여는 전한(前漢) 때 문인, 린상여는 전국시대 조(趙)나라 사람 ◇黃絹幼婦(황견유부) 外孫薤菲(외손제구)는 絶妙好辭(절묘호사)ㄴ가=황견유부와 외손저구는 절묘호사가 된다. 조아(曹娥)의 비문(碑文)에서 유래한 말. 황견은 색사(色絲), 이를 합치면 절(絶)이 되고 유부는 소녀(少女)로 이를 합치면 묘(妙)가 되고 외손은 딸의 자식 여(女)와 자(子)를 합치면 호(好)가 되고 제구는 매운(辛)을 받으면(受) 되어 이를 합치면 사(辭)가 됨. 절묘호사란 문시(文詩)의 뛰어나고 좋은 것을 칭찬하는 말임.

570

누구셔술을大醉ᄒ면　온갖시름다잇ᄂ다런고
望美人於天一方홀제百盞을남아먹어도寸功이바히업ᄂ
ᄒ믈며　白髮倚門望을못니슬허ᄒ노라.

대조: 가번 531번과 중복.

571

님으란淮陽金城오리남기되고　나ᄂ三四月츕너풀이되야
그남게감기되나리로찬찬더리로츤츤외오풀쳐올히감겨밋부터싯가디츤츤구뷔나게
휘휘감겨晝夜長常의뒤트러져감겨얽혓다가
冬셧달　ᄇ름비눈셔리룰아무만마즌들풀닐쥴이잇시랴.

대조; '츩너풀'은 '츩너출'의 잘못.

淮陽 金城(회양김성)=지명. 강원도에 있음 ◇외오 풀쳐 올히 감겨 밋부터 빗가디 츤츤 구뷔나게 휘휘 감겨=잘못 풀어 옳게 감겨. 또는 외로 감겨 오른쪽으로 감겨 밑부터 가지 끝까지 찬찬 굽이지게 휘휘 감겨 ◇晝夜長常(주야장상)의 뒤트러져 감겨 얽혓다가=밤낮을 가리지 않고 항상 뒤틀어져 감겨 얽혀 있다가.

572
諸葛亮은七縱七擒ᄒ고　張翼德은義釋嚴顔ᄒ엿ᄂ니
셩셥다華容道좁은길노曹孟德이슬아가단말가
千古의　凜凜ᄒ 丈夫는漢壽亭侯신가ᄒ노라.

諸葛亮(제갈량)은 七縱七擒(칠종칠금)ᄒ고 張翼德(장익덕)은 義釋 嚴顔(의석엄안) ᄒ엿ᄂ니=제갈량은 맹획(孟獲)을 일곱 번 놓아주었다가 일곱 번 잡고 장비(張飛)는 의리로 엄안을 잡았다 풀어 주었나니. 엄안은 파주태수(巴州太守)로 장비에게 잡혔으나 그의 태연자약함을 보고 장비가 풀어 주었음 ◇셩셥다 華容道(화용도) 좁은 길노 曹孟德(조맹덕)이 슬아 가단말가=싱겁구나. 화용도의 좁은 길에서 조맹덕이 살아갔단 말인가. 조맹덕은 조조(曹操). 조조가 적벽대전에서 패해 화용도의 좁은 길에서 관우(關羽)를 만나 죽게 되었으나 관우가 예전 의리를 생각하여 목숨을 살려준 일을 말함 ◇漢 壽亭侯(한수정후)신가=한(漢)나라 수정후이신가. 수정후는 관우를 가리킴.

573
물아릐細가락모릐　아무나붉다불ᄌ최나며

님이날을아무만괴인들너아던가임의졍을
狂風에 디붓친沙工갓치깁희롤몰느ᄒ노라.

대조: '아무나'는 '아무만'의 잘못.

물 아릭 細(세)가락 모릭=물 아래에 있는 잘디 잔 모래 ◇아무나 붉다
즈죄나며='아무나'는 '아무만'의 잘못. 아무리 밟는다고 자춰가 나며 ◇님
이 날을 아무만 괴인들=님이 나를 아무리 사랑한다고 한들 ◇狂風(광풍)
에 디붓친 沙工(사공) 갓치 깁희룰 몰느 ᄒ노라=회오리바람에 되게 시달린
사공처럼 깊이를 몰라 하노라.

574

물아릭그림즈디니 다리우희즁이간다
뎌즁아거긔섯거라너어듸가노믈무러보자
손으로 白雲을가르며말아니코가더라.

물아릭 그림즈 디니=물 아래로 그림자가 드리워지니.

575

李禪이딥을叛ᄒ여 나귀등의金돈을걸고
天台山層巖絶壁을넘어방울식삿기치고鸞鳳孔雀이넘노ᄂ 골의樵夫롤만나麻姑홀미
딥이어듸메나ᄒ뇨
뎌건너 綵雲어린곳의數間茅屋딕스립밧게靑습술이다려무르시쇼.

李禪(이선)이 딥을 叛(반)ᄒ여 나귀 등의 金(금)돈을 걸고=이선이 집을 거
역하여 나귀 등에다 금처럼 귀한 돈을 싣고 ◇鸞鳳 孔雀(난봉공작)이 넘노
ᄂ 골의 樵夫(초부)룰 만나 麻姑(마고)홀미 딥이 어듸메나 ᄒ뇨=난새와 봉
황과 공작이 넘노는 골에 나무꾼을 만나 마고할미의 집이 어디만큼이나 하
느냐 ◇綵雲(채운) 어린 곳의 數間茅屋(수간모옥) 딕스립 밧게 靑(청)습술이

다려 무르시쇼=붉게 물든 구름이 어려 있는 곳에 두어 칸 초가집 대사립
밖에 검은 삽살개에게 물어 보십시오. 고소설 『숙향전(淑香傳)』의 내용을
시조로 만든 것임.

576
李座首ᄂᆞ감은암소ᄅᆞᆯ투고　金約正은딜長鼓두루처메고
孫勸農趙堂掌은醉ᄒᆞ여뷔거르며長鼓던더덕巫鼓둥둥티ᄂᆞ되춤츄ᄂᆞ고야
峽裏의　愚珉의質朴天眞太古淳風은이쑌인가ᄒᆞ노라

座首·約正·勸農·堂掌(좌수약정권롱당장)=향직(鄕職)이나　서원(書院)
의 소임(所任)의 하나.　◇질長鼓·巫鼓(장고무고)=악기의 한 가지　◇醉(취)
ᄒᆞ여 뷔거르며=술에 취해 비틀거리며 걸으면서　◇峽裏(협리)의 愚珉(우맹)
의 質朴天眞 太古淳風(질박천진태고순풍)은=산골에 사는 우둔한 백성의 순
진하고 거짓이 없는 예로부터 내려오는 순박한 풍속은.

577
우슬부슬雨滿空이오　울긋불긋楓葉紅이로다
다리거든簑笠翁이긴호뫼두러메고紅蓼岸白蘋洲渚의與白鷗로鞠躬鞠躬
夕陽中　騎牛笛童이頌農功을ᄒᆞ더라.

우슬부슬 雨滿空(우만공)이오 울긋불긋 楓葉紅(풍엽홍)이로다=우슬부슬
비는 하늘에 가득 찼고 울긋불긋 단풍잎은 붉어 있다.　◇다리 거든 簑笠翁
(사립옹)이 긴 호뫼 두러메고 紅蓼岸 白蘋洲渚(홍료안백빈주저)의 與白鷗(여
백구)로 鞠躬鞠躬(국궁국궁)=바지 가랑이를 걷은 사립 쓴 늙은이가 자루가
긴 호미를 둘러메고 붉은 여뀌가 우거진 둑과 흰 마름이 피어 있는 물가에
갈매기와 같이 꾸벅꾸벅　◇夕陽中(석양중) 騎牛 篴童(기우적동)이 頌農功
(송농공)을 ᄒᆞ더라=해가 질 때 소를 탄 목동들이 농사일을 찬양하더라.

578
君不見黃河之水天上來ᄒ다　奔流到海不復廻ㅣ라
又不見高堂明鏡非白髮ᄒ다朝如靑絲暮成雪이로다
人生得意須盡歡ᄒ니　莫使金樽空對月을ᄒ소다.

대조: '非白髮'은 '悲白髮'의 잘못.

君不見 黃河之水ㅣ 天上來(군불견황하지수천상래)ᄒ다 奔流到海不復廻(분
류도해불부회)ㅣ라=그대는 황하의 물이 하늘에서 내려오는 것을 보지 못했
는가. 바다에 흘러 들어가 다시 돌아오지 않더라 ◇又不見 高堂明鏡非白髮
(우불견고당명경비백발)ᄒ다 朝如靑絲暮成雪(조여청사모성설)이로다=또 고
당의 명경 속에 백발이 슬픈 것을 보지 못 했는가 아침에 청사였으나 저녁
에는 눈이로다 ◇人生得意須盡歡(인생득의수진환)ᄒ니 莫使金樽空對月(막
사금준공대월)을 ᄒ소다=인생이 득의하여 즐거움은 덧없으니 달을 바라보
며 술을 들음이 어떠리. 이백(李白)의 「장진쥬(將進酒)」 앞의 일부를 시조화
한 것임.

579
조으다가낙시ᄃᆡ를닐코　츔츄다가되롱이를닐히
늙으니妄伶으란白鷗야웃지마라
十里의　桃花ㅣ 發ᄒ니春興을계워ᄒ노라.

조으다가 낙시ᄃᆡ를 닐코 츔츄다가 되롱이를 닐히=졸다가 낚싯대를 잃어
버리고 춤을 추다가 되롱이를 잃어버렸네 ◇桃花ㅣ 發(도화발)ᄒ니 春興(춘
흥)을 계워=복숭아꽃이 피니 봄의 흥취를 이기지 못하여.

580
뎐업슨두리놋錚盤에　물믓은笋을가득이담아니고

黃鶴樓姑蘇臺와岳陽樓滕王閣으로발벗고샹금오르기는나남즉남듸도그는아못죠로
나ᄒ려니와
할니나 님의슬나ᄒ면그리못ᄒ리라.

대조: '님의슬나ᄒ면그리'는 '님외오슬나하면그는그리'의 잘못.

던 업슨 두리 놋 錚盤(쟁반)에 물 뭇은 笋(순)을 갓득이 담아 이고=전이
없는 둥근 놋 쟁반에 물이 묻은 순을 가득이 담아 이고. 전은 그릇의 주변
은 나부죽하게 만든 부분. 순은 야채의 윗부분 ◇黃鶴樓・姑蘇臺・岳陽
樓・滕王閣(황학루고소대악양루등왕각)=중국에 있는 유명한 누각 들 ◇발
벗고 샹금 오르기는 나남즉 남듸도 그는 아못죠로나 ᄒ려니와=발을 벗고
샹큼 오르는 것은 다른 사람이 하는 대로 그것은 아무렇게나 할 수 있으려
니와 ◇할니나 님의 슬나ᄒ면 그리=하루라도 임 없이 홀로 살라고 하면
그것은 그렇게.

羽樂 詫樂 드르는낙

581
況是青春日將暮ᄒ니　桃花亂落如紅雨로다
勸君終日酩酊醉ᄒᄌ酒不到劉伶墳上土ㅣ니라
兒禧야　換美酒ᄒ여라與君同醉ᄒ리라.

況是青春日將暮(황시청춘일장모)ᄒ니　桃花亂落如紅雨(도화난락여홍우)로
다=하물며 이 푸른 봄날이 장차 저물어 가니 복숭아꽃이 어지럽게 떨어
지는 것이 붉은 비가 내리는 것 같구나 ◇勸君終日酩酊醉(권군종일명정
취)ᄒᄌ 酒不到劉伶墳上土(주부도유령분상토)ㅣ니라=그대에게 권하노니
종일토록 취하자 술이 유령의 무덤에는 이르지 않으리라 ◇換美酒(환미
주)ᄒ여라 與君同醉(여군동취)ᄒ리라=좋은 술로 바꾸어 들여라. 그대와

함께 취하리라.

582
白髮漁樵江渚上의　慣看秋月春風이로다
一壺濁酒로喜相逢ᄒ여古今多少事를都附笑談中이로다山空夜靜ᄒ겨
잇다감　蜀魄이울제면不勝慷慨ᄒ여라.

대조: 'ᄒ겨'는 '흔듸'의 잘못.

白髮漁樵江渚上(백발어초강저상)의 慣看秋月春風(관간추월춘풍) 이로다=
고기잡고 나무하는 머리가 흰 사람이 강가에서 항상 가을 달과 봄바람을
벗하였다　◇一壺濁酒(일호탁주)로 喜相逢(희상봉)ᄒ여 古今多少事(고금다
소사)를 都付談笑中(도부담소중)이로다=한 병의 탁주로 서로 만나는 것을
기뻐하여 고금의 많고 적은 일들을 모두 담소하는 중에 부치도다　◇山空
夜靜(산공야정)ᄒ겨='ᄒ겨'는 '흔듸'의 잘못. 산이 텅 비고 밤이 고요한데
◇잇다감 蜀魄(촉백)이 울 제면 不勝慷慨(불승강개) ᄒ여라 가끔 두견새 울
때면 강개한 심사를 억제하기 어렵더라.

583
白化山山峰의落落長松　휘여진柯枝우히
부헝이放屁쒼殊常ᄒ공도라지닙쑹길쑹어틀면틀뉘뭉슈러ᄒ거라말고이닉님의撚裝
이그러고라디고
眞實노　그러곳ᄒ면벗고귤문들셩이가실쥴이시랴.

대조: '放屁'는 '放氣'의, '공도라지'는 '옹도라지'의 잘못.

白化山 山峰(백화산상봉)의=백화산 꼭대기에. '白化山'(백화산)은 '白樺
山'(백화산)의 잘못인 듯. 백화산은 산이 아니라 사람의 다리가 흰 것을 은

유적으로 표현한 듯 ◇부엉이 放屁(방비) 쮠 殊常(수상)흔 공도라지=부엉이가 방귀를 꿔어 생긴 이상하게 생긴 옹두라지. 남자의 성기를 가리킴 ◇넙쑥길쑥 어틀먼틀 뉘뭉슈러 흐거라 말고=넙죽하고 길쭉하며 우툴두툴 뭉클하지 말고 ◇이 뉘 님의 撚裝(연장)이 그러고라디고=내 님의 연장이 그러했으면 ◇그러곳 흐면 벗고 굴문들 셩이 가실 쥴 이시랴=그렇기만 한다면 벗고 굶은들 귀찮은 까닭이 있으랴.

584
白鷗扁褊㺚大同江上飛흐고　長松은落落淸流壁上翠라
大野東頭點點山의夕陽은빗겻는듸長城一面溶溶슈의一葉漁艇을흘이더어
大醉코　載妓隨波흐여綾羅島白雲灘으로任去來를흐리라.

대조: '溶溶슈의'는 '溶溶水의'의 잘못.

白鷗扁褊㺚(백구편편)大同江上飛(대동강상비)흐고　長松(장송)은 落落淸流壁上翠(낙락청류벽상취)라=갈매기는 펄펄 대동강 위를 날고 장송은 늘어져 청류벽 위에 푸르더라. 청류벽은 대동강 연안의 절벽 ◇大野東頭點點山(대야동두점점산)의 夕陽(석양)은 빗겻는듸 長城一面溶溶(장성일면용용)슈의 一葉 漁艇(일엽어정)을 흘이 더어=넓은 들 동쪽의 점점이 보이는 산에 저녁 해는 비끼었는데 긴 성 한 쪽에 넘실대는 물에 조그만 고깃배를 흐르는 대로 저어 ◇大醉(대취)코 載妓 隨波(재기수파)흐여 綾羅島 白雲灘(능라도백운탄)으로 任去來(임거래)를 =크게 취해 기생을 싣고 물결을 따라 능라도와 백운탄으로 마음대로 오르내리기를 하리라.

585
白鷗야풀풀나디마라　나모아니잡으리라
聖上이바라시니갈듸읍셔네왓노라名區勝地를어듸어듸보앗나냐
仔細이　일너든너와함씌놀니라.

대조: 가번 109번과 유사. '나모'는 '나는'의 잘못. 종장 초구 '날다려' 생략.

仔細(자세)이 닐너든=자세히 말하여 준다면.

586
碧紗窓이어룬어룬커늘　님만넉여펄덕쒸여쑥나서니
님은아니오고明月이滿庭ᄒ듸碧梧桐제즌닙혜鳳凰이와셔긴목을휘여다가덧다듬는
그림지로다　맛초아　밤일셋만졍힝혀낫이런들남우일번ᄒ여라.

대조: 가번 490번과 유사.

碧梧桐(벽오동) 제즌 닙혜 鳳凰(봉황)이 와셔 긴 목을 휘여다가 덧 다듬는
그림지로다=벽오동의 젖은 잎에 봉황새가 날아와서 긴 목을 꾸부리어 깃
을 다듬는 그림자로구나　◇맛초아 밤일셋만졍 힝혀 낫이런들 남 우일 번
ᄒ여라=때마침 밤이니 망정이지 행여나 낮이었다면 남을 웃길 뻔 하였다.
남의 웃음거리가 될 뻔하였다.

587
목붉은山生雉와　홰의안즌白松鶻이
집안논魚살밋히고기엿는白鷺들아
眞實노　너희곳아니면節가는쥴몰닉라.

목 붉은 山生雉(산생치)와 홰에 안즌 白松鶻(백송골)이=목이 붉은 산의
꿩과 홰에 앉아 있는 송골매가　◇집 압 논 魚(어)살 밋히 고기 엿는 白鷺(백
로)들아=집 앞의 논에 쳐놓은 어살 밑에 고기를 엿보는 백로들아.

588

푸른山中白髮翁이　고요獨坐向南峯이로다
ᄇᆞ롬부러松生瑟이오안기푸여壑成虹을쥬걱啼禽은千古恨인듸뎍다鼎鳥ᄂᆞ一年豊이
라
누구셔　山을寂寞다턴고나ᄂᆞᆫ樂無窮인가ᄒᆞ노라.

　푸른 山中(산중) 白髮翁(백발옹)이 고요 獨坐 向南峯(독좌향남봉)이로다=
푸른 산속의 머리가 흰 늙은이가 조용히 남쪽 봉우리를 향하여 홀로 앉았
다　◇ᄇᆞ롬 부러 松生瑟(송생슬)이오 안기 푸여 壑成虹(학성홍)을 쥬걱啼禽
(제금)은 千古恨(천고한)인듸 뎍다鼎鳥(정조)는 一年豊(일년풍)이라=바람이
불어 소나무에서 가야금 소리가 나고 안개가 피어올라 골짜기에 무지개가
생기고 주걱새의 울음은 천고의 한이요 솥 적다고 우는 소쩍새 소리는 한
해가 풍년이겠다　◇山(산)을 寂寞(적막)다턴고 나는 樂無窮(낙무궁)인가=산
을 쓸쓸하다 하였던고 나는 즐거움이 한이 없는가.

589

나ᄂᆞᆫ님혜기를　嚴冬雪寒의孟嘗君의狐白裘밋듯
님은날녁기기를三角山中興寺의니ᄲᅡ딘늙은즁놈의살셩권어레빗시로다
明天이　이뜻을앙ᄌᆞ들녀ᄉᆞ랑ᄒᆞ게ᄒᆞ소서.

　대조; '녁기기를'은 '넉이기를'의, '앙ᄌᆞ들녀'는 '아오ᄉᆞ돌녀'의 잘못.

　나는 님 혜기를 嚴冬雪寒(엄동설한)의 孟嘗君(맹상군)의 狐白裘(호백구)
밋 듯=나는 님 생각하기를 추운 겨울에 맹상군의 여우의 털로 만든 갓옷을
믿듯　◇님은 날 녁기기를 三角山 中興寺(삼각산중흥사)의 니 ᄲᅡ딘 늙은 즁
놈의 살 셩권 어레빗시로다=님은 나를 생각하기를 삼각산 중흥사의 이가
빠진 늙은 중의 빗살이 엉성한 얼레빗이로다.

590
가슴에굼글에둥실ᄒ게쑬코 왼삿기롤느슬느슬부여늬여
그굼게그삿기너허두고두놈이ᄆ죠서서훌근훌근훌나드려졔면 나남쥬남듸도그는아
못됴록견듸련이와
할이나 임외오살나ᄒ면그못견딜ᄀᄒ노라.

가슴에 굼글에 둥실ᄒ게 쑬코 왼삿기롤 느슬느슬 부여늬여=가슴에 구멍
을 둥그렇게 뚫고 왼새끼를 느슨하게 꼬아 ◇훌나드려졔면 나남쥬 남듸도
그는 아못됴록 견듸련이와 =드나들 제는 나도 남처럼 그것은 어떻게 해서
든지 견딜 수 있으나. ◇할이나=하루라도

591
눈섭은슈납의안즌 듯 니ᄃ바듸는박시싟셰운듯ᄒ다
날보고당싯웃는모양은三色桃花未開封이하로밤비ᄀ氣運의半만졀로퓐形狀이로다
春風의 蝴蝶이되야셔간곳마다좃니리라.

눈섭은 슈납의 안즌 듯 니ᄃ바듸는 박시 싟셰운 듯=눈썹은 수나비가 앉
은 듯 엇바듸는 박씨를 까서 세운 듯 ◇날 보고 당싯 웃는 모양은 三色桃
花 未開封(삼색도화미개봉)이=나를 보고 방긋 웃는 모습은 피지 않은 삼색
의 복숭아꽃이 ◇春風(춘풍)의 蝴蝶(호접)이 되야셔=봄철의 나비가 되어서.

592
웃는양은닛바듸도죠코 할긔는양은눈씨도곱다
안거라셔거라건너라닷거라보즈어허늬ᄉ랑숨고나디고
네父母 너숨겨늬오신졔날만괴라늬시도다.

웃는 양은 닛바듸도 죠코 할긔는 양은 눈씨도 곱다=웃는 모습은 잇바디
도 좋고 흘기는 모습은 눈매도 곱다 ◇안거라 셔거라 건너라 닷거라 보즈
어허 닉 ᄉ랑 숨고나디고=앉거라 섯거라 걷거라 뛰거라 보자구나 어허 내

사랑을 삼고나 싶구나 ◇너 숨겨 늬오신졔 날만 괴라 늬시도다=너 낳을
때 나만을 사랑하라 나시었다.

593
더건너色웃님은스룸 얄밉고도잘뮈왜라
작은돌다리너머큰돌다리건너가로쮜여온다밥쮜여온다어허어허늬스랑숨고라디고
眞實노 늬스랑이못될시면벗의스랑인가ᄒᆞ노라.

대조; '色옷'은 '흰옷'의 잘못이나 『歌曲源流』계 가집에 이렇게 되어 있음.

얄밉고도 잘 뮈왜라=얄밉고도 잣달게 미워라 ◇가로 쮜여 온다 밥 쮜여
온다=가로 뛰어 온다 바삐 뛰어온다.

594
콩밧속의들어콩닙쓰더먹ᄂᆞᆫ감운암소롤 아무만쯔츤들그콩닙ᄇᆞ리고뎌어듸가며
니불아리쟈ᄂᆞᆫ님을발노툭츠셔미젹미젹ᄒᆞ며어셔나가소흔들이아닌밤의날ᄇᆞ리고뎌
어듸로가리
아마도 ᄲᅡᆺᄒᆞ고못말을쓴님이신가ᄒᆞ노라.

니불 아리 쟈ᄂᆞᆫ 님을 발노 툭 츠셔 미젹미젹ᄒᆞ며=이불 속에 자는 임을
발로 툭 차면서 미적미적 밀어내며 ◇어셔 나가소 흔들 이 아닌 밤의 날
버리고 저 어듸로 가리=어서 나가시오 한들 이 밤중에 나를 버리고 제가
어디로 가겠느냐 ◇ᄲᅡᆺᄒᆞ고 못 말을쓴 님이신가=싸우고 못 말릴 것은 님
이신가.

595
飛禽走獸숨긴然後의 닭과기ᄂᆞᆫ씨두드려업실거시
粉壁紗窓깁흔밤의드러자는님을홰홰텨우려너러나게ᄒᆞ고寂寂重門왓는님을믈으락
나으락캉캉즛져도로가게ᄒᆞ니

門밧긔   닭기쟝ᄉ외디거든츤츤동혀쥭이리라.

대조; '드러'는 '품에드러'의, '쥭이리라'는 '쥬리라'의 잘못.

飛禽走獸(비금주수) 숨긴 然後(연후)의=날짐승과 길짐승이 생긴 뒤에 ◇
粉壁 紗窓(분벽사창) 깁흔 밤의=깨끗하게 바른 벽과 비단으로 꾸민 창으로
된 방 깊은 밤에 ◇寂寂 重門(적적중문) 왓는 님을=인적이 드믄 중문에 온
님을. ◇외디거든 츤츤 동혀=외치거든 꼭꼭 묶어.

        596
살든怨讐離別두字   어이ᄒ면永永아죠업시일고
가슴의무인불이니러나량이면억동혀더져술암즉도ᄒ고눈으로소슨믈바다히되면풍
덩드리쳐씌우런마는
아모리   슬으고씌운들흔슘을어이ᄒ리오.

가슴에 무인 불이 니러나량이면 억동혀 더져 술암즉도 ᄒ고=가슴에 쌓
인 불이 일어날 것 같으면 얽고 동여 던져 불태울 만하고 ◇눈으로 소슨
믈 바다히 되면 풍덩 드리쳐 씌우런마는=눈으로 솟아나는 물이 바다가 되
면 풍덩 던져 띄우런마는.

        597
ᄇ룸은地動치듯불고   구즌비는붓듯시는다
눈情의거룬님을오늘ᄇ븜셔로만나ᄌᄒ고判쳑쳐셔盟誓ㅣ밧앗더니風雨中의졔어이
오리
眞實로   오기곳오량이면緣分인가ᄒ노라.

대조; '는다'는 '온다'의 잘못.

ᄇ룸은 地動(지동)치듯 불고 구즌비는 붓듯시 는다='는다'는 '온다'의 잘

못. 바람은 지진이나 난 것처럼 불고 구즌 비는 쏟아 붓듯이 온다 ◇눈情
(정)의 거룬 님을 오늘ㅂ봄 셔로 만나ᄌ ᄒ고 判(판)척쳐셔 盟誓(맹서)ㅣ 밧앗
더니=눈짓으로 약속한 임을 오늘밤 서로 만나자고 큰 소리쳐 맹세를 받았
더니 ◇오기곳 오량이면=오기만 온다고 하면.

598
東山昨日雨의 老謝와바독두고
草堂今夜月의謫仙을만나酒一를ᄒ고詩百篇이로다
來日은 陌上春風의邯鄲娼杜陵豪로큰못곳이ᄒ리라.

대조; '陌上春風'은 '陌上靑樓'의 잘못이나 『歌曲源流』계의 가집에는 이렇게 되어
있음.

東山昨日雨(동산작일우)의 老謝(노사)와 바독 두고=동산에 어제 비에 노
사와 바둑을 두고. 노사는 동진(東晉) 때의 사안(謝安)을 말함 ◇草堂今夜月
(초당금야월)의 謫仙(적선)을 만나 酒一斗(주일두)ᄒ고 詩 百篇(시백편)이로
다=초당의 오늘 달밤에 적선을 만나 술 한 말을 마사고 시 백 편을 짓겠다.
적선은 이백(李白)을 말함. ◇陌上 春風(맥상춘풍)의 邯鄲娼(한단창) 杜陵豪
(두릉호)로 큰 못곳이 ᄒ리라='春風'(춘풍)은 '청루'(靑樓)의 잘못인 듯. 길거
리 술집에서 한단의 창녀들과 두릉의 호걸들과 큰 모꼬지를 하리라. 두릉의
호걸은 두보(杜甫)를 가리키고 모꼬지는 잔치를 말함.

599
擊汰驪湖山四低ᄒ니 黃鸝遠勢草萋萋ㅣ로다
婆婆城影은淸樓北이오新勒鐘聲은白塔西ㅣ라磧石의波沈神馬跡이요二陵春入子規
啼로다
翠翁牧老ᄂᆞᆫ空文藻ㅣ로다 如此風光의不共携을ᄒ옷다.

대조: '婆婆'는 '娑娑'의, '新勒鐘聲'은 '神勒鐘聲'의, '磧石이'는 '赤舃이'의, '翠翁牧老' 의 잘못.

擊汰驪湖山四低(격태여호산사저)호니 黃鸝遠勢草萋萋(황리원세초처처)] 로다='黃鸝'(황리)는 '황려(黃驪)'의 잘못인 듯. 심한 사태로 이호의 사방 산 이 나즈막해졌고 황려의 멀리서 본 모양은 풀이 우거진 듯하더라. 이호(梨 湖)는 여주 남한강의 북쪽 강안(江岸)의 지명. 황려는 여주의 옛 이름. ◇婆 娑城影(파사성영)은 淸樓北(청루북)이오 新勒鐘聲(신륵종성)은 白塔西(백탑 서)] 라=파사성의 그림자는 청루 북쪽이요 신륵사의 종소리는 백탑의 서쪽 이다. 파사성은 여주군 내에 있는 고구려의 성, 청루는 여주에 있는 청심루 (淸心樓), 신륵사는 여주 동북에 있는 사찰, 백탑은 벽탑(甓塔)의 잘못인 듯 ◇磧石(적석)의 波沈神馬跡(파침신마적)이요 二陵春入子規啼(이릉춘입자규 루)로다='磧石'(적석)은 '적석(赤舃)'의 잘못. 물가의 돌은 물결에 용마의 흔 적을 침범하고 이릉에 봄이 되니 자규가 운다 ◇翠翁牧老(취옹목노)는 空 文藻(공문조)] 로다 如此 風光(여차풍광)의 不共携(공불휴)을 호돗다=취한 늙은이 이색(李穡)의 글재주가 부질없으니 이같이 좋은 경치에 같이 할 수 없도다. 金昌翕(김창흡; 1653~1722)의 한시「驪江」을 시조로 만든 것임.

600
아혼아홉먹은老丈이　濁酒걸너가득담복醉케먹고
납쑥도라흔 길노이리로빗쑥져리로빗쑥빗쑥빗척뷔거러러갈졔옷지마라더靑春少年
兒孩놈드라
우리도　少年쩍마ㅁ 옴이어졔런둣 호여라.

대조: '먹은'은 '곱먹은'의 잘못.

아흔아홉 먹은 老丈(노장)이=아흔 아홉 고비를 넘긴 노인이 ◇납쑥 도 라흔 길노=넓고 좋은 길로

601

ㅂ독ㅂ독뒤얽거진놈아　제발비ㅈ네닛가에란셔디말아
눈큰쥰치허리긴갈치츤츤감을티두루쳐메우니넙젹흔가ㅈ미등곱은싀오겨례만은곤
중이네어골보고셔그믈만넉여풀풀쒸여다ㄷ라ᄂᆞᆫ듸열업시숨긴烏賊魚둥겨는고나
眞實노　너곳와셔잇시면고기못줍아大事ㅣ로다.

ㅂ독ㅂ독 뒤얽어진 놈아 제발 비ㅈ 네 닛가에란 셔디 말아=바둑판처럼
몹시 얽은 놈. 제발 빌자. 네게, 냇가에는 서있지 마라　◇겨례 만은 곤즁
이=같은 무리가 많은 곤쟁이　◇열 업시 숨긴 烏賊魚(오적어) 둥겨는고나=
겁쟁이처럼 생긴 오징어 쩔쩔매는구나　◇너곳 와 셔잇시면=네가 와 서있
으면.

602

生ㅁ긋ᄎ흔져閣氏남의肝腸그만근소　멋가디나ᄒᆞ여나쥬료
緋緞粧옷大緞치마구름것튼北道ㄷ다릐玉빈여竹節빈여銀粧刀金粧刀江南셔나온珊
瑚ㄱ柯枝子기天桃金가락디石雄黃眞珠唐只繡草鞋를ᄒᆞ여나쥬료
뎌閣氏　一萬兩이쑴ᄌ리라곳氏치웃는드시千金산言約을暫ㅁ間許諾ᄒᆞ시소.

대조: '곳氏치'는 '곳것티'의 잘못.

生(생)ㅁ긋 갓ᄎ흔=야생매 같은　◇緋緞粧(비단장)옷 大緞(대단)치마 구름것
튼 北道(북도)ㄷ다릐 玉(옥)빈여 竹節(죽절)빈여 銀粧刀 金粧刀(은장도금장
도) 江南(강남)셔 나온 珊瑚(산호)ㄱ 柯枝(가지) 子(자)기 天桃(천도) 金(금)가
락디=비단 장옷 대단치마 구름 같은 함경도에서 나는 다리 옥비녀 마디가
있는 대나무로 만든 비녀 은장도 금장도 강남에서 나는 산호가지 자개 천
도복숭아 모양의 금반지. 다리는 여자의 머리카락에 덧 넣는 다른 머리　◇
石雄黃(석웅황) 眞珠(진주) 唐只(당지) 繡草鞋(수초혜)를 ᄒᆞ여나 쥬료=석웅

황 진주 댕기 수놓은 신발을 하여 주랴 ◇―萬兩(일만량)이 쑴즈리라 곳氏 (씨)치 웃는드시 千金(천금) 산 言約(언약)을='곳氏치'는 '겻겻치'의 잘못. 일 만 냥이나 하는 비싼 잠자리니 꽃처럼 웃는 듯이 천금처럼 비싼 언약을.

603

고리물혀치먼바다　宋太祖의金陵치도라들졔
曹彬의드눈칼노무디게휘운듯시에후루혀다리놋코
그오넘어　님이왓다ᄒ면나눈발벗고샹금거러가리라.

대조: '그오넘어'는 '그넘어'의 잘못.

고리 물 혀 치민 바다 宋太祖(송태조)의 金陵(금릉) 치도라들 졔=고래가 물을 들이켜 세게 치밀은 듯한 바다 송(宋)나라 태조가 금릉으로 치돌아 들 때 ◇曹彬(조빈)의 드눈 칼노 무디게 휘운듯시 에후루혀 다리 놋코=조빈 의 잘 드는 칼로 무지개를 구부린 듯 당기어 다리를 놓고 조빈(曹彬)은 송 나라 태조의 장수 ◇샹금 거러가리라=살금살금 걸어가리라.

604

日月星辰도天皇氏젹日月星辰　山河土地도地皇氏젹山河土地
日月星辰山河土地다天皇氏와地皇氏덕과ᄒ디로되
ᄉ람은　어인緣故로人皇氏ᄃ젹ᄉ롬이아닌고.

天皇氏・地皇氏・人皇氏(천황씨지황씨인황씨)=중국 고대의 삼황. 각각 일만 팔천세를 살았다고 함.

605

拔雲甲이라하눌노놀며　透地쥐라ᄯ흘파고들냐
金종달이鐵網에걸녀플쩍플쩍푸르덕인들날짜길싸제어듸로갈ᄯ
오늘은　늬손듸줍혓시니플쩍여볼ᄀᄀ흐노라.

拔雲甲(발운갑)이라 하늘노 늘며 透地(투지)쥐라 쓰흘 파고 들냐=바람개
비라 하늘로 날며 두더쥐라 땅을 파고 들겠느냐. 바람개비는 쏙독새를 말함
◇金(금)종달이 鐵網(철망)에 걸녀 플썩플썩 푸르덕인들 날짜길짜 졔 어듸로
갈짜=금종달이 철망에 걸려 풀떡풀떡 푸드덕거린들 날고 긴다고 제가 어
디로 갈 수 있겠느냐.

606
一壺酒로送君蓬萊山ᄒ니 蓬萊仙子ㅣ笑相迎을
笑相迎彈琴歌一曲ᄒ니萬二千峯이玉層層이로다
아마도 關東風景은이쌘인가ᄒ노라.

一壺酒(일호주)로 送君蓬萊山(송군봉래산)ᄒ니 蓬萊仙子(봉래선자)ㅣ 笑
相迎(소상영)을=한 병의 술로 그대를 봉래산에 전송을 하니 봉래산의 신선
들이 웃으며 맞이함을 ◇笑相迎 彈琴一曲(소상영탄금일곡)ᄒ니 萬二千峯
(만이천봉)이 玉層層(옥층층)이로다=서로 웃으며 맞으면서 가야금으로 노
래 한 곡조를 연주하니 만 이천 봉이 옥이 층층인 것 같구나.

607
드립써바드덕안으니 細허리가ᄌ록ᄌ록
紅裳을거두치니雪膚之豊肥ᄒ고擧脚蹲坐ᄒ니半開ᄒ牧丹이發郁於春風이로다
進進코 又退退ᄒ니茂林山中의水春聲인가ᄒ노라.

대조: '牧丹이'는 '紅牧丹이'의 잘못.

드립써 바드덕 안으니 細(세)허리가 ᄌ록ᄌ록=들입다 바드득 소리가 나
도록 안으니 가는 허리가 자늑자늑 ◇紅裳(홍상)을 거두치니 雪膚之豊肥
(설부지풍비)ᄒ고 擧脚蹲坐(거각준좌)ᄒ니 半開(반개)ᄒ 牧丹(모란)이 發郁於

春風(발욱어춘풍)이로다=붉은 치마를 걷어치니 눈같이 흰 살결이 풍만하고 다리를 들고 걸터앉으니 반만 핀 모란이 봄바람이 향기를 품어내더라. 반개한 모란은 여성의 성기를 말함 ◇進進(진진)코 又退退(우퇴퇴)하니 茂林山中(무림산중)의 水舂聲(수용성)인가=나아갔다 또 물러서고 하니 숲이 우거진 산속에 물방아 찧는 소리인가. 성교(性交)의 장면을 묘사한 것임.

608

百花芳草봄ㅂ롬을　사ᄉ롬마다즑여홀졔
登東皐而叙嘯ᄒ고臨淸流而賦詩로다
우리노　綺羅裙거ᄂ리고踏靑登高ᄒ리라. 安玫英

登東皐而叙嘯(등동고이서소)ᄒ고　　臨淸流而賦詩(임청류이부시)로다='叙嘯'(서소)는 '서소(舒嘯)'의 잘못. 동산에 올라 길게 휘파람을 불고 맑은 시냇가에 가서 시를 짓도다 ◇綺羅裙(기라군) 거ᄂ리고 踏靑登高(답청등고) ᄒ리라=기생들을 데리고 봄철에는 푸른 풀을 밟고 가을에는 높은 산에 오르고 하리라.

609

기고리더기고리　得得事躍ᄒᄂ겻히
히오리더히오리垂垂不飛ᄒᄂ고야
秋風의　히오리펄쎡나니기고리간곳업서ᄒ도라. 安玫英

대조; '事躍'은 '爭躍'의 잘못.

得得 事躍(득득사약) ᄒᄂ 겻히=펄쩍펄쩍 다투어 뛰어오르는 곁에 ◇垂垂 不飛(수수불비) ᄒᄂ고야=차츰차츰 날지를 못하는구나. 정약용(丁若鏞)의 시 '득득와쟁약 수수노불비(得得蛙爭躍 垂垂鷺不飛)'를 초·중장으로 시조로 만든 것임.

編樂　春風秋雨　楚漢乾坤

610

나무도바히돌도업슨뫼히　믜게휘좃친가토리안과

大川바다한가온듸一千石실은빈히檣도닐코닷도슨코龍悤도것고鶩ㄷ도쌔디고ㅂ름
부러물결치고안기뒤셕겨즈쟈진날의갈ㄱ길은千里萬里남고四面이검어어득져무天
地寂寞가치놀셧ᄂᆞ듸水賊만난沙의안과

엇그제　님여흰나의안이야엇덧타ᄒᆞ리오.

대조: '沙의안과'는 '沙工의안과'의, '엇덧타'는 '엇다가가홀'의 잘못.

　나무도 바히 돌도 업슨 뫼히 믜게 휘좃친 가토리 안과=나무도 돌도 전혀
없는 산에 매에게 쫓긴 까투리의 심정과　◇檣(노)도 닐코 닷도 슨코 龍悤
(용총)도 것고 鶩(치)ㄷ도 쌔디고=노도 잃어버리고 닻도 끊어지고 용총도
꺾어지고 키도 빠지고　◇안기 뒤셕겨 즈쟈진 날의=안개가 뒤섞여 자욱한
날에　◇天地 寂寞(천지적막) 가치놀 셧ᄂᆞ듸 水賊(수적) 만난 沙(사)의 안과
=온 세상이 고요하고 쓸쓸하며 사나운 파도가 치는데 수적을 만난 사공의
심정과　◇님 여흰 나의 안이야 엇덧타 ᄒᆞ리오=임을 잃은 나의 심정이야
어쩌하다고 하리오.

611

솔아릭에굽은길노　셧가ᄂᆞ듸민믈짓즁아

人間離別獨宿空房슴기신佛體ㅣ어닉졀法堂卓子우희坎中連ᄒᆞ고안졋더냐뭇노라닌
末짓즁아

小僧은　몰옵숩거니와座老偲아너이다.

대조: '座老偲'는 '上座老偲'의 잘못.

人間離別 獨宿空房(인간이별독수공방) 슴기신 佛體(불체)ㅣ 어늬 절 法堂
卓子(법당탁자) 우희 坎中連(감중련)ᄒ고 안젓더냐 뭇노라 믠 末(말)짓 즁아
=사람에게 이별과 독수공방을 만드신 부처 어느 절 법당 탁자 위에 감중련
하고 앉았더냐. 묻는다. 맨 꼴지 즁아. 감중련(坎中連)은 팔괘의 하나로 부처
의 손이란 뜻이 있음 ◇몰읍숩거니와 座 老偲(좌노시) 아너이다=모르읍거
니와 상좌 늙은이가 아나이다.

612
鳳凰坮上鳳凰遊러니 鳳去坮空江自流로다
吳宮花草埋幽逕이오晉代衣冠成古丘ㅣ라三山半落靑天外여늘二水中分白鷺洲ㅣ
로다
總爲浮雲能蔽日ᄒ니　長安을不見使人愁를홀낫다.

鳳凰坮上 鳳凰遊(봉황대상봉황유)러니 鳳去坮空 江自流(봉거대공강자류)
로다=봉황대 위에 봉황이 놀더니 봉황이 날아가고 대는 비어 강물만 스스
로 흘러가도다 ◇吳宮花草 埋幽逕(오궁화초매유경)이오 晉代衣冠 成古丘
(진대의관성고구)ㅣ라=오(吳)나라 궁궐의 화초는 깊숙한 길에 묻혔고 진대
의 의관은 고구를 이루었다 ◇三山半落 靑天外(삼산반락청천외)여늘 二水
中分 白鷺洲(이수중분백로주)ㅣ로다=삼산은 반쯤 청천 밖에 떨어졌거늘 이
수는 백로주에서 가운데가 나뉘었도다 ◇總爲浮雲 能蔽日(총위부운능폐일)
ᄒ니 長安(장안)을 不見使人愁(불견사인수)를 홀낫다=모두 뜬구름이 되어
능히 해를 가리니 장안을 보지 못하고 사람으로 하여금 근심하게 하겠구나.
이백(李白)의 「登金陵鳳凰臺」(등금릉봉황대)를 시조로 만든 것임.

613
昔人已乘白雲去ᄒ니　此地에空餘黃鶴樓ㅣ로다
黃鶴이一去不復返ᄒ니白雲十載空悠悠라晴川은歷歷漢陽樹여늘芳草萋萋鸚鵡洲
로다

日暮鄕關何處是런고 煙波江山의使人愁를ᄒ여라.

대조: '已乘白雲去'는 '已乘黃鶴去'의, '白雲十載'는 '白雲千載'의, '煙波江山'은 '煙波江上'의 잘못.

昔人已乘白雲去(석인이승백운거)ᄒ니 此地(차지)에 空餘黃鶴樓(공여황학루)ㅣ로다=옛 사람이 이미 백운을 타고 가니 이곳에 우뚝 황학루만 남았구나 ◇黃鶴(황학)이 一去不復返(일거불부반)ᄒ니 白雲千載空悠悠(백운천재공유유)라=황학은 한 번 가서 다시 돌아오지 않으니 흰 구름만 천년토록 유유히 떠가는구나 ◇晴川(청천)은 歷歷漢陽樹(역력한양수)여늘 芳草萋萋鸚鵡洲(방초처처앵무주)로다=맑은 시내에는 한양수가 역력하고 방초는 앵무주에 쓸쓸하고 차갑다 ◇日暮鄕關何處是(일모향관하처시)런고 烟波江山(연파강산)의 使人愁(사인수)를 ᄒ여라=해가 저무는데 향관이 어느 곳 이런고 연파강산에 나그네로 하여금 슬프게 한다. 당(唐)나라 최호(崔顥)의 「黃鶴樓」(황학루)를 시조로 만든 것임.

614
너얼골얽고검기 本是아니얽고검의
江南大宛國으로열두바다건너오신죽은손님에紅疫쁘리쏘약이後덧침에自然히검고얽의
그러나 閣氏네房ㄱ구셕의괴셕숨아두시소.

대조: '죽은손님' 뒤에 '큰손님' 탈락. '江南大宛國'은 '江南國大宛國'으로 되어 있음.

너 얼골 얽고 검기=내 얼굴이 얽고 검은 것이. 얼굴은 남자의 性器(성기)를 은유한 것임 ◇江南 大宛國(강남대완국)으로 열두바다 건너오신 죽은 손님에 紅疫(홍역) 쁘리 쏘약이 後(후)덧침에 自然(자연)히 검고 얽의=강남국과 대완국에서 먼 바다를 건너 온 작고 큰 손님에 홍역 종기 두드러기 후

탈에 자연스레 검고 얽었네. 대완국(大宛國)은 중국 서쪽에 있는 나라 ◇괴
셕 숨아 두시소=괴상하게 생긴 돌로 알고 두십시오.

615
한숨아細한숨아   네어늬틈으로줄들어온다
곰오즁ㅈ細살고즁ㅈ들고즁ㅈ열즁ㅈ의비목걸엇ㄴ듸屛風이라덜썩덥고簇子ㅎ라듸
듸글만다네어늬틈으로줄들어온다
아마도   너오ㄴ봄이면은잠못닐워ㅎ노라.

네 어늬 틈으로 줄 들어온다=네가 어느 틈새로 그렇게 잘도 들어오느냐
◇곰오즁ㅈ 細(세)살즁ㅈ 들고즁ㅈ 열즁ㅈ의 비목 걸엇ㄴ듸=거북무늬 장지
가는 살 장지 들장지 열장지에 배목 걸쇠로 걸었는데   ◇屛風(병풍)이라 덜
썩 덥고 簇子(족자)ㅎ라 듸듸글 만다=병풍이었으면 덜컥 접고 족자였으면
댁대굴 말겠지만.

616
靑홀치六날麻土履신고   揮帒長衫을두루텨메고
瀟湘斑竹널두마듸롤쑬희지쎌혀딥고靑山石逕의굽은늙은솔아릐로누은획븬획븐누
운획ㅅ동넘어가올젹의보신가못보신가기우리男便즁禪師ㅣ오러니
남이셔   즁이라홀디라도玉갓흔가슴우희슈박갓흔듸구리롤둥글썰썰썰썰둥글둥글
둥글둥글둥글려져긔여올나올졔면은늬ㅅ죠하즁書房이.

靑(청)홀치 六(육)날 麻土履(마토리) 신고 揮帒 長衫(휘대장삼)을 두루텨
메고=청올치 여섯 날 미투리를 신고 휘감은 장삼을 둘러메고 ◇靑山 石逕
(청산석경)의 굽은 늙은 솔 아릐로 누은 획븬획븐 누운 획ㅅ동 넘어 가올 젹
의=푸른 산 속 돌길 굽은 늙은 소나무 아래로 누릇 희끗 희끗 누릇 빠르게
넘어갈 때에 ◇玉(옥) 갓흔 가슴 우희 슈박 갓흔 듸구리롤=옥처럼 하얀 가
슴 위에 수박 같은 대가리를.

編數大葉　大軍驅來 鼓角齊名

617
洛陽城裏芳春花時節의　草木群生이皆有以自樂이라
冠者五六과童子六七거ㄴ리고文殊重興으로白雲峯登臨ㅎ니天門이咫尺이라拱北三
角은鎭國無疆이오丈夫의胸矜의雲夢을솜겻는둧九天銀瀑에塵纓을씨슨後에杏花芳
草夕陽路로踏歌行休ㅎ여太學으로도라드니
沂水에　曾點의詠而歸를잇쳐본가ㅎ여라.

대조; '胸矜'은 '胸襟'의 잘못.

　　洛陽城裏 芳春花時節(낙양성리방춘화시절)의 草木 群生(초목군생)이 皆有
以自樂(개유이자락)이라=낙양성 안에 봄이 바야흐로 한창일 때 초목과 모
든 생물들이 다 스스로 즐기더라. 낙양성은 서울을 가리킴 ◇冠者 五六(관
자오륙)과 童子 六七(동자육칠) 거느리고 文殊 重興(문수중흥)으로 白雲峯
登臨(백운봉등림)ㅎ니 天門(천문)이 咫尺(지척)이라 拱北三角(공북삼각)은 鎭
國無疆(진국무강)이오=어른 대여섯과 아이 예닐곱을 거느리고 문수암과 중
흥사를 거처 백운대에 오르니 하늘이 아주 가깝더라. 북극을 떠 받들은 삼
각산은 나라를 다스림이 끝이 없도다. ◇丈夫(장부)의 胸矜(흉긍)의 雲夢(운
몽)을 솜켯는 듯 九泉銀瀑(구천은폭)에 塵纓(진영)을 씨슨 後(후)에=장부의
가슴 속에 운몽을 삼켰는 듯 아득히 먼 하늘에 걸려 있는 듯한 폭포에 속세
의 때에 절은 갓끈을 씻은 뒤에 ◇杏花 芳草(행화방초)의 夕陽路(석양로)로
踏歌 行休(답가행휴)ㅎ여 太學(태학)으로 도라드니=살구꽃이 피고 싱그러
운 풀이 저녁햇빛이 비추는 길로 노래를 부르며 가다가 쉬다가 하며 성균
관 쪽으로 돌아오니 ◇沂水(기수)에 曾點(증점)의 詠以歸(영이귀)를 밋처 본
가=기수의 증점이 노래를 부르며 돌아온 것을 다시 보는가.

618

長安大道三月春風　九陌樓臺의百花芳草
酒伴詩豪五陵遊俠桃李笄綺羅裙을다모화거ᄂ려細樂을前導ᄒ고歌舞行休ᄒ여大東
乾坤風月江山沙門法界幽僻雲林을遍踏ᄒ여도라보니
聖代의　朝野ㅣ同樂ᄒ여太平和色이依依然三五王風인가ᄒ노라.

長安大道 三月春風(장안대도삼월춘풍) 九陌樓臺(구맥루대)의 百花芳草(백
화방초)=서울의 넓은 길 삼월 봄바람에 번화한 거리에 있는 누대에 온갖
꽃과 싱그러운 풀 ◇酒伴詩豪(주반시호) 五陵遊俠(오릉유협) 桃李笄 綺羅裙
(도리계기라군)을 다 모화 거ᄂ려=술을 같이 마신 훌륭한 시인과 오릉에
같이 놀던 협객들과 복숭아와 오얏으로 비녀를 꽂은 기생들을 다 모아 거
느려 ◇細樂(세악)을 前導(전도)ᄒ고 歌舞 行休(가무행휴)ᄒ여 大東乾坤(대
동건곤) 風月江山(풍월강산) 沙門法界(사문법계) 幽僻雲林(유벽운림)을 遍踏
(편답)ᄒ여=세악을 앞서 인도하고 가무를 계속하다 쉬다 하니 우리나라의
아름다운 자연과 모든 사찰 그윽하고 궁벽한 산골을 두루 돌아다녀 ◇聖
代(성대)의 朝野ㅣ同樂(조야동락)ᄒ여 太平和色(태평화색)이 依依然 三五王
風(의의연삼오왕풍)인가=태평성대에 조야가 함께 즐겨 태평하고 온화한 기
색이 삼황과 오제 때의 모습 그대로인가.

619

鎭國名山萬丈峰이　靑天削金芙容이라
巨壁은屹立ᄒ여北主三角이오奇巖은迸起ᄒ여南案蠶頭ㅣ로다左龍駱山右虎仁旺瑞
色은蟠空凝象闕이요淑氣ᄂ鍾英出人傑ᄒ니美哉라我東山河之固여聖代衣冠太平文
物이萬萬歲之金湯이로다
年豊코　國泰民安ᄒ여麟遊而鳳舞커ᄂᆯ緬嶽登臨ᄒ여醉飽盤桓하오면感激君恩이
샷다.

대조: '커ᄂ' 다음에 '九秋黃菊丹楓節의'가 빠졌음.

鎭國 名山(진국명산) 萬丈峰(만장봉)이 靑天削 金芙蓉(청천삭금부용)이라
=나라를 진정(鎭定)시키는 명산의 만장봉이 하늘에 높이 솟아 금빛의 연꽃
을 새긴 듯하다. 명산 만장봉은 북한산의 하나인 도봉산(道峰山)의 만장봉
을 가리키는 듯. ◇巨壁(거벽)은 屹立(흘립)ᄒ여 北主三角(북주삼각)이오 奇
巖(기암)은 陡起(두기)ᄒ여 南案 蠶頭(남안잠두)ㅣ로다=커다란 절벽 같은 바
위는 우뚝 솟아 북으로 삼각산이 주산(主山)이오 기이한 바위는 우뚝 솟아
남쪽으로 잠두가 안산이 되었다. ◇左龍駱山(좌룡낙산) 右虎仁旺(우호인왕)
瑞色(서색)은 蟠空凝象闕(반공응상궐)이요 淑氣(숙기)ᄂ 鍾英出人傑(종영출
인걸)ᄒ니=좌청룡은 낙산이요 우백호는 인왕이라 상서로운 빛은 공중에 서
리어 대궐에 엉기었고 맑은 기운은 빼어나 인걸을 배출하니 ◇美哉(미재)
라 我東山河之固(아동산하지고)여 聖代衣冠 太平文物(성대의관태평문물)이
萬萬歲之金湯(만만세지금탕)이로다=아름답도다. 우리나라의 산하가 견고하
여 태평한 시대의 의관과 문물이 만만세의 금성탕지가 되었도다 ◇年豊(연
풍)코 國泰民安(국태민안)ᄒ여 麟遊而鳳舞(인유이봉무)커늘 緬嶽 登臨(면악
등림)ᄒ여 醉飽 盤桓(취포반환)ᄒ오면 感激 君恩(감격군은)이샷다=‘緬嶽’(면
악)은 ‘면악(面嶽)’의 잘못인 듯. 풍년이 들고 나라가 태평하고 백성이 평안
하여 기린이 놀고 학이 춤추거늘 앞에 있는 산에 올라 배불리 먹고 주변을
거닐면서 임금의 은혜에 감격하겠다.

620
南山松柏鬱鬱蒼蒼　漢江流水浩浩洋洋
主上殿下ᄂ此山水갓치山崩水渴토록聖壽無疆ᄒ샤千千萬萬歲를太平으로누리셔든
우리도　逸民이되여康衢煙月의擊壤歌를불으리라.

南山松柏 鬱鬱蒼蒼(남산송백울울창창) 漢江流水 浩浩洋洋(한가유수호호
양양)=남산의 소나무와 잣나무는 울창하고 푸르며 한강의 흐르는 물은 넓
게 넘실대니 ◇主上殿下(주상전하)ᄂ 此山水(차산수)갓치 山崩水渴(산붕수

갈)토록 聖壽無彊(성수무강)호샤 千千萬萬歲(천천만만세)룰 太平(태평)으로
누리셔든=지금의 우리 임금은 이 남산과 한강처럼 산이 무너지고 물이 마
르도록 임금의 향수(享壽)가 무궁하시어 천만세를 누리시면 ◇逸民(일민)이
되여 康衢煙月(강구연월)의 擊壤歌(격양가)를 부르리라=백성이 되어 태평
세월에 격양가를 부르겠다.

621

功名과富貴르란　世上ᄉ람다맛디고
가다가아무데나依山帶河處의明堂을어더셔五間八作으로黃鶴樓맛치딥을딧고벗님
네다리고晝夜로노니다가압늬의물디거든白酒黃鷄로늬노리단니다가
늬나히　八十이넘거든乘彼白雲ᄒ고玉京의올나가서帝傍投壺多玉女를늬혼ᄌ벗이
되여써날뉘를모로리라.

依山帶河處(의산대하처)의 明堂(명당)을 어더셔 五間 八作(오간팔작)으로
黃鶴樓(황학루) 맛치 딥을 딧고=산을 의지하여 물이 감돌아 흐르는 곳에
명당을 얻어 황학루 만큼의 크고 훌륭한 집을 짓고 ◇압 늬의 물 디거든
白酒 黃鷄(백주황계)로 늬노리 단니다가=앞개울에 홍수로 물이 넘쳐나거든
술과 닭으로 천렵(川獵)이나 다니다가 ◇乘彼 白雲(승피백운)ᄒ고 玉京(옥
경)의 올나가서 帝傍投壺 多玉女(제방투호다옥녀)를 늬 혼ᄌ 벗이 되여 써
날 뉘를=저 흰 구름을 타고 곧 신선이 되어 옥경에 올라가서 옥황상제 옆
에서 투호놀이를 하는 많은 미녀들을 내 혼자서 벗이 되어 떠날 줄을.

622

薄薄酒도勝茶湯이오　粗粗布도勝無裳이로다
醜女惡妾도勝空房이오五更對漏靴滿霜이不如三伏日高睡足北窓凉이오珠襦玉匣萬
人이祖送歸北印이不如懸鶉百結獨坐負朝陽을生前富貴와死後文章이百年이瞬息이
요萬世忙이로다
夷齊盜拓이俱亡羊이니　不如眼前一醉코是非憂樂을都兩忘인가ᄒ노라.

대조; '祖送歸北印'은 '弔送歸北邙'의, '盜拓'은 '盜跖'의 잘못.

薄薄酒(박박주)도 勝茶湯(승다탕)이오 粗粗布(조조포)도 勝無裳(승무상)이
라=진하지 않은 술이라도 다탕보다 낫고 거친 베옷도 옷이 없는 것보다 낫
다 ◇醜妻 惡妾(추처악첩)이 勝空房(승공방)이오 五更待漏 靴滿霜(오경대루
화만상)이 不如三伏日高 睡足北窓凉(불여삼복일고수족북창량)이오=못생긴
처나 악한 첩이 홀로 지내는 것보다 낫고 새벽에 파루를 기다려 서리가 가
득한 신발을 신는 것이 무덥고 긴 여름날 북창의 시원한 바람에 흡족히 잠
자는 것만 못하고. ◇珠襦玉匣(주유옥갑) 萬人(만인)이 祖送歸北印(조송귀
북인)이 不如懸鶉百結(불여현순백결) 獨坐負朝陽(독좌부조양)을='祖送歸北
印'(조송귀북인)은 '조송귀북망(弔送歸北邙)'의 잘못. 주유옥갑에 만인이 뒤
따라 죽음을 전송하는 것이 다 해어진 옷을 입고 홀로 아침볕을 쬐는 것만
같지 못하며. 주유옥갑은 잘 꾸민 관(棺)을 말함 ◇生前 富貴(생전부귀)와
死後 文章(사후문장)이 百年(백년)이 瞬息(순식)이요 萬世忙(만세망)이로다=
생전의 부귀와 사후의 문장이 모두 백년이 잠간이며 만세가 바쁠 따름이로
다 ◇夷齊 盜拓(이제도척)이 俱亡羊(구망양)이니 不如眼前 一醉(불여안전일
취)코 是非憂樂(시비우락)을 都兩忘(도양망)인가='盜拓'(도척)은 '盜跖'(도척)
의 잘못. 이제와 도척이 모두 함께 양을 잃었으니 안전에 한 번 취하여 시
비우락을 모두 잃어버린 것만 할 것인가. 소식(蘇軾)의 「薄薄酒」(박박주)를
시조로 만든 것임.

623
大川바다흔가온딕 中針細針풍덩싼져
여라믄沙工놈이길념은槎枒ㅅ딕로귀쎄여닉단말이잇셔이다님아님아
녈놈이 百말을홀지라도斟酌ㅎ여드르시쇼.

中針細針(중침세침)=중치 바늘 가는 바늘 ◇여라믄 沙工(사공)놈이 길

넘은 槎枒(사아)ㅅ듸로 귀 쎄여 닉단 말이 잇셔이다=여남은 사공들이 길이 넘는 사앗대로 바늘귀를 꿰어냈다는 말이 있습니다 ◇녈 놈이 百(백) 말을 홀지라도=열 사람이 백 마디의 말을 하더라도.

624
기를여라믄길으딕   요기갓치얄믜오랴
믜온님오게되면쇼리를회회치며반가워닉닷고고은님올즉시면무르락나으락캉캉즈
져도라가게ᄒ니요죠ㅣ오리암키
門밧게   기장ᄉ외디거든찬찬동혀쥬리다.

요 죠ㅣ 오리 암캐=요놈의 저 오리 암캐. 오리는 개를 부르는 소리를 말함. ◇기장ᄉ 외디거든=개장사가 외치거든.

625
酒色을슴가ᄒ란말이   옛ᄉ룸의警戒로되
踏靑登節의벗님네다리고詩句를풀젹의滿樽香醪를아니醉키어려오며
旅館의   殘燈을對ᄒ여獨不眠홀제絶代佳人만나이셔아니즈고어이리.

대조; '踏靑登節'은 '踏靑登高節'의, '풀젹의'는 '을풀젹의'의 잘못.

踏靑登節(답청등절)에 벗님네 다리고 詩句를 풀젹의 滿樽 香醪(만준향료)를 아니 醉(취)키 어려오며=푸른 풀을 밟고 높은 곳에 오르는 계절에 즉 봄과 가을 철에 벗님들과 더불어 시구를 읊을 때에 술통에 가득한 향기로운 술을 아니 취하기 어려우며 ◇旅館(여관)의 殘燈(잔등)을 對(대)ᄒ여 獨不眠(독불면)홀제 絶代佳人(절대가인) 만나이셔 아니 즈고 어이리=여관에 까물거리는 등은 대하고 홀로 잠 못 이룰 때 뛰어난 미인을 만나서 아니 자고 어쩌겠느냐.

626

文讀春秋左氏傳ᄒ고　武候靑偃月刀ㅣ라
獨行千里ᄒ샤五關을지나실제쌀ᄂᆞᆫ뎌將帥야固城북소리ᄅᆞᆯ드럿ᄂᆞ냐못드럿나냐
千古의　關帝ᄅᆞᆯ未信者ᄂᆞᆫ翼德인가ᄒ노라.

대조; '武候靑偃月刀'는 '武使靑龍偃月刀'의, '關帝' 는 '關公'의 잘못.

文讀春秋 左氏傳(문독춘추좌씨전)ᄒ고 武候靑偃月刀(무후청언월도)ㅣ라=
글은 춘추좌씨전을 읽고 무기는 청룡원월도를 썼다. 춘추좌씨전은 춘추를
좌구명(左丘明)이 주석을 한 것임 ◇獨行 千里(독행천리)ᄒ샤 五關(오관)을
디나실제 쌀ᄂᆞᆫ 뎌 將帥(장수)야 固城(고성) 북소리ᄅᆞᆯ=혼자 천리를 가시어
다섯 관문을 지나실 때 뒤따르는 저 장수야 고성의 북소리를. 독행천리는
관우가 조조의 밑에 있다가 의리를 생각하고 유비를 찾아 간 일. 오관은 관
우가 유비를 찾아 가는 도중에 이를 막는 조조의 장수를 목 벤 일. 저 장수
는 관우를 잡으려는 조조의 장수. 고성의 북소리는 장비가 관우를 불신하고
그 충의를 시험하기 위해 뒤쫓는 조조의 장수를 죽이기 위해 북을 친 신호
◇關帝(관제)ᄅᆞᆯ 未信者(미신자)ᄂᆞᆫ 翼德(익덕)인가=관우를 믿지 못하는 사람
은 장비(張飛)인가.

627

於于阿벗님네야　錦衣玉食을ᄌᆞ랑마소
죽어棺의들제錦衣ᄅᆞᆯ닙으려니子孫의祭밧을제玉食을먹으려니죽은後못흘닐은粉壁
紗窓月三更의고은님다리고同處歡樂ᄒ미로고나
죽은後　못흘닐이여니슬아아니ᄒ고속절업시늙으리오.

錦衣玉食(금의옥식)을 ᄌᆞ랑 마소=비단 옷과 기름진 음식을 자랑 마라
◇죽어 棺(관)의 들제 錦衣(금의)ᄅᆞᆯ 닙으려니 子孫(자손)의 祭(제) 밧을 제 玉
食(옥식)을 먹으려니=죽어서 관에 들어갈 때 비단옷을 입으려니 자손의 제

사를 받을 때 기름진 음식을 먹으려니 ◇쥭은 後(후) 못 홀 닐은 粉壁紗窓月三更(분벽사창월삼경)의 고은 님 다리고 同處 歡樂(동처환락) 흐미고로나 =쥭은 다음에 할 수 없는 일은 깨끗하게 바른 벽에 깁으로 휘장을 둘러친 방에 한밤중 고은 님 데리고 같이 즐겁게 지내는 것이로구나.

628

夏四月첫여드렛늘의　觀燈ᄒ려臨高臺ᄒ니
遠近高低의夕陽은빗것ᄂᄃᆡ魚龍燈鳳鶴燈과두루미남성이며蓮꼿속의仙童이오鸞鳳우희天女ㅣ로다鐘磬燈션燈북燈이며水박燈마늘燈과비燈딥燈山臺燈과影燈알燈壁欄燈駕馬燈欄杆燈과獅子ㅣ탄體适이며호랑이탄오랑키며발노톡ᄎ구을燈에　獅星燈버러잇ᄃᆞ日月燈붉앗ᄂᄃᆡ東廟의月上ᄒ고곳곳이불을혀니於焉忽焉間의燦爛도ᄒ더이고
이윽고　月明燈明天地明ᄒ니大明본듯ᄒ여라.

대조: '알燈' 다음에 '甁燈' 생략, '獅星燈'은 '七星燈'의 '東廟'는 '東嶺'의 잘못.

夏四月(하사월) 첫 여드렛 늘의 觀燈(관등)ᄒ려 臨高臺(임고대)ᄒ니=사월 초파일에 등불 구경을 하려고 높은 곳에 오르니 ◇遠近高低(원근고저)의 夕陽(석양)은 빗것ᄂᄃᆡ 魚龍燈(어룡등) 鳳鶴燈(봉학등)과 두루미 남성이며 蓮(연)꼿 속의 仙童(선동)이오 鸞鳳(난봉) 우희 天女(천녀)ㅣ로다=멀고 가까운 곳과 높고 낮은 곳에 저녁 해는 비추는데 어룡등 봉학등과 두루미등 남생이등과 연꽃 속에 선동이 나오는 모습의 등과 난새와 봉황 위에 천녀가 앉은 모습의 등이로다 ◇獅子(사자) 탄 體适(체괄)이며 호랑 탄 오랑키며= 사자를 탄 오랑캐며 호랑이를 탄 오랑캐의 모습과 ◇東廟(동묘)의 月上(월상)ᄒ고 곳곳이 불을 혀니 於焉忽焉間(어언홀언간)의='東廟'(동묘)는 '東嶺'(동령)의 잘못. 동쪽 산마루에 달이 솟고 곳곳에 불을 켜니 잠깐 사이에 ◇月明 燈明 天地明(월명등명천지명)ᄒ니 大明(대명) 본 듯ᄒ여라=달이 밝고 등이 밝고 천지가 밝으니 해를 본 듯하여라.

629
粉壁紗窓月三更의　傾國色의佳人을만나
翡翠衾나고덥고鴛鴦枕도도베고이갓치서로즐기는樣은一雙鴛鴦이綠水의노니는덧
어즈버　楚襄王巫山仙女를불을줄이잇시랴.

대조; '나고덥고'는 '나소덥고'의, '仙女'는 '仙女會'의 잘못.

　　粉壁紗窓 月三更(분벽사창월삼경)의 傾國色(경국색)의 佳人(가인)을 만나
=깨끗하게 바른 벽과 깁으로 꾸민 창에 달은 삼경인데 나라가 기울만큼의
미인을 만나 ◇翡翠衾(비취금) 나고 덥고 鴛鴦枕(원앙침) 도도 베고 이갓치
서로 즐기는 樣(양)은 一雙鴛鴦(일쌍원앙)이 綠水(녹수)의 노니는 듯=비취색
이불을 내어 덮고 원앙을 수놓은 베개도 돋우어 베고 이처럼 서로 즐기는
모습은 한 쌍의 원앙이 푸른 물에 노니는 듯　◇楚襄王(초양왕) 巫山 仙女
(무산선녀)를 불을 줄이=초나라 양왕이 무산에서 선녀와 놀았다고 하는 것
을 부러워할 까닭이.

630
花果山水簾洞中의　千年무근진납이나셔
神通이거록ᄒ여龍宮의출입다가神鎭鐵어든後의大鬧天宮ᄒ고玉帝ᄭ게得罪ᄒ여五
行山의지즐녓다가佛體님警戒로發願濟衆ᄒᄂ金仙子의弟子ㅣ되여八戒沙僧거ᄂ리
고西域의들어갈제萬水千山이十萬八千里라妖孽를掃淸ᄒ고大雷音寺로드러가서八
萬大藏經을다녀여오단말가
아마도　非人非鬼亦非仙은孫悟空인가ᄒ노라.

　　花果山 水簾洞中(화과산수렴동중)의　千年(천년) 무근 진납이 나셔=화과
산 수렴동 안에 천년을 묵은 원숭이가 태어나서. 중국의 소설 「서유기(西遊
記)」의 주인공인 손오공(孫悟空)을 말함.　◇神通(신통)이 거록ᄒ야 龍宮(용
궁)의 출입다가 神鎭鐵(신진철) 어든 後(후)의 大鬧 天宮(대료천궁)ᄒ고 玉帝

(옥제)ㄱ게 得罪(득죄)ᄒ여 五行山(오행산)의 지즐넛다가＝신통수(神通數)가
훌륭하여 용궁에 출입하다가 신진철을 얻은 뒤에 천궁을 크게 어지럽히고
옥황상제에게 죄를 지어 오행산에 갇혀 있다가 ◇佛體(불체)님 警戒(경계)
로 發願濟衆(발원제중)ᄒᄂ는 金仙子(김선자)의 弟子(제자)ㅣ 되여 八戒沙僧(팔
계사승) 거ᄂ리고 西域(서역)의 들어갈졔＝부처님의 경고와 계율로 중생을
제도하겠다는 김선자의 제자가 되어 저팔계(猪八戒)와 사오정(沙悟淨)을 거
느리고 서역에 들어갈 때. 김선자는 삼장법사(三藏法師)를 말하는 듯 ◇萬
水千山(만수천산)이 十萬八千里(십만팔천리)라 妖孼(요얼)를 掃淸(소청)ᄒ고
大雷音寺(대뇌음사) 드러가셔 八萬大藏經(팔만대장경)을 다 내여 오단말가
＝수많은 산과 물이 십만 팔천리라 요괴와 귀신의 재앙을 깨끗이 쓸어버리
고 대뇌음사에 들어가서 팔만대장경을 다 내여 왔단 말인가 ◇非人 非鬼
亦非仙(비인비귀비역선)은 孫悟空(손오공)인가＝사람도 아니고 귀신도 아니
고 또한 신선도 아닌 것은 손오공인가. 「서유기(西遊記)」를 제제로 하여 시
조로 만든 것임.

631
天下名山五嶽之中의 衡山이자장좃턴디
六觀大師의說法濟衆ᄒᆯ졔上佐中靈通者龍宮의奉命ᄒᆯ졔石橋上의八仙女만나희롱ᄒ
罪로幻生人間ᄒ여龍門의놉히올나出將入相타가太史堂도라들어蘭陽公主李簫和며
英陽公主鄭瓊貝며賈春雲陳彩鳳과桂蟾月狄驚鴻沈裊烟白凌波로슬ᄏ장노니다가山
鍾一聲의ᄌᆞ던꿈을다씨엿고나
世上의 富貴功名이이러ᄒᆞᆫ가ᄒ노라.

天下名山(천하명산) 五嶽之中(오악지중)의 衡山(형산)이 가장 좃턴디＝천
하에서 가장 유명한 산 다섯 가운데 형산이 가장 좋던지. 형산은 오악의 하
나 ◇六觀大師(육관대사)의 說法濟衆(설법제중)ᄒᆯ졔 上佐中 靈通者(상좌중
영통자) 龍宮(용궁)의 奉命(봉명)ᄒᆯ졔＝육관대사가 불법을 설교하여 중생을

구제할 때 상좌 가운데 신령과 통하는 사람으로 용궁에 명을 받들고 갈 때 ◇石橋上(석교상)의 八仙女(팔선녀) 만나 희롱혼 罪(죄)로 幻生人間(환생인간)ᄒ여 龍門(용문)의 높히 올나 出將入相(출장입상)타가 太史堂(태사당)으로 도라들어=석교 위에서 여덟 선녀를 만나 희롱한 죄로 사람으로 다시 태어나 과거에 합격하여 높은 벼슬에 올라 전장에 나아가면 장수요 조정에 들어오면 정승이 되어 태사당으로 들어와 ◇蘭陽公主(난양공주) 李簫和(이소화)며 英陽公主(영양공주) 鄭瓊貝(정경패)며 賈春雲(가춘운) 陳彩鳳(진채봉)과 桂蟾月(계섬월) 狄驚鴻(적경홍) 沈裊烟(심요연) 白凌波(백릉파)로=김만중(金萬重)의 『구운몽(九雲夢)』에 나오는 여자 주인공들 ◇山鐘 一聲(산종일성)의 쟈던 꿈을 다 씨엿고나=산에서 치는 종소리에 자던 꿈을 다 깨었구나. 인생의 부귀영화가 다 일장춘몽에 지나지 않는다는 말. 김만중(金萬重)의 『구운몽(九雲夢)』을 제재로 한 시조임.

632

여건너明堂을어더　明堂안희딥을덧고
밧갈고논민다라라五穀을가초시믄後의묄밋희우물파고딥옹우희박올니고醬독의더덕
넉코九月秋收다흔후의술빗고쩍민ᄃ러어우리송아치닭고압닉의물디거든南隣北村
다請ᄒ여熙皞同樂하오리라
眞實노　이리곳ᄒ오면불을거시이시랴.

어우리 송아치 닭고 압 닉의 물 디거든=뱃속의 송아지 잡고 앞개울에 물이 넘치거든.

633

世上衣服手品制度　針線高下ᄒ도ᄒ다
涼樓緋두을쓰기上針ᄒ기싹금딜과시발슷침딜과中唐針大올쓰기다죠타니르러니와
우리의　고은님一等才調삿쓰고박음질이긔第一인ᄀᄒ노라.

대조; '두을쓰기'는 '두올쓰기'의, '식발슷침딜과'는 '식발슷침감침질과'의 잘못.

世上 衣服(세상의복) 手品 制度(수품제도) 針線 高下(침선고하) ㅎ도ㅎ다
=세상에 의복의 솜씨와 규범이 바느질 솜씨의 높고 낮음이 많기도 하다
◇凉樓緋(양누비) 두을쓰기 上針(상침)ㅎ기 깍금딜과 식발슷침딜과 半唐針
(반당침) 大(대)올쓰기 다 죠타 니르려니와=두 줄로 된 누비 두올뜨기 상침
하기 깎음질과 새발시침 감칠질과 반당침으로 큰 올뜨기를 다 좋다고 말하
겠거니와 ◇고은 님 一等 才調(일등재조) 삿 쓰고 박음질이=고은님 첫째
가는 재주 삽을 뜨고 박음질이. 박음질은 성교(性交)를 말함.

        634
    淸風明月智水仁山　鶴髮烏中大賢君子
    新野叟瑯琊翁이大東의다시나서松桂幽棲로紫芝를노래ㅎ니志趣도놉흐실샤
    비나니　經綸大志로聖主를도으샤治國安民ㅎ오쇼서.

대조; '烏中'은 '烏巾'의 잘못.

淸風明月(청풍명월) 智水仁山(지수인산) 鶴髮烏中(학발오중) 大賢君子(대
현군자)='烏中'(오중)은 '烏巾'(오건)의 잘못. 맑음 바람과 밝은 달과 같고
지혜로운 사람은 물을 좋아 하고 어진 사람은 산을 좋아 하며 학의 깃털처
럼 머리기 하양고 검은 건을 쓴 크게 어진 군자 ◇莘野叟 瑯琊翁(신야수낭
야옹)이 大東(대동)의 다시 나셔 松桂 幽棲(송계유서)로 紫芝(자지)를 노래ㅎ
니 志趣(지취)도 놉흐실샤=신야의 늙은이와 낭야의 늙은이가 우리나라에
다시 태어나 소나무와 계수나무가 우거진 산속에 숨어 사시면서 자지가를
노래하니 세속에 물들지 않는 뜻과 취미도 높으시구나. 신야수는 은(殷)의
이윤(伊尹)을, 낭야옹은 제갈량을 가리킴. 자지는 자지가(紫芝歌)로 상산사
호(商山四皓)가 불렀다고 하는 노래임 ◇經綸 大志(경륜대지)로 聖主(성주)

룰 도으샤 治國 安民(치국안민)=천하를 다스릴 큰 뜻으로 훌륭한 임금을 도우시어 나라를 다스리고 백성을 편안하게.

635

男兒의少年身世 ᄒ올닐이하도ᄒ다

글넑기劍術ᄒ기활쏘기말달리기벼슬ᄒ기벗ᄉ괴기술먹고妾ᄒ기와對月看花歌舞ᄒ아오로다豪氣로다

늙게야 江山의물너와셔밧갈기논민기고기낙기나무뷔기검은고타기바독두기智水仁山邀遊ᄒ기百年安樂ᄒ며四時風景이어닉굿이이시랴.

대조: 'ᄒ아'는 'ᄒ기'의 잘못.

男兒(남아)의 少年 身世(소년신세) 하올 닐이 하도하다=남자가 소년시절에 할 일이 많기도 많다. ◇對月看花 歌舞(대월간화가무)ᄒ아 오로다 豪氣(호기)로다=달을 상대하여 꽃을 보며 노래하며 춤추기 오로지 호사스런 기운이로다 ◇智水仁山(지수인산) 邀遊(요유)ᄒ기 百年 安樂(백년안락)ᄒ며 四時風景(사시풍경)이 어닉 굿이 이시랴=지자(智者)가 물을 인자(仁者)가 산을 맞아 놀기, 평생은 안락하여 사시의 풍경이 어느 끝이 있겠느냐.

636

國太公之萬古英傑을 이제뫼와議論건딘

精神은秋水여ᄂ氣象은山岳이라萬機를躬攝ᄒ니四方의風動이라禮樂法度와衣冠文物이며園囿宮室과府庫倉廩이며旌旄節旗와劍戟刀鎗을繁然更張ᄒ시단물가

그버거 金石鼎彝와書畵音律의란엇디그리붉그신고.

대조; 『금옥총부』에는 '園囿宮室과府庫倉廩이며'가 없음. '여슬'은 '여늘'의 잘못. 작자 누락. 안민영 작품임.

國太公之 萬古英傑(국태공지만고영걸)을 이제 뫼와 議論(의논)건딘=국태

공의 만고에 걸쳐 뛰어나고 걸출함을 이제 뫼시고 의논하건대. 국태공은 흥
선대원군을 가리킴. ◇精神(정신)은 秋水(추수)여슬 氣象(기상)은 山岳(산악)
이라 萬機(만기)를 躬攝(궁섭)ᄒ니 四方(사방)의 風動(풍동)이라=정신은 가
을철의 물처럼 맑고 기상은 산과 같이 높고 위엄이 있어 여러 가지 정사(政
事)를 직접 관장하시니 사방에 감화가 되더라 ◇禮樂法度(예악법도)와 衣
冠文物(의관문물)이며 園囿宮室(원유궁실)과 府庫倉廩(부고창름)이며 旌旄
節旗(정모절기)와 劍戟刀槍(검극도창)을 粲然更張(찬연경장) ᄒ시단 물가=
예법과 음악과 법을 지켜야 할 도리와 사람들의 옷차림과 문물이며 원과
유며 궁실과 각가지 창고며 각종의 깃발과 각종의 무기를 눈에 띄게 고치
시단 말인가 ◇그 버거 金石 鼎彝(금석정이)와 書畵 音律(서화음률)의란 엇
디 그리 붉그신고=그 밖에 금석문과 정이와 글씨와 그림 음악에는 어찌 그
렇게도 밝으신고.

637
넉일즉 文武公을어더 文武公을뫼온後의
前身이항혀吉人이런가心獨自喜自負ㅣ러니
果然的 我笑堂上上봄바롬의當世英傑을뫼와거다.

대조: '文武公을어더'는 '꿈을어더'의, '文武公을'은 '文武周公을'의, '心獨自喜自負'는
'心獨喜而自負'의, '我笑堂上上'은 '我笑堂上'의 잘못임. 작자 안민영 누락.

넉 일즉 文武公(문무공)을 어더='文武公'(문무공)은 '문무주공(文武周公)'
의 잘못. 내가 일찍 주(周)나라의 문왕과 무왕과 주공을 꿈에 얻어 ◇前身
(전신)이 항혀 吉人(길인)이런가 心獨自喜 自負(심독자희자부)ㅣ러니=전생
에 행여나 팔자가 좋은 사람이런가. 마음속으로 혼자 기뻐하며 자랑하였더
니. ◇果然的(과연적) 我笑堂上上(아소당상상) 봄바롬의 當世英傑(당세영걸)
을 뫼와거다=과연은 아소당에서 봄철에 당대의 영걸을 뵈었구나. 아소당

(我笑堂)은 지금 서울 마포구 염리동 부근에 있던 대원군의 별장임.

638

仁旺山下弼雲臺는　雲崖先生隱居地라
先生이平生의豪放自適ᄒ여不拘小節ᄒ고嗜酒善歌ᄒ니酒量은太白이요歌聲은龜年
이라山水갓치놉흔일홈當世의들레이니風流才子와冶遊士女들이구름갓치뫼야들어
날마다風樂이요쌔마다술이로다先生의넓은酒量은斗酒를能飮커늘엇디틋첫잔붓터ᄉ
양ᄒ미眞情인듯春風花柳好時節의가즌기악안치고서羽界面을불을젹의半空의썻는
소릭嘹亮淸越ᄒ여들보틴글나라나고나는구름멈츄우니이아니거룩ᄒ냐노릭를맛치
거든洗盞更酌ᄒ然後의帶月同歸을꾄마는編불너맛친後외뭇지안코니러나셔걸인큰
옷벗겨들고쪽긴ᄃ시다라나니이어인뜻이런고이쩍의太陽舘又石公의歌音의皎如ᄒ
여遺逸風騷人과名姬賢伶을다모하거느리고늘마다즐기실졔先生은愛敬ᄒ샤못밋츨
듯ᄒ오녀
聖代의　豪華樂事이밧게쏘어딕이실소냐.

대조:'先生은'은 '先生을'의 잘못. 작자 안민영 누락.

仁旺山下(인왕산하) 弼雲臺(필운대)는 雲崖先生(운애선생) 隱居地(은거지)
라=인왕산의 필운대는 운애선생이 사는 곳이라. 인왕산은 서울 서북에 있
는 산. 필운대는 지금 종로구 弼雲洞(필운동)에 있는 바위. 운애선생(雲崖先
生)은 고종 (高宗) 때 가객 박효관(朴孝寬)을 가리킴 ◇豪放 自逸(호방자일)
ᄒ여 不拘 小節(불구소절)ᄒ고 嗜酒 善歌(기주선가)ᄒ니 酒量(주량)은 太白
(태백)이요 歌聲(가성)은 龜年(구년)이라=의기가 장하여 스스로 만족하여 작
은 것에도 구애받지 아니하고 술을 좋아하고 노래를 잘하니 주량은 이백이
요 노래 소리는 구년을 닮았다. 구년은 이구년(李龜年)으로 당(唐)나라 현종
(玄宗) 때 궁중 가객이었음 ◇風流才子(풍류재자)와 冶遊 士女(야유사녀)들
이=풍치와 재주가 있는 젊은 남자와 방탕하게 노는 남녀들이 ◇春風花柳
好時節(춘풍화류호시절)의 가즌 기악 안치고서 羽界面(우계면)을 불을 젹의
=봄철 경치 좋은 때에 갖가지 기생과 악공(樂工)을 앉히고서 우조(羽調)와

계면조(界面調)의 노래를 부를 때에. ◇半空(반공)의 썻는 소리 嘹亮淸越(요량청월)ᄒ여 들보 틘글 나라나고 나는 구름 멈추우니 이 아니 거룩ᄒ냐=공중에 떠 있는 소리가 낭랑하고 맑아 마치 대들보의 티끌이 날리고 지나가는 구름이 머무는 듯하니 이 아니 거룩하냐 ◇노릐를 맛치거든 洗盞更酌(세잔갱작)ᄒ 然後(연후)의 帶月 同歸(대월동귀) 을꾄마는 編(편)불너 맛친 後(후)의 뭇지 안코 니러나셔=노래를 마치거든 술잔을 씻어 다시 잔질한 뒤에 달을 띠고 함께 돌아옴이 옳건마는 편 노래를 마친 뒤에 묻지 않고 일어나서 ◇太陽舘 又石公(태양관우석공)의 歌音(가음)의 皎如(교여)ᄒ여 遺逸 風騷人(유일풍소인)과 名姬 賢伶(명희현령)을=태양관의 우석공이 노래에 밝으시어 세상일을 잊고 시문을 짓는 사람들과 이름난 기생들과 광대들을. 태양관은 운현궁에 있는 부속 건물이고 우석공(又石公)은 대원군의 장자(長子)인 이재면(李載冕)을 가리킴.

639

雲車를머무르고　芳草岸의긔여올나

긴프름ᄒ마듸로胸海를넓인後의다시금淸流邊의詩를읇고盞날닐제불근꽃푸른닙흔山形을그림ᄒ고우는식닷는麋鹿春興을ᄌ랑ᄒ다　嘹喨ᄒ가는소릐香風의무더날고狼藉ᄒ風樂소릐行雲의섯겨간다

俄已오　石逕隱隱죠분길노緇衣白秋이ᄎ례로늘어오며合掌拜禮ᄒ더라.

대조: '緇衣白秋'는 '緇衣白衲'의 잘못.

雲車(운거)를 머무르고=수레를 멈추고 운거(雲車)는 신선이 타는 수레라는 뜻 ◇긴 프름 ᄒ 마듸로 胸海(흉해)를 넓인 後(후)에=길게 부는 휘파람 한 마디로 마음을 넓힌 뒤에 ◇淸流邊(청류변)의 詩(시)를 읇고 盞(잔) 날닐제=맑은 물이 흐르는 시냇가에 시를 읊조리고 술잔을 돌릴 때 ◇山形(산형)을 그림ᄒ고 우는 식 닷는 麋鹿(미록) 春興(춘흥)을 ᄌ랑ᄒ다=산의 형상

을 그린 듯하고 우는 새와 뛰는 미록들은 봄의 흥취를 자랑한다 ◇嘹喨(요랑)흔 가는 소리 香風(향풍)의 무더 날고 狼藉(낭자)흔 風樂(풍악)소리 行雲(행운)의 셧겨 간다=멀리까지 들리는 맑고 가느다란 소리가 향기로운 바람에 묻어 날리고 질펀한 풍악 소리가 떠가는 구름에 섞여 간다 ◇俄已(아이)오 石逕(석경) 隱隱(은은) 죠븐 길노 緇衣白秋(치의백추)이 추례로 늘어오며 合掌拜禮(합장배례) 흐더라=아이고! 은은히 보이는 돌길 좁은 길로 검고 흰 승복을 입은 중들이 차례로 늘어서오며 손을 모아 예를 올리더라.

640

采於山흐니薇可茹오　釣於水흐니鮮可食을
坐水邊林下흐니塵世를可忘이오步芳逕閑庭흐니情懷自逸이라
아마도　悅心樂志는 나쁜인가흐노라.

　대조; '采於山'은 '採於山'의, '薇可'는 '美可茹'의 잘못, 작자 안민영 누락.

　采於山(채어산)흐니 薇可茹(미가가)요 釣於水(조어수)흐니 鮮可食(선가식)을='薇可茹(미가가)는 '미가여(美可茹)'의 잘못. 산에서 나물을 뜯으니 먹을 만하고 물에서 고기를 잡으니 싱싱한 것이 먹을 만하다 ◇坐水邊林下(좌수변임하)흐니 塵世(진세)를 可忘(가망)이오 步芳逕閑庭(보방경한정)흐니 情懷自逸(정회자일)이라=물가의 나무 아래 앉으니 속세를 잊을 만하고 꽃길과 한가한 뜰을 거닐으니 정과 회포가 스스로 기뻐할 만하다 ◇悅心樂志(열심낙지)는=마음과 의지를 기쁘고 즐겁게 함은.

641

오날밤風雨룰　그丁寧아랏든들
딕스립죽을곡거러단단히믜얏슬거슬비바람의블니어왜각지걱흐는소리힝혀나오는
양흐여츙열고나셔보니
月沈沈　雨絲絲흐딕風習習人寂寂흐더라.

딕스립즉을 곡거러 단단히 믹얏슬 거슬=대나무로 엮은 사립문을 거듭 걸어 단단히 매었을 것을 ◇月沈沈 雨絲絲(월침침우사사)ᄒ디 風習習習 人 寂寂(풍습습습인적) ᄒ더라='習習習'(습습습)은 '習習'(습습)의 잘못. 달빛 은 침침하고 비는 부슬부슬 내리는데 바람은 산들산들 불고 인적은 고요하 더라.

642

石坡公의造化蘭과　秋史筆紫霞詩ᄂ詩書畵三絶이요
蘇山竹石蓮梅ᄂ梅與竹兩絶이라
그中의　본밧기어려을石坡蘭인ᄀᄒ노라.

石坡公(석파공)의 造化蘭(조화란)과 秋史筆 紫霞詩(추사필자하시)ᄂ 詩書 畵 三絶(시서화삼절)이요=석파공이 그린 난초의 그림과 추사의 글씨와 자 하의 시는 시서화가 아주 뛰어남이요 석파는 홍선대원군의 아호임 ◇蘇山 竹 石蓮梅(소산죽석연매)ᄂ 梅與竹 兩絶(매여죽양절)이라=소산의 대나무와 석연의 매화는 매화와 대나무의 그림에 둘이 뛰어남이다. 소산은 송상래(宋 祥來)를 석연은 이공우(李公愚)를 말함.

643

玉樓紗窓花柳中의　白馬金鞭少年들아
긴노릭七絃琴과笛피리長鼓稔琴알고져리즐기나냐모르고즐기나냐調音體法을날다
려뭇게되면玄妙ᄒ문리를낫낫치니르리라
우리ᄂ　百年三萬六千日의이갓치밤낫즐기리라. 金兌錫

대조; 작자 '金兌錫'은 '金允錫'의 잘못.

玉樓紗窓 花柳中(옥루사창화류중)의　白馬金鞭 少年(백마금편소년)들아=

술집의 화류계 계집들 가운데 노는 부잣집 한량들아 ◇調音 體法(조음체법)을 날다려 뭇게 되면 玄妙(현묘)흔 문리를 낫낫치 니르리라=소리를 고르는 것과 소리를 내는 법을 나에게 묻게 되면 깊고 오묘한 이치를 낱낱이 말하리라.

644
記前朝舊事ᄒ니　曾此地의會神仙이라
向月池雲階ᄒ야重携翠袖ᄒ고來拾花鈿이라繁華ᄂᆫ總隨流水ᄒ니歎一場春夢番杳圓을廢巷芙蕖에滴露ᄒ고短堤楊柳에繞烟이로다
兩峯南北이只依然ᄒ듸　輦路의草芊芊帳別館離宮의烟鎖鳳盖오波沒龍虹이라平生銀甁金屋이러니對漆燈無焰夜如年을落日牛羊壘上이오西風燕雀林邊이라.

대조: '番杳圓'은 '杳難圓'의, '平生銀甁'은 '平生銀屛'의 잘못임.

記前朝舊事(기전조구사)ᄒ니　曾此地(증차지)의　會神仙(회신선)이라=전조(前朝)의 옛 일을 생각하니 일찍이 이 곳은 신선이 모였던 곳이라 ◇向月池雲階(향월지운계)ᄒ야　重携翠袖(중휴취수)ᄒ고　來拾花鈿(내습화전)이라=월지의 운계를 향하여 거듭 푸른 옷소매를 이끌고 꽃 비녀를 주웠더라 ◇繁華(번화)ᄂᆫ　總隨流水(총수유수)ᄒ니　歎一場春夢番杳圓(탄일장춘몽번묘원)을=‘番杳圓’(번묘원)은 ‘杳難圓’(묘난원)의 잘못. 번화는 모두 흐르는 물을 따라가니 한스럽다 일장춘몽을 이루기가 어려움을 ◇廢巷芙蕖(폐항부거)에 滴露(적로)ᄒ고　短堤楊柳(단제양류)에　繞烟(요연)이로다=‘短堤’(단제)는 ‘斷堤’(단제)의 잘못인 듯. 황폐한 구렁의 연꽃에 이슬이 떨어지고 끊어진 언덕 버드나무엔 연기가 둘리었도다 ◇兩峯 南北(양봉남북)이 只依然(지의연)ᄒ듸=두 봉우리 남북이 다만 옛날과 같은 데 ◇輦路(연로)의 草芊芊帳別館離宮(초천천장별관이궁)의　烟消鳳盖(연소봉개)오　波沒龍虹(파몰용강)이라=‘鳳盖’(봉개)는 ‘봉개(鳳蓋)’의 잘못. 연로엔 풀만 우거졌고 슬프다 별관 이궁

에 연기는 봉개를 지우고 물결에 용선이 묻히더라 ◇平生銀甁金屋(평생은
병금옥)이러니 對漆燈無焰夜如年(대칠등무염야여년)을 落日牛羊隴上(낙일
우양농상)이오 西風燕雀林邊(서풍연작임변)이로다=‘銀甁’(은병)은 ‘은병(銀
屛)’의 잘못. 평생을 은병풍과 좋은 집을 바라더니 칠등을 대하니 어둡고 지
루하기 일년과 같음을, 해는 졌으나 우양은 언덕 위에 있고 서녘 바람에 연
작은 숲가에 바쁘다.

645

제얼골제보아도   더럽고도슬믜워라
검버섯구름낀듯코츔은장마딘듯이젼의업던쎠싀바회엉덩이울근불든
우리도   少年行樂이어졔론듯ᄒ여라.

제 얼골 제 보아도 더럽고도 슬믜워라=제 얼굴을 제가 보아도 더럽고도
싫고 미워라 ◇검버섯 구름 낀 듯 코츔은 장마 딘 듯 이젼의 업던 쎠싀바
회 엉덩이 울근불근=검버섯은 구름이 낀 듯하고 콧물은 장마가 진 듯하고
이전에 없던 뼈마디가 엉덩이에 울퉁불퉁.

646

半여든의첫게딥을맛나   어릿두릿우벅쥬벅
죽을번슬번타가와당탕드러니라이리저리ᄒ니老道令의마음이홍글항글
일즉이   이런맛아랏더면길쎡붓터홀낫다.

半(반) 여든의 첫 게딥을 맛나=나이 사십에 첫 계집을 만나 ◇이런 맛
아랏더면 길쎡붓터 홀낫다=이러한 맛을 알았다면 길 때부터 하였을 것이
다.

垯編 디른눈편

647
天寒코雪深き날의 님을쏜라泰山으러넘어갈졔
갓버셔등의디고보션버션품의품고신으란버셔손의들고天方地方地方天方한번도쉬
지말고허위허위쏜라올나가니
보션버슨 발은아니슬이되여러번염원가슴이산쯕산쯕きで라.

天寒(천한)코 雪深(설심)き 날의=날이 차고 눈이 많이 내린 날에 ◇발은
아니 슬이되 여러 번 염원 가슴이 산쯕산쯕 きで라=발을 시렵지 않지만 여
러 번 여민 가슴이 선득선득 하더라.

648
寒松亭자진솔베혀 조고마치비무어트고
술이라按酒거믄고 珈琊ㄱ고秫琴琵琶져笛피필이長鼓巫鼓工人과安岩山츳돌日本부
쇠老狗山垂露취며螺鈿딕櫃指三이江陵女三陟酒帑년다모아싯고달붉은밤의鏡浦臺
로가서
大醉코 叩枻乘流き여叢石亭金蘭窟과永郎湖仙遊潭으로任去來를きで라.

대조; '日本'은 '一番'의, '江陵女'는 '江陵女妓'의 잘못.

寒松亭(한송정) 자 긴 솔 베혀 조고마치 비 무어 타고=한송정의 한 자가
넘는 긴 소나무를 베어 자그마한 배를 만들어 타고. 한송정은 강원도 강릉
에 있는 정자. 安岩山(안암산) 춧돌 日本(일본) 부쇠 老狗山(노구산) 垂露
(수로)취며 螺鈿(나전)딕 櫃指三(궤지삼)이 江陵女(강릉여) 三陟 酒帑(삼척주
탕)년 다 모아 싯고=안암산에서 나는 한 번에 불이 붙는 차돌 부시 노고산
수리취며 나전 담뱃대와 담배 강릉의 기생 삼척의 술파는 여자들을 다 모
아 싣고. ◇叩枻乘流(고예승류)き여 叢石亭(총석정) 金蘭窟(금란굴) 永郎湖
(영랑호) 仙遊潭(선유담)으로 任去來(임거래)를=상앗대를 두드리며 흐르는

물결을 타고 총석정 금란굴 영랑호 선유담으로 마음 내키는 대로 오고 가기를. 총석정을 비롯하여 금란굴, 영랑호, 선유담은 다 영동지방에 있음.

649

져건너님이오마거늘 제녁밥을닐ᄒ여먹고
中門디나大門나셔閉門밧늬드라地方우ᄒ희치다라져져以手加額ᄒ고오ᄂᆞ가간ᄂᆞ가건
넌山ᄇ라보니검어횟득셔잇거늘어와님이로다갓버셔등의지고보션버셔품의품고신
으란버셔손의들고즌듸마른듸가릐디말고월헝틍창건너가셔情의말ᄒ랴ᄒ고겻눈으
로얼풋보니님은아니오고上年七月열ᄉ흔날갈가벗기위셩이말늬운휘튜리삼단判然
이날속고나
맛초아 밤일셋만졍힝혀낫이런들남우일번ᄒ여라.

제녁밥을 닐ᄒ여 먹고=저녁밥을 일찍 지어 먹고 ◇以手 加額(이수가액)
ᄒ고=손을 이마에 얹고 ◇上年 七月(상년칠월) 열사흔 날 갈가벗겨 셩이
말늬운 휘튜리 삼단 判然(판연)이 날 속고나=작년 칠월 열 사흗날 벗겨 서
말린 회초리 같이 가느다란 삼단이 감쪽같이 날 속였구나 ◇맛초아 밤일
셋만졍 힝혀 낫이런들 남 우일 번 ᄒ여라=마침 밤이니까 만정이지 행여나
낮이었다면 남 웃길 뻔하였다. 웃음거리가 될 번 하였다.

650

져건너월앙바회우희 밤즁맛치부엉이울면
옛ᄉ롬니른말이妖怪롭고邪氣로와百萬嬌態ᄒᄂᆞ덤운妾년이죽ᄂᆞ다ᄒᄃᆞᆯ데
妾이對答ᄒ듸 妾은듯즈오니家翁을薄待ᄒ고妾싀음甚ᄒᄂᆞ늙은안히님이몬져죽ᄂᆞ
ᄃᆞᄒᆞᆯ데.

져 건너 월앙 바회 우희=저 건너 달을 쳐다보는 것처럼 높은 바위 위에
◇옛 ᄉ롬 니른 말이 妖怪(요괴)롭고 邪氣(사기)로와 百萬 嬌態(백만교태)ᄒ
ᄂᆞ 덤운 妾(첩)년이 죽는다 ᄒ데=옛날 사람이 하는 말이 요사스럽고 거짓
스러워 온갖 교태부리는 젊은 첩년이 죽는다고 하더라 ◇妾(첩)은 듯즈오

니 家翁(가옹)을 薄待(박대)ㅎ고 妾(쳡)시음 甚(심) ㅎᄂᆞᆫ=쳡이 듣건대 남편을 박대하고 쳡 새움을 너무하ᄂᆞᆫ.

651

더건너太白山下의　예못보던菜麻田이좃타
너리너리넛츌이며둥글둥실슈박이며茄子외단춤외널려세라
저여름　다익거드란우리임게드리그라.

예 못 보던 菜麻田(채마전)이 좃타=예전에 보지 못하였던 채소밭이 좋구나 ◇茄子(가자) 외 단춤외 널려세라=가지 오이 단참외가 열렸구나 ◇저 여름 다 이거드란=저 열매가 다 익었다면.

652

白髮의歡陽노ᄂᆞᆫ년이　덜문書房을맛초아두고
센머리에먹칠ㅎ고泰山峻嶺으로허위허위너머가다가卦그른疎落이의흰東丁검어지고감든머리다희엿고나
그롤샤　늘그늬所望이라일락빅락ㅎ더라.

白髮(백발)의 歡陽(환양) 노ᄂᆞᆫ 년이=늙어서 서방질하는 년이 ◇卦(괘)그른 疎落(소략)이의 흰 東丁(동정) 검어지고 감든 머리 다 희엿고나=점괘가 잘못된, 예기치 못한 소나기에 흰 저고리동정이 검어지고 검던 머리가 다 희여졌구나 ◇그롤샤 늘그늬 所望(소망)이라 일낙비락 ㅎ더라=잘못 되었구나 늙은이의 바라는 바라 일이 될 듯 말 듯하더라.

653

이제ᄉᆞ못보게하에　못볼시도的實도ㅎ다
萬里가ᄂᆞᆫ길희海姑絶息ㅎ고銀河水건너쒸여北海가로딘듸磨尼山갈가마귀太白山깃듥으로골각골각우즈지면셔츳돌도바히못엇어먹고쥬려죽ᄂᆞᆫᄯᅡ희늬어듸가님ᄎᆞᄌᆞ보리

兒禧야 님오셔드란쥬려죽단말生心도말고쏠쏠이글어다가骨髓에病이들어갓과쎠
만나마달把子밋흐로아쟝밧작건니다가긔운이澌盡ᄒ여죽은소마보온후의한다리취
여들고되耳掩버서더진드시벌쩍나잣바져長歎一聲에奄然命盡ᄒ여죽어간魂的呼되
여임의몸의츤츤감겨슬캉쟝알이다가나終에부듸잡아가려노라ᄒ드라ᄒ고닐너라.

이제ㅅ 못보게 하에 못볼시도 的實(적실)도 ᄒ다=이제는 못 보게 하는구
나. 보지 못하는 것도 틀림이 없구나 ◇萬里(만리) 가는 길히 海姑絶息(해
고절식)ᄒ고 銀河水(은하수) 건너 쮜여 北海(북해) 가로 딘듸=멀리 가는 길
에 바닷갈매기도 쉬지 않고 은하수를 건너 뛰어 북해를 가로 질러. ◇ᄎ돌
도 바히 못 엇어 먹고 쥬려 죽는 ᄯ히 늬 어듸 가 님 ᄎ즈 보리=차돌도 전
혀 못 얻어먹고 굶어 죽는 땅에 내가 어디 가서 임을 찾아보겠느냐. ◇님
오셔드란 쥬려죽단 말 生心(생심)도 말고 쏠쏠이 글어다가=임이 오시거든
굶주려 죽었다는 말을 빈말이라도 하지 말고 살뜰이 그리워 하다가 ◇骨
髓(골수)에 病(병)이 들어 갓과 쎠만 나마 달把子(파자) 밋흐로 아쟝 밧작 건
니다가=뼛속에 병이 들어 가죽과 뼈만 남아 울타리 밑으로 아장아장 바짝
거닐다가 ◇긔운이 澌盡(시진)ᄒ여 죽은 소마 보온 후의 한 다리 취여들고
되耳(이) 掩(엄) 버셔 더진 드시 벌쩍 나잣바져 長歎一聲(장탄일성)에 奄然
命盡(엄연명진)ᄒ여 죽어간 魂的呼(혼적호) 되여=기운이 다 떨어져서 오줌
을 눈 뒤에 한쪽 다리를 추켜들고 엄을 벗어 던진 듯이 벌떡 나자빠져 긴
탄식 한 마디에 갑자기 목숨이 다하여 죽어간 귀신 되어 ◇임의 몸의 츤츤
감겨 슬캉쟝 알이라가니 나終(종)에 부듸 줍아 ᄒ드라 ᄒ고 닐너라=임의
몸에 칭칭 감겨 마음껏 괴롭히다가 나중에 꼭 잡아가겠노라고 하더라 하고
말하여라.

654
엇디ᄒ여못오던가 무음일노아니오더냐
너오ᄂᆞ길히弱水三千里와萬里長城둘넛ᄂᆞ듸蠶叢及魚鳧의蜀道之難이갈이엿더냐네

어이그리아니오더냐
長相思 淚如雨터니오늘이샤보려라.

너 오는 길히 弱水三千里(약수삼천리)와 萬里長城(만리장성) 둘넛는듸 蠶
叢及魚鳧(잠총급어부)에 蜀道之難(촉도지난)이 갈이엿더냐=약수 삼천리와
만리장성이 둘러 있는지 잠총과 어부에 촉으로 가는 길의 어려움이 가리었
더냐. 잠총과 어부는 촉(蜀)나라의 초기의 왕들의 이름임 ◇長相思(장상사)
淚如雨(누여우)터니 오늘이샤 보려라=오랜 동안 그리워하고 눈물이 비 오
듯하더니 오늘에야 보겠구나.

655
閣氏네하여슨톄마쇼 고이로라즈랑마쇼
즈녁집뒷東山의山菊花롤못보신가
九十月 된셔리마즈면검쥬남기되옵나니.

閣氏(각씨)네 하 여슨 톄 마쇼 고이로라 즈랑마쇼=각씨들 너무 잘난 체
마시오. 곱다고 자랑마소 ◇된셔리 마즈면 검쥬남기 되옵나니=된셔리를
맞게 되면 검불나무가 되나니.

656
어러고검고킈큰구레나룻난놈 제것조츠길고님의덤디아닌놈이
밤마디긔여올나덕은굼게큰연쟝녀허흘근흘근흘나들릴제면愛情은커니와太山으로
덥누루는듯잔放氣소스나며졋먹던힘이다쓰이거다
아무나 이놈타려다가百年을同住홀디라도스암홀쥴이잇시랴.

대조; '어러고'는 '얽고'의 '타려다가'는 '다려다가'의 잘못.

어러고 검고 킈 큰 구레나룻 난 놈=얽고 검고 키가 큰 구레나룻이 난 놈.
남자의 성기를 말함 ◇제 것조츠 길고 넘의 덤디 아닌 놈이=제 것마저 길

고 작지 않은 놈이 ◇덕은 굼기 큰 연쟝 너허=작은 구멍에 큰 연장을 넣어 ◇흘나 들릴제면=드나들 때면 ◇百年(백년)을 同住(동주)홀디라도 스암홀 쥴이=평생을 같이 산다고 하더라도 시샘할 까닭이.

직넘어식앗슬두고 손색치며이써넘어가니
말만草屋에헌덕셕나소실고년놈이마조누어얽어지고쓸어졋닉이졔ㅅ너림쟝이발록군의들게고나
두어라 모밀쩍두杖鼓롤식와무숨ᄒ리요.

대조; '말만'은 '말만훈'의 잘못. 작자 누락. 김태석의 작품임.

직 넘어 식앗슬 두고=고개 너머에 첩을 두고 ◇말만 草屋(초옥)에 헌 덕셕 나소 실고=조그만 초가집에 헌 덕석을 내어다 깔고 ◇이졔ㅅ 너림 쟝이 발록군의 들게고나=이 지경에 되면 어리숙한 발룩군의 축에 들겠구 나. 발룩군은 하는 일 없이 떠돌아다니는 난봉꾼을 가리키는 말. ◇모밀쩍 두 杖鼓(장고)를 식와 무숨 ᄒ리요=메밀떡에 두 장구를 시기하여 무엇 하 랴. 메밀떡 두 장고는 '메밀떡 굿에 쌍장구를 친다'는 말로 가난한 사람이 처첩을 거느리고 사는 경우처럼 어울리지 않음을 빗대서 하는 말임.

一身이스즈ᄒ엿더니 물것계워못슬니로다
琵琶갓흔빈뒤숫기使슈갓흔등의어이갈다귀삼위약이센박퀴누룬박퀴빗겨갓흔가랑이며보리알갓흔슈통니며쥬린니갓깐니잔벼록倭쥐ᄂᆞᆫ놈귀ᄂᆞᆫ놈의다리거다흔모긔부리쑈족흔모긔슬딘모긔여윈모긔그리마쏘록이甚흔唐비루에더러워라
그中의 춤아얄뮈을손五六月伏다람의쉬푸린가ᄒ노라.

대조; '倭벼룩' 다음 '피겨갓튼가랑니보리알갓튼슈통니잔벼룩굴근벼룩왜벼룩뛰는놈 기ᄂᆞᆫ놈의'가 '비파가튼' 앞에 있음. '여윈모기'는 '살진모기여윈모기'의 '쑈록이' 다음

에 '晝夜로뷘틈업시물거니쏘거니빨거니뜻거니'가 있음. 『海東歌謠』에 이정보(李鼎
輔)의 작품으로 되어 있음.

一身(일신)이 ᄉᄌ ᄒ엿드니 물것 계워 못 슬니로다=한 몸뚱이 살자고
마음먹었더니 무는 것들이 지겨워 못 살겠구나 ◇琵琶(비파) 갓흔 빈뒤숏
기 使令(사령) 갓흔 등의어이 갈다귀 삼위약이 센 박퀴 누룬 바퀴 빗겨 갓흔
가랑이며 보리알 갓흔 슈퉁니며=비파같은 빈대 새끼 사령 같은 다 자란 등
에 각다귀 버마재비 흰 바퀴 누런 바퀴 볏겨 같은 가랑이며 보리알 같은 수
퉁이며 ◇그리마 쑈록이 甚(심)흔 唐(당)비루에 더 어려외라=그리마 뾰로
지 이보다 더한 당비리가 더 어렵구나 ◇五六月(오뉴월) 伏(복)다람에 쉬프
린가=오뉴월 복더위에 쉬파리인가.

女唱

女唱秩只傳 羽調中大葉 界面調二中大葉 界面調後庭花將進酒 故今姑上冊
然後亦不知存亡

羽調 中大葉

(1) <659>

空山이寂寞흔듸 슯히우난뎌杜鵑아
蜀國興亡이어제오날아니여든
至今에 피ᄂ게우러셔남의이를긋나니.

대조; 남창 2번과 중복.

界面 中大葉

(2) <660>

碧海竭流後의 모린뫼혀셤이되여
無情芳草ᄂ희마다푸르럿되
엇덧타 우리의王孫은歸不歸를ᄒᄂ니.

대조; 남창 8번과 중복.

後庭花

(3) <661>
누운들줌이오며 기다린들님이오랴
이제누엇신들어닉줌이하무오리
출하리 안즌곳익셔긴밤이나시오즈.

대조; 남창10번과 중복.

臺 듸밧침

(4) <662>
秦淮의빅를믹고 酒家를츳즈가니
隔江商女는亡國限을모르고서
烟籠樹 月籠沙홀제後庭花만부르더라.

대조; 남창 11번과 중복.

將進酒

(5) <663>
한盞먹스이다또흔盞먹스이다 곳격거쥬을녹코無盡無盡먹스이다
이몸죽은後의지게우히거적덥허줍풀의여메여가나流蘇寶帳의百夫緦麻우러예나어
욱식더욱식덕기나무白楊숩희가기곳가랑이면누룬희흰돌의굴근눈가는 비며쇠소리
브룸불제뉘흔盞즈흐리
흐물며 무덤우희진나뷔프룸 홀제뉘웃츤들밋츠랴.(將進酒)

먹스이다=먹읍시다 ◇곳 격거 쥬을 녹코=꽃을 꺾어 산가지로 계산하
고 ◇거적 덥허 줍풀의여 메여가나=거적을 덮어 대강 묶어서 메어가나

◇流蘇寶帳(유소보장)의 百夫總麻(백부시마) 우러 예나=유소보장에 많은
사람들이 상복을 입고서 울며 따라오나. 유소나 보장은 상여를 장식하는 것
으로 유소는 오색실로 매듭을 지어 상여에 다는 것이고, 보장은 비단 헝겊
에 수를 놓아 둘러치는 것 ◇어욱시 더욱시 덕기나무 白楊(백양) 숲희 가기
곳 가량이면=억새나 속새 떡갈나무 백양나무가 우거진 숲에 가기만 가면
◇누룬 히 흰 둘 굴근 눈 가는 비 쇠소리 브름=석양 무렵의 해 차가운 하늘
에 떠 있는 달 함박눈 가랑비 사나운 바람 ◇진나뷔 푸룸홀 제 뉘웃츤들
밋츠랴=원숭이가 휘파람을 불 때 뉘우친들 이보다 더 서럽겠느냐.

臺 듸밧침

(6) <664>
空山落木雨蕭蕭ᄒ니 相國風流此寂寥ㅣ라
슬프다ᄒ盞술을다시勸키어려워라
어즈버 昔年歌曲이卽今朝ㅣㄴ가ᄒ노라.

空山木落雨蕭蕭(공산목락우소소)ᄒ니 相國風流此寂寥(상국풍류차적료)ㅣ
라=텅 빈 산에 나뭇잎은 떨어지고 비는 쓸쓸히 내리니 옛 정승의 풍류가
이제는 고요하고나 ◇昔年 歌曲(석년가곡)이 卽今朝(즉금조)ㅣㄴ가=옛 노래
의 가락이 오늘같이 새로운가.

羽調 二數大葉 女唱無初數大葉旀樂編樂旀編也

(7) <665>
人生이둘ㄱ가셋가 이몸이네다섯가
비러온人生이꿈읫몸가디고져
平生의 술올일만ᄒ고제놀녀ᄒ나니.

대조; '제'는 '언제'의 잘못.

비러온 人生(인생)이 쑴읫 몸 가디고셔=잠시 삶을 빌려 태어난 사람이 꿈에나 얻을 육신을 가지고서 ◇슬올 일만ᄒ고 제 놀녀 ᄒ나니=사는 일에만 열심이니 언제 놀려고 하느냐.

    (8) <666>
간밤의부던ᄇ룸의　滿庭桃花다지거다
兒孩는뷔를들고쓸우려ᄒᄂ고나
洛花ᆫ들 곳이아니랴쓸어무슴ᄒ리오.

滿庭 桃花(만정도화) 다 지거다=뜰에 가득 핀 복숭아꽃이 다 떨어지겠다 ◇곳이 아니랴 쓸어 무슴ᄒ리오=떨어졌다고 해서 꽃이 아니겠느냐 쓸어 무엇 하겠느냐.

    (9) <667>
간밤의우던녀흘　슯히우러디니여다
이제야싱각ᄒᄂ님이우러보닌도다
져물이　슬슬리흐르과져ᄂ도우러보닌라. 元觀瀾 端宗朝忠臣

대조; 남창 42번과 중복.

    (10) <668>
버들은실이되고 괴ᄭ소리ᄂ북이되여
九十三春의ᄶᄂ나니나의시름
누구서　綠陰芳草를勝花時라ᄒ더뇨.

버들은 실이 되고 쇠ᄭ소리ᄂ 북이 되여=버들은 날줄이 되고 꾀꼬리는 북이 되어. 북은 베틀에 씨줄이 되는 실을 넣는 배처럼 생긴 기구 ◇九十三

春(구십삼춘)의 쯘 닉나니 나의 시름 =봄 석 달 90일 동안에 나의 실음만 만들어 낸다 ◇綠陰芳草(녹음방초)를 勝花時(승화시)라 ᄒ더뇨=녹음이 우거진 여름이 꽃피는 봄보다 낫다고 하던고.

(11) <669>
冬至ㄷ달기나긴봄을 한허리를둘히닉여
春風니불아릭 서리서리너헛다가
어룬님 오신날 밤이여든 구뷔구뷔려리라.

대조; 남창 19번과 중복.

(12) <670>
나무도病이드니 亭子ㅣ라도쉬리업다
豪華이셧신제는오리가리다쉬더니
닙지고 가디더즌後ㅣ 면싀도아니오더라.

亭子(정자)ㅣ라도 쉬리 업다=정자라고 쉴 사람이 없다 ◇豪華(호화)이 셧신 제는=나뭇잎이 무성하여 그늘이 좋을 때는 ◇가디 더즌 後(후)ㅣ 면= 가지가 뒤로 기울어진 후에는. 가지가 꺾어진 뒤에는.

(13) <671>
蒼梧山聖帝魂이 구름좃ᄎ瀟湘의ᄂ려
夜半의흘너드러竹間雨되온쏘즌
二妃의 千年淚痕을못닉쎠셔ᄒ미라.

대조; '쏘즌'은 '쏫즌'의 잘못.

蒼梧山(창오산) 聖帝 魂(성제혼)이=창오산에서 죽은 순(舜)임금의 혼이 ◇구름 좃ᄎ 瀟湘(소상)의 ᄂ려=구름을 따라 소상강에 나려 ◇夜半(야반)

의 흘너드러 竹間雨(죽간우) 되온 ᄯᅳ즌=밤중에 흘러들어 대나무 사이에 내리는 비가 된 뜻은 ◇二妃(이비)의 千年 淚痕(천년누흔)을 못닉 삐셔 흠미라= 순(舜)의 두 왕비 아황(娥皇)과 여영(女英)의 천년이나 내려오는 눈물의 흔적을 마침내 씻으려 함이다.

(14) <672>
東窓의도돗던들이 西窓으로도지도록
오실님못올쎈졍줌은어이가져간고
잠좃ᄎ 가져간님을生覺무슴ᄒ리요.

東窓(동창)에 도돗던 들이 西窓(서창)으로 도지도록=초저녁부터 새벽에 이르기까지 ◇오실 님 못 올쎈졍 줌은 어이 가져간고=오시겠다고 한 님이 못 오실지언정 잠은 왜 가져갔는가. 잠이 아니 오는가.

(15) <673>
거울의비쵠얼골 닉보기의꼿갓거든
허믈며端粧ᄒ고님의앏히뵐젹이라
이端粧 님을못뵈니그를슬허ᄒ노라.

닉 보기의 꼿 갓거든=내가 보기에는 꽃처럼 보이거늘 ◇님의 앏히 뵐 젹이라=임의 앞에서 뵈어 드릴 때야.

(16) <674>
닉靑春누를쥬고 뉘白髮을가져온고
오고가는길을아롯던들막을거슬
알고도 못막는길이니그를슬허ᄒ노라.

대조; 남창 195번과 유사.

니 靑春(청춘) 누를 쥬고=내 젊음을 누구에게 주고 ◇뉘 白髮(백발)을 가져 온고=누구의 백발을 가져 왔는가.

(17) <675>
니언제信이읍셔   님을언제속엿관디
月沈三更의올쓰시던혀읍니
秋風의   지는닙쇼리야닌들어이ᄒ리오(或曰 지는닙쇼리에倖ᄒ긴가ᄒ노라)

니 언제 信(신)이 읍셔=내가 언제 믿음 없는 행동을 하여. ◇月沈 三更 (월침삼경)에 올 쓰시 던혀 읍니=달마저 없는 한 밤중에 올 뜻이 전혀 없구나.

(18) <676>
높푸락ᄂ지락ᄒ며   멀기와갓갑기와
모지락둥구락ᄒ며길기와뎌르기와
平生의   이러ᄒ엿시니무숨근심ᄒ리오.

높푸락 ᄂ지락 ᄒ며 멀기와 갓갑기와=고저(高低)와 원근(遠近). 일에 대처하는 자세를 말함 ◇모지락 둥구락 ᄒ며 길기와 뎌르기와=방원(方圓)과 장단(長短). 일에 대처하는 방법을 말함.

(19) <677>
어리고셩귄柯枝   너를아니ᄒ엿더니
눈期約能히지켜두셰송이푸엿고나
燭잡고   갓가이ᄉ랑홀제暗香浮動ᄒ더라. 安玟英

대조; 남창 53번과 중복.

(20) <678>

祥雲이어린곳의　老安堂이壯麗ㅎ고
和風이이ᄂ곳의太乙亭이縹緲ㅎ다
두어라　祥雲和風이萬年長住ㅎ리라.

祥雲(상운)이 어린 곳의=상서로운 구름이 어리어 있는 곳에　◇老安堂
(노안당)이 壯麗(장려)ㅎ고=노안당이 장엄하고 아름답고. 노안당은 운현궁
(雲峴宮) 안에 있는 사랑(舍廊)의 이름　◇和風(화풍)이 이는 곳의 太乙亭(태
을정)이 縹緲(표묘)ㅎ다=온화한 바람이 일어나는 곳에 태을정이 아득히 멀
리 보인다. 태을정은 운현궁 후원에 있는 산정(山亭)임　◇祥雲 和風(상운화
풍)이 萬年 長住(만년장주)ㅎ리라=상서로운 구름과 온화한 바람에 오래도
록 살겠다.

(21) <679>

龍樓의祥雲이오　鳳閣의瑞靄로다
甲戌二月初八日의우리世子誕降ㅎ사
億萬年 東方氣數를바ᄃ이어계신저. 安玟英

대조;『금옥총부』의 가번 88의 초장과 10번의 중장과 종장을 혼합하였음.
龍樓에祥雲이요　鳳闕에瑞靄로다　甘雨는太液이듯고和風은御柳에들닌져　美哉라
祥雲瑞靄와甘雨和風은聖世子의時節인져.(88) 賀祝 第六
猶在郊鳳翔岐하니　이어인大吉祥고　甲戌二月初八日의 聖世子ㅣ誕降하사　億萬年
東方氣數를바다니여계신져.(10) 賀祝 第二

(22) <680>

지어能히못힐닐은　仁與德두글字ㅣ라
喜怨을不形ㅎ니忍容이自然이라
至今의　諄諄然君子風을又石公뵈앗노라.

대조; '喜怨'은 '喜怒'의 잘못인 듯.

지어 能(능)히 못헐 닐은=일부러 만들어 할 수 없는 일은　◇喜怨(희원)을 不形(불형)ᄒ니 忍容(인용)이 自然(자연)이라='喜怨'(희원)은 '喜怒'(희로)의 잘못. 기쁨과 노여움을 얼굴에 나타내지 않으니 참고 있는 모습이 자연스럽다　◇諄諄然(순순연) 君子風(군자풍)을 又石公(우석공)을 뵈앗노라=다정스럽고 친절한 모양이 군자의 풍도가 있음을 우석공을 보았노라. 우석은 대원군의 장자 李載冕(이재면)의 아호임.

　　　(23) <681>
　青鳥야오도고야　반갑다님의消息
　溺水三千里를네어이건너온다
　우리님　萬端情懷를네다알ㄱᄒ노라.

대조: '溺水三千里'는 '弱水三千里'의 잘못.

　青鳥(청조)야 오도고야=편지가 왔구나. 청조는 편지란 뜻이 있음.　◇溺水三千里(익수삼천리)를 네 어이 건너온다=약수 삼천리를 네가 어떻게 건너왔느냐. 약수는 옛날 중국에서 신선이 살던 곳에 있었다는 물로, 부력(浮力)이 아주 약해 기러기 털처럼 가벼운 물건도 가라앉지 않는다고 함. 삼천리는 아주 먼 곳이란 뜻.　◇萬端情懷(만단정회)를 네 다 알ㄱ=온갖 정과 회포를 네가 다 알까.

　　　(24) <682>
　淸溪上草堂外의 봄은어이느덧ᄂ고
　梨花白雪香에柳色黃金嫩이로다
　萬壑雲 蜀魄聲中의春思茫然ᄒ여라.

　淸溪上草堂外(청계상초당외)의=푸른 시냇가 초당 밖에　◇梨花白雪香(이

화백설향)에 柳色黃金嫩(유색황금눈)이로다=배꽃이 눈과 같이 희며 향기로움에 버들 빛은 황금처럼 곱다 ◇萬壑雲(만학운) 蜀魄聲中(촉백성중)의 春思 茫然(춘사망연) ᄒᆞ여라=많은 골짜기에 구름이 끼고 두견새 우는 소리 가운데 봄에 느끼는 뒤숭숭한 생각에 멀거니 서있다.

　　　(25) <683>
　中書堂白玉杯를　十年만의곳쳐보니
　맑고흰빗츤녜로온듯ᄒᆞ다마ᄂᆞᆫ
　世上의　人事變ᄒᆞ니그를슬허ᄒᆞ노라.

　中書堂(중서당) 白玉杯(백옥배)를 十年(십년)만의 곳쳐 보니=중서당에 있는 백옥으로 만든 술잔을 십년 만에 다시 보니. 중서당은 홍문관(弘文館)의 다른 이름 ◇녜로운 듯ᄒᆞ다마ᄂᆞᆫ=예전과 다르지 않은 듯하다마는.

　　　(26) <684>
　ᄉᆞ랑뫼혀불이되여　가슴의프여나고
　肝腸셕어믈이되여두눈으로소ᄉᆞᆫ다
　一身의　水火ㅣ相侵ᄒᆞ니살쫑말쫑ᄒᆞ여라.

　ᄉᆞ랑 뫼혀 불이 되여=사랑이 모여 불이 되어 ◇水火ㅣ相侵(수화상침)ᄒᆞ니=간장 썩은 물과 사랑이 모인 불이 서로 침범하니.

　　　(27) <685>
　蒼詰이作字홀졔　此生寃讐離別두字
　秦始皇焚書時에어늬틈에드럿다가
　至今의　在人間ᄒᆞ여남의이를근ᄂᆞᆫ고.

　蒼詰(창힐)이 作字(작자)홀 졔 此生 怨讐(차생원수) 離別(이별) 두 字(자)=창힐이 글자를 만들 때 이승의 원수인 이별 두 자. 창힐(蒼詰)은 최초로 한

자를 만들었다고 하는 사람 ◇秦始皇 焚書時(진시황 분서시)에=진시황이
분서갱유(焚書坑儒)할 때에.

(28) <686>
간밤의비온後에 石榴꼿치다픠엿다
芙蓉堂의水晶簾거러두고
눌向한 깁흔실음을프러볼가ᄒ노라.

芙蓉堂(부용당)에 蓮塘畔(연당반)에 水晶簾(수정렴) 거러 두고=부용당 연
못가에 수정으로 만든 발을 걸어두고 ◇눌向(향)한 깁흔 실음을 프러볼가
ᄒ노라=누구에게 향한 깊은 시름을 끝내 풀려고 하느냐.

(29) <687>
銀甁의춘물쓰라 玉頰을다스리고
金爐의香을픠며暗祝ᄒᄂ말을
아무나 傳ᄒ리잇시면님도슬허ᄒ리라.

玉頰(옥협)을 다스리고=고운 얼굴에 화장을 하고 ◇金爐(금로)의 香(향)
을 퓌우고=좋은 향로에 향불 피우고

(30) <688>
紅樓畔綠柳間의 多情홀쁜더괴꼬리
百囀好音으로나의꿈을놀니ᄂ니
千里의 글이ᄂ님을보고지고傳ᄒ렴은.

紅樓畔 綠柳間(홍루반녹류간)의=붉은 칠을 한 다락 가의 푸른 버드나무
사이에 ◇百囀 好音(백전호음)으로=듣기 좋은 꾀꼬리의 울음으로

(31) <689>

늙그니져늙그니 님泉의슘은뎌늙그니
詩酒歌琴與碁로늙어오ᄂᆞᆫ져늙은이
平生의 不求聞達ᄒᆞ고졀노늙ᄂᆞᆫ져늙으니. 安玟英

詩酒歌(시주가) 琴與碁(금여기)로=시와 술과 노래와 거문고와 그리고 바둑으로 ◇不求聞達(불구문달)ᄒᆞ고=이름이 널리 알려지는 것을 바라지 아니함. 또는 벼슬을 구하지 아니함. 스승인 박효관(朴孝寬)을 두고 읊은 것임.

(32) <690>

豪放ᄒᆞᆯ쁜져늙으니 슐아니면노릭로다
端雅象中文士貌요古奇畫裡老仙形을
뭇노라 雲坮의슘어쁜지몃몃ᄒᆞ나되안고.

대조: 남창 77번과 중복.

平擧

(33) <691>

눈마ᄌᆞ휘여진딕를 뉘라셔굽다턴고
굽을節이면눈속의푸를소냐
아마도 歲寒高節은너ᄲᅮᆫ인가ᄒᆞ노라.

대조; 남창 84번과 중복.

(34) <692>

一笑百媚生이 太眞의麗質이라
明皇도이럼으로萬里幸蜀ᄒᆞ엿ᄂᆞ니
至今의 馬嵬芳魂을못닉슬허ᄒᆞ노라.

一笑百媚生(일소백미생)이 太眞(태진)의 麗質(여질)이라=한 번 웃으면 백
가지 교태가 생기는 것이 태진의 타고난 아름다움이다. 태진(太眞)은 양귀
비(楊貴妃)를 가리킴 ◇明皇(명황)도 이럼으로 萬里 幸蜀(만리행촉) ᄒ엿ᄂ
니=당(唐)나라 현종(玄宗)도 이렇기 때문에 멀리 촉의 땅에까지 행행(行幸)
하였나니. 안록산의 난에 피난한 사실을 말함 ◇馬嵬 芳魂(마외방혼)을 못
닉 슬허 ᄒ노라=마외역(馬嵬驛)에서 죽은 양귀비의 꽃다운 혼을 끝내 서러
워하노라.

        (35) <693>
    이몸이싀어뎌서 덥동싀녁시되여
    梨花퓐柯枝에솝님희뽀엿다가
    밤ㅁ中만 슬하져우리님의귀의들니리라.

이몸이 싀어뎌셔=이 몸이 죽어서 ◇슬하져=없어져서.

        (36) <694>
    一定百年을산들 百年이긔언마오
    疾病憂患더니남는날이아죠뎍다
    두어라 非百歲人生이니아니놀고어이리.

一定 百年(일정백년)을 산들=한 번 정하기를 백년을 산다고 한들 ◇疾
病 憂患(질병우환) 더니=질병과 우환을 덜어내니 ◇非百歲 人生(비백세인
생)이니=백년을 살지 못하는 인생이니.

        (37) <695>
    어졔 너일이여 글일줄을모르던가
    잇시라ᄒ드면 ᄀ랴마는 졔굿ᄒ야
    보닉고 글이는 情은나도몰나 ᄒ노라

대조; 남창 18번과 중복.

　　(38) <696>
꿈의단이는길이　즈최곳나량이면
님의집窓밧기石路ㅣ라도다르런마는
꿈口씰이　즈최업스니그를슬어ᄒ노라.

대조; 남창 311번과 중복.

　　(39) <697>
꿈의왓던님이　씌여보니간ᄃᆡ업늬
耽耽이괴던ᄉ랑날바리고어ᄃᆡ간고
꿈속이　盧事ㅣ라만졍즈로나뵈게ᄒ여라.

대조; 남창 312번과 중복.

　　(40) <698>
雨絲絲楊柳絲　風習習花爭發을
滿城桃李ᄂ聖世의和氣로다
우리ᄂ　康衢逸民인뎌太平歌로즑이리라. 安玫英

대조; '楊柳絲'는 '楊柳絲絲'의 잘못.

　　雨絲絲 楊柳絲(우사사양류사) 風習習 花爭發(풍습습화쟁발)을=비가 실실
버들도 실실 바람은 솔솔 불고 꽃은 다투어 피는 것을　◇滿城 桃李(만성도
리)는 聖世(성세)의 和氣(화기)로다=성안에 가득 핀 복숭아와 오얏 꽃은 태
평시대의 온화한 기운이로다　◇康衢 逸民(강구일민)인뎌=태평한 시대의
백성들이니.

頭擧

(41) <699>

寂無人掩重門호되 滿庭花落月明時라
獨倚紗窓호여長歎息호는次에
遠村의 一鷄鳴호니이슨는듯호여라.

寂無人掩重門(적무인엄중문)호되 滿庭花落月明時(만정화락월명시)라=중
문을 닫고 홀로 적적한데 뜰에 가득 꽃이 떨어지고 달이 밝은 때라 ◇獨倚
紗窓(독의사창)호여 長歎息(장탄식)호는 次(차)에=홀로 사창에 기대어 오래
도록 탄식을 하던 차에 ◇遠村(원촌)에의 一鷄鳴(일계명)호니 이 슨는 듯호
여라=먼 동리에서 닭이 우니 창자가 끊어지는 것처럼 애가 타는 듯하구나.

(42) <700>

이리혜고뎌리혜고 쇽졀업슨혬만는다
險꾸즌人生이슬과져살앗는가
至今의 아니죽는쁘즌님을보려호노라.

이리 혜고 뎌리 혜고 쇽졀 업슨 혬만 는다=이렇게 헤아리고 저렇게 헤아
리니 쓸데없는 생각만 난다 ◇險(험)꾸즌 人生(인생)이 슬과져 살앗는가=
험하고 궂은 인생이 살고 싶어 살았겠는가.

(43) <701>

이리호야날쇽이고 뎌리호야날쇽여다
寃讐니님을니졈즉도호다마는
前에 言約이重호믹ㅣ못니즐가호노라.

怨讐(원수) 니 님을 니졈 즉도 호다마는=원수처럼 여겨지는 임을 잊을

만도 하다마는.

(44) <702>

白岳山下의빗ㅈ리의   鳳闕을營始ㅎ샤
經之營之ㅎ오시니庶民의子來로다
아무리   物極ㅎ라샤ᄃᆡ 不日成之ㅎ더라. 安玟英

대조: 남창 121번과 중복.

(45) <703>

石坡의又石ㅎ니   萬年壽를期約거다
花如解笑還多事요石不能言是可人을
至今의   以石爲號ㅎ니못늬즑여ㅎ노라. 安玟英

대조: 남창 23번과 중복.

(46) <704>

一刻三秋ㅣ라ㅎ니   열흘이면몃三秋오
제ᄆᆞ음즐겁거니남의시름싱각ㅎ랴
千里의   님離別ㅎ고잠못일뤄ㅎ노라.

一刻 三秋(일각삼추)ㅣ라 ㅎ니=한 시각이 가을 석 달처럼 길다고 하니
◇제 ᄆᆞ음 즐겁거니 남의 시름 싱각ㅎ랴=제 마음이 즐거운데 남의 걱정을
생각할 여유가 있겠느냐.

(47) <705>

한슘은바름이되고   눈물은細雨되여
님ㅈㄴ窓밧게블면서ᄲᅳ리과뎌
날닛고   깁히든ᄌᆞ믈ᄭᆡ와볼가ㅎ노라.

님 즈즌 窓(창)밧게 불면서 샏리과뎌=임이 자는 창밖에 불면서 뿌렸으면.

(48) <706>
落葉의두字만젹어 西北風의놉희씌여
月明長安의님계신데보닉고즈
眞實노 보오신後면님도슬허ᄒ리라.

대조; 남창 436번과 중복.

(49) <707>
綠水靑山깁푼골의 靑藜步드러가니
千峰의白雲이오萬壑의烟霧ㅣ로다
이곳이 景槩죠흐니녜와놀녀ᄒ노라.

대조; '靑藜步'는 '靑藜緩步'의 잘못.

靑藜 緩步(청려완보) 드러가니=청려장(靑藜杖)을 짚고 느린 걸음으로 들어가니. 청려장은 명아주대로 만든 지팡이 ◇千峰(천봉)의 白雲(백운)이오 萬壑(만학)의 烟霞(연무)ㅣ로다=많은 뫼 뿌리와 골짜기에 구름과 안개로다 ◇景槩(경개) 죠흐니 녜와 놀녀 ᄒ노라=경치가 좋으니 여기에 와서 놀까 한다.

(50) <708>
가다가올지라도 오다가른가지마라
뮈다가괼지라도괴다가른뮈지마라
뮈거나 괴거너ᄃ中의즈고갈가ᄒ노라.

뮈다가 괼지라도 괴다가른 뮈지마라=미워하다가 사랑할지라도 사랑하다는 미워하지 마라.

(51) <709>

石榴곳다盡ᄒᆞ고 荷香이싀로ᄋᆡ라
波瀾의노ᄂᆞᆫ鴛鴦네因緣도부럽고나
玉欄의 호올노지여셔시름겨워ᄒᆞ노라.

石榴(석류)곳 다 盡(진)ᄒᆞ고 荷香(하향)이 싀로ᄋᆡ라=석류꽃은 다 지고 연꽃 향기가 새롭구나 ◇波瀾(파란)의 노ᄂᆞᆫ 鴛鴦(원앙)=물결에 노는 원앙새 ◇玉欄(옥난)의 호올노 지여셔 시름겨워 ᄒᆞ노라=옥으로 만든 난간에 홀로 기대어서 시름을 억제하기 어렵구나.

(52) <710>

玉宇의나란이슬 虫聲좃ᄎᆞ더더운다
金英을손죠ᄯᆞ셔玉杯의ᄣᅴ워두고
纖手로 勸ᄒᆞᆯ듸업스니글올슬허ᄒᆞ노라. 安玟英

대조; '나란'은 '나린'의 잘못. 작자가 李廷藎으로 된 곳은 『協律大成』뿐이고, 『海東樂章』에는 안민영의 작으로 되어 있음.

玉宇(옥우)의 나란 이슬 虫聲(충성) 좃ᄎᆞ 더더 운다=집에 밤새 내린 이슬이 벌레소리를 따라 젖어 우는 것 같다 ◇金英(금영)을 손죠 ᄯᆞ셔 玉杯(옥배)의 ᄣᅴ워두고=금영은 金蘂(금예)의 잘못인 듯. 금예는 국화의 다른 이름. 국화를 손수 따서 향내를 내고자 술잔에 띄워두고.

(53) <711>

碧梧桐심운ᄯᅳᆺ즌 鳳凰을보렷더니
ᄂᆡ심운타신지기ᄌᆞ려도아니오고
밤ㅁ中만 一片明月만뷘가지의걸녀세라.

대조: 남창 114번과 중복.

(54) <712>
힌지면長歎息ᄒ고   蜀魄聲의斷腸廻라
一時나잇즈터니구즌비는무슴일고
가득의   다셕은肝腸이봄눈스듯ᄒ여라.

蜀魄聲(촉백성)의 斷腸廻(단장회)라=소쩍새 소리에 창자가 끊어지는 것
같다   ◇一時(일시)나 잇즈터니=한 때나마 잊자고 하였더니   ◇봄눈 스듯
ᄒ여라=봄철에 눈 녹 듯하더라.

栗糖數大葉

(55) <713>
남ᄒ여편지傳치말고   當身이제오쇼여
남이남의일을못알과뎌ᄒ랴마는
남ᄒ여   傳ᄒ편지니알쏭말쏭ᄒ여라.

대조: '쇼여'는 '되여'의, '알과뎌'는 '일과져'의 잘못.

當身(당신)이 제오 쇼여=당신이 체부(遞夫)가 되어.   ◇남이 남의 일을 못
알과뎌 ᄒ랴마는=다른 사람이 다른 사람의 일을 못 이루게야 하랴마는.

(56) <714>
담안의셧는곳이   牧丹인가海棠花ㄴ가
힛득밝웃픠여잇셔남의눈을놀너나냐
두우라   임즈이시랴나도것거보리라.

대조; '놀늬느냐'는 '놀나나냐'의 잘못.

담안의 셧는 곳이=담안에 서 있는 꽃이. 기생을 말하는 듯 ◇힛득 밝웃 피여 잇셔 남의 눈을 놀늬나냐=해뜩 붉긋 피어 있어서 남의 눈을 놀라느냐. 해뜩 붉긋은 흰 빛과 붉은 빛이 뒤섞여 있는 모양.

(57) <715>
九月楓菊三溪洞이요　三月花柳孔德里라
我笑堂봄바람과　米月가을들을
어즈버　六花ㅣ紛紛時에煮酒詠梅ㅎ시더라. 安玟英

대조; 남창 159번과 중복되나 초장은 차이가 있음.

界面 二數大葉

(58) <716>
黃山谷도라드러　李白花를것거쥐고
陶淵明츠즈리라五柳村의드러가니
葛巾의　술덧는쇼리는細雨聲인가ㅎ노라.

대조; '술덧는'은 '술듯는'의 잘못.

黃山谷(황산곡) 도라 들어 李白花(이백화)를 것거 쥐고=황산의 골짜기를 돌아들어 흰 오얏 꽃을 꺾어 쥐고 황산은 송(宋)나라 황정견(黃庭堅)을 이백 은 당(唐)나라의 이백을 가리킴 ◇陶淵明(도연명) 츠즈리라 五柳村(오류촌) 의 드러가니=도연명을 찾겠다고 오류촌에 들어가니. 도연명은 진(晉)나라 시인 도잠(陶潛)이며 그가 살던 곳이 오류촌임 ◇葛巾(갈건)의 술 덧는 쇼 리는 細雨聲(세우성)인가 ㅎ노라=칡으로 만든 두건에 술을 거를 때 떨어지 는 소리가 이슬비 내리는 소리가 아닌가 싶다.

(59) <717>

黃河遠山白雲間의　一片孤城萬仞山을
春光이녜로부터못넘너니玉門關을
엇지튼　一聲羌笛은怨楊柳를ᄒᆞᆫ고.

대조;　'遠山'이 '遠上'으로 된 곳은『靑丘永言』육당본과『海東樂章』뿐임.

黃河遠山白雲間(황하원산백운간)의　一片孤城萬仞山을(일편고성만인산)=
'遠山'(원산)은 '원상(遠上)'의 잘못. 황하의 멀리 흰 구름 사이에 한쪽 외로
운 성은 높은 산이로다　◇春光(춘광)이 녜로부터 못 넘너니 玉門關(옥문관)
을=봄볕도 예로부터 옥문관을 넘지 못한다. 옥문관(玉門關)은 중국 감숙성
돈황현에 있는 관문　◇一聲 羌笛(일성강적)은 怨楊柳(원양류)를 ᄒᆞᆫ고=오
랑캐의 피리 한 가락은 양류가락을 원망하는고 양류는 노래 이름임. 이는
왕지어(王之漁)의 「涼州詞(양주사)」'黃河遠上白雲間　一片孤城百仞山　羌笛何
須怨楊柳 春光不渡玉門關'(황하원상백운간 일편고성백인산 강적하수원양류
춘광부도옥문관)을 시조로 만든 것임.

(60) <718>

金爐의香燼ᄒ고　漏聲이殘ᄒ도록
어디가이셔뉘ᄉ랑밧치다가
月影이　上欄干키야脈밧으러왓난고.

金爐(금로)의　香盡(향진)ᄒ고　漏聲(누성)이　殘(잔)ᄒ도록=향로에 향이 다
하고 물시계의 물이 새는 소리가 다하도록. 밤이 다 새도록　◇어디가 이셔
뉘 ᄉ랑 밧다가=어디 가 있어 누구의 사랑을 받다가　◇月影(월영)이 上
欄干(상난간)키야 脈(맥)밧으러 왓난고= 달의 그림자가 난간에 올라서야 남
의 속마음을 떠보려고 왔느냐.

(61) <719>
梨花雨흣날닐제　울머줍고離別ᄒ님
秋風落葉의제도나를싱각눈가
千里의　외로운쑴만오락가락ᄒ돗다. 扶安妓 桂娘

대조; 남창 183번과 중복.

(62) <720>
ᄂᆡ精靈술의셧겨　님의속의흘너드러
九廻肝腸을寸寸이ᄎᄌ가며
날잇고　남向ᄒ무음을슬우려하노라.

대조; '슬우려'는 '다슬우려'의, '님向ᄒ'은 '남向ᄒ'의 잘못.

ᄂᆡ 精靈(정령) 술의 셧겨=나의 죽은 혼이 술에 섞여　◇九廻肝腸(구회간
장)을 寸寸(촌촌)이 ᄎᄌ 가며=기나긴 창자를 조금씩 찾아가며. 괴로운 심
정을 조금씩 달래가며.　◇남 向(향)한 무음을 슬우려=님에게 향한 마음을
다 쓸어버리려. 또는 없애버리려.

(63) <721>
南山의鳳이울고　北岳의麒麟이논다
堯天舜日이我東方의밝가세라
우리도　聖主뫼옵고同樂昇平ᄒ리라.

대조; 남창 181번과 중복.

(64) <722>
祥雲이어뢴곳의　老安堂이壯麗ᄒ고
和風이ᄂ곳의太乙亭이縹緲ᄒ다

두어라 祥雲和風이 萬年長住ㅎ리라.

대조: 여창 20번과 중복.

(65) <723>
麒麟은들의놀고 鳳凰은山의운다
聖人御極ㅎ샤雨露를고로시니
우리는 堯天舜日인졔擊壤歌로즑이리라.

대조: 박씨본과 구황실본에만 수록.

聖人 御極(성인어극)ㅎ샤 雨露(우로)를 고로시니=성인이 왕위에 오르시
어 임금의 은덕을 고루 펴시니 ◇堯天 舜日(요천순일)인졔 擊壤歌(격양가)
로 즑이리라=요순과 같은 세상에 살고 있으니 격양가로 즐길 것이다.

(66) <724>
줄는다나라들고 南樓의북우도록
十洲佳氣는虛浪ㅎ도ㅎ리로다
두어라 눈넙운님이니시와어이ㅎ리요.

대조: '줄난'은 '줄시는'의 잘못.

南樓(남루)의 북 우도록=남쪽에 있는 누각에 북이 울 때까지 ◇十洲 佳
氣(십주가기)는 虛浪(허랑)ㅎ도 ㅎ리로다=십주와 좋은 시절은 허황되고 확
실하지 못하다고 하겠다. 십주(十洲)는 바다 가운데 있어 신선이 산다고 하
는 곳 ◇눈 넙운 님이니 시와 어이 ㅎ리요=견식과 학식이 많은 님이니 시
기하여 어찌 하겠는가.

(67) <725>

기러기손이로줍아　情드리고길려셔
님의집가는길을른歷歷히가룻쳐두고
밤ㅁ中만　님승각날졔면消息傳ᄒ리라.

대조; '길려셔'는 '길드리셔'의 잘못.

기럭이 순이로 줍아=기러기를 산 채로 잡아　◇歷歷(역력)히 가룻쳐 두
고=자세히 가르쳐 두고

(68) <726>

言約이느져가니　庭梅花가다지거다
아침의우른가치有信ᄐ ᄒ랴마는
그러나　鏡中蛾眉를다스려나보리라.

대조; '우른'은 '우든'의 잘못.

言約(언약)이 느져 가니 庭梅花(정매화)가 다 지거다=말로만 한 약속이
늦어가니 뜰에 핀 매화가 다 지겠다　◇아침의 우른 가치 有信(유신)ᄐ ᄒ랴
마는='우른'은 '우든'의 잘못. 아침에 울던 까치를 믿을 만하다고 하겠느냐
만　◇鏡中 蛾眉(경중아미)를 다스려나 보리라=거울 속에 비취는 고운 눈
썹을 가꾸어나 보리라.

(69) <727>

桃花는엇지ᄒ여　紅塵을진짓고셔셔
細雨東風의눈물은무슴일고
春風이　덧업슨줄을못닉슬허ᄒ노라.

대조; '紅塵을진짓고셔셔'는 '紅粧을딋고셔셔'로, '春風이'는 '春光이' 또는 '三春이'로

되어 있음.

紅塵(홍진)을 진짓고셔셔='紅塵'(홍진)은 '홍장(紅粧)'의, '진짓고서'는 '진
짓짓고서'의 잘못인 듯. 일부러 붉게 단장을 하고서 ◇細雨 東風(세우동풍)
의=이슬비가 내리는 봄바람에 ◇덧 업슨 쥴을 못닉 슬허ᄒ노라=항상 같
지 않음을 끝내 서러워한다.

(70) <728>
燈盞ㄷ불그무러갈제　窓던집고드ᄂ님과
五更鐘나리올제다시안고눕ᄂ님을
아모리　白骨이塵土ㅣ 된들이즐쥴이잇시랴.

대조; 남창 222번과 중복.

(71) <729>
ᄂᆡ가슴슬어난피로　님의얼골그려닉여
나ᄌᆞᄂ房안의族子숨아거러두고
숄드리　님싱각늘제면族子나볼ᄀ가ᄒ노라.

내 가슴 슬어난 피로=내 가슴을 쓰러 내려 나온 피로. 내 애통한 심정으
로

(72) <730>
相公을뵈온後의　事事를밋ᄌᆞ오민
拙直ᄒᆞ□음의病듥가念慮허니
이리마　져리츠ᄒ시니百年同抱ᄒ리라.

相公(상공)을 뵈온 後(후)의 事事(사사)를 밋ᄌᆞ오민=상공을 뵈온 뒤에 모
든 일을 믿고자 하니. 상공(相公)은 정승을 말함. ◇이리마 져리츠 ᄒ시니

百年 同抱(백년동포) ᄒ리라=이렇게 하마 저렇게 하라 하시니 평생을 해로 할까 하노라. 지은이 소백쥬(小柏舟)가 평안병사였던 박엽(朴燁)의 명으로 장기를 두고 지은 것으로 상공의 상은 상(象)을, 사사의 사는 사(士)를, 졸직의 졸은 졸(卒)을, 병은 병(兵)을 이리마의 마는 마(馬)를 저리차의 차는 차(車)를, 동포의 포는 포(包)를 가리킴.

(73) <731>
누리쇼셔누리소셔　萬千歲를누리쇼셔
무쇠기동의 ᄭᅩᆺ픠여여름여러ᄯᅩ드리도록누리쇼셔
그남아　億萬歲뵛계쇼萬歲를누리쇼셔.

대조: '萬千歲'는 '萬歲'로 되어 있음.

무쇠기동의 ᄭᅩᆺ 픠여 여름 여러 ᄯᅩ 드리도록 누리쇼셔=무쇠로 만든 기동에 꽃이 피어 열매가 열려 따 들이도록 누리십시오.

(74) <732>
堯舜ᄀᆺ튼님군을뫼와　聖代를곳쳐보니
太古乾坤의日月의光華ㅣ로다
우리도　壽域春堂의놀고놀려ᄒ노라.

대조: 남창 60번과 중복. '春堂'은 '春臺'의 잘못.

(75) <733>
南極星도다잇고　勸酒歌로祝壽ㅣ로다
오늘늘老人들은셔로노ᄌ勸ᄒ는고야
이後란 花朝月夕의每樣놀려ᄒ노라. 金汶根 字魯夫 號四敎齊 哲宗朝國舅永恩府院君

南極星(남극성) 도다 잇고=남극수성(南極壽星)이 떠 있고 남극수성은 남극노인셩과 같은 말 ◇勸酒歌(권주가)로 祝壽(축수) ㅣ로다=술을 권하는 노래로 오래 살기를 빈다 ◇花朝月夕(화조월석)의 每樣(매양) 놀려 ㅎ노라=꽃 피는 아침과 달 밝은 저녁에 항상 놀고자 한다.

(76) <734>
揮毫紙面何時禿고 磨墨硏前畢竟無ㅣ라
믓노라녀사람아이글쯧을能히알다
其人이 莞爾而笑ㅎ고唯唯而退ㅎ더라. 安玟英 右石坡

揮毫紙面何時禿(휘호지면하시독)고 磨墨硏田畢竟無(마묵연전필경무) ㅣ라=붓을 종이 위에 휘두르니 언제 모지라 질고 먹을 벼루에 가니 마침내 없어지리라 ◇其人(기인)이 莞爾而笑(완이이소)ㅎ고 唯唯而退(유유이퇴) ㅎ더라=그 사람이 빙그레 웃고 예, 예하며 물러가더라.

(77) <735>
口圃東人빗는신셰   알니덕어病되더니
似韻似閑兼得味오如詩如酒又知音은
石坡公 至公筆端이시니 感激無恨ㅎ여라. 安玟英 右石坡所作 與安玟英詞 玟英感激結詞也

대조; '至公筆端'은 '知己筆端'의 잘못.

口圃東人(구포동인) 빗는 신셰=구포동인의 빛나는 신세. 구포동인은 흥선대원군이 안민영(安玟英)에게 내린 사호(賜號) ◇似韻似閑兼得味(사운사한겸득미)오 如詩如酒又知音(여시여주우지음)을=운치를 알고 한가한 것 같으면서도 멋을 아울러 갖추었고 시와 술을 하면서도 아울러 음률까지 아심을 ◇石坡公(석파공) 至公筆端(지공필단)이시니 感激無限(감격무한) ㅎ여라='至公'은 '知己'(지기)의 잘못인 듯. 석파공께서 나를 알아주는 붓의 운용

이시니 감격스러움이 끝이 없어라.

    (78) <736>
  南浦月깁푼밤의　돗딕치ᄂ져ᄉ공아
  뭇노라너탄빅야桂棹錦帆蘭舟ㅣ로다
  우리는　採蓮가ᄂ길이라무러무슴ᄒ리요.

  南浦月(남포월) 깁푼 밤의 돗딕치ᄂ 져 ᄉ공아=남쪽 포구 달이 밝은 깊은 밤에 돛을 다는 막대를 두드리는 저 사공아 ◇뭇노라 너 탄 빅야 桂棹錦帆 蘭舟(계도금범난주)ㅣ로다=묻노라. 네가 탄 배가 계수나무로 만든 노(櫓)와 좋은 천으로 만든 돛을 단 난주로구나. 난주는 진양(晉陽)출신의 기생으로 그를 두고 지은 시임.

    (79) <737>
  기러기놉히쓴곳의　셔리ㄹ달이萬里로다
  네네쪽ᄎᄌ려고이밤의나럿느냐
  더건너　菰花叢裡의홀노안ᄌ우더라. 安玟英

  셔리ㄹ달이 萬里(만리)로다=상월(霜月)이 만리(萬里)로다. 서리달은 가을 달. ◇菰花 叢裡(고화총리)의=풀과 꽃이 우거진 속에.

    (80) <738>
  엇그제離別ᄒ고　말업시안졋시니
  알쓸이못견딀일흔두가지안이로다
  입으로　잇ᄌᄒ면셔가장슬허ᄒ노라. 安玟英

  대조; '가장슬허'는 '肝腸슬어'로 된 곳도 있음.

  알쓸이 못 견딀 일=알뜰하게 견디지 못할 일 ◇입으로 잇ᄌ ᄒ면서 가장 슬허 ᄒ노라='가장'은 '간장(肝腸)'의 잘못인 듯. 입으로는 잊자고 하면서도 마음이 녹아내리는 것처럼 서러워한다.

(81) <739>
東墻의갓치우름 셧거이드럿더니
쯧아닌千金書札님의얼골쓰여왓네
아셔라 肝腸스난거슬보아무엇ᄒ리오. 安玟英

東墻(동장)의 갓치 우름 셧거이 드럿더니=동쪽 담장에 우는 까치의 울음 대수롭지 않게 들었더니 ◇쯧 아닌 千金 書札(천금서찰) 님의 얼골 쓰여 왔네=생각지도 않은 소중한 편지가 님의 얼굴을 보내 왔네 ◇아셔라 肝腸(간장) 스난 거슬 보아 무엇 ᄒ리요=그만 두어라. 마음이 쓰이는 것을 보아 무엇 하겠느냐.

(82) <740>
永濟橋千條柳의 郎의말이몃번미며
大同江萬折波에妾에눈물몃말인고
夕陽의 獨上練光亭ᄒ야長歎ᄒ더라. 安玟英

대조: '長歎'은 '依欄長歎'의 잘못.

永濟橋(영제교) 千條柳(천조류)의 郎(낭)의 말이 몃 번 미며=영제교의 많은 가지를 늘어뜨린 버드나무에 사랑하는 이의 말을 몇 번이나 매며. 영제교(永濟橋)는 평양에 있는 다리 ◇大同江(대동강) 萬折波(만절파)에 妾(첩)의 눈물 몃 말인고=대동강의 수 없는 물결에 첩의 눈물은 몇 말인고 ◇獨上 練光亭(독상연광정)ᄒ야 長歎(장탄) ᄒ더라=홀로 연광정에 올라 길게 탄식을 하더라. 연광정(練光亭)은 평양에 있는 정자.

(83) <741>

淸晨의몸을일어　北向ᄒ여비는말이
제속늬肝腸을한열흘밧구셔든
그제야　제날속이던恨을알들이밧갑ᄒ리라. 安玫英

대조; ‘北向ᄒ여’는 ‘北斗에’의, ‘속이던恨을’은 ‘속이던안을’의 ‘밧갑’은 ‘밧게’ 혹은 ‘갑게’의 잘못으로 『海東樂章』에 이렇게 되어 있음.

淸晨(청신)의 몸을 일어＝새벽에 몸을 일으키어. 일어나서　◇제 속 늬 肝腸(간장)을 한 열흘 밧구셔든＝제 마음과 내 심정을 한 열흘간만 바꾸었으면　◇제 날 속이던 恨(한)을 알들이 밧갑 ᄒ리라＝제가 나를 속이던 한을 알뜰하게 갚게 하겠다.

(84) <742>

窓外三更細雨時의　兩人心事兩知라
新情이未洽ᄒ야하늘이쟝츳밝아오니
다시금　羅衫을뷔줍고後ㄷ期約을뭇노라.

窓外三更細雨時(창외삼경세우시)의　兩人心事兩人知(양인심사양인지)라＝창밖에 이슬비가 내리는 한밤중에 두 사람 사이의 일을 두 사람이 아는지라　◇新情(신정)이 未洽(미흡)ᄒ야＝새로운 정이 흡족하지 않아서　◇羅衫(나삼)을 뷔줍고 後ㄷ期約(후기약)을 뭇노라＝비단 적삼을 움켜잡고 다음 약속을 묻는다. 金命元(김명원: 1534~1602)의 한시. 窓外三更細雨時 兩人心事兩人知 新情未洽天將曉 更把羅衫問後期(창외삼경세우시　양인심사양인지 신정미흡천장효 갱파나삼문후기)를 시조로 만든 것임.

(85) <743>

蒼梧山崩湘水絶이라야　이늬시름이업슬거흘
九疑峯구름이가지록싀로왜라

밤ㅁ中만 月出於東嶺ᄒ니님뵈온ᄃᆺᄒ여라.

蒼梧山崩 湘水絶(창오산붕상수절)이라야 이 닉 시름이 업슬 거홀=창오산
이 무너지고 상수의 물이 끊어진 뒤라야 나의 시름이 없을 것을. 창오산(蒼
梧山)은 순(舜)임금이 죽은 곳이고 상수(湘水)는 소수(瀟水)와 더불어 순의
왕비인 아황과 여영이 죽은 곳 ◇九疑峯(구의봉) 구름이 가지록 식로왜라=
구의봉에 떠있는 구름이 갈수록 새롭구나. 구의봉(九疑峯)은 순임금의 무덤
에 있는 곳.

(86) <744>
梨花의月白ᄒ고　銀漢이三更인제
一枝春心을子規애알냐마ᄂᆫ
多情도　病이냥ᄒ야줌못일워ᄒ노라.

대조; 남창 261번과 중복.

(87) <745>
瑤池의봄이드니　碧桃花ㅣ다퓌거나
三千年밋친열믹玉盤의담앗시니
眞實로　이盤곳바드시면萬壽無疆ᄒ오리라.

瑤池(요지)의 봄이 드니=요지에 봄이 되니. 요지는 서왕모(西王母)가 사
ᄂᆫ 곳에 있다고 하는 연못 ◇三千年(삼천년) 밋친 열믹=삼천년 만에 달린
열매. 요지의 복숭아는 삼천년에 한 번 달린다고 함 ◇이 盤(반)곳 바드시
면=이 소반을 받으시면.

(88) <746>
西山의日暮ᄒ니　天地의가히업다
梨花의月白하니님生覺이식로이라

杜鵑아 너는누를그려밤시도록우나냐.

대조; 남창 248번과 중복.

(89) <747>
銀河의물이지니 烏鵲橋ㅣ쓰단말가
쇼잇끈仙郎이못건너오리로다
織女의 寸만흔肝腸이봄눈스듯ᄒ여라.

銀河(은하)의 물이 지니 烏鵲橋(오작교)ㅣ 쓰단 말가=은하수에 장마가
지니 오작교가 뜨겠구나 ◇쇼 잇끈 仙郎(선랑)이=소를 이끄는 사랑하는
사람이. 견우성(牽牛星)를 가리키는 것임 ◇織女(직녀)의 寸(촌)만흔 肝腸
(간장)이 봄눈 스 듯ᄒ여라=직녀성의 조그마한 간장이 봄철의 눈 녹듯 하
는구나.

(90) <748>
곳보고춤츄는나븨 나븨보고웃는곳과
뎌둘의ᄉ랑은節節이오건만는
엇지타 우리의ᄉ랑은가고아니오는고.

뎌 둘의 ᄉ랑은 節節(절절)이=저들 꽃과 나비의 사랑은 계절마다.

(91) <749>
蒼梧山희진後의 二妃는어듸가고
함거못죽은들서름이야이즐소냐
千古에 이뜻알니는듸습힌가ᄒ노라. 申欽

蒼梧山(창오산) 희진 後(후)의 二妃(이비)는 어듸 가고=창오산에 해가 진
뒤에 이비는 어디로 가고 창오산(蒼梧山)은 중국 호남성에 있는 산으로 순

임금이 죽은 곳. 이비는 순임금의 왕후인 아황과 여영임 ◇함겨 못 죽은들 서름이야 이즐소냐=두 왕비가 순임금과 같이 죽지는 못했을망정 설음이야 잊겠느냐 ◇이 뜻 알 니는 디슙인가=이러한 뜻을 아는 것은 창오산의 대 나무 숲인가.

　　　(92) <750>
　　山村의밤이드니　먼듸ㄷ기즈뎌온다
　　柴扉를열고보니하늘이츠고달이로다
　　뎌긔야　空山줌든달을즈뎌무슴ᄒ리요.

대조: 남창 244번과 중복.

　　　(93) <751>
　　東窓이 旣明커늘　님을늬여보닉오니
　　非東方卽明이라月出之光이로다
　　脫鴛衾　退鴛枕ᄒ고轉展反側ᄒ쇼라

대조: 남창 245번과 중복.

　　　(94) <752>
　　秋風이슬아니라　北壁中防쑬지마라
　　鴛鴦衾찬듯흄도님업슨타시로다
　　다만지　長夜殘燈의轉展不寐ᄒ노라.

　　秋風(추풍)이 슬 아니라=가을바람이 화살이 아니니　◇鴛鴦衾(원앙금) 찬 듯흄도 님 업슨 타시로다=원앙을 수놓은 이불이 차갑게 느껴지는 것도 님이 없는 탓이로다　◇長夜 殘燈(장야잔등)의 轉展不寐(전전불매) ᄒ노라=긴 밤 등잔불을 대하고 잠 못 일워 ᄒ노라.

(95) <753>
가락지쪽을일코 네홀노날쓴로니
네쪽ᄎ즐졔면님을보련만ᄂ
쪽이일코 글이ᄂ양이야네나너나다르리.

대조; '네쪽ᄎ즐졔면님을'은 '네네짝차즐졔면나도님을'로 『海東樂章』만 이렇게 되어
있음.

네 쪽 ᄎ즐졔면 님을 보련만ᄂ=네 짝을 찾게 되면 임을 보겠지만 ◇쪽
이 일코 글이ᄂ 양이야=짝을 잃어버리고 그리워하는 모습은.

(96) <754>
ᄂ가슴들충묵판되고 님의樺榴등되여
因緣진부레풀노시운지게븟쳐시니
아모리 석달쟝미든들써러질쥴이시랴.

대조; '묵판'은 '腹板'의, '님의'는 '님의가슴'의 잘못.

ᄂ 가슴 들충 묵판 되고 님의 樺榴(화류)등 되여='들충'은 '두충(杜沖)'의
잘못. 내 가슴을 두충의 배가 되고 임의 가슴은 화류의 등이 되어. 두충이나
화류는 좋은 목재임 ◇因緣(인연)진 부레풀노 시운지게 븟쳐시니=인연이
된 부레풀로 때의 운수에 맞게 붙였느니 부레풀은 민어의 부레를 끓여 만
든 접착제 ◇석달 쟝미 든들=석 달간 계속되는 장마가 든들.

(97) <755>
離別이블이되니 肝腸이타노미라
눈물이비되니쓸듯도ᄒ건마ᄂ
한슘이 바람이되니쓸동말동ᄒ여라.

離別(이별)이 블이 되니 肝腸(간장)이 타노미라=이별이 너무나 큰 충격이 되어 맹렬하게 타는 불과 같으니 간장이 다 타는구나 ◇눈물이 비 되니 씰 듯도 ㅎ건마는=눈물이 비가 되어 끌 것도 같지마는.

(98) <756>
寒松亭달밝은밤의　鏡浦臺의물이존제
有信ㅎ白鷗는오락가락ㅎ건마는
어지타　우리의王孫은가고아니오는고.

寒松亭(한송정) 달 밝은 밤의 鏡浦臺(경포대)의 물이 존제=한송정에 달이 밝은 밤에 경포대의 물결이 잔잔한 때에. 한송정과 경포대는 강원도 강릉에 있는 정자와 누대 ◇우리의 王孫(왕손)은 가고 아니 오는고=우리의 사랑하는 임은 가고는 돌아올 줄을 모르는고

(99) <757>
가을ㅎ늘비긴빗츨 드는칼노말나너여
天銀針五色실로繡를노아오슬지여
님계신　九重宮闕의드려볼ㄱㅎ노라.

대조: '드려볼ㄱㅎ노라'는 '들여볼ㄱ가하노라'의 잘못.

가을 ㅎ늘 비 빈 빗츨 드는 칼노 말나 너여=가을 하늘 비가 그쳐 개었을 때의 햇볕을 잘 드는 칼로 재단하여 ◇天銀針(천은침) 五色(오색) 실로 繡(수)를 노아 오슬 지여=좋은 은으로 만든 바늘과 오색의 실로 수를 놓아서 옷을 만들어 ◇九重宮闕(구중궁궐)의 드려볼ㄱ ㅎ노라=임금이 계신 대궐에 들여보냈으면 한다.

(100) <758>
武王이 伐紂ㅣ 여시늘 伯夷叔齊諫ㅎ오듸
以臣君伐이 不可ㅣ라 諫톳더니
太公이 扶以去之ㅎ니 餓死首陽ㅎ니라.

대조; 남창 85번과 중복.

(101) <759>
秦王이 擊缶ㅎ니 六國諸侯ㅣ 다슐거다
이제야헤어보니數十年ㅅ이여늘
다시금 玉樓上봄ㄷ바람의擊缶聲이이눈고. 安玟英

대조; '이제야'는 '이제와'의 잘못

秦王(진왕)이 擊缶(격부)ㅎ니 六國 諸侯(육국제후)ㅣ 다 슐거다=진왕이
부를 치니 육국의 제후들이 다 항복을 하는 구나. 진(秦)의 소왕(昭王)과 조
(趙)의 혜문왕(惠文王)이 민지(黽池)에서 만나 진왕은 조왕에게 슬(瑟)타기를
권하고 조왕은 진왕에게 부(缶)를 치기를 청하여 진이 야만해서 음악이 없
음을 치욕을 느끼도록 했다는 고사 ◇이제야 헤어 보니=이제 와서 헤아려
보니 ◇玉樓上(옥루상) 봄ㄷ바람의 擊缶聲(격부성)이 이눈고=옥루 위에 부
는 봄바람에 부(缶)를 치는 소리가 일어나는고 대원군이 부를 잘 치기 때문
에 하는 말임.

(102) <760>
西塞山前白鷺飛ㅎ고 桃花流水厥魚肥라
青篛笠綠簑衣로斜風細雨須歸라
이곳의 張志華ㅣ 업스니놀이덕어ㅎ노라.

대조; '須歸라'는 '不須歸라'의 잘못.

西塞山前白鷺飛(서새산전백로비)ᄒ고 桃花流水鱖魚肥(도화유수궐어비)라
=서새산 앞에 백로가 날고 복숭아꽃이 떠 흘러가는 물에 쏘가리가 살졌다
◇靑篛笠綠蓑衣(청약립녹사의)로 斜風細雨須歸(사풍세우수귀)라=푸른 삿갓
과 도롱이로 비낀 바람에 가랑비 내리는데 돌아가 무엇 하겠느냐 ◇張志
華(장지화)ㅣ 업스니 놀이 뎍어 ᄒ노라=장지화 없으니 놀 사람이 적다고
하겠다. 장지화는 당(唐)나라 때 사람.

      (103) <761>
    뭇노라뎌禪師야 關東風景엇덧터니
    明沙十里의海棠花불거잇고
    遠浦의 兩兩白鷗ᄂᆞ飛疏雨를ᄒ더라.

대조: '불거잇고'는 '불것ᄂᆞᆯ듸'나 '붉거잇고'로 되어 있음.

뭇노라 뎌 禪師(선사)야 關東 風景(관동풍경) 엇덧터니=묻겠다. 저 스님
아, 강원도의 경치가 어떻더냐 ◇遠浦(원포)의 兩兩白鷗(양양백구)ᄂᆞ 飛疏
雨(비소우)를 ᄒ더라=먼 포구에 쌍쌍이 나는 백구들이 어쩌다 내리는 빗속
을 나르고 있더라.

      (104) <762>
    고흘ᄉ月下步의 깁ᄉ미바름이라
    곳앏히섯ᄂᆞ態度님의情을맛뎌세라
    아마도 舞中最愛ᄂᆞ春鶯囀인가ᄒ노라. 春鶯舞唱 右翼宗大王 在東宮代理時 設進
    饌宴 作此闋

고흘ᄉ 月下步(월하보)의 깁 ᄉ미 바름이라=곱구나. 달빛 아래를 거닐을
때 비단 소매바람이라 ◇곳 앏히 섯ᄂᆞ 態度(태도) 님의 情(정)을 맛뎌세라=

꽃 앞에 서있는 태도가 임의 정을 맡기었구나 ◇舞中 最愛(무중최애)는 春
鶯轉(춘앵전)인가 ᄒᄂ노라='春鶯轉'(춘앵전)은 '춘앵전(春鶯囀)'의 잘못. 춤
가운데 가장 사랑스러운 것은 춘앵전인가 한다. 춘앵전은 진연(進宴) 때 추
는 춤. 익종(翼宗)이 대리청정 때 어머니인 순원왕후(純元王后)의 進饌宴(진
찬연) 때 지어 올렸다고 함.

(105) <763>
世上의藥도만코 드는칼도만컨마ᄂ
情버힐칼이업고님니즐약이업니
두어라 님버히기ᄂ後天의나홀는지.

대조; '만컨마ᄂ'은 '잇것마ᄂ'으로 '님버히기ᄂ'이 '님버히기는'로『海東樂章』만 이
렇게 되어 있음. '後天에의나홀는지'는 '後天에나헐넌지'로 되어 있음.

드는 칼도 만컨마ᄂ=예리한 칼도 많지마는. ◇情(정) 버힐 칼이 업고 님
니즐 藥(약)이 업니=인정을 자를 칼이 없고 임을 잊을 약이 없네 ◇님 버
히기ᄂ 後天(후천)의나 홀는지=임의 정을 자르는 것은 먼 후세에나 할 수
있을는지.

(106) <764>
울며줍ᄂᄌ민 썰치고가지마소
超遠長堤의히다져물엿네
客窓의 殘燈도도고시와보면알니라.

대조; 남창 286번과 중복.

(107) <765>
第二太陽館의 봄ᄃ바롬이어리엿다
闌干앏히웃ᄂ곳과슈풀아리우ᄂ시라

잇다감 纖歌細樂은鶴의츔을일희현다. 安玫英

第二 太陽館(제이태양관)의=제이 태양관에. 제이 태양관은 운현궁(雲峴
宮) 안에 있는 사랑(舍廊)임 ◇잇다감 纖歌 細樂(섬가세악)은 鶴(학)의 츔을
일희현다=어쩌다 섬세한 가악(歌樂)은 학에게 춤을 추게 한다.

平擧

(108) <766>
임이혜오시미 나는던혀밋엇더니
날스랑ᄒ든情을뉘손듸옴기신고
前前의 뮈이던거시면이듸도록셜우랴.

님이 혜오시미 나는 던혀 밋엇더니=님이 헤아려주심에 나는 전적으로
믿었더니 ◇뮈이던 거시면 이듸도록 셜우랴=미워하시던 것이면 이처럼
서러우랴.

(109) <767>
草堂秋夜月의 蟋蟀聲도못禁커든
무슴ᄒ리라夜畔에鴻雁聲고
千里의 님離別ᄒ고좀못일워ᄒ노라.

대조: '夜畔에'는 '夜半에'의 잘못.

草堂 秋夜月(초당추야월)의 蟋蟀聲(실솔성)도 못 禁커든=초당에 가을 달
이 밝은 밤에 귀뚜라미 우는 소리도 막지 못하거든 ◇夜畔(야반)에 鴻雁聲
(귀안성)고='夜畔'(야반)은 '야반(夜半)'의 잘못. 밤중에 기러기 우는 소리인
가.

(110) <768>
닭으우지마라　일우노라즈랑마라
夜半秦關의孟嘗君이아니로다
오늘은　님오신날이니아니운들엇더ᄒ리.

대조; 남창 336번과 중복.

(111) <769>
닭으우지마라　옷버셔中錢쥬료
늘아시지마라닭의손듸비럿노라
無心흔　東역드히는漸漸밝아오도다.

대조; 남창 337번과 중복.

(112) <770>
누구나즈는窓밧게　碧梧桐을심우라턴고
月明庭畔의影婆婆도좃커니와
밤ㅁ中만　굵은빋쇼리의이긋는듯ᄒ여라.

누구 나 즈는 窓(창) 밧게 碧梧桐(벽오동)을 심우라턴고=누가 내 자는 창
밖에 벽오동을 심었는가　◇月明 庭畔(월명정반)의 影婆娑(영파사)도 좃커니
와=달빛이 밝은 뜰에 그림자가 너울대는 것도 좋거니와　◇굵은 빋 쇼리의
이 긋는 듯ᄒ여라=소나기 내리는 소리에 창자가 끊어지는 듯하구나.

(113) <771>
綠草淸江上이　구레버슨말이되여
씩씩로머리드러北向ᄒ여우는뜻은
夕陽이　지넘어가니님즈글여우노라.

綠草 淸江上(녹초청강상)이 구레 버슨 말이 되여=푸른 풀이 우거진 맑은 강가에 굴레를 벗은 말이 되여. 벼슬을 그만 두고 ◇쪅쪅로 머리 드러 北向(북향)ᄒ여 우는 쯧은=아무 때나 머리를 들어 북쪽을 향하여 우는 뜻은 ◇夕陽(석양)이 지 넘어가니 님즈 글여 우노라=석양이 고개를 넘어가니 임자를 그리워하여 운다. 임금의 죽음을 슬퍼함.

(114) <772>
ᄉ랑거즛마리   님눌고ᄉ랑거즛말이
ᄭ옴의와뵈든말이긔더욱거즛말이
눌ᄀ치   ᄌᆞᄋᆞ니오면어늬ᄭ옴의뵈이리요.

대조; '님눌고'는 '님눌'의 잘못

ᄭ옴의 와 뵈든 말이 긔 더욱=꿈에 나타나서 보인다고 한 말이 그것이 더욱 더.

(115) <773>
님을밋을것가   못밋을슨님이시라
밋어온時節도못밋을쥴아라스라
밋기야   어려워마는밋고어이리.

대조; '밋고어이리'는 '아니밋고어이리'의 잘못.

님을 밋을 것가 못 밋을슨 님이시라=임을 믿을 것인가 믿지 못할 것은 임이로다 ◇밋어온 時節(시절)도 못 밋을 쥴 아라스라=믿을 만한 시절도 못 믿을 줄 알았도다.

(116) <774>
楚江漁夫들아 고기낙사숨지마라
屈ㄹ三閭의忠魂이魚腹裏의드럿느니
아무리 鼎鑊의슬문들익을쥴이시랴.

楚江 漁夫(초강어부)들아=초강의 어부들아. 초강(楚江)은 굴원이 빠져 죽은 멱라수를 말함 ◇屈ㄹ三閭(굴삼려)의 忠魂(충혼)이 魚腹裏(어복리)의 드럿느니=굴삼려의 충성된 넋이 고기의 뱃속이 들었으니. 굴삼려는 굴원(屈原)을 가리킴 ◇鼎鑊(정확)의 슬문들 익을 쥴이 이시랴=솥에다 넣고 삶은들 익을 까닭이 있겠느냐.

(117) <775>
남도쥰비업고 바든바도업건마는
冤讐白髮은어듸로조츠온고
白髮이 公道ㅣ 업도다늘을몬져비이네.

대조; '조츠온고'는 '온거이고'로 되어 있음.

남도 쥰 비 업고 바든 바도 업건마는=남에게 준 일도 없고 받은 일도 없건마는 ◇어듸로 조츠 온고=어디서부터 따라 온 것인고 ◇公道(공도)ㅣ업도다 늘을 몬져 비이네=공평한 도리를 어기는 일이 없구나. 나에게 먼저 보이네. 또는 재촉하네.

(118) <776>
뉘뉘니르기롤 清江沼히깁다터니
비오리가슴이半도아니줌겨셰라
아무도 깁고깁기는님이신가ᄒ노라.

뉘뉘 니르기롤 清江 沼(청강소)히 깁다터니=누구누구가 말하기를 맑은

강에 패인 웅덩이가 깊다고 하더니 ◇비오리 가슴이 半(반)도 아니 즘겨셰
라=비오리의 가슴도 반도 잠기지 아니 하였구나.

(119) <777>
글여수지말고 출하리죽어가셔
月明空山의덥동시넉시되여
시도록 피나게우러님의귀들니리라.

대조: '님의귀'는 '님의귀에'의 잘못

글여 수지 말고=그리워하며 살지 말고 ◇月明 空山(월명공산)의 덥동시
넉시 되여=달이 밝게 비추는 적막한 산에 접동새의 넋이 되어.

(120) <778>
두어도다셕는肝腸 드는칼노버혀닉혀
珊瑚箱白玉函의點이담앗다가
아무나 가나니잇거든님계신데보닉리라.

대조: '點이'는 '點點이'의 잘못.

드는 칼노 버혀 닉혀=잘 드는 칼로 베어 내여 ◇珊瑚箱(산호상) 白玉函
(백옥함)의 點(점)이 담앗다가=산호로 만든 상자와 백옥으로 만든 함에 한
점 한 점 담았다가 ◇아무나 가나니 잇거든=누구든지 가는 사람이 있거든.

(121) <779>
大川바다흔가온뒤 쌀리업슨남기느셔
柯枝는열둘이요닙은三百예순입히로다
그남게 여름이열니되다만둘쑨이러라.

쑬리 업슨 남기 느셔=뿌리가 없는 나무가 나서 ◇柯枝(가지)는 열 둘이
요 닙은 三百(삼백) 예슌 입히로다=가지는 열둘이요 잎은 삼백 예순이로다.
가지는 달을, 잎은 날을 가리킴 ◇그 남게 여름이 열니되=그 나무에 열매
가 열리기를.

(122) <780>
春水滿四澤ᄒ니 물히만하못오던가
夏雲이多奇峰ᄒ니山이놉하못오던가
秋月이 揚明輝어든무슴타실ᄒ리요.

春水 滿四澤(춘수만사택)ᄒ니=봄철의 물이 사방의 웅덩이에 가득하니
◇夏雲(하운)이 多奇峰(다기봉)ᄒ니=여름철의 구름은 기이한 봉우리처럼
되는 때가 많으니 ◇秋月(추월)이 揚明輝(양명휘)어든=가을 달이 드높이
밝게 비추거든. 도연명(陶淵明) 시 「四時」(사시)인 '春水滿四澤 夏雲多奇峰
秋月揚明輝 東嶺秀孤松'(춘수만사택 하운다기봉 추월양명휘 동령수고송)을
시조로 만든 것임.

(123) <781>
大旱七年인제 湯님군이犧牲되샤
前爪斷髮ᄒ고桑林野의비르시니
湯王이 聖德이格天ᄒ샤大雨ㅣ方數千里를ᄒ니라.

大旱 七年(대한칠년)인제 湯(탕)님군이 犧牲(희생)되샤=칠년 동안의 커다
란 가뭄에 은(殷)나라 湯(탕) 임금이 희생이 되시여 ◇剪爪 斷髮(전조단발)
ᄒ고 桑林野(상림야)의 비르시니=탕 임금이 손톱을 깎고 머리를 자르고 상
림야에서 빌으시니 ◇格天(격천)ᄒ샤 大雨ㅣ 方數千里(대우방수천리)를 ᄒ
니라=정성이 하늘에 사무쳐 큰 비가 사방 수 천리에 내리시다.

(124) <782>

春風桃李花들이　고온樣子ᄌ랑마라
蒼松綠竹을歲寒浚의보려무나
貞貞코　落落ᄒ節을곳칠쥴잇스랴.

대조; 남창 303번과 중복.

(125) <783>

金生麗水라ᄒ니　물나다金이나며
玉出崑崗인들되마다玉이나랴
아무리　女必從夫ㄴ들님님마다조츠랴.

金生 麗水(금생여수)라 ᄒ니＝금은 여수에서 난다고 하니. 여수는 지명임
◇玉出 崑崗(옥출곤강)인들＝옥은 곤강에서 나온다고 한들. 곤강은 곤륜산
의 다른 이름　◇女必從夫(여필종부)ㄴ들＝지어미는 반드시 지아비를 따라
야 한들.

(126) <784>

恨唱ᄒ니歌聲咽이요 愁飜ᄒ니舞袖遲라
歌聲咽舞袖遲ᄂ님글리ᄂ탓시로다
西陵의　日欲暮ᄒ니이긋ᄂ듯ᄒ여라.

대조; 남창 347번과 중복.

(127) <785>

於臥王昭君이여　싱각건듸불샹홀샤
漢宮粧胡地妾의薄命도굿이업다
至今의　死留靑塚을못닉슬허ᄒ노라.

於臥(어와) 王昭君(왕소군)이여 싱각건듸 불샹홀샤＝아 왕소군이여 생각

하건대 불쌍하구나. 왕소군(王昭君)은 한(漢)나라 궁녀로 호지(胡地)에 바치는 몸이 되어 후에 거기에서 죽었음 ◇漢宮粧 胡地妾(한궁장호지첩)의 薄命(박명)도 긋이 업다=한(漢)나라 궁녀에 오랑캐 땅의 첩이 되니 박명하기도 끝이 없다 ◇死留 靑塚(사류청총)을 못닉 슬허 ᄒᆞ노라=죽어 청총만 남음을 끝내 서러워하노라. 청총(靑塚)은 왕소군의 무덤으로 중국 유원성(綏遠省) 귀유현(歸綏縣)에 남아 있음.

　　(128) <786>
네라이러ᄒᆞ면　이얼골기러스랴
愁心이실이되여구뷔구뷔민쳐잇셔
아무리　푸르련ᄒᆞ여도ᄉᆞᆽ간듸를몰닉라.

네라 이러ᄒᆞ면 이 얼골 기러스랴=예전에 이러했으면 이 얼굴을 지녔으랴 ◇愁心(수심)이 실이 되여=수심이 실처럼 뒤엉겨서 ◇푸르련 ᄒᆞ여도 ᄉᆞᆽ 간 듸를 몰닉라=풀려고 해도 끝이 간 곳을 모르겠다. 풀기 어렵다.

　　(129) <787>
그려ᄉᆞ지말고　출하리싀여뎌셔
閻王게발괄ᄒᆞ야님을마져다려드가
死後ᄂᆞᆫ　魂魄이雙을지여그리든한을풀니라. 安玫英

그려 ᄉᆞ지 말고 출하리 싀여뎌셔=그리워하며 살지 말고 차라리 죽어서 ◇閻王(염왕)게 발괄ᄒᆞ야=염라대왕에게 발괄을 하여. 발괄은 억울한 일을 글이나 말로 관청에 하소연 하는 일. 한자로는 '백활(白活)'로 표기하는데 이는 이두식(吏讀式) 표기임 ◇그리든 한을 풀니라=그리워했던 한을 풀겠다.

　　(130) <788>
羅幃寂寞한ᄒᆞᆯ　심업시이러ᄂᆞᆯ셔

珊瑚筆쎄여들고두어즈그리다가
아셔라　이를써무엇ᄒ리. 安玫英

대조; '한호'은 '호듸'의 잘못, '아서라 이를써무엇하리'는 '아서라 이를써무엇하리도
로누어조는듯'임.

羅幃 寂寞(나위적막)한흔 심업시 이러ᄂ셔=비단으로 만든 장막이 쓸쓸한
데 힘없이 일어나서　◇珊瑚筆(산호필) 쎄여 들고=산호로 만든 붓을 빼어
들고　◇이를 써 무엇ᄒ리=이를 써서 무엇 하겠느냐. 다음에 '도로누어조
는듯'이 빠졌음.

　　　　(131) <789>
그려걸고보니　정녕ᄒ긔다마는
불너듸답업고손쳐오지아니ᄒ니
야속다　혼을아니붓친쥴이. 소人

대조; '혼을아니붓친쥴이'는 '造物의 猜忌허미여魂을 아니붓친쥴이'로 되어 있음.

그려 걸고 보니 정녕ᄒ 긔다마는=그려서 걸어놓고 보니 틀림없는 그 사
람이다 만은　◇불너 듸답 업고 손쳐 오지 아니ᄒ니=불러도 대답이 없고
손짓을 해도 오지 아니하니　◇야속타 혼을 아니 붓친 쥴이=야속하구나.
혼을 아니 불어넣은 것을 끝내 서러워한다.

　　　　(132) <790>
天地는 萬物之逆旅오　光陰은百代의過客이라
人生을혀아리니渺滄海之一粟이로다
두어라　若夢浮生이니아니놀고어이리.

天地(천지)는 萬物之逆旅(만물지역려)오 光陰(광음)은 百代之過客(백대지

과객)이라=천지는 만물의 여인숙과 같고 세월은 백대를 지나는 나그네와
같다 ◇渺滄海之一粟(묘창해지일속)이로다=넓은 바다에 좁쌀 한 알과 같
도다 ◇若夢 浮生(약몽부생)이니=꿈에서 보는 덧없는 삶과 같으니.

(133) <791>
壬戌之秋七月旣望의 빗를타고金陵의ᄂ려
조고기낙가고기쥬고슐을스니
至今의 蘇東坡업스니놀기젹어ᄒ노라.

대조; '조고기'는 '손조고기'의 '놀기젹어'는 '놀니젹어'의 잘못.

壬戌之秋 七月旣望(임술지추칠월기망)의=임술년 칠월 16일에. 송(宋)나
라 소식(蘇軾)의 「적벽부(赤壁賦)」첫 머리임 ◇金陵(금릉)의 ᄂ려=금릉에
내려가서. 금릉은 중국 남당(南唐)의 도읍이었음 ◇蘇東坡(소동파)=宋(송)
나라 소식(蘇軾)을 가리킴.

(134) <792>
雪月이滿窓ᄒ듸 바람아부지마라
曳履聲아닌쥴은判然히알것마는
그립고 아쉬운ᄆᆞ음의倖혀긘가ᄒ노라.

대조: 남창 386번과 중복.

(135) <793>
무셔리슐이되여 滿山을다勸ᄒ니
어졔푸른닙히오날아침붉거다
白髮도 검길쥴알냥이면우리님도勸ᄒ리라.

무셔리 슐이 되여 滿山(만산)을 다 勸(권)ᄒ니=묽은 서리가 술이 되어서

모든 산을 다 권하니. 서리를 맞은 잎들이 단풍이 들었다 ◇白髮(백발)도
검길 쥴 알 냥이면=백발도 검게 할 수 있다면.

(136) <794>
不老草로비즌슐을 萬年盃의가득부어
즙으신盞마다비나이다南山壽를
眞實노 이盞곳즙으시면萬年無疆하오리다.

대조; '萬年無疆'은 '萬壽無疆'의 잘못.

萬年盃(만년배)의 가득 부어=마시면 만년을 산다고 하는 술잔에 가득 부
어 ◇이 盞(잔)곳 즙으시면=이 잔을 잡으시면.

(137) <795>
즛다갓기여보니 님의셔片紙왓니
百番남이펴보고가슴우희언졋더니
굿허나 무겁든아니호되가슴이답답호더라.

대조: 가번 383번과 중복.

(138) <796>
돌쓰즛비써느니 이제가면언제오리
萬頃蒼波의가는듯도라오쇼
밤中만 至菊叢쇼린의이굿느듯호여라.

萬頃蒼波(만경창파)의 가는 듯 도라오쇼=넓고 푸른 뱃길에 가는 즉시 곧
돌아오시오 ◇至菊叢(지국총) 쇼린의=배 젓는 소리에.

(139) <797>
百川이東到ᄒ니 何時의復西歸오
古往今來의逆流水업것마ᄂ
엇지타 肝腸셕은믈은눈으로셔솟ᄂ고.

대조; '東到'는 '東到海'의 잘못.

百川(백천)이 東到(동도)ᄒ니 何時(하시)의 復西歸(부서귀)오=모든 하천이
동쪽으로 흘러 바다에 이르니 언제 다시 서쪽으로 흘러가리오 ◇古往 今
來(고왕금래)의 逆流水(역류수) 업것마ᄂ=예전부터 지금까지 거꾸로 흐르
는 물이 없건마는.

(140) <798>
玉燈의불이밝고 金爐의香ᄂ나ᄂ
芙蓉깁흔帳의혼ᄎᄭᅵ야싱각더니
窓밧게 曳履ᄂ니가슴금즉ᄒ여라.

대조; '曳履'은 '曳履聲'의 잘못.

芙蓉(부용) 깁흔 帳(장)의=부용을 수놓은 장막을 친 깊숙한 방에. 규방에
◇曳履(예리) ᄂ니=신발을 끄는 소리가 들리니.

(141) <799>
玉欄의곳이픠니 十年이어ᄂ덧고
中夜悲歌의눈물계워안ᄌ잇셔
슬쓰리 셜운ᄆ음은나혼진가 ᄒ노라.

대조; 남창 417번과 중복.

(142) <800>
一生의얄미을쏀 거믜밧게쏘잇는가
져비롤푸러닉여망령그믈믹즈두고
곳보고 츔추려ᄒᆞ는나뷔를다줍으려ᄒᆞᄂᆞ니.

대조: 'ᄆᆞ즈두고'는 '매자두고'로, '춤추려ᄒᆞ는'은 '춤추는'으로 되어 있음.

一生(일생)의 얄뮈을쏀 거믜 밧게 쏘 잇는가=생전에 얄뮈운 것은 거믜
외에 또 있는가 ◇망령 그믈 믹즈 두고=망녕되게 그물을 쳐 두고

(143) <801>
뒤뫼히쎄구름지고 압기의안기로다
비올지눈이올지바람부러즌셔리칠지
먼뒷님 오실지못오실지개만홀노줏더라.

뒤 뫼히 쎄 구름 지고 압 기의 안기로다=뒷산에 뭉게구름이 없어지고 앞
개울에 안개가 끼었다.

(144) <802>
압모세든고기들아네와든다 뉘너를모라다가넉커놀든다
北海淸沼를어듸두고이모세와든다
들고도 못ᄂᆞ는情은네오닉오다르리.

대조: 남창 160번과 중복.

(145) <803>
月姥의밝은실은 흔바람만으더닉여
鸞膠의굿센풀노시운지게붓쳣스면
아모리 억萬年風雨ᄂᆞᆫ들써러질쥴이시랴.

대조; '밝은실은'은 '붉은실을'의 잘못. 작자 안민영 누락.

月姥(월노)의 밝은 실은 흔 바람만 으더 늬여=월로의 밝은 실은 월로(月老)의 붉은 실의 잘못. 월로의 붉은 실을 한 발쯤 얻어 내여. 월로의 붉은 실은 남녀의 애정을 묶어준다고 함 ◇鸞膠(난교)의 굿센 풀노 시운지게 붓쳣스면=아교의 굳센 풀로 단단하게 붙였으면.

　　　　(146) <804>
　　알쓰리그리다가　만나보니우읍거다
　　그림갓치마죠안져믹믹이볼븐이라
　　至今의　相看無語룰情이런가ᄒ노라. 安玟英

알쓰리 그리다가=알뜰하게 그리워하다가 ◇믹믹이 볼 븐이라=계속해서 바라 볼 뿐이로다 ◇至今(지금)의 相看 無語(상간무어)룰 情(정)이런가ᄒ노라=지금에 와서 서로 바라만 보고 말이 없음을 정이라 하겠다.

　　　　(147) <805>
　　杜鵑의목을빌고　쇠고리스셜ᄸ어
　　空山月萬樹陰의지뎌귀여울어시면
　　가슴의　돌갓치밋친피룰푸러볼가ᄒ노라. 安玟英

杜鵑(두견)의 목을 빌고 쇠고리 스셜 ᄸ어=두견새의 목소리를 빌리고 쇠꼬리의 사연을 빌려 ◇空山月 萬樹陰(공산월만수음)의 지뎌귀여 울어시면=겨울철에 텅 빈 산을 비추는 달과 여름철의 온갖 나무들이 우거진 그늘에 시끄럽게 지저귀며 울 수 있다면 ◇돌 갓치 미친 피룰=단단하게 사무친 한을.

(148) <806>

月正明月正明커늘　빅를타고秋江의드니
물아릭하늘이오하늘우희달이로다
兒孩야　뎌달을건뎌스라玩月長醉ᄒ리라.

뎌 달을 건뎌스라 玩月 長醉(완월장취) ᄒ리라=저 달을 건져라. 달을 완
상하며 오래도록 취하리라.

(149) <807>

楚江의나무뷔ᄂ兒蕡　나무뷜제힝혀딕뷜셰라
그대ᄌ라거든뷔여히요리라낙시딕를
우리도　그런쥴을아오믹나무뷔려ᄒ노라.

대조; '나무뷔려'는 '나무만뷔려'의 잘못.

나무 뷜 제 힝혀 딕 뷜셰라=나루를 빌 때 행여나 대나무를 벨까 두렵다.

(150) <808>

草堂뒤히와안져우ᄂ숫적다시야　암솟적다신다
空山이어딕업셔客窓의와안져우ᄂ다져숫적다시야
空山이　ᄒ구만흔듸울데갈라우노라.

대조; '암솟적다신다' 다음에 '수솟적다신다'가 빠졌음. '갈라'는 '달라'의 잘못

암 숫적다시야=암놈 소적새냐　◇空山(공산)이 ᄒ구 만흔듸 울데 갈라
우노라=아무도 없는 쓸쓸한 산이 많고 많지만 울 곳이 달라 우노라.

(151) <809>

안ᄌ안ᄌ쓰든듸黃毛試筆　首陽梅月을검게갈어흠쎽직어
窓쩟의언졋더니퇵딕글구으러쏙ᄂ려지니고이져도라가면엇더올法이시련마ᄂ

아무나　엇어가져셔글여ᄂ보면알리라.

대조; '듸'는 '되'의 잘못.

듸 黃毛 試筆(황모시필) 首陽梅月(수양매월)을=중국에서 만든 족제비 털로 만든 좋은 붓 수양이나 매월과 같은 좋은 먹을　◇엇어 가져셔 글여ᄂ보면 알니라=얻어 가져서 그려나 보면 알 것이다.

(152) <810>
玉돗치돌돗치니무듸던지　月中桂樹나남기니시위도록
廣寒殿뒤ㄷ뫼혜준다북쇼서리여든아니어득져뭇홀야
져달이　기임의곳업스면님이신가ᄒ노라.

玉(옥)돗치 돌돗치니 무듸던지 月中 桂樹(월중계수)나 남기니 시위도록=옥도끼 돌도끼의 이가 무듸던지 달 가운데 계수나무가 남아 있도록　◇廣寒殿(광한전) 뒤 뫼혜 준다북쇼 서리여든 아니 어득 져뭇홀야=광한전의 뒷산에 잘디잔 다북솔이 서리여 있거든 어찌 어두컴컴하지 않겠느냐　◇져 달이 기임의곳 업스면 님이신가=저 달에 기미만 없다면 임이 될 수가 있다.

(153) <811>
却說이라玄德이檀溪건너갈졔　的驢馬야날술여라
압희ᄂ긴江이요뒤히ᄂ쏜로나니蔡瑁ㅣ로다
어듸셔　常山趙子龍은날못ᄎᄌᄒᄂ니.

却說(각설)이라 玄德(현덕)이 檀溪(단계)건너갈 제 的驢馬(적로마)야 날 술여라=각설하고 현덕이 단계를 건너갈 때 적려마야 나를 살리거라. 각설(却說)을 화제(話題)를 바꿀 때 쓰는 말. 현덕은 유비(劉備)의 자(字). 단계는 중국 호북성 양양현에 있는 계류로 유비가 도망할 때 적로마를 타고 한 번에

건넜다고 함. 적로마는 유비의 애마(愛馬) ◇蔡瑁(채모) ㅣ로다=채모로구나
채모는 위(魏)나라 사람 ◇常山 趙子龍(상산조자룡)은 날 못 츠ᄌ 흐ᄂ니=
상산 사람 조자룡은 나를 찾지 못하느냐. 조자룡은 유비의 부하인 조운(趙
雲)의 자(字)임.

(154) <812>
綠陰芳草욱어진골의 谷口哩哢우ᄂᆞ져괴꼬리식야
네소리어엿부다마치님의쇼리것흘시고
眞實로 너안고님계시면비겨나봄가ᄒ노라.

대조; '님의쇼릐'는 '맛치님의솔릐'로 되어 있음.

谷口哩哢(곡구리롱) 우ᄂᆞᆫ=꾀꼬리롱 하며 우는 ◇너 안고 님 계시면 비
겨나 봄가 ᄒ노라=너 안고 임 계시면 서로 견주어나 볼까 하노라.

(155) <813>
싱믜줍아길드려 豆麻쒱순영보ᄂᆞ고
白馬싯겨바드러뒷東山松枝에믜고숀죠구글무지낙가움버들에쎄여믈의치와두고
兒禧야 날볼손오시드른긴여흘노살와라.

대조; '드러'는 '느려'의 잘못.

豆麻(두마) 쒱순영 보ᄂᆞ고=두메로 꿩 사냥을 보내고 ◇白馬(백마) 싯겨
바 드러 뒷 東山(동산) 松枝(송지)에 믜고=백마를 씻겨서 밧줄을 길게 늘여
뒷동산 소나무 가지에 매고. ◇숀죠 구글무지 낙가 움버들에 쎄여 믈의 치
와 두고=직접 구구리를 잡아 새로 난 버들가지에 꿰어 물에 채워두고 ◇
날 볼 손 오시드른 긴 여흘노 살와라=나를 만나겠다는 손님이 오시거든 긴
여울에 와서 알려라.

(156) <814>

玉皇ㄱ게울며白活ᄒ여　별악상ᄌᆡ나리오셔
霹靂이震動ᄒ며쎄치소셔離別두字
그제야　情든님다리고百年을同住ᄒ리라.

玉皇(옥황)ㄱ게 울며 白活(발괄)ᄒ여 별악상ᄌᆡ 나리오셔=옥황상제에게
울며 호소하여 벼락상좌를 내리십시오 ◇霹靂(벽력)이 震動(진동)ᄒ며 쎄치
소셔 離別(이별) 두 字(자)=벼락이 진동하면서 깨치십시오 이별이란 두 글
자를.

(157) <815>

우리둘이後生ᄒ여　네나되고나네되여
닉너글여굿든이롤너도날속여굿쳐보렴
平生의　닉셜워ᄒ던쥴을돌려나보면알니라.

대조: 남창 364번과 중복.

(158) <816>

北斗七星ᄒ나둘셋넷다섯여섯닐곱분게　憫惘ᄒ 발괄쇼지ᄒᆫ張알외너이다
글이던임을맛나情의말숨치못ᄒ야날이쉬시니글노憫惘
밤中만　三台星差使노와샐별업시ᄒ쇼셔.

憫惘(민망)ᄒᆫ 발괄 쇼지 ᄒᆫ 張(장) 알외너이다=답답하고 억울한 심정을
진정하는 글 한 장을 알외옵니다 ◇글이던 임을 만나 情(정)의 말숨 치 못
ᄒ야 날이 쉬 시니 글노 憫惘(민망)=그리워하던 임을 만나 정겨운 말씀을
미처 못 하였는데 날이 빨리 새니 그것으로 답답하고 억울합니다 ◇三台
星(삼태성) 差使(차사) 노와 샐별 업시 ᄒ쇼셔=삼태성에게 사자를 보내어
샛별을 없애도록 하시옵소서.

(159) <817>
주늬집의술닉거든　부듸나를부르시소
草堂의곳이픠여드른나도주네를請ᄒ옴세
百年썻　시름업슬쇠를議論과져ᄒ노라.

대조: 가번 405번과 중복.

(160) <818>
ᄒ손의막되를들고　쏘ᄒ손의가쇠를쥐여
늙는길가쇠로막고오는白髮을믜치려터니
白髮이제몬저알고즈럼길로오도다.

白髮(백발)이 제 몬저 알고 즈럼길로 오도다＝백발이 제가 먼저 알고 지
름길로 오더라.

(161) <819>
붓긋히더진먹을　더져보니花葉이로다
莖垂露而將低ᄒ고香從風而襲人이라
이무슴　造化를부렷관듸柂筆成眞ᄒ인고. 安玫英

붓 긋ᄒ 뎌진 먹을 더져 보니 花葉(호엽)이로다＝붓 끝에 젖은 먹을 던
져보니 꽃잎이로다. 난(蘭)을 그리는 과정을 말함. ◇莖垂露而將低(경수
로이장저)ᄒ고 香從風而襲人(향종풍이습인)이라＝줄기는 이슬을 머금어
수그려들려고 하고 향기는 바람을 따라 사람의 몸에 스며들려고 한다
◇造化(조화)를 부렷관듸 柂筆成眞(촉필성진) ᄒ인고＝조화를 부렸기에
붓을 던졌을 뿐인데 난초가 되었는고. 흥선대원군이 난초를 그리는 과정
을 노래한 것임.

(162) <820>
洛城西北三溪洞天의　水澄淸而山秀麗ᄒᆞᆯ듸
翼然佳亭의伊誰在矣오國太公之偃仰이시라
비ᄂᆞ니　南極老人北斗星으로享國長久 ᄒᆞ오쇼셔.

대조; 남창 153번과 중복.

(163) <821>
華山道師神中寶로　獻壽東方國太公을
靑牛十回白蛇節의開封人是玉泉翁을
이盞의　千日酒가득부어萬壽無疆비너이다. 安玟英

대조; '神中寶'는 '袖中寶'의 잘못.

華山道師神中寶(화산도사신중보)로　獻壽東方國太公(헌수동방국태공)을=
화산도사의 소매 속의 보물로 동방의 국태공(國太公)에게 헌수를. 국태공은
흥선대원군 이하응(李昰應)을 말함　◇靑牛十廻白蛇節(청우십회백사절)에
開封人是玉泉翁(개봉인시옥천옹)을=오래 된 소나무의 정령이 열 번을 돌아
흰 뱀의 징험이 되니 이것을 여는 사람은 옥천옹이다. 옥천옹(玉泉翁)이 누
구인지 미상임.

羽樂

(164) <822>
萬頃蒼波之水의　둥둥ᄯᅥᆺᄂᆞᆫ블약금이게오리들과
비슬금셩증경이동당江형너시두름들아너ᄯᅥᆺᄂᆞᆫ물ㄱ깁픠를알고중ᄯᅥᆺᄂᆞᆫ모르고중ᄯᅥᆺᄂᆞᆫ
우리도　남의임거러두고깁희를몰라ᄒᆞ노라.

대조; '江형'은 '江城'의, '두름들아'는 '두루미들아'의 잘못.

둥둥 셧ᄂ 블약금이 게오리 들과 비슬금셩 증경이 동당江(강)형 너시 두
름들아=둥둥 떠 있는 불약금이 거위와 오리들과 비실대는 짐승 증경이 동
당거리는 강 위의 너시 두루미들아.

(165) <823>
諸葛亮은七縱七擒ᄒ고   張翼德은義釋嚴顔ᄒ엿ᄂ니
셩씹다華容道좁은길노曹孟德이슬아가단말가
千古의   凜凜ᄒ大丈夫ᄂ漢壽亭侯신가ᄒ노라

대조; 남창 572번과 중복.

(166) <824>
大棗붉은柯枝의   후루혀홀터싸담고
올밤닉어벙그러진柯枝휘두드려발나쥬어담고
벗모화   草堂으로드러가니슐이樽의豊充晴이셰라.

대조; 남창 144번과 중복.

(167) <825>
ᄉ랑ᄉ랑긴긴ᄉ랑
九萬里長空의너즈러지고남ᄂ ᄉ랑
아마도   이님의ᄉ랑은가업슨가ᄒ노라.

대조; '기천겻치ᄂᄂᄉ랑' 생략.

九萬里長空(구만리장공)의 너즈러지고 남ᄂ ᄉ랑=멀고 높은 하늘까지 넘
쳐나고 남는 사랑.

(168) <826>
물아릭셰가락ᄆ릭   아무만밝다발자쵝나며

님이날을아무만고인들닉아던가님의졍을
狂風의 지부친사공갓치깁픠롤몰나ᄒ노라.

대조: 남창 573번과 중복.

    (169) <827>
물아릭그림ᄌ지니 다리우희즁이간다
뎌즁이거기셧거라너어듸가노말무러보자
숀으로 白雲을가라치며말아니ᄒ더라.

대조: 남창 574번과 중복.

    (170) <828>
此生冤讐離別두字 어이ᄒ면永永아죠업시이루고
가슴의무원불니러나랑이면얽동여더져슬암죽도ᄒ고눈으로소슨믈바다히되면풍덩
드룻쳐씌우려마ᄂ
아무리 슬우고씌운들ᄒ숨을어이ᄒ리.

대조; 남창 596번과 중복.

    (171) <829>
바람은地動치덧블고 구즌비ᄂ붓드시온다
눈情에니룬님오날밤셔로만나ᄌᄒ고刻텩쳐盟誓밧앗더니이風雨中의졔어이오리
眞實노 오기곳오량이면緣分인가ᄒ노라.

대조; 남창 597번과 중복.

    (172) <830>
露花風葉香氣쇽의 棘艾ᄂ어이셕위인고
웃고對答ᄒ되君不見香莖臭葉이具長大ᄒ다
닉즘즛 셕거그려셔以明君子小人ᄒ노라.

대조; '具長天한다'는 '俱長大한다'의 잘못.

露花風葉 香氣(노화풍엽향기) 속의 棘艾(극애)는 어이 셕위인고=풍엽은
풍엽(楓葉)의 잘못인 듯. 이슬에 젖은 꽃과 단풍든 잎의 향기 속에 가시나무
와 쑥은 왜 섞였는고 ◇君不見香莖臭葉(군불견향경취엽)이 具長大(구장대)
혼다=그대는 향기로운 풀에 냄새나는 잎이 함께 자라는 것을 보지 못하였
는가 ◇너 즘즛 셕거 그려셔 以明君子 小人(이명군자소인) 흐노라=내가
일부러 섞어 그려서 군자와 소인의 차이를 밝히려 한다.

      (173) <831>
智謀는漢相諸葛武侯요 膽略은吳侯孫伯符ㅣ라
舊邦維新은周文王之功業이오斥邪衛正은孟夫子之聖學이로다
아마도 五百年幹氣英傑은國太公이신가.

  智謀(지모)는 漢相 諸葛武侯(한사제갈무후)요 膽略(담략)은 吳侯 孫伯符
(오후손백부)ㅣ라=슬기로운 계책은 촉한의 승상 제갈량이요 담력과 모략은
오나라 손권(孫權)의 형과 같더라 ◇舊邦維新(구방유신)은 周文王之功業(주
문왕지공업)이오 斥邪衛正(척사위정)은 孟夫子之聖學(맹부자지성학)이로다
=나라가 비록 오래 되었으나 그 명령이 새롭다고 한 것은 주나라 문왕의
큰 공로요 사악한 것을 물리치고 정의를 지킨 것은 맹자의 훌륭한 학문이
로다 ◇五百年(오백년) 幹氣 英傑(간기영걸)은 國太公(국태공)이신가=조선
오백년 동안의 세상에 드물게 뛰어난 기품을 지니고 태어난 영웅은 국태공
이신가 하노라. 국태공(國太公)은 흥선대원군 이하응(李昰應)을 가리킴.

      (174) <832>
님과나와부듸둘이 離別업시스ᄌ흐엿더니

平生寃讐惡緣이이셔離別로굿터ᄂ여희연졔고
明天이　니쯧아오사離別업시ᄒᆞ쇼셔.

대조; '惡緣'은 '惡因緣'으로, '굿태나'는 '離別로굿터나'로 되어 있음.

平生 怨讐(평생원수) 惡緣(악연)이 이셔 離別(이별)로 굿터ᄂ 여희연졔고
=평생의 원수가 되는 고약한 인연이 있어서 이별로 구태여 헤어지게 되었
구나.

(175) <833>
玉의ᄂᆞ틔나잇지　말곳ᄒᆞ면다書房인가
니안뒤혀남못뵈고天地間의이런畓畓ᄒᆞ닐이쏘잇나
열놈이百말을홀지라도斟酌ᄒᆞ여드르시소.

대조; 남창 149번과 중복.

(176) <834>
죽어이져야하랴　술아셔글어야ᄒᆞ랴
죽어잇긔도어렵고술아글이기도어려웨라
뎌님아　ᄒᆞᆫ말ᄉᆞᆷ만ᄒᆞ여라死生決斷ᄒᆞ리라.

대조; 남창 325번과 중복,

(177) <835>
柚子ᄂᆞ根源이重ᄒᆞ여　ᄒᆞᆫ쏙지의둘식셋식
狂風大雨ㅣ라도써러질ᄃᆞ쥴모르ᄂᆞᆫ고나
우리도　져柚子갓치써러질ᄃᆞ쥴모르리라.

柚子(유자)ᄂᆞ 根源(근원)이 重(중)ᄒᆞ여=유자의 열매는 근원을 중히 여겨
◇狂風大雨(광풍대우)ㅣ라도=사나운 바람과 많은 비에도

(178) <836>

君不見黃河之水ㅣ天上來ㅎ다　奔流到海不復廻라
又不見高堂明鏡悲白髮ㅎ다朝如靑絲暮成雪이로다
人生得意須盡歡ㅎ니莫使金樽空對月을ㅎ소다.

대조: 남창 578번과 중복.

(179) <837>

압논의오려를븨여　百花酒를비져두고
뒷東山松枝의箭筒우희활지어거러두고홋더진바독쓰러치고고기를낙가움버들의세
여물의치와두고
兒禧야　닐볼숀오셔드른긴여흘노ㅅ르와라.

대조: 남창 467번과 유사.

(180) <838>

압녀나뒷녀줌의　쇼먹이는兒禧들아
압녀의고기와뒷녀의고기롤다몰속줍아녀다락씨의너허쥬어든네쇼ㅣ궁두리의걸쳐
다듀럼
우리도　잣비가는길이오믹傳홀쑝말쑝ㅎ여라.

대조: 남창 498번과 중복.

(181) <839>

ㅅ랑을ㅅ즈ㅎ니　ㅅ랑팔니뉘잇스며
離別을파자ㅎ니ㅅ리가뉘잇스리
ㅅ랑離別을　팔고ㅅ리업스니長ㅅ랑長離別인가ㅎ노가.

ㅅ랑을 ㅅ즈 ㅎ니 ㅅ랑 팔 니 뉘 잇스며=사랑을 사자고 하니 사랑을 팔
사람이 누가 있으며　◇離別(이별)을 파자 ㅎ니 ㅅ리가 뉘 잇스리=이별을

팔자 하니 이별 살 사람이 누가 있으리

(182) <840>

ᄉ랑을츤츤어러동여뒤설(걸)머지고　泰山峻嶺을허위허위너머가니

ᄆ로ᄂ벗님네ᄂ그만ᄒ여바리고가라ᄒ것마ᄂ

가다가　ᄌ질녀죽을쎈뎡나ᄂ아니바리고갈ㄱ가ᄒ노라.

ᄉ랑을 츤츤 어러동여 뒤설머지고=사랑을 칭칭 얽고 동여 짊어지고　◇
그만ᄒ여 바리고 가라 ᄒ것마ᄂ=그만하면 버리고 가라고 하지마는　◇ᄌ
질녀 죽을쎈뎡=(무게에)눌려 죽을지언정.

界樂

(183) <841>

靑山도졀로졀로　綠水ㅣ라도졀로졀로

山졀로水졀로山水間의나도졀로졀로

우리도　졀노졀노ᄌᄅ몸이니늙기도졀노졀노늙으리라.

졀노졀노 ᄌᄅ 몸이니 늙기도 졀노졀노 늙으리라=저 혼자의 힘으로 자
란 몸이니 늙는 것도 저 혼자의 힘으로 늙겠다.

(184) <842>

靑山裏碧溪水야　슈이감을ᄌ랑마라

一到滄海ᄒ면다시오기어려웨라

明月이　滿空庭ᄒ니슈어간들엇더ᄒ리.

靑山裏碧溪水(청산리벽계수)야 슈이 감을 ᄌ랑마라=푸른 산 속을 흐르는
시냇물아 빨리 흘러가는 것을 자랑하지 마라　◇一到 滄海(일도창해)ᄒ면
다시 오기 어려웨라=한 번 푸른 바다에 이르면 다시 오기는 어려우니　◇

明月(명월)이 滿空山(만공산)ㅎ니=밝은 달이 텅 빈 산에 가득하니. 벽계수와 명월은 중의(重義)적인 표현으로 벽계수는 황진이를 가볍게 여긴 종실(宗室) 벽계수(碧溪守)를, 명월은 자신을 가리키는 말임.

(185) <843>
바람도슈여넘고 구름이라도쉬여넘는고기
山陳이手陳이라도쉬여넘는高峯掌星嶺고기
그넘어 님이왔다ᄒ면나는아니ᄒ번도쉬여넘으리라.

山陳(산진)이 手陳(수진)이라도 쉬여 넘는 高峯 掌星嶺(고봉장성령) 고기
='高峯掌星嶺'(고봉장성령)은 '고봉장성(高峯長城)'의 잘못. 산에서 자란 매도 사람의 수중에서 자란 매도 쉬어 넘는다는 높은 봉우리 장성의 고개.

(186) <844>
屛風의압니즉근동부런진괴그리고 그괴앏희됴고만麝香뒤를그리두리
어허쫏괴숫부루냥ᄒ여그림의쥐를즙으려고좃니는고나
우리도 남의님거러두고좃니러볼가ᄒ노라.

屛風(병풍)의 압니 즉근동 부런진 괴 그리고=병풍에 앞니 똑 부러진 고양이를 그리고 ◇어허 쫏 괴 숫부루 냥ᄒ여 그림의 쥐를 즙으려고 좃니는고나=어허 저 고양이 약삭빠른 체하여 그림 속의 쥐를 잡으려고 쫓아다니는구나 ◇남의 님 거러두고 좃니러 볼가=임자 있는 님을 약속해 두고 쫓아 다녀볼까.

(187) <845>
이몸이스여져서 三水甲山제비나되여
님의집窓밧椿舌긋마다집을즈루종종종디어두고
밤中만 제집으로드는톄ᄒ고님의품의들니라.

대조; 남창 150번과 중복.

(188) <846>
이몸이죽어드른 뭇지말고줍플의메여다가
酒泉깁흔소의풍드룻쳐둥둥씌워두면
平生의 즑이던술을長醉不醒ᄒ리라.

대조; 남창 545번과 중복.

(189) <847>
노ᄉᆡ노ᄉᆡ每樣長息노ᄉᆡ 밤도놀고낫도노ᄉᆡ
壁上의그린黃鷄숫탓이홰홰쳐오도록노ᄉᆡ노ᄉᆡ
人生이 아츰이슬이아니놀고어이리.

대조; 남창 556번과 중복. '이슬이'는 '이슬이니'의 잘못.

(190) <848>
ᄉ랑이져어씻터냐 둥그더냐모지더냐
길더냐져르더냐밟고남어지일너야
굿ᄒ여 긴쥴은모로되ᄉᆞᆽ간듸를모를너라.

둥그더냐 모지더냐=둥글더냐, 모가 졌더냐 ◇밟고 남아 지일너야=밟고
남아서 재겠더냐 ◇굿ᄒ여 긴 쥴은 모로되 ᄉᆞᆽ 간듸를 모를너라=구태여 긴
쥴은 모르겠으나 끝 간 곳을 모르겠더라.

(191) <849>
한ᄌ쓰고눈물지고 두ᄌ쓰고흔슙지니
字字行行이슈묵산水되거고나
뎌님아 울며쓴片紙니ᇒ酒ᄒᆞ여보시소.

字字 行行(자자행행)이 수묵 산수(수) 되거고나=글자마다 줄마다 수묵으로만 그린 산수화가 되겠구나.

(192) <850>
淸明時節雨紛紛ᄒ니　路上行人이欲斷魂이로다
뭇노라牧童들아슐파ᄂᆞᆫ집이어듸메나ᄒᆞ뇨
져건너　靑帘酒旗風이니계가셔무러보시소.

대조; 남창 532번과 중복.

(193) <851>
南山의눈날니ᄂᆞᆫ양은　白松鶻이당도ᄂᆞᆫ듯
漢江의비쓴양은江城두룸이를물고넘노ᄂᆞᆫ듯
우리도　남의님거러두고넘놀라보리가ᄒᆞ노라.

대조; 남창 540번과 중복.

(194) <852>
건너셔ᄂᆞᆫ손을치고　집의셔ᄂᆞᆫ들나ᄒᆞ네
門닷고드ᄌᆞᄒᆞ랴손치ᄂᆞᆫ데로가ᄌᆞᄒᆞ랴
이ᄂᆡ몸　둘희ᄂᆡ여셔예반제반ᄒᆞ리라.

건너셔는 손을 치고 집에셔는 들나 ᄒᆞ네=건너편에서는 손짓을 하고 집에서는 들어오라 하네　◇門(문) 닷고 드ᄌᆞ ᄒᆞ랴 손치는 데로 가ᄌᆞ ᄒᆞ랴=문을 닫고 들어가야 하랴 손짓하는 데로 가야 하랴　◇둘희 ᄂᆡ여셔 예 반 제 반 ᄒᆞ리라=둘로 나누어서 여기에 반 저기에 반을 하겠다.

(195) <853>
兒嬉야硯水ᄂᆡ여라　임계신듸片紙ᄒᆞᄌᆞ
검은먹횐조희ᄂᆞᆫ應當님을보려마ᄂᆞᆫ

뎌붓딕 날과갓치그리기만ㅎ도다.

硯水(연수) 닉여라=벼루에 물을 부어라 ◇검운 먹 흰 조희는 應當(응당)
님을 보려마는=검은 먹과 흰 종이는 마땅히 임을 보겠지만 ◇뎌 붓딕 날
과 갓치 그리기만 ㅎ도다=저 붓대는 나와 같아서 그리기만 하도다. 그리다
는 그리워하다는 뜻으로도 해석이 가능한 중의(重義)의 표현임.

(196) <854>
齊도大國이오 楚도쏘한大國이라
죠고마헌滕나라히間於齊楚하엿시니
至今의 何事非君이라事齊事楚ㅎ리라.

대조: '至今의'는 '두어라'로 되어 있음.

齊·楚·滕(제·초·등)=춘추전국시대에 있던 나라 들 ◇間於齊楚(간어
제초) 하엿시니=제나라와 초나라의 사이에 위치하였으니 ◇何事 非君(하
사비군)이랴 事齊 事楚(사제사초) ㅎ리라=어느 것인들 임금을 섬기는 것이
아니랴 제나라도 섬기고 초나라도 섬기리라.

(197) <855>
屛風의그린梅花 달읍스면무엇ㅎ리
屛間梅月 兩相宜는梅不飄零月不虧이라
至今의 梅不飄月不虧ㅎ니그를죠하ㅎ노라. 安玟英

대조: 『금옥총부』에 '죠하ㅎ노라'는 '조히너기노라'로 되어 있음.

屛間梅月 兩相宜(병간매월양상의)는 梅不飄零 月不虧(매불표영월불휴)ㅣ
라=병풍의 화폭 사이에 있는 매화와 달이 서로 사이좋게 어울림은 매화는

바람이 불어도 떨어지지 아니하고 달은 시간이 흘러도 이지러지지 않음이라.

　　　(198) <856>
　　四月綠陰鶯世界는　又石公의風流節을
　　石想樓높픈집의琴韻이玲瓏ᄒ다
　　玉階의　蘭花低ᄒ고鳳鳴梧桐ᄒ더라. 安玟英

대조: 남창 562번과 중복.

編數大葉

　　　(199) <857>
　　南山松栢鬱鬱蒼蒼　漢江流水浩浩洋洋
　　主上殿下는此山水갓치山崩地竭토록聖壽無疆ᄒ샤千千萬萬歲를太平으로누리셔든
　　우리는　逸民이되야康衢煙月의擊壤歌를부르이라.

대조: 남창 620번과 중복.

　　　(200) <858>
　　待人難待人難ᄒ니　鷄三呼ᄒ고夜五更이라
　　出門望出門望ᄒ니靑山은萬重이오綠水는千廻로다
　　이윽고　기즛는쇼릭의白馬遊冶郎이넌즈시도라드니반가온마음이無窮耽耽ᄒ여오
　　날밤셔로즑어옴이야어늬긋이시랴.

　　待人難 待人難(대인난대인난)ᄒ니　鷄三呼(계삼호)ᄒ고　夜五更(야오경)이라=사람 기다리기가 어렵다 어렵다하니 닭이 세 홰 울고 밤은 오경이다 ◇出門望 出門望(출문망출문망)ᄒ니　靑山(청산)은　萬重(만중)이오　綠水(녹수)는　千廻(천회)로다=문을 나서 바라보고 바라보니 푸른 산은 첩첩이요 푸른 물은 천 굽이로다　◇기 즛는 쇼릭의　白馬遊冶郎(백마유야랑)이 넌즈시 도

라드니 반가온 마음이 無窮 耽耽(무궁탐탐)ᄒᆞ여=개 짖는 소리에 백마를 탄 난봉꾼 남편이 슬그머니 도라 오니 반가운 마음이 한이 없어.

(201) <859>
오날도져무러지게 뎌물면싀리로다
싀면님이가리로다가면못오려니못오면글이려니글이면應當病들너니病곳들면못슬니로다
病들어 못슬쥴알냥이면ᄌᆞ고나갈가ᄒᆞ노라.

오날도 져무러지게 뎌물면 싀리로다=오늘도 저물었구나 저물면 샐 것이로다 ◇글이면 應當(응당) 病(병)들너니 病(병)곳 들면 못 슬니로다=그리워하면 응당 병이 들 것이니 병들면 못 살리로다.

(202) <860>
모시를이리져리숨아 두루숨아감숨다가
가다가ᄒᆞᆫ가온듸쪽쓴쳐지옵거든皓齒丹脣으로흠셸며감쌘라纖纖玉手로두긋마죠잡아뱌볏쳐이으리라저모시를
우리도 ᄉᆞ랑근쳐갈졔모시갓치니오리라.

모시를 이리져리 숨아 두루 숨아 감숨다가=모시를 이렇게 저렇게 삼아 두루 삼아 감아 삼다가 ◇皓齒 丹脣(호치단순)으로 홈 셸며 감 쌘라=하얀 이빨과 붉은 입술로 흠뻑 빨며 감칠 맛나게 빨아 ◇纖纖玉手(섬섬옥수)로 두 긋 마죠 잡아 뱌볏쳐 이으리라 저 모시를=가늘고 고운 손으로 두 끝을 마주잡아 뱌비작거려 이으리라 저 모시를.

(203) <861>
牧丹은花中王이오 向日花는忠臣이로다
蓮花는君子요杏花小人이라菊花는隱逸士오梅花寒士ㅣ로다박꼿은老人이오石竹花는少年이라葵花는巫倚이오海倚花는娼女로다

이中의 李花詩客이오紅桃碧花三色桃는風流郎인가ᄒ노라.

牧丹(모란)은 花中王(화중왕)이오 向日花(향일화)는 忠臣(충신)이로다=모
란은 꽃 가운데 왕이요 해바라기는 충신이다 ◇葵花(규화) 巫倘(무당)이오
海倘花(해당화)는 娼女(창녀)로다=해바라기는 무당이요 해당화는 창녀로다.

(204) <862>
玉갓ᄒ님을일코 님과갓ᄒ즈네를보니
즈네권지긔즈네런지아무권쥴ᄂᆡ몰너라
자네긔나 긔자네나中에즈고나갈가하ᄒ노라.

즈네 권지 긔 즈네런지 아무 긘 쥴 ᄂᆡ 몰너라=자네가 그인지 그가 자네
인지 아무인 줄을 내 모르겠구나.

(205) <863>
文讀春秋左氏傳ᄒ고 武候靑偃月刀ㅣ라
獨行千里ᄒ여도五關을지나실젯ᄃ루난져壯士야固城북쇼릭를드럿ᄂ냐못드럿ᄂ냐
千里의 關公을未信者張翼德인가ᄒ노라.

대조: 남창 626번과 중복.

(206) <864>
月一片灯三更인제 나간님헤여ᄒ니
靑樓酒肆의싴님을거러두고不勝蕩情ᄒ야花間陌上의春將晩이오走馬闘鷄猶未返
이라
三時出望無消息ᄒ니 盡日欄頭의空斷腸을ᄒ소라.

대조: 남창 492번과 중복.

(207) <865>

一定百年슬줄알면　酒色참다關係ᄒᆞ리
幸혀참운後의百年못슬면긔아니이달을소냐
人命이　自有天定이니酒色을참운들百年슬기쉬우랴.

幸(행)혀 참운 後(후)의 百年(백년) 못 슬면 그 아니 이달을소냐=행여나 참은 뒤에 백년을 못 살면 그 아니 애닯지 않겠느냐 ◇人命(인명)이 自有 天定(자유천정)이니 酒色(주색)을 참운들 百年(백년) 슬기 쉬우랴=사람의 목숨이 하늘이 정해 주는 것이니 주색을 참은들 백년을 살기가 쉽겠느냐.

(208) <866>

몰라病되더니　알아쏘흔病이로다
몰라病알아病되면病의어리여못슬이로다
아무리　華扁을만는들이病이야곳칠손가. 安玟英

病(병)의 어리여 못 슬이로다=병에 엉기어 못 살 것이로다 ◇華扁(화편) 을 만는들 이 病(병)이야 곳칠손가=화타(華陀)와 편작(扁鵲)과 같은 명의(名 醫)를 만난들 이 병이야 고칠 수가 있겠느냐.

(209) <867>

石坡公의造化蘭과　秋史筆紫霞詩도詩書此三絶이오
蘇山竹石蓮梅는梅與竹兩絶이라
至今의　본밧기어려울손石坡蘭인가ᄒᆞ노라.

대조; 남창 642번과 중복.

(210) <868>

酒色을슴가ᄒᆞ른말이　녯스람의警戒로딕
踏靑登高졀의벗님네다리고詩白ㅣ를풀젹의樽香醪를아니醉키어려오며

旅館의　殘灯을對ᄒ여獨不眠홀제絶代佳人만나이셔아니ᄌ고어이리.

대조; 남창 625번과 중복.

　　(211) ＜869＞
大川바다ᄒᆞᆫ가온ᄃᆡ　中針細針풍덩싼져
열암문沙工놈이길넘은 槎枒ᄃᆡ딕로켓게여늬단말이잇셔이다님아님아
열놈이　百말을홀지라도斟酌ᄒᆞ여드르시쇼.

대조; 남창 623번과 중복.

　　(212) ＜870＞
슈박갓치두렷ᄒᆞ님아　츰의갓치단말슴마쇼
茄茇茄芷茇ᄒᆞ시ᄂᆞᆫ말슴왼말슴인쥴닉몰닉라
九十月　뻐冬苽갓치쇽셩긘말마르시쇼.　　　　　茇　茇

　슈박 갓치 두렷ᄒᆞᆫ 님아 츰외 갓치 단 말슴 마쇼=수박처럼 둥그런 임아
참외처럼 달콤한 말을 하지 마시오.　◇茄　茄 (가지가지) ᄒᆞ시는 말슴 왼
말슴인 쥴 닉 몰닉라=가지가지 하시는 말씀이 잘못 된 말인 줄 내 모르겠
다.　◇씨 冬苽(동아) 갓치 쇽 셩긘 말 마르시쇼=씨를 받을 동아처럼 속이
엉성한 말을 마십시오.

　　(213) ＜871＞
花灼灼범나뷔**雙雙**　楊柳靑靑꾀소리**雙雙**
날즘싱글버러지다**雙雙**이노니ᄂᆞᆫᄃᆡ
우리도　情든님다리고**雙**지여놀녀ᄒᆞ노라.

花灼灼(화작작) 범나뷔 雙雙(쌍쌍) 楊柳 靑靑(양류청청) 꾀꼬리 雙雙(쌍
쌍)=꽃이 활짝 피었는데 범나비들이 쌍쌍 버드나무가 푸른데 꾀꼬리가 쌍

쌍 ◇날즘싱 걸버러지 다 雙雙(쌍쌍)이 노니는딕=새나 곤충들이 다 쌍쌍
이 노니는데.

(214) <872>
눈풀풀蝶尋紅이오 슐沖沖蟻浮白을
거문고당당노릭ᄒ니두루미둥둥춤을춘다
兒禧야 柴門의기즈즈니벗오신가보아라.

눈 풀풀 蝶尋紅(접심홍)이오 슐 沖沖(충충) 蟻浮白(부의백)을=눈이 풀풀
날리는 것은 나비가 꽃을 찾아 나는 것이고 술이 흐리고 흐린 것은 밥알 뜬
것이 마치 개미가 허옇게 뜬 것 같은 것을.

(215) <873>
碧桃花을손의들고 白玉盞의슐을부어
우리聖母ㄱ게비ᄂ말슴碧桃와갓트쇼셔三千年의곳치피고三千年의열믹믹져곳도무
盡열믹도무盡무盡무盡長春色이라
아마도 瑤池王母의千千壽를聖母ㄱ게드리고져ᄒ노라. 翼宗大王 在東宮時 上純元
王后道宴睿製 今代不侍俗唱 錄於編次 以使後人知翼宗之孝奉

瑤池 王母(요지왕모)의 千千壽(천천수)를 聖母(성모)ㄱ게 드리고져=요지
연의 서왕모의 오래 산 것과 같은 나이를 성모님께 드리고자.

関終唱臺

(216) <874>
이려도太平聖代 뎌래도聖代로다
堯之日月이오舜之乾坤이라
우리도 太平聖代의놀고놀녀ᄒ노라.

堯之日月(요지일월)이오 舜之乾坤(순지건곤)이라=요임금 때의 세월이요
순임금 때의 세상이라.

附錄

金玉叢部

金玉叢部

羽調 初數大葉 長袖善舞 綠柳春風

1

上元甲子之春에 우리聖上卽位신져
堯舜을法바드스光被四表허오시니
美哉라 億萬年東方紀數ㅣ이로좃츠비로숫다.

聖上 卽祚元年 甲子之春 賀祝 (임금의 즉위 원년 갑자(1864)년 봄에 축하함)

대조; 남창 24번에 수록. 『靑丘樂章』에는 종장이 "物物이 春風和氣를 씌여 同樂太平허더라"로 되어 있음.

2

太極이 肇判後에 聖帝明王혜여허니
堯舜이웃듬이요 禹湯文武ㅣ버금이라
至今은 東方에吉祥이만흐니聖人나실徵漸인져.
聖上 卽祚之初 自東峽有獻白雉者 又有獻一莖九穗之禾者 又自仁川有獻靈龜者 此是大吉祥也 世人皆謂後日聖人必降矣 果於甲戌二月初八日 聖世子誕降.(성상이 즉위하신 처음에 동협으로부터 흰 꿩을 헌납한 사람이 있고, 또 한 줄기에 아홉 이삭의 벼를 헌납한 사람이 있으며, 또 인천으로부터 신령스런 거북을 헌납한 사람이

있으니 이는 다 크게 상서로운 것이다. 세상 사람들이 다 이르기를 후일에 성인을 내실 징조라고 일컬었다. 과연 갑술(1874)년 2월 8일에 세자께서 탄생하셨다.)

太極(태극)이 肇判(조판) 後(후)에 聖帝明王(성제명왕) 혜여허니=천지개벽한 뒤에 훌륭한 제왕을 헤아려 보니 ◇禹湯文武ㅣ 버금이라=夏(하)의 禹王(우왕)과 殷(은)의 湯王(탕왕)과 周(주)의 문왕과 무왕이 다음이다 ◇東方(동방)에 吉祥(길상)이 만흐니 聖人(성인) 나실 徵漸(징점)인져=우리나라에 운수가 좋은 조짐이 많으니 성인이 태어나실 징후가 차츰 나타남이로구나.

     3
玉露에눌린꽂과 淸風에나는닙을
老石의造化筆노집바탕에옴겨슨져
美哉라 寫蘭이豈有香가만은 暗然襲人허더라.

石坡大老 以寫蘭透妙 獨步一世 癸酉春 優息於楊州直洞小庄 有時寫蘭 以補消遣之資 而余亦倍留 作蘭草詞三絶 被之管絃(석파 대로께서 난초를 투묘하게 그리는 것으로써 일세의 독보적 존재였다. 계유(1873)년 봄에 양주 직동의 작은 별장에서 쉬고 있을 때 시간이 있으면 난을 그려 소요의 일거리로 삼았다. 내가 모시고 머물면서 蘭草詞(난초사) 삼절을 지어 관현에 올렸다.)

대조; 남창 22번에 수록

     4
石坡에又石허니 萬年壽를期約거다
花如解笑還多事요石不能言最可人을
至今에 以石爲號하고못닉즑여하노라.

又石 第二太陽舘主人 尙書別號 卽雲峴小舍廊也.(우석은 제이 태양관 주인인 상서의 별호인데 즉 운현궁의 작은 사랑이다.)

대조: 남창 23번과 여창 45번에 수록.

5

父雖不慈하나　子不可以不孝여니
父頑母嚚舜님군은克諧以孝不格姦을
萬古의　通天大孝넌舜帝신가하노라.

孝子之誼 於斯盡矣.(효자의 도리는 효도를 다 하는 데에 있다.)

父雖不慈(부수부자)하나　子不可以不孝(자불가이불효)여니=아비가　비록
인자하지 않으나 자식이 불효함은 옳지 아니하니 ◇父頑母嚚(부완모은) 舜
(순)님군은 克諧以孝不格姦(극해이효불격간)을=부모가 완고하고 어리석은
순임금은 해학으로 효도하여 간사한 것과는 대적하지 않았음을 ◇萬古(만
고)의 通天 大孝(통천대효)넌=이제까지 세상에 제일 훌륭한 효자는.

6

梅影이부드친窓에 玉人金釵 비겨신져
二三白髮翁은거문고와노릭로다
이윽고　盞드러勸하랼져달이또한오르더라.

余於庚午冬 與雲崖朴先生景華 吳先生岐汝 平壤妓順姬 全州妓香春 歌琴於山房 先
生癖於梅 手栽新筍 置諸案上而方其時也 數朶半開暗香浮動 因作梅花詞羽調一篇
八絶(내가 경오(1870)년 봄에 운애 박선생 경화, 오선생 기여, 평양 기생 순희, 전
주 기생 향춘과 더불어 운애산방에서 노래하며 거문고를 탈 때에 운애선생은 매
화를 좋아하는 性癖(성벽)이 있어 손수 가꾼 새 순을 책상 위에 두었는데 바야흐
로 꽃이 필 때가 되어 두어 송이가 반쯤 피어 그윽한 향내가 풍겨왔다. 이를 인연
하여 매화사 우조 한 편 팔절을 지었다.)

대조; 남창 21번에 수록.

7
千萬間너른집의　風月을시러두고
浩然한 氣運을마음ᄃᆡ로길너스니
아마도　大度洪量은偉堂인가ᄒᆞ노라.

校洞李尙書 號偉堂.(교동 이상서의 아호가 위당이다.)

浩然(호연)한 氣運(기운)을 마음ᄃᆡ로 길너스니=浩然之氣(호연지기)를 마
음껏 키웠으니 ◇大度洪量(대도홍량)은 偉堂(위당)인가=큰 도량과 넓은 아
량은 위당인가.

8
聖上의父親이신져　놉푸시기그지업네
庚辰臘月卄一日에設甲宴於二老堂를
盡日에　鳳笙龍管으로獻蟠桃를 하시더라.

庚辰十二月二十一日 石坡大老回甲日 聖上 親臨於雲宮獻壽 而作賀祝三章.(경진
(1880)년 12월 21일은 석파 대로의 회갑일이다. 성상께서 친히 운현궁에 납시어
헌수를 하였다. 이에 축하하는 노래 3장을 지었다.)

庚辰 臘月 卄一日(경진납월입일일)에 設甲宴於二老堂(설갑연어이노당)를
=경진년(1880) 12월 21일에 화갑연을 이노당에 베풀음을 ◇盡日(진일)에
鳳笙龍管(봉생용관)으로 獻蟠桃(헌반도)를=하루 종일 악기를 연주하며 반
도를 드리시더라. 용생봉관은 봉과 용을 새긴 악기.

9
五雲이얼의닌곳에 壯麗홀슨져집이여
예적에靈臺러니이제로는乾天宮을
뭇노라　영소靈囿는어드머요ᄒᆞ노라.

乾天宮 賀祝(건천궁의 낙성을 축하함.)

五雲(오운)이 얼의닌 곳에=오색 구름이 어리어 있는 곳에 ◇예적에 靈
臺(영대)러니 이졔로는 乾天宮(건천궁)을=예전에는 주 문왕이 사방을 바라
보던 臺(대)이더니 이제는 건천궁을. 건천궁은 '乾淸宮'(건청궁)으로 고종 10
년(1873)에 神武門(신무문)안에 지은 건물 ◇영소 靈囿는=靈沼(영소)는 주
문왕의 離宮(이궁)에 있었던 연못, 영유는 주 문왕이 설치한 동물원.

二數大葉 杏壇說法 雨順風調

10
獜在郊鳳翔岐하니 이어인大吉祥고
甲戌二月初八日의聖世子誕降하사
億萬年 東方氣數를바다니여계신져.

賀祝 第二(세자 탄신을 축하하는 것 둘째)

대조: 여창 21번에 수록. 초장이 『금옥총부』 가번 88의 초장 "龍樓의 祥雲이오 鳳
闕의 瑞靄로다"을 잘못 가져왔음.

11
西舶예烟塵으론 天下어두어도
東方예 日月이란萬年이나발키리라
萬一예 國太公아니시면뉘라能히발키리오.

石坡大老 詩曰 西舶烟塵天下晦 東方日月萬年明 方其丙寅洋醜之亂 若非石坡大老
英風雄略 則誰能斥邪衛正.(석파 대로의 시에 "서방의 연진으로 천하가 어두워도
동방의 일월로 만년이나 밝히리라"고 하였다. 바야흐로 병인년 洋夷(양이)의 난에
만약 석파 대로의 영풍과 웅략이 아니었다면 누가 능히 사악한 것을 물리치고 정
의를 지킬 수 있으리오.)

대조: 남창 25번에 수록.

　　　12

지여能히못할닐은　仁與德두글字ㅣ라
喜怒를不形하니忍容이自然이라
至今예　諄諄然君子之風은又石公을뵈왓노라.

余竊慕又石尙書 深仁厚德 由中而作.(내가 우석상서의 깊고 후한 인덕을 남 모르
게 사모하여 마음으로부터 우러나 이를 짓는다.)

대조: 여창 22번에 수록. 작자 미상으로 되어 있음.

　　　13

祥雲이어린곳의　老安堂이壯麗하고
和風이이ᄂ곳의太乙亭이飄緲하다
두어라　祥雲和風이萬年長住하리라.

老安堂 雲峴大舍廊 太乙亭 後園山亭.(노안당은 운현궁의 큰 사랑이고 태을정은
후원에 있는 산정이다.)

대조: 여창 20번과 64번에 중복하여 수록되었음. 64번에는 작자 미상.

　　　14

너르고둥근연못　거울낫칠여러슨져
龍舟錦帆으로泛彼中流ᄒ오실제
水波에　뛰는고기는靈沼魚ㄴ가ᄒ노라.

乾天宮前 有池 池中有香遠亭.(건청궁 앞에 연못이 있고 연못 가운데 향원정이 있
다.)

거울 낫철 여러슨져=거울처럼 매끄러운 수면을 만들었구나 ◇龍舟 錦帆(용주금범)으로 泛彼 中流(범피중류)ㅎ오실제=임금이 타는 훌륭한 배로 물의 중간쯤에 배를 띄울 때에 ◇靈沼魚(영소어)=주 문왕의 이궁에 있던 연못의 고기.

15

어리고성근柯枝　너를밋지안얏더니
눈期約能히직켜두세송이푸엿구나
燭잡고　갓가이사랑할제暗香浮動하더라.

雲崖山房 梅花詞 第二.(운애산방에서 지은 매화사 2번째이다.)

대조; 남창 53번과 여창 19번에 중복하여 수록되었음.

16

바회난危殆타만은　矢얼골이天然하고
골은그윽하다만은싀소리석글하다
飛瀑는　急한形勢비러落九天을하더라.

余於壬子春 自嶺南歸路 到聞慶鳥嶺 交龜亭龍秋暫歌.(내가 임자(1852)년 봄에 영남으로부터 돌아오는 길에 문경 새재에 이르러 교구정 용추에서 잠시 머물렀다.)

대조; 국악원본, 규장각본, 일석본에만 수록되었음.

꼿 얼골이 天然(천연)하고=꽃처럼 잘 생긴 모습이 아주 흡사하고 ◇골은 그윽하다 만은 싀 소리 석글하다=골짜기는 깊지마는 새 소리가 뜸하구나 ◇飛瀑(비폭)은 急(급)한 形勢(형세) 비러 落九天(낙구천)을='九天'(구천)은 '九泉'(구천)의 잘못인 듯. 날으는 듯한 폭포는 급히 쏟아지는 비처럼 땅으로 떨어지더라.

17

靑山의옛길차져　白雲深處드러가니
鶴唳聲나난곳에竹扉荊扉두세집을
늬쏘한　山林에길드려저와갓치하리라.

嶺南歸路 訪延豊李上舍山庄.(영남에서 돌아오는 길에 연풍 이상사의 산장을 방문
하였다.)

대조: 국악원본, 규장각본, 일석본에만 수록되었음.

鶴唳聲(학려성) 나난 곳에 竹扉荊扉(죽비형비) 두셰 집을＝학의 울음소리
나는 곳에 대나무나 가시나무로 만든 사립문을 단 두서너 집을 ◇늬 쏘한
山林(산림)에 길드려져＝나도 시골에 사는 것이 익숙하여.

18

즐거워우슘이요　感激하야눈물이라
興으로노릐여늘늘氣運으로춤이로다
오늘날　歌與舞笑與淚는又石尙書쥬신비라.

丙子六月二十九日　卽吾回甲日也　石坡大老　爲設甲宴於孔德俚秋水樓　命又石尙書
廣招妓樂　盡日迭宕 是豈人人所得者歟.(병자(1786)년 6월 29일은 즉 나의 회갑일이
다. 석파 대로께서는 회갑연을 공덕리 추수루에서 베풀어 주셨고, 우석상서께서
는 기녀와 악공들을 널리 불러와 종일을 질탕하게 즐기도록 하시니 이 어찌 사람
마다 얻을 수 있는 것이겠는가.)

歌與舞 笑與淚(가여무 소여루)는 又石尙書(우석상서) 쥬신 비라＝노래와
춤, 기쁨의 웃음과 감격의 눈물은 우석상서께서 주신 것이다. 우석은 대원
군의 長子(장자)인 李載冕(이재면)을 가리킴.

19
周翁의微하므로 爲質於又石ᄒ야
德池에沐浴하고仁風에술을씨니
닉이졔 德門人이되야쓴져樂又樂을하노라.

余侍遊石坡大老 今幾多年 而又石尙書 亦厚待之心感而作(내가 석파 대로를 모시
고 노닐은 것이 이제 몇 해가 지났고 우석상서께서도 후하게 대하여 준 것을 진
심으로 감격하여 짓다.)

周翁(주옹)이 微(미)하므로 委質於又石(위질어우석)ᄒ야=주옹이 寒微(한
미)하여 우석에게 몸을 맡기니. 주옹은 안민영의 字(자) ◇德池(덕지)에 沐
浴(목욕)하고 仁風(인풍)에 술을 씨니=웅덩이처럼 큰 덕에 목욕을 하고 인
자한 풍도에 술을 깨니 ◇德門人(덕문인)이 되야쓴져 樂又樂(낙우락)을=덕
행이 높은 문하의 사람이 되었으니 즐기고 또 즐김을.

20
芙蓉堂欄干밧긔 萬朶花香聞十里라
烟雨에져즌닙흔고은빗츨자랑한다
다시금 控海臺에올나風帆보랴하노라.

余自平壤歸路 登海州芙蓉堂.(내가 평양으로부터 돌아오는 길에 해주 부용당에 오
르다.)

芙蓉堂(부용당)=황해도 해주에 있는 정자 ◇萬朶花香聞十里(만타화향문
십리)라=많은 봉우리의 꽃향기가 십리까지 퍼지더라 ◇烟雨(연우)에 져즌
닙흔=안개처럼 부옇게 내리는 비에 젖은 잎은 ◇控海臺(공해대)에 올나
風帆(풍범)=공해대에 올라서 바람에 떠가는 배를. 공해대는 해주에 있는 정
자인 듯.

21

乾坤이눈이여늘 네홀노푸엿구나
氷姿玉質이여閤裏예숨어잇셔
黃昏에 暗香動ᄒ니달이조차오더라.

自萊府 距溫井 爲五里許也 與馬山浦崔致學 金海文達柱 同入于府內妓靑玉家 擧酒
相屬之際 忽一美娥 自外而入見 吾儕之列坐 回身還出矣 第見厥娥 氷姿玉質 如雪
中寒梅 少無塵埃矣 一座眼環口呆 莫知所爲 靑玉 急起顚到出門 少頃携手而入 曰
汝以何心來 而何心去也 卽爲升堂爲坐
此是第一名姬玉節也 余於京鄕間 閱歷名妓 不計其數 而海隅遐陬 豈料有玉節者哉
不可無一讚耳.(동래부에서 온정까지의 거리가 오리쯤 되었다. 내가 마산포의 최치
학과 김해 문달주와 더불어 같이 동래부 안의 기생 청옥의 집에 들어가 술을 들
어 서로에게 권할 즈음에 홀연 한 미녀가 밖으로부터 들어와 우리들이 앉아 있는
것을 보고 몸을 돌이켜 다시 나갔다. 그 여자를 보니 빙자옥질이 설중의 한매와
같아 속됨이 조금도 없었다. 모두 눈이 둥그레지고 입이 벌어져 어쩔 줄을 몰랐
다. 청옥이 급히 일어나 넘어질 듯 문을 나가 얼마 있다가 손을 잡고 들어와 말하
기를 너는 어떤 마음으로 왔다가 어떤 마음으로 갔느냐? 곧 마루에 올라 자리에
앉으니 이는 제일의 기생 옥절이다. 내가 서울과 시골 사이에 명기를 차례로 겪
은 것이 헤아릴 수가 없지만 바다의 끝 변두리에서 어찌 옥절과 같은 사람이 있
으리라 짐작했으랴. 한 마디 찬사가 없을 수 없을 따름이다.)

氷姿玉質(빙자옥질)이여 閤裏(합리)에 숨어 잇셔=얼음이나 옥처럼 맑고
깨끗한 자질이여, 집안에 숨어 있어. 본래는 매화를 뜻하는 말이나 여기서
는 매화같이 아름다운 미인을 일컬음 ◇暗香 動(암향동)ᄒ니 달이 조차=
그윽한 향기가 풍겨오니 마침 달이 돋아.

22

紅葉은翠壁에날고 黃花는丹崖에뛴져
楚月이발가는데 玉簫仙娥ㅣ撫琴來라
어즙어 大醉長歌ᄒ고弄月歸를ᄒ더라.

丹崖大會之後二日 卽九月望日也 更設小酌於山亭 請三妓 盡夜迭宕.(단애의 모임이

있은 이틀 뒤 즉 9월 보름이었다. 다시 산정에 작은 술자리를 베풀고 기생 서넛을 불러 질탕하게 놀았다.)

紅葉(홍엽)은 翠壁(취벽)에 날고=붉게 물든 나뭇잎은 푸른 암벽으로 날리고 ◇黃花(황화)는 丹崖(단애)에 뛴져=국화는 붉게 물든 절벽에 피였구나. 단애는 지명인 듯 ◇楚月(초월)이 밝가는데 玉簫仙娥ㅣ 撫琴來(옥소선아무금래)라=초나라 달이 밝았는데 옥소선 아가씨가 거문고를 가지고 왔더라. 초월과 옥소선은 기생의 이름임 ◇大醉 長歌(대취장가)ᄒ고 弄月歸(농월귀)를=몹시 취해 마음껏 노래하면서 달빛을 희롱하며 돌아오더라.

23
旗旌百隊開新市요 甲第千甍分戚里라
구타야山林이랴여긔숨어關係ᄒ리
平生에 不移其心ᄒ니市隱號를 가져더라.

李五衛將健赫 字景春 號市隱.(이오위장 건혁은 자가 경춘이요 아호는 시은이다.)

旗旌百隊開新市(기정백대개신시)요 甲第千甍分戚里(갑제천맹분척리)라=깃발 백대는 신시를 열었고, 갑제 천맹은 척리를 나눴다. 갑제는 크고 너른 집, 천맹은 많은 집들의 용마루, 척리는 임금의 內外戚(내외척)을 가리킴 ◇구타야 山林(산림)이랴 여기 숨어 關係(관계)ᄒ리=숨어 지낸다고 하는 것이 꼭 산림이어야 하겠느냐 市中(시중)에 숨은들 관계가 있느냐 ◇平生(평생)에 不移其心(불이기심)ᄒ니 市隱 號(시은호)를 가져더라=평생에 그 마음을 변하지 않으니 시은이란 호를 가졌더라.

24
놉푸락나즈락하며 멀기와각갑기와
모지락둥그락ᄒ며 길기와져르아와

平生에 이러ᄒ엿스니무삼근심잇스리.
雲崖朴先生 平生有喜無怒 對人接物也 每每悅之 可謂君子之風 亦可謂無愁太平翁.
(운애 박선생은 평생 동안 사람을 대하거나 사물에 접했을 때 기뻐하고 노여워할
줄 몰랐다. 매번 기뻐했으나 군자의 풍도가 있다고 이를 만하고 또 근심이 없는
태평한 늙은이라 일컬을 만하였다.)

대조; 여창 18번에 수록. 작자 미상으로 되어 있음.

     25
石坡에石又石이요   幽谷에蘭又蘭을
老石은壽(萬)年이요苗蘭은香千秋 l 라
이날에   又石尙書 l 班衣獻壽ᄒ시더라

石坡大老 甲宴 賀第二(석파 대로의 회갑연을 축복한 것 둘째임.)

　　石坡(석파)에 石又石이요=석파에 돌에 또 돌이요 석파는 대원군의, 우석
은 이재면의 호로 다 石字가 있음을 말함 ◇幽谷(유곡)에 蘭又蘭(난우난)을
=깊숙한 골짜기 난초에 또 난초를 ◇老石(노석)은 壽萬年(수만년)이요 苗
蘭(줄난)은 香千秋(향천추) l 라=늙은 돌은 만년 수를 누리고 싹이 튼튼한
난은 향기가 천년을 가리라. 노석은 대원군을 줄난은 대원군이 그린 난초를
말함 ◇又石尙書(우석상서) 班衣 獻壽(반의헌수)=우석상서가 색동옷을 입
고 장수를 비는 술잔을 올림.

     26
桃花ᄂᆞ흣날니고   綠陰은퍼져온다
쇠ᄭᅩ리싀노리ᄂᆞ烟雨에구을거다
마초아   盞드러勸허랄제淡粧佳人오더라.

辛未初夏 與雲崖先生 對坐於山房時 雨灑鶯啼矣 酌酒相屬之際 忽一澹粧佳人 携一
壺而來 正是平壤山紅也.((신미(1871)년 초여름에 운애선생과 더불어 산방에 대좌

하고 있을 때 비가 오고 꾀꼬리가 울었다. 술을 따라 서로 권할 즈음에 홀연 담장 가인 하나가 술병을 들고 오니 이는 바로 평양의 산홍이었다.)

대조; 국악원본, 규장각본, 육당본, 불란서본, 박씨본, 구황실본, 일석본, 동양문고본, 협률대성, 화원악보에 수록.

桃花(도화)는 훗날니고 綠陰(녹음)은 퍼져온다=복숭아꽃은 바람에 흩어져 날리고 녹음은 점점 짙어져 온다 ◇烟雨(연우)에 구을거다=안개처럼 뿌옇게 내리는 비에 매끄럽게 구르는 것 같다 ◇盞(잔)드러 歡(권)허랄 제 淡粧佳人(담장가인) 오더라=술잔을 들어 권하려고 할 때 담박하게 화장한 미인이 오더라.

27
龍樓에우는북은　太簇律을應허엿고
萬戶에발킨불은上元月을맛는고야
俄已오　百尺虹橋上에萬人同樂허더라.

上元夜 聽鐘玩月.(정월 보름날 밤에 종소리를 들으며 달을 구경하다.)

대조; 국악원본, 규장각본, 육당본, 불란서본, 박씨본, 구황실본, 일석본 동양문고본, 협률대성, 화원악보에 수록.

龍樓(용루)에 우는 북은 太簇律(태주율)을 應(응)허엿고=커다란 누각에서 울리는 북소리는 태주율에 호응하였고 태주율은 양률(陽律)의 두 번째로 동방을 가리키고 정월(正月)에 해당함 ◇萬戶(만호)에 발킨 불은 上元月(상원월)을 맛는고야=많은 집들이 밝힌 등불은 정월 대보름의 달을 맞이하는 구나 ◇俄已(아이)오 百尺虹橋上(백척홍교상)에 萬人同樂(만인동락) 허더라 =이윽고 무지개다리 위에서 여러 사람들과 함께 즐기더라.

28

前川에雨歇허니　柳色이푸르엿고
東園에日暖허니百花爭發小紅이라
兒薈야　小車에술실어라訪花隨柳허리라.

讚箕妓小紅.(평양 기생 소홍을 칭찬하다.)

前川(전천)에 雨歇(우헐)허니 柳色(유색)이=앞 내에 비가 그치니 버들 빛
이　◇東園(동원)에 日暖(일난)허니 百花爭發(백화쟁발) 小紅(소홍)이라=동
산에 날씨가 따뜻하니 모든 꽃이 다투어 피니 조금은 붉었구나. 소홍은 기
생임　◇訪花隨柳(방화수류)=꽃을 찾고 버들을 따름. 화류놀이를 감.

29

口圃東人빗난身勢　알니적어病되더니
似韻似閑兼得味요如詩如酒又知音은
石坡公　至己筆端이시니感激無恨허여라.

三溪洞 我家後園 有口字圃田 故石坡大老 賜號口圃東人.(삼계동 우리집 후원에 口
字(구자)모양의 채마밭이 있는 까닭에 석파 대로께서 구포동인이라 호를 주셨다.)

대조; 여창 77번에 수록. 박씨본과 구황실본에는 작자 미상으로 수록.

30

南浦月깁흔밤에　돗뒤치는져沙工아
뭇노라너튼빅야桂棹錦帆蘭舟ㅣ로다
우리는　採蓮가는길이니무러무숨허리요.

題晉陽妓蘭舟.(진양 기생 난주를 詩題(시제)로 하다.)

대조; 여창 78번에 수록. 작자 미상으로 되어 있음.

31
烟雨朝陽비긴곳에　錦衣公子ㅣ네아니냐
百舌口辯이오瀏亮흔노리로다
萬一에　네안고제잇스면뉙뷘지모로괘라.

讚密陽楚月.(밀양의 기생 초월을 칭찬하다.)

烟雨 朝陽(연우조양) 비긴 곳에 錦衣公子(금의공자)=‘錦衣’(금의)는 ‘金衣’(금의)의 잘못. 안개처럼 내리는 빗속에서 아침 햇살이 비긴 곳에 꾀꼬리가.

32
周濂溪는愛蓮하고　陶靖節은愛菊이라
蓮花는君子여늘菊花는隱逸士ㅣ라
至今에　方塘에蓮시무고號稱蓮湖흐더라.

朴監牧官漢英 字士俊 號蓮湖.(감목관 박한영의 자가 사준이요 아호는 연호다.)

周濂溪(주염계)는 愛蓮(애련)하고 陶靖節(도정절)은 愛菊(애국)이라=주염계는 연꽃을 좋아하고 도정절은 국화를 좋아헸다. 염계는 宋(송)나라 학자 周敦頤(주돈이)의 호, 도정절은 晉(진)나라 陶潛(도잠)을 가리킴　◇方塘(방당)에 蓮(연) 시무고 號稱蓮湖(호칭연호)=연못에 연을 심고 연호라고 호를 삼더라.

33
大哉라吾王苑囿　蒭蕘雉兎흐난구야
文王에靈囿ㅣ러니우리聖上慶武苑을
今古에　聖王之臺沼苑囿는흔가진가흐노라.

慶武苑 有慶武臺.(경무원은 경무대에 있다.)

大哉(대재)라 吾王 苑囿(오왕원유)=크도다 우리 임금의 동산 ◇芻蕘雉兔
(추요치토)ᄒᆞ는구나=짐승의 먹이와 땔나무가 풍부하고 꿩과 토끼가 있구나
◇文王(문왕)에 靈囿(영유)ㅣ러니 우리 聖上 慶武苑(경무원)을=주 문왕에게
는 영유가 있고 우리 임금에게는 경무원을 ◇聖王之靈沼苑囿(성왕지영소
원유)는=훌륭한 임금에게 신령스런 연못이나 동산은.

34
剛毅果敢烈丈夫요 孝親友弟賢君子ㅣ라
良辰美景늬노름에名姬賢伶自有餘ㅣ라
美哉라 事親暇日에는傲遊自樂ᄒᆞ더라.

河加德靖一 字聖初 號○○ 孝親友弟 而性本剛毅果敢 臨事無疑 可謂一代快丈夫也
與余敬愛三十年.(가덕 하정일은 자가 성초요 아호는 ○○이다. 부모에게 효도하고
형제간에 우애가 있으면서 성질이 본래 강의하고 과감하여 일을 함에 의심하지
않아 일대의 쾌장부라고 일컬을 만하다. 나와 더불어 서로 존경하고 좋아하기 30
년이 되었다.)

剛毅果敢 烈丈夫(강의과감열장부)요 孝親友弟 賢君子(효친우제현군자)ㅣ
라=강직하고 씩씩하며 용가기 있는 것은 열렬한 장부요 부모에게 효도하
고 형제간에 우애 있음은 어진 군자와 같더라 ◇良辰美景(양진미경) 늬 노
름에 名姬賢伶自有餘(명희현령자유여)ㅣ라=좋은 아침과 아름다운 경치에
천렵에 이름난 기생과 훌륭한 광대들과 더불어 여유가 있더라 ◇美哉(미
재)라 事親暇日(사친가일)에 傲遊自樂(오유자락)하더라=아름답도다 부모를
섬기면서 여가가 있는 날에는 재미있게 놀면서 즐기더라.

中擧　數大葉

35

南山갓치놉흔壽와　東海갓치깁흔福을
世子ㅣ誕降허오실제오로지바드시니
아마도　壽福이雙全허시기는聖世子를뵈온져.

賀祝 第三.(세자 탄생 축하 세 번째.)

오로지 바드시니=수와 복을 온전히 받으시니.

36

長空九萬里에　구름을쓰러열고
두려시굴너올나中央에밝앗스니
알괘라　聖世上元이니밤인가ㅎ노라.

永安府院君 詩曰 萬里無雲來宛轉 一天如水在中央(영안부원군 시에 '만리에 구름
없어 완연히 굴러오니 하늘이 물과 같이 맑아 달이 하늘 가운데 있다.)

대조; 남창 294번에 수록.

37

豪放헐슨져늘그니　슐아니면노릿로다
端雅象中文士貌요古奇畫裡老仙形을
뭇ᄂ니　雲坮에슘어잇슨지멋멋히나되인고.

雲崖朴先生景華 隱於弼雲臺 平生以詩酒歌琴度日 至於耆老 固一世之人傑也.(운애
박선생 경화는 필운대에 은거하여 평생을 시와 술과 노래와 거문고로 세월을 보
내 어느덧 기로의 나이에 이르니 진실로 일세의 인걸이라 하겠다.)

대조; 남창 77번과 여창 32번에 중복하여 수록. 남창에서는 李載冕의 작으로 여

창에서는 작자 미상으로 되어 있음.

38

秦王이擊缶허니 六國諸侯ㅣ다슬거다

이제와혜여허니數千年ㅅ이여늘

다시금 玉樓上봄ㅂ룸에擊缶聲이이는고.

石坡大老 皎於音律 又石尙書 亦皎如也 無不精通 而至於擊缶 非妙入神 無以至此
(석파 대로께서 음률에 밝으시고 우석상서도 또한 음률에 밝기가 석파와 같았다.
음률에 정통하지 않은 것이 없고 장군을 치는 것에 이르러서는 입신의 경지가 아
니면 이 정도에 이름이 없을 것이다.)

대조; 여창 101번에 수록.

39

山行六七里ᄒ니 一溪二溪三溪流ㅣ라

有亭翼然ᄒ니恰似當年醉翁亭를

夕陽에 笙歌鼓瑟은昇平曲을알외더라.

彰義門外 有三溪洞 洞中有亭 此是石坡大老優息處也(창의문 밖에 삼계동이 있고
골짜기 안에 정자가 있으니 이는 석파 대로께서 쉬던 곳이다.)

대조; 남창 78번에 수록.

40

雲下太乙亭에 泳樂池맑아잇다

朝日에花紋繡요春風에鳥管絃을

慶松은 鬱鬱蕃衍ᄒ야億萬年을期約거다.

雲峴宮後園 有太乙亭泳樂池 池邊有古松 蕃衍于庭中 乙亥春 親臨時賜金環一雙懸
之(운현궁 후원에 태을정과 영락지가 있고 영락지 주변에 고송이 있어 뜰 가운데
번성했다. 을해(1875)년 봄 임금께서 친림하셨을 때 금반지 한 쌍을 하사하여 달

아 놓았었다.)

대조; 남창 79번에 수록.

41
氷姿玉質이여　눈속에네로구나
가만이香氣노아黃昏月을期約ᄒ니
아마도　雅致高節은너샏인가ᄒ노라

雲崖山房 梅花詞 第三.(운애산방에서 지은 매화사 세 번째임.)

대조; 국악원본, 규장각본, 육당본, 불란서본, 박씨본, 구황실본 일석본, 동양문고본, 협률대성, 화원악보에 수록.

氷姿玉質(빙자옥질)이여=얼음과 옥과 같이 맑고 깨끗한 살결과 자질이여. 매화를 말함 ◇가만이 香氣(향기) 노아=그윽한 향기를 품어 ◇雅致高節(아치고절)은 아담한 풍치와 높은 절개는.

42
젼나귀혁을치니　돌길에날너거다
아희야쳐를굿고술甁부듸操心ᄒ라
夕陽이　山頭에거졋난데鶴의소릭들니더라.

戊寅春 與蓮湖朴士俊 華山孫五汝 碧江金君仲 訪雲崖山房.(무인(1878)년 봄에 연호 박사준 화산 손오여 벽강 김군중과 더불어 운애산방을 방문하였다.)

대조; 남창 99번에 수록. 작자 미상으로 되어 있음.

43
秋波에섯는蓮꼿　夕陽을쯰여잇서

微風이건듯허면香氣놋는네로고나
닉엇지 너를보고야아니썻고엇지허리

余自溫井 歸到萊府 妓靑玉家爲主 而靑玉則萊府名姬也 姿色之艷妍 歌舞之精熟 雖
使洛中名姬相對 固不肯讓(내가 온정으로부터 돌아오는 길에 동래부에 이르러 기
생 청옥의 집을 주인으로 삼았다. 청옥은 즉 동래부의 유명한 기생이다. 자색이
아름답고 가무의 정연하고 원숙함이 비록 서울의 이름난 기생들로 하여금 상대
해도 진실로 양보하기를 즐겨하지 않을 것이다.)

秋波(추파)에 섯는 蓮(연)꼿=가을철 잔잔한 물결 앞에 서 있는 연꽃 ◇
夕陽(석양)을 씌여 잇셔=저녁 햇볕을 띠고 있어 ◇微風(미풍)이 건듯허면
香氣(향기)놋는=산들바람이 잠간 불면 향기를 뿜어내는.

44
非梧桐不棲허고 非竹實不食이라
南山月깁흔밤에울냐허는鳳心이라
두어라 飛千仞不啄粟은너를본가허노라.

淳昌鳳心 爲人淳淑 頗有夫人態 而兼閒於歌舞矣 石坡大老 愛而爲號新婦.(순창의
봉심은 사람됨이 순숙하고 자못 부인의 모습이 있어서 가무에는 처지나 석파 대
로께서 사랑하시어 신부라고 부르셨다.)

非梧桐不棲(비오동불서)허고 非竹實不食(비죽실불식)이라=오동나무가 아
니면 깃들지 아니하고 대나무 열매가 아니면 먹지를 않는다 ◇飛千仞不啄
粟(비천인불탁속)은=천 길을 날며 곡식을 먹지 아니함은.

45
暎山紅綠봄ㅂ름에 黃蜂白蝶넘노는듯
百花園林香氣속에興쳐노는두룸인듯
두어라 千態萬狀은너쑨인가허노라.

余自東萊歸路 與崔致學到密陽 廣招妓樂 數日迭宕 而有童妓楚月者 色態俱備 歌舞
精妙 可謂絶世色藝也 近聞南人傳言則 楚月色藝 爲一道居甲云 昔年雖知來頭將進
之趣 然豈料如今日所聞哉(내가 동래로부터 돌아오는 길에 최치학과 더불어 밀양
에 도착하여 널리 기생과 악공들을 불러 여러 날 질탕하게 놀았는데 동기 초월이
있어 색태가 갖추어져 있고 가무가 정묘해서 가히 절세의 색예라 일컬을 만했다.
근래 남쪽 사람들의 전언을 들으니 초월의 색예가 도내에서 제일이라고 하더라.
지난해에 비록 먼저 왔을 때 장차 크게 진취할 뜻이 있음을 알았으나, 어찌 오늘
날에 들리는 바와 같으리라 짐작하였으랴.)

映山紅綠(영산홍록) 봄ㅂ름에 黃蜂白蝶(황봉백접)넘노는 듯=활짝 핀 꽃
으로 울긋불긋 물든 산 봄바람에 노랑 벌과 흰 나비가 넘실대며 노는 듯
◇千態萬狀(천태만상)은=천차 만별의 상태는.

46
늘그니져늘그니　林泉에슘은져늘그니
詩酒歌琴與碁로늘거온은져늘그니
平生에　不求聞達허고절노늙는져늘그니.

雲崖朴先生 隱於弼雲坮 老於詩酒歌琴中.(운애 박선생께서 필운대에 은거하여 시
와 술과 노래와 거문고로 세월을 늙어오셨다.)

대조; 남창 78번과 여창 31번에 중복하여 수록.

47
어득헌구름가에　슘어발근달아니면
稀迷헌안기속에半만녈닌꼿치로다
至今에　花容月態는너를본가허노라.

讚平壤妓蕙蘭.(평양 기생 혜란을 칭찬하다.)

어득헌 구름 가에 숨어 발근 달 아니면=어두컴컴한 구름 가에 숨어 밝은 달이 아니면 ◇稀迷(희미)헌 안기 속에 半(반)만 널닌 쏫치로다=희뿌연 안개 속에 반만 핀 꽃이로다 ◇花容月態(화용월태)는 너를 본가=꽃 같은 용모와 달 같은 태도는 너를 보았는가.

48
功名은浮雲이요　富貴는流水ㅣ로다
悅心樂志를萬卷書에붓첫스니
以故로　與世相違헌지라號稱左菴이러라.

李雅士健璜 字○○ 號左菴.(이 아사 건황은 자가 ○○이요 아호가 좌암이다.)

功名(공명)은 浮雲(부운)이요 富貴(부귀)는 流水(유수)ㅣ로다=공명은 뜬구름과 같고 부귀는 흐르는 물과 같다 ◇悅心樂志(열심낙지)를 萬卷書(만권서)에 붓첫스니=마음과 뜻을 기쁘고 즐겁게 하는 것을 많은 책에 의탁했으니 ◇以故(이고)로 與世相違(여세상위)헌지라=이런 까닭으로 세상과 어긋남으로 ◇號稱左菴(호칭좌암)=호를 좌암이라 부르더라.

平擧　數大葉

49
望之如雲就之如日　聖世子에氣像이라
堯舜之治를蒼生이미리아도던지
康衢에　手舞足蹈허니億萬歲를부르더라.

賀祝 第四.(세자탄생을 축하하는 네 번째임.)

望之如雲 就之如日(망지여운취지여일)=바라볼 때에는 구름과 같더니 나아오니 해와 같이 빛남 ◇康衢(강구)에 手舞足蹈(수무족도)허니=번화한 거

리에서 몹시 기뻐 춤을 추니.

50

萬物이回陽허니　華山에日暖이라
沂水ㅣ말갓거니시원헐슨舞雩바롬
잇쩍에　싀옷슬쩔쳣스니登臨春園ᄒ리라.

安僉使○○ 字敬之 號春園.(안첨사 ○○는 자가 경지요 아호가 춘원이다.)

萬物(만물)이 回陽(회양)허니=모든 생물들이 봄을 맞이하니　◇華山(화산)
에 日暖(일난)이라=꽃이 핀 산에 햇볕이 따뜻하니. 화산을 지명으로 본다면
이는 중국 섬서성 華陰縣(화음현)에 있는 太華山(태화산)으로 볼 수 있음
◇沂水(기수)ㅣ 말갓거니 시원헐슨 舞雩(무우)바롬=기수의 물이 맑으니 시
원한 것은 무우의 바람이다. 공자의 제자 曾點(증점)이 舞雩(무우)의 바람을
쐬고 싶다고 하였음　◇登臨春園(등림춘원)=봄철에 동산에 오르다.

51

空山風雪夜에　도라오는져스름아
柴門에긔소리를듯느냐못듯느냐
石逕에　눈이덥혀스나귀革을노으라.

余於甲戌冬 與木山姜景學 夜訪雲崖山房 是夜大雪紛紛 不能尋逕 先生依門而呼之
曰 故不聞只尺犬吠聲乎.(내가 갑술(1874)년 겨울에 목산 강경학과 더불어 밤에 운
애산방을 방문했다. 이 날 밤에 큰 눈이 펄펄 내려 길을 찾기가 어려웠다. 선생께
서 사립문에 기대어 소리쳐 이르기를 "어찌하여 가까운 곳에 개 짖는 소리도 못
듣느냐"고 하였다.

대조: 국악원본, 규장각본, 육당본, 불란서본, 박씨본, 구황실본, 동양문고본, 협
률대성, 화원악보에 수록.

空山 風雪夜(공산풍설야)에=아무도 없는 산에 눈보라가 치는 밤에 ◇柴門(시문)에 기소리를=사립문에 개 짖는 소리를 ◇石逕(석경)에 눈이 덥혀스니 나귀 革(혁)을 노으라=좁은 돌길에 눈이 덮였으니 나귀의 고삐를 놓아라.

52
지난희오날밤에　져달빗츨보왓더니
이희오늘밤에그달빗치쏘발앗다
이제야　世去月長在를아랏슨져허노라.

今日始覺 歲去月長在(오늘에야 비로소 세월이 가도 달은 항상 그대로 임을 깨달았다.)

대조: 국악원본, 규장각본, 육당본, 불란서본, 박씨본, 구황실본, 동양문고본, 협률대성, 화원악보에 수록.

世去 月長在(세거월장재)를 아랏슨져 허노라=세월은 가도 달은 항상 떠있음을 알았는가 한다.

53
희기눈갓트니　西施에後身인가
곱기곳갓트니　太眞에넉시런가
至今에　雪膚花容은너를본가허노라.

讚海州玉簫仙.(해주의 옥소선을 칭찬하다.)

대조: 남창 343번에 수록. 작자 미상으로 되어 있음.

54
눈으로期約터니　네果然푸엿고나

黃昏에달이오니그림ㅈ도성긔거다
淸香이 盞에썻스니醉코놀녀허노라.

雲崖山房 梅花詞 第四.(운애산방에서 읊은 매화사의 네 번째다.)

대조; 국악원본, 규장각본, 육당본, 불란서본, 박씨본, 구황실본, 일석본, 동양문
고본, 협률대성, 화원악보에 수록.

黃昏(황혼)에 달이 오니 그림ㅈ도 성긔거다=저녁에 달이 뜨니 그림자도
엉성하구나.

55
雨絲絲絲楊柳絲絲絲　風習習花爭發을
滿城桃李는 聖世에春光이라
우리는 康衢逸民인져太平歌로즐기리라.

乙亥春 會酌于先生直房.(을해(1875)년 봄에 선생의 직방에 모여 술을 마시다.)

대조; 여창 40번에 수록.

56
孔德里千條柳에　萬年春光머무럿고
三溪洞九折瀑은 百丈氣勢가졋세라
우리도 聖世逸民인져太平歌로즐기리라

孔德里 我笑堂前 有千條柳 三溪洞 米月舫後水閣 有千折瀑(공덕리 아소당 앞에는
많은 가지를 드리운 버드나무가 있고, 삼계동 미월방 뒤에는 구불구불한 폭포가
있다.)

孔德里(공덕리) 千條柳(천조류)에 萬年春光(만년춘광) 머무럿고=서울 마
포구 공덕동에 있는 많은 가지를 드리운 버들에 언제나 똑같이 따뜻한 봄

별이 머물었고 ◇三溪洞(삼계동) 九折瀑(구절폭)은 百丈氣勢(백장기세)=삼
계동에 있는 아홉 번이나 꺾여서 떨어지는 폭포는 아주 높은 기세를.

57
我笑堂秋水樓에 珠箔을걸고보니
南浦에구름쓰고西山에비지거다
夕陽에 淸歌細樂은交奏太平허더라.

孔德里 我笑堂西 有秋水樓(공덕리 아소당 서쪽에 추수루가 있다.)

我笑堂 秋水樓(아소당추수루)에 珠箔(주박)을 걸고 보니=아소당 추수루
에 구슬로 장식한 발을 걸고 보니. 아소당은 마포구 공덕동에 있던 대원군
의 별장이고 추수루는 거기에 있던 누각 ◇西山(서산)에 비 지거다=서산
에 비가 내리더라 ◇淸歌 細樂(청가세악)은 交奏 太平(교주태평)허더라=맑
은 노래와 악기의 소리는 태평가를 번갈아 가며 연주하더라.

58
萬戶에드리운버들 쇠꼬리세계어늘
淸江의성귄비는 히오리平生이라
우리도 聖恩을갑산후의져와갓치놀니라.

竹洞洪相國 詩曰 萬戶垂楊鶯世界 一江疎雨鷺平生(죽동 홍상국 대감의 시에 "만
호에 드리운 버들은 꾀꼬리의 세계어늘 온 강에 성긴 비는 백로의 평생이라"고
하였다.)

대조; 국악원본, 규장각본, 일석본, 화원악보에 수록.

萬戶(만호)에 드리운 버들 쇠꼬리 세계어늘=많은 집에 가지를 늘어뜨린
수양버들은 꾀꼬리가 마음 놓고 노는 곳이어늘 ◇淸江(청강)의 성긴 비는

히오리 平生(평생)이라=맑은 강에 내리는 엉성하게 내리는 비는 해오리가
마음 놓고 노는 곳이다.

59
練光亭올나가니   예듯든말이로다
長城一面溶溶水요大野東頭點點山을
至今의   淸流壁上翠는待我歸을ᄒ엿더라.

登平壤 練光亭.(평양 연광정에 오르다.)

練光亭(연광정) 올나가니 예 듯든 말이로다=연광정에 올라가 보니 예전
에 들었던 말 그대로 경치가 아름답도다. 연광정은 평양 대동강 가에 있는
정자   ◇長城一面溶溶水(장성일면용용수)요 大野東頭點點山(대야동두점점
산)을=긴 성 한쪽에 넘실대는 물이요, 넓은 들 동쪽 끝은 점점이 산인 것을.
고려시대 金黃元(김황원)이 연광정에 올라 아름다운 경치를 2구의 시만 짓
고 나머지를 채우지 못하고 울고 내려왔다고 함   ◇淸流壁 上翠(청류벽상
취)는 待我歸(대아귀)을 ᄒ엿더라=청류벽 위에 앉은 물총새는 내가 오기를
기다리더라. 청류벽은 대동강 을밀대 부근의 석벽임.

60
汚泥에天然한곳치   蓮꼿밧긔뉘잇는야
退阪예네날쥴을나는일즉몰낫노라
至今의   쩌나는情이야엇지그지잇스리.

余自統營入巨濟 遊覽山川 有妓可香者 年可二八 而雖無歌舞 丰容秀色 言語動止
眞一世絶艶也 豈料此地有此等美姬耶 余不忍捨留十餘日而別 古人所謂花香蝶自來
者 信不誣也.(내가 통영으로부터 거제에 들어와 산천을 유람할 때 가향이란 기생
이 있어 나이가 가히 이팔이 되었으니 비록 가무를 못하나 예쁜 얼굴과 빼어난
용모, 말씨와 행동거지가 참으로 일세에 뛰어나게 아름다웠다. 어찌 이런 곳에 이
와 같은 아름다운 여인이 있으리라 짐작이나 했겠는가? 내가 차마 버리지 못하고

십 여일을 머물다 작별하니 고인이 일컫는바 "꽃이 향기로우면 나비가 저절로 따른다는 말이 거짓말이 아님을 믿겠다")

汚泥(오니)에 天然(천연)흔 쏫치=더러운 진흙 속에 사람의 손길이 닿지 않고 자연 그대로의 아름다움을 지닌 꽃이 ◇遐陬(하추)에 네 날줄을=먼 곳에 네가 피어 날 줄은. 시골에 너처럼 아름다운 여인이 있을 줄은.

61
고을사져쏫치여　半만여윈져쏫치여
더도덜도말고每樣그만허여잇셔
春風에　香氣좃는나뷔를웃고마즈허노라.

余於昔年完營之行 問襄坮雲之香名 躬往其家則 韶顏妙齡 能文能筆 眞一世之絶艶也 愛而敬之 多日相隨(내가 지난해에 전주에 갔을 때 양대운의 꽃다운 이름을 물어 몸소 그 집에 가니 아름다운 얼굴과 꽃다운 나이에 글과 글씨에도 능숙하여 참으로 일세의 뛰어난 미인이라 하겠다. 그를 사랑하고 여러 날을 서로 따라다녔다.)

고을사 져 쏫치여 半(반)만 여원=곱구나 저 꽃이여 반만 시든 ◇每樣(매양)그만 허여 잇셔=항상 그런 모습으로만 있어 ◇香氣(향기) 좃는 나뷔를 웃고 마즈 허노라=향기를 따르는 나비를 웃으며 맞이하더라

62
즈못불근쏫치　즘줏슘어뵈지안네
장춫츠즈리라구지헷쳐드러가니
진실노　그쏫치여늘문득것거드럿노라.

晉州飛燕 以色態喧動一營 而爲外村巨富成進士者 所愛 不得相見云矣 余在晉州時 聞其名而間人 得一見之(진주 기생 비연은 곱고 아름다운 태도로써 한 고을을 떠들썩하게 하였고 외촌의 거부 성진사의 사랑하는 바가 되어 부득이 서로 볼 수가 없다고들 하였다 내가 진주에 있을 때 그의 이름을 듣고 간인을 통하여 한 번 만

났다.)

   즛못 불근 숏치 즘즛 숨어 뵈지 안네=제법 붉은 꽃이 일부러 숨어 보이지 않는구나 ◇장츠 츠즈리라 구지 헷쳐 드러가니=앞으로 찾겠다 하고 일부러 헤치고 들어가니 ◇그 숏치여늘 문득 것거 드럿노라=찾던 꽃이거늘 선 듯 꺾어 들었노라.

             63
   洗兵舘놉흔집에   皇朝八賜버려놋코
   戍樓에놉피안져칼을쌘혀만질젹에
   쥐갓튼 倭酋에무리야엇지敢히여허보리.

   登統營洗兵舘 感忠武公.(통영에 있는 세병관에 올라 충무공에 감사하다.)

   洗兵舘(세병관) 놉흔 집에 皇朝 八賜(황조팔사) 버려 놋코=세병관 높다란 집에 명나라 조정에서 준 물건 여덟은 벌려 놓고 세병관은 선조 36년에 통제사 이경준이 충무공의 전공을 기념하기 위해 경남 통영에 세운 건물 ◇쥐 갓튼 倭酋(왜추)에 무리야 엇지 敢(감)히 여허 보리=쥐 같은 왜적의 우두머리가 어찌 감히 엿볼 수가 있겠느냐.

             64
   大道正如發헌듸   雲車를모라갈졔
   花灼灼柳絲絲風習習雲悠悠ㅣ라
   뒤혜는   綺羅裙짜로거늘압혜細樂이러라.

   丙子春 又石尙書 率長安第一歌琴 佳妓十餘箇 花遊於楊州德寺.(병자(1876)년 봄에 우석상서께서 장안의 제일가는 가객과 금객과 아름다운 기생 십여 명을 데리고 양주 덕사에서 꽃놀이를 하였다.)

대조: 남창 80번에 수록.

　　　65
又石尙書山斗重望　金印虎符大司馬ㅣ라
腰間에날닌칼은서리빗츨씌엿거다
暇日則　輕裘緩帶로雅歌投壺허더라

庚辰 夜拜又石尙書 爲兵曹判書.(경진(1880) 밤에 병조판서가 된 우석상서를 배알
하였다.)

　　又石尙書(우석상서) 山斗 重望(산두중망)=우석상서의 태산과 북두칠성처
럼 매우 두터운 신망 　◇金印 虎符(금인호부) 大司馬(대사마)ㅣ라=금으로
만든 도장과 호랑이 모양을 한 兵符(병부)를 차고 있는 병조판서라 　◇腰間
(요간)에 날닌 칼은 서리빗츨 씌엿거다=허리춤에 날렵한 칼은 서릿발 같은
차가움을 띠었구나 　◇暇日則(가일즉) 輕裘 緩帶(경구완대)로 雅歌 投壺(아
가투호)=한가한 날에는 간편한 옷차림으로 노래 부르고 투호놀이를

　　　66
第二太陽舘의　봄ㅂ름이말앗거다
欄干밧게웃는숫과슷풀아리우는식라
잇다감　織歌細樂은鶴에춤을니루현다.

第二太陽舘 春日卽景 雲峴小舍廊.(제이 태양관의 봄날의 경치니 운현궁의 작은
사랑이다.)

대조: 여창 107번에 수록.

　　　67
又石尙書山頭重望　金印虎符大司馬ㅣ라
二老堂놉푼집의斑衣獻壽허오실찍

帳밧게 甲士雄卒은百歲壽를알외더라.

石坡大老 甲宴賀祝 第三.(석파 대로의 화갑연 축하의 셋 째이다.)

二老堂(이노당) 놉푼 집의 斑衣 獻壽(반의헌수)허오실 씌=이노당 높은 집
에서 색동옷을 입고 장수를 비는 술잔을 올리실 때 ◇帳(장) 밧게 甲士雄卒
(갑사웅졸)은=장막 밖에 있는 훌륭한 군사들은.

68
福星高照平安地요   喜氣多臨積善家ㅣ라
부러울슨老人稧여人人富貴壽百歲라
비난이   世世繼承ᄒ야傳至無窮ᄒ오쇼셔.

余自總髮 至于辛巳六十六歲矣 友臺老人 結稧作會於弼雲三淸之間 而許多稧會 不
過四五年無痕 而獨老人稧 繼承幾百年 凡百規模 猶燦於昔日此稧之雄華英邁 與天
地偕焉.(내가 총각 때부터 신사(1881)년에는 66세가 되었다. 우대의 노인들의 계를
맺어 필운동과 삼청동 사이에서 모임을 가졌는데 많은 계의 모임이 불과 사오년
이면 흔적도 없어지는데 유독 노인계는 몇 백년을 계승하여 범백 규모가 지난날
에 찬연했다. 이 계의 웅장하고 화려하며 영매하고 비범함이 천지와 함께 하였으
면 한다.)

福星高照平安地(복성고조평안지)요 喜氣多臨積善家(희기다림적선가)ㅣ라
=복성이 높이 비추어 땅을 평안하게 하고, 기쁜 기운이 착한 일을 쌓은 집
에 많이 임하더라 ◇부러울슨 老人稧(노인계)여 人人富貴壽百歲(인인부귀
수백세)라=부러운 것은 노인계라 사람마다 부귀를 누리고 오래 살다 ◇世
世繼承(세세계승)ᄒ야 傳至無窮(전지무궁)=대대로 계속 이어서 다함이 없
을 때까지 이어감.

頭擧　數大葉

69

壽添壽福添福호니　壽福이 添添이요
子繼子孫繼孫호니子孫이繼繼로다
至今의　壽富貴多男子넌聖世子씌비긴져.

賀祝 第五.(세자 탄생을 축하하는 다섯 번째)

壽添壽 福添福(수첨수복첨복)호니=장수에 장수를 보태고 복이 복을 보태
니　◇聖世子(성세자) 비긴져=훌륭한 세자에게 비길 만하구나.

70

落花芳草路의　깁치마를쓰럿시니
風前의나눈곳치玉頰의부듯친다
앗갑다　쓸어올지연정밥든마라호노라.

余留箕營時 登牧丹峰賞花遙望 蕙蘭小紅 踏花而來(내가 평양에 머무를 때 모란봉에
올라 꽃을 구경하며 먼 경치를 바라보노라니 혜란과 소홍이 꽃을 밟으며 오더라.)

대조: 남창 402번에 수록.

71

石坡大老英風雄略　汾陽王과古今이요
府大夫人懿範淑德郭夫人과前後ㅣ로다
以故로　百子千孫의富貴榮華호시더라.

戊寅二月初三日 府大夫人華甲日也 作三章歌曲 唱而獻賀.(무인(1878)년 이월 초
파일은 부대부인의 화갑일이다. 삼장의 가곡을 지어 노래하고 헌수를 드려 축하
하다.)

石坡大老 英風雄略(석파대로영풍웅략) 汾陽王(분양왕)과 古今(고금)이라=
석파 영감의 영웅과 같은 풍도와 계책은 분양왕과 비겨 예전이나 지금이
같다. 분양왕은 당나라의 공신 郭子儀(곽자의)로 汾陽王(분양왕)에 봉해졌음
◇府大夫人 懿範淑德(부대부인의범숙덕) 郭夫人(곽부인)과 前後(전후)ㅣ로
다=부대부인의 아름다운 모범과 정숙한 여성의 미덕은 곽자의 부인과 비
슷하다 ◇以故(이고)로 百子千孫(백자천손)의=이런 까닭으로 많은 후손의.

72
一丈青扈三娘은 梁山泊의頭領되야
祝家庄큰싸움의大功을일웟나니
至今의 네武藝神通ᄒ지라어듸功을일우엿노.

年前湖南之行到光州 逢金稱安萍水之喜 不可言而稱安爲言 本營妓雪香者 精於射
藝 能數百步穿楊 每於邑射 輒居魁首云 故往見則 相貌奇偉 動止軒昂 優然若大丈
夫 雖使對頭於扈三娘 似不多讓(연전 호남의 가는 길에 광주에 이르러 김치안을
만나니 평수의 기쁨을 말로 다 할 수가 없는데 치안의 말이 본주의 기생 설향은
활 쏘는 재주에 정통해서 능히 백보나 되는 곳의 과녁을 뚫어 매번 읍에서 활쏘
기 대회에 일등을 차지한다고 일컫더라. 그래서 가 만나보니 얼굴 생김새가 뛰어
나게 훌륭하고 의기가 당당하여 언연한 것이 대장부 같아 비록 호삼랑에게 대적
하더라도 더 나을 것이 없을 것 같았다.)

一丈青 扈三娘(일장청호삼낭)은 梁山泊(양산박)의 頭領(두령)되야=일장청
호삼랑이 양산박의 두령이 되여. 호삼낭은 『水滸志』(수호지)에 나오는 여자
두령 ◇祝家庄(축가장)=수호지에 나오는 지명

73
玉盤의흣튼구슬 任意로굴넛거늘
畵龍의잠긴鸚鵡百舌口辯가젓세라
두어라 人如珠語如鸚鵡ᄒ니그을ᄉ랑ᄒ노라.

讚晉陽蘭舟.(진양의 기생 난주를 칭찬하다.)

玉盤(옥반)의 훗튼 구슬 任意(임의)로 굴넛거늘=소반 위에 흐트러진 구슬
마음대로 굴렀거늘 ◇畵龍(화룡)에 잠긴 鸚鵡(앵무) 百舌口辯(백설구변) 가
졋세라=‘畵龍’(화룡)은 ‘畵籠’(화롱)의 잘못인 듯. 아름다운 새장 속에 있는
앵무새는 뛰어난 말재주를 가졌구나 ◇人如珠 語如鸚鵡(인여주어여앵무)
ᄒ니=사람은 구슬처럼 아름답고 말은 앵무새처럼 잘 하니.

74
담안의곳치여늘 못가의버들이라
쇠꼬리노리ᄒ고나뷔ᄂ츈이로다
至今의 花紅柳綠鶯歌蝶舞ᄒ니醉코놀녀ᄒ노라.

蓮湖朴士俊別業 爲安山第一景槪(연호 박사준의 별장이 안산 제일의 경치로 꼽았다.)

대조; 국악원본, 규장각본, 육당본, 불란서본, 박씨본, 구황실본, 일석본, 동양문
고본, 협률대성, 화원악보에 수록.

담 안에 솟치여늘=담 안에 꽃이 피었거늘. ◇花紅柳綠 鶯歌蝶舞(화홍유록
앵가접무)ᄒ니=꽃은 붉고 버들은 푸르며 꾀꼬리 노래하고 나비는 춤을 추니.

75
솟갓튼얼골이요 달갓튼틱도로다
精神은秋水여늘性精은春風이라
두어라 月態花容은너을본가ᄒ노라.

咸陽妓蓮花 花容月態 聲動嶺南矣 余在南原往雲峰衙中相見 而可憎雲倅先着鞭(함
양의 기생 연화의 꽃 같은 얼굴과 달 같은 태도는 영남에 소문이 났다. 내가 남원
에 있을 때 운봉 관아에서 서로 만났으나 가증스럽게도 운봉의 원님이 먼저 차지
하였더라.)

精神(정신)은 秋水(추수)여늘 性精(성정)은 春風(춘풍)이라=정신은 가을철 물처럼 맑거늘 성정은 봄바람처럼 따뜻하고 부드럽다 ◇月態花容(월태화용)은=달 같은 태도와 꽃 같은 얼굴은.

76
白岳山下옛자리예　鳳闕을營始ᄒ사
經之營之ᄒ오시니庶民이自來로다
아모리　勿亟ᄒ라사되不日成之ᄒ더라.

景福宮 重建賀祝(경복궁의 중건을 축하하다.)

대조: 남창 121번과 여창 44번에 중복하여 수록.

77
黃昏의돗는달이　너와긔약두엇더냐
閤裏에ᄌᆞ든곳치향긔노아맛는고야
너엇지　梅月이벗되는줄몰낫던고ᄒ노라.

雲崖山房 梅花詞 第五.(운애산방에서 지은 매화사 다섯 번째임.)

대조: 남창 120번에 수록.

78
玉質이粹然ᄒ니　海州名姬네아니냐
纖歌는遏雲ᄒ고舞袖는騰空이라
허물며　玉手弄絃을더욱사랑ᄒ노라.

海州妓娟娟 於丁丑進宴時上來 而與碧江金君仲 有數夜歌琴之會.(해주 기생 연연은 정축(1877)년 진연 때에 서울에 올라와 벽강 김군중과 더불어 여러 날을 노래와 거문고의 만남을 가졌다.)

玉質(옥질)이 粹然(수연)ㅎ니 海州 名姬(해주명희) 네 아니냐=옥처럼 뛰
어난 모습이 순수하니 해주의 이름난 기생이 네가 아니겠느냐 ◇纖歌(섬
가)는 遏雲(알운)ㅎ고 舞袖(무수)는 騰空(등공)이라=섬세한 노래는 구름을
멈추게 하는 듯하고 춤추는 옷소매는 하늘로 날아오르는 듯하다 ◇玉手
弄絃(옥수농현)을=아름다운 손으로 거문고를 희롱함을.

79
一帶長江이여 嶺南樓를둘너거(니)
畵棟은구름속의날고 珠簾은비가의거더거다
平沙의 조든白鷗는漁笛聲의놀나난다.

密陽嶺南樓 與晉州矗石樓 爭雌雄.(밀양의 영남루는 진주의 촉석루와 더불어 자웅
을 겨룰 만하다.)

一帶 長江(장강)이여 嶺南樓(영남루)를 둘너거니=띠처럼 긴 강이여 영남
루를 감쌌거니. 장강은 낙동강이며 영남루는 밀양에 있는 누각 ◇畵棟(화
동)은 구름 속의 날고 珠簾(주렴)은 비 가의 거더 잇다=그림 같은 집은 구
름 속을 나르는 듯하고 구슬로 엮은 발은 비가 개인 뒤에 걸었구나 ◇平沙
(평사)의 조든 白鷗(백구)는 漁笛聲(어적성)에 놀나 난다=모래 벌에 졸던 갈
매기는 고기잡이들 소리에 놀라 나른다.

80
一株松兩竿竹이 쓸가운듸푸루엿네
嚴흔氣運구든節이霜雪의씩씩ㅎ다
굿타야 主人을무러무슴ㅎ리다만볼쑨이로다.

余與市隱李健赫景春 逐日相隨 而市隱性本固結不滔塵 陋皎於晉律 又癖於松竹.(내
가 시은 이건혁 경춘과 날마다 서로 붙어 다녔다. 시은은 성품이 본래 고결하여

속세의 더러운 것에 빠지지 아니하였고 음률에 밝고 또 송죽을 좋아하는 성벽이 있었다.

一株松 兩竿竹(일주송양간죽)이=한 그루의 소나무와 두 줄기의 대나무가 ◇嚴(엄)흔 氣運(기운) 구든 節(절)이 霜雪(상설)의=엄숙한 기운과 군은 절개가 눈서리 속에.

81
碧山秋夜月의　거문고을비겨안고
興띠로曲調집허술바람을和答헐제
썬마다　솔리冷冷허미여秋琴號를가젓더라.

姜大雅○ ○○○ 號秋琴.(강 대아 ○ ○○○는 아호가 추금이다.)

碧山秋月夜(벽산추월야)의 거문고을 비겨 안고=푸른 산에 가을 달이 밝은 밤에 거문고를 비스듬히 안고　◇興(흥)띠로 曲調(곡조) 집허 솔바람을 和答(화답)헐제=멋대로 곡조를 짚어가며 솔바람에 화답할 때　◇솔리 冷冷(냉냉)허미여 秋琴 號(추금호)를=소리가 윙윙함이여 추금이란 호를.

82
百尺紅橋上에　오고가는스룸드라
寒碧堂雨後景을알고저리즐기느냐
夕陽에　南固鐘聲을더욱조히너기노라.

登全州 寒碧堂.(전주의 한벽당에 오르다.)

百尺 紅橋上(백척홍교상)에='紅橋'(홍교)는 '虹橋'(홍교)의 잘못인 듯. 아주 높다란 무지개다리 위에　◇寒碧堂 雨後景(한벽당우후경)을=한벽당에 비가 온 뒤의 경치를. 한벽당은 全州(전주)에 있는 누각　◇南固鐘聲(남고종

성)을 더욱 조히 너기노라=남고사의 종소리를 더욱 깨끗하게 여긴다. 南固
寺(남고사)는 전주에 있는 寺刹(사찰)임.

83
不飲이면詩拙이라 惟有飲者留其名을
詩酒는늬일이라 酒一斗詩百篇허져
月下에 醉臥枕空壺허니號稱壺齋허더라.

李同樞晦榮 字元明 號壺齋(이동지중추부사 회영의 자는 원명이요 아호가 호재다.)

不飲(불음)이면 詩拙(시졸)이라 惟有飲者留其名(유유음자유기명)을=술을
마시지 않으면 시가 졸렬해진다 오직 술을 마시는 사람만이 이름을 남기는
것을 ◇醉臥枕空壺(취와침공호)허니 號稱壺齋(호칭호재)=취하여 빈 술병
을 베고 누우니 호를 호재라 부르더라.

84
桃花如桃花허고 桃花如桃花허니
桃花勝桃花며桃花勝桃花아
두어라 人中桃花와花中桃花싀워무솜허리요.

題海州妓桃花(해주 기생 도화를 詩題(시제)로 하다.)

桃花如桃花(도화여도화)허고 桃花如桃花(도화여도화)허니=복숭아 꽃이
도화와 같고 도화가 복숭아꽃과 같으니 ◇桃花勝桃花(도화승도화)며 桃花
勝桃花(도화승도화)아=복숭아꽃이 도화보다 나으며 도화가 봉숭아꽃보다
낫구나 ◇人中桃花(인중도화)와 花中桃花(화중도화) 싀워=사람 가운데 도
화와 꽃 가운데 도화가 시새워.

85
金剛一萬二千峰이 눈아니면玉이로다
歇醒樓올나가니天上人되얏거다
아마도 書不盡畫不得은金剛인가허노라.

壬戌秋 與洪川林景七 入金剛登歇醒樓.(임술(1862) 가을에 홍천의 임경칠과 금강산
에 들어가 헐성루에 오르다.)

歇醒樓(헐성루) 올나가니 天上人(천상인) 되얏거다=헐성루에 올라가니
신선이 된 듯하구나 ◇書不盡 畫不得(서부진화부득)은 金剛(금강)인가=글
로 다 쓸 수가 없고 그림으로 그릴 수 없는 것이 금강산인가.

86
寂寂山窓下에 낫조름이足허거다
게을니이러나셔 拾松枝煮苦茗허노라니
俄已오 夕陽 비긴 길노 笛소리 두세시러라.

山中幽趣可掬(산중의 그윽한 흥취를 가히 짐작할 만하다.)

낫조름이 足(족)허거다=낮잠이 충분하구나 ◇게을니 이러나셔 拾松枝
煮苦茗(습송지자고명)허노라니=늦게 일어나서 소나무 가지를 주워 차를 다
리려고 하니 ◇俄已(아이)오 夕陽(석양) 비긴 길노 笛(적)소리 두세시러라=
이윽고 저녁햇살이 비추는 길에 피리소리 두서넛이 들리더라.

87
木欣欣而向榮허고 泉涓涓而始流ㅣ로다
西疇에 有事헐물 農人이告허거늘
아희야 아뭐나날츳는벗님이란遙指木山허여라.

姜同樞宗熹 字景學 號木山.(강동지중추부사 종희의 자는 경학이요 아호는 목산이다.)

木欣欣而向榮(목흔흔이향영)허고 泉涓涓而始流(천연연이시류)ㅣ로다=나무는 싱싱하게 우거졌고 샘은 졸졸 흘러 개울이 시작 되는구나 ◇西疇(서주)에 有事(유사)헐믈 農人(농인)이 告(고)허거늘=서쪽에 있는 전답에 할 일이 있음을 농인이 알려주거늘 ◇遙指木山(요지목산)=멀리 목산을 손가락질 하여.

三數大葉　轅門出將 舞刀提賊

88

龍樓에 祥雲이요　鳳闕에 瑞靄ㅣ로다
甘雨는 太液에 듯고 和風은 御柳에 둘넌져
美哉라　祥雲瑞靄와 甘雨和風은 聖世子의 時節인져.

賀祝 第六.(세자 탄신을 축하하는 여섯 번째임.)

대조; 남창 10번의 초장이 "麟在郊 鳳翔岐하니 이 어인 大吉祥고"인데 "龍樓에 祥雲이요 鳳闕에 瑞靄ㅣ로다"로 잘못 썼음.

89

붓긋테져즌먹을을　더져보니花葉이로다
莖垂露而將低허고香從風而襲人이라
이무슴　造化를부럿관딕投筆成眞허인고.

石坡大老 蘭草詞 第二.(석파대로의 난초사 둘째이다.)

대조; 여창 161번에 수록.

90

ㅂ룸이눈을모라　山窓에부딋치니

찬氣運싀여드러즈는 梅花를侵撓허니
아무리 어루려허인들봄쯧이야아슬소냐.

雲崖山房 梅花詞 第六.(운애산방의 매화사 여섯 번째이다.)

대조; 국악원본, 규장각본, 육당본, 불란서본, 박씨본, 구황실본, 일석본, 동양문
고본, 협률대성, 화원악보에 수록.

찬 氣運(기운) 싀여 드러 즈는 梅花(매화)를 侵撓(침노)허니=차가운 기은
문틈으로 새어들어 자는 매화를 침노하니 ◇어루려 허인들 봄쯧이야 아슬
소냐=얼게 만들려고 한들 따뜻한 봄기운이야 빼앗을 수가 있겠느냐.

91
三百尺솔이여늘 一千年鶴이로다
噴瀑은龍造化요矗石은劍精神이라
이中에 鶴衣綸巾白羽扇으로楡屐翁이노시더라.

楡屐翁 石坡大老別號 三溪洞中 有古松奇巖 白鶴噴瀑(유극옹은 석파 대로의 별호
이다. 삼계동 가운데 고송과 기암이 있고 마치 백학처럼 보이는 폭포가 있다.)

噴瀑(분폭)은 龍造化(용조화)요 矗石(촉석)은 劍精神(검정신)이라=분수
처럼 뿜어 내리는 폭로는 용의 조화와 같고, 높이 솟은 바위는 칼날의 날
카로움을 닮았다 ◇鶴衣綸巾白羽扇(학의윤건백우선)으로 楡屐翁(유극옹)
이=학창의에 윤건을 쓰고 백우선을 든 유극옹이. 유극옹은 대원군의 別
號(별호)임.

92
口圃東人춤을츄고 雲崖翁은노릭헌다
碧江은 鼓琴허고 千興孫은필릭로다
鄭若大 朴龍根稽琴笛소릭에和氣融濃허더라.

口圃東人 石坡大老所賜號也 余在三溪洞家時 東園後有口字圃田故 稱口圃東人 雲崖翁 弼雲坮朴先生號也 碧江 金允錫君仲號也 千興孫 鄭若大 朴龍根 皆當世第一工人也 又石尙書 命我以口圃東人爲頭 作三數大葉故構成焉(구포동인은 석파 대로께서 주신 호이다. 내가 삼계동 집에 살 때 동산 뒤에 구자모양의 텃밭이 있는 까닭에 구포동인이라 불렀다. 운애옹은 필운대 박선생의 아호이다. 벽강은 군중 김윤석의 호이다. 천흥손 정약대 박용근은 다 당대 제일의 악공들이다. 우석상서께서 나에게 구포동인을 처음에 넣어 삼삭대엽을 짓도록 하였기에 지은 것이다.)

口圃東人(구포동인) 雲崖翁(운애옹)=구포동인은 안민영의, 운애는 박효관의 號(호)임 ◇碧江(벽강)은 鼓琴(고금)허고=벽강은 거문고를 연주하고 벽강은 金允錫(김윤석)의 호임 ◇千興孫(천흥손) 鄭若大(정약대) 朴龍根(박용근)=樂工(악공)들의 이름 ◇和氣融濃(화기융농)=온화한 기운이 한층 무르익음.

93
八十一歲져늘그니 施何術而更少年고
城市山林구름속에藥키기를일숨노라
글이면 道號를뉘라허노雲崖先生이로라.

朴同樞孝寬 字景華 號○○.(동지중추부사 박효관의 자는 경화요 아호는 ○○이다.)

施何術而更少年(시하술이갱소년)고=무슨 재주를 부렸기에 다시 소년이 되었는고 ◇城市山林(성시산림) 구름 속에=도시 속에 있는 숲이 우거진 산에 구름 속에서 ◇글이면 道號(도호)를 뉘라 허노=그러면 부르는 이름을 무엇이라 하느냐.

94
六月羊裘져漁翁아 낙근고기 換酒ㅎ세
取適이요非取魚ㅣ라고든낙시듸리우고

西山에　히져물러지거든碧江月를싯고놀녀ㅎ노라.

金同樞允錫 字君仲 號碧江(종지중추부사 김윤석의 자는 군중이요 아호는 벽강이다.)

六月 羊裘(유월양구) 져 漁翁(어옹)아 낙근 고기 換酒(환주)ㅎ세=유월에
양가죽 옷을 입고 고기를 잡는 저 늙은이야 낚은 고기로 술과 바꾸세 ◇取
適(취적) 非取魚(비취어)ㅣ라=한가함의 취하려고 하는 것이지 고기를 잡으
려는 것이 아니라 ◇히 져물러지거든 碧江月(벽강월)을 싯고=해가 저물면
푸른 강물에 뜬 달을 싣고

搔聳　暴風驟雨 飛燕橫行

95
世子邸下寶齡八世歲에　九十二歲를더를진딕
一百歲멀고놉푼壽눈 天定이라ㅎ려니와
그뒤에　坐二十歲를더으시니帝堯壽와가트신져.

賀祝 第七.(세자 탄생을 축하하는 일곱 번째임.)

世子邸下 寶齡八歲(세자저하보령팔세)에=세자께서 나이가 여덟 살이 되
심에 ◇天定(천정)이라=하늘이 정해주는 것이라 ◇帝堯壽(제요수)와 가트
신져=요 임금의 나이와 같으시겠구나.

96
洛城西北三溪洞天에　水澄淸而山秀麗흔딕
翼然有亭에伊誰在矣오國太公之偃息이시라
비ㄴ니　南極老人北斗星君으로享壽萬年ㅎ오소셔

石坡大老 於春夏之交 偃息於此(석파 대로께서 봄과 여름이 바뀌는 계절에는 여
기서 편안히 쉬셨다.)

대조; 여창 162번 수록. 작자 미상으로 되어 있고, 국악원본이나, 규장각본, 화원
악보에는 박효관의 작품으로, 일석본에서는 朴翁이라 했음.

97
저건너羅浮山눈속에 검어웃쑥울통불통광되등걸아
네무슴힘으로柯枝돗쳐곳조츠져리퓌엿는다
아모리 석은빅半만남아슬망정봄뜻을어이ᄒ리오.

雲崖山房 梅花詞 第七.(운애산방에서 지은 매화사 일곱 번째임.)

대조; 남창 152번의로 수록.

98
바름은안아닥친드시불고 구진비는담아붓드시오는날밤에
님차져나선양를우슬이도잇건이와
비바름 안여天地飜覆ᄒ야든이길리야아니허고엇지하리오.

南原妓明玉 皎於晋律 頗有姿色 余再南原時 逐日相會 而一日夜則 風雨大作 難以
出脚 然旣有約則 必行乃已.(남원의 기생 명옥은 음률에 밝고 자못 자색이 있었다.
내가 남원에 있을 때 날마다 서로 만났는데 하루는 밤에 비바람이 크게 불어 밖
에 나가기도 어려웠으나 이미 만나기로 약속을 하였기에 기필코 만나러 갔다.)

님 차져 나선 양을 우슬이도 잇건이와=님을 찾아 나서는 모습을 웃을 사
람들도 있거니와 ◇비 바름 안여 天地飜覆(천지번복)ᄒ야도 이 길리야 아
니 허고=비바람뿐이 아니라 천지가 뒤집힌다고 하더라도 이 길이야 아니
하고

回界　數大葉(俗稱栗糖數)

99

南山松柏鬱鬱蒼蒼　漢江流水浩浩洋洋
聖世子ㅣ萬年壽가지ᄉ太平으로누리실제
우리닌 康衢의逸民되야擊壤歌로질길져.

賀祝 第八.(세자 탄생을 축하는 여덟 번째임.)

南山松柏 鬱鬱蒼蒼(남산송백울울창창) 漢江流水 浩浩洋洋(한강유수호호
양양)=남산의 소나무와 잣나무가 울창하고 한강에 흐르는 물이 넘실거리며
◇康衢(강구)의 逸民(일민)이 되야 擊壤歌(격양가)로=태평한 시대의 백성이
되어 격양가로

100

三月花柳孔德里오　九月楓菊三溪洞을
我笑堂봄바롬과米月舫가을달을
어지버　六花ㅣ紛紛時에 煮酒詠梅ᄒ시더라.

春夏孔德里 秋冬三溪洞(봄과 여름에는 공덕리에 가을과 겨울에는 삼계동에 머물다.)

대조; 남창 159번, 여창 57번의 중복. 남창은 작자 미상, 여창은 안민영으로 되
어 있음. 여창에서는 초장이 "九月楓菊三溪洞이요 三月花柳孔德里라"로 되어 있음.

101

東閣에숨은꽂치 躑躅인가 杜鵑花ㄴ가
乾坤이눈이여늘제엇지감히퓌리
알괘라　白雪陽春은梅花밧게뉘이시리.
雲崖山房 梅花詞 第八.(운애산방에서 지은 매화사 여덟 번째.)

대조; 남창 158번에 수록.

102

弼雲臺好林園에　詩酒歌琴八十年을
喜怒를不形ᄒ니君子之風이로다
至今에　鶴駕鸞驂을오乘彼白雲ᄒ민져

從事先生六十年 以師弟之情 兼朋友之誼 晝夜常隨 不忍暫離 而今焉先生謝世 我亦
何時可去(선생을 따라 60년을 사제의 정과 붕우의 정의로 섬겨 주야로 서로 따르
고 잠시를 떠나지 않았다. 이제 선생께서 이승을 하직하시니 내 또한 언제 갈 것
인지?)

弼雲臺 好林園(호림원)에＝필운대 숲이 우거진 동산에　◇喜怒(희로)를 不
形(불형)ᄒ니 君子之風(군자지풍)이로다＝기쁨이나 노여움을 얼굴에 나타내
지 않으니 군자의 풍도로다　◇鶴駕鸞驂(학가난참)을오 乘彼白雲(승피백운)
ᄒ민져＝학과 난새가 끄는 수레로 구름을 타고 올라갔구나.

界面調　初數大葉

103

牛山에지ᄂ힌를　齊景公이우럿더니
孔德里가을ᄃ를國太公이늣기삿다
아마도　今古英傑의慷慨心懷는한가진가ᄒ노라.

石坡大老 於壬申春 優息於孔德里 一日夕陽率門人及妓工 登臨尨笑處大張風樂 勸
娛之際 日落月上矣 乃喟然欺曰 吾年今五十餘矣 餘年幾何 吾儕亦於來生 會合一處
以續今世未盡之緣 不亦可乎 衆皆掩面含淚(석파 대로께서 임신(1872)년 봄에 공덕
리에서 편히 쉬고 계셨다. 하루는 석양에 문인과 기생 악공을 데리고 우소처에
올라 풍악을 크게 베풀고 오락을 권장할 즈음에 해는 이미 지고 달이 돋았다. 이
내 슬프게 탄식하며 말씀하기시를 "내 나이 올해 오십 여라 남은 해가 얼마인가
우리들이 또한 이 세상에 태어나서 한 곳에 모여 이승에서 못다 한 인연을 잇는
것이 또한 가능하지 않은가"하자 모두들 얼굴을 가리고 눈물이 글썽거렸다.)

대조; 남창 163번에 수록.

104

忠臣의옛자최를 돌머리예깃터슨져
霜雪이嚴할스록불근피어제론듯
아마도 亘萬古貞忠大節은圃隱公을뵈왓노라.

丁丑西京之行 到善竹橋 見石上血痕淋漓 有感而作(정축(1877)년 평양에 가다가 선
죽교에 도착하여 돌 위에 혈흔이 흘러 떨어져 있는 것 같은 것을 보고 감격하여
짓다.)

돌머리예 깃터슨져=돌 위에 끼쳤구나. 남겼구나 ◇霜雪(상설)이 嚴(엄)
할스록 불근 피 어제론 듯=눈서리가 심할수록 붉은 핏자국이 어제인 것처
럼 ◇亘萬古 貞忠大節(긍만고정충대절)은 圃隱公(포은공)을 뵈왓노라=옛
날에까지 곧고 충성스런 절개는 포은공을 보았노라. 포은은 鄭夢周(정몽주)
의 호임.

105

닉죽고그듸살라 使君知我此時悲허세
달은날 黃泉길에그丁寧만날연니
닉엇지 그듸의無限헌폭빅을견딜줄리잇쓰리.

余與南原室人 常隨四十年 琴瑟友之 意慾同歸矣 神不佑之 庚辰七月二十三日 以宿
病奄忽 此時悲悼 果何如哉(나와 남원 실인은 40년을 서로 따르며 금슬처럼 벗 삼
아 죽어서 같이 가자고 하였지만 귀신도 시기하여 경진(1880)년 7월 23일에 숙환
으로 홀연히 죽으니 이 때의 비통함이 과연 어떠하였겠는가?)

닉 죽고 그듸 살라 使君知我此時悲(사군지아차시비)허세=내가 죽고 그대
가 살아 그대로 하여금 지금의 내 슬픔을 일게 하세 ◇달은 날 黃泉(황천)

길에 그 丁寧(정녕)만날연니=훗날에 황천길에서 정말 그대를 만나려니 ◇
無限(무한)헌 폭빅을 견딜 줄이 잇쓰리=한없는 그대의 성을 내어 하는 말
을 견딜 수가 있겠느냐.

106
武關의시벽달과 淸泠浦지는히는
古今이달을션정日月은한가지라
至今에 恨게운烈士에눈물이야禁헐쥴이잇쓰리.

武關楚懷王 寧越端宗大王 雖有古今之別 窮恨切寃 一般懷緖也(무관에 초나라 회
왕이 감금당한 것과 영월에 단종대왕께서 귀양 간 것이 비록 고금의 구별은 있으
나 다함이 없는 한과 간절한 원한은 회포와 정서가 서로 같다.)

武關(무관)의 시벽달과 淸泠浦(청령포) 지는 히는=무관의 새벽달과 청령
포의 지는 해는. 무관은 지금의 섬서성 상현의 동쪽에 있고 秦(진)의 昭王
(소왕)이 楚(초)의 懷王(회왕)을 유인하여 가두었던 곳. 청령포는 端宗(단종)
이 귀양을 갔던 강원도 영월에 있는 나루 ◇古今(고금)이 달을션정 日月(일
월)은 한 가지라=예전과 지금이 다르다고 하지만 무관의 달이나 청령포의
해는 마찬가지라.

107
千里를닷는말리 곱비지펴처마즈니
찰라리癡人되야그으리라빗머리를
至今에 癡人곳되얏스면무숨근심잇스리.

放翁詩曰 生憎快馬隨鞭影 寧作痴人記劒痕.(방옹의 시에 이르기를 ‘달리는 말에
채찍의 그림자를 따르는 것을 미워하느니 차라리 바보가 되어 칼자국을 남기겠
다.’고 하였다.)

千里(천리)를 닷는 말리 곱비 직켜 치 마즈니=천리를 달리는 말이 고삐를 잡혀 채찍을 맞으니 ◇찰라리 癡人(치인)이 되야 그으리라 빗머리를=차라리 어리석은 사람이 되어 뱃머리나 끌겠다.

108
我不孝親ᄒ니 子焉孝我ᄒ랴마는
人情이제글너셔子不孝我를셔러ᄒ네
이後는 子不孝我를셔러말고我不孝親뉘우칠져

悔之何反.(후회한들 어찌 돌이킬 수가 있겠는가.)

我不孝親(아불효친)ᄒ니 子焉孝我(자언효아) ᄒ랴마는=내가 어버이에게 효도하지 아니하니 자식이 어찌 효도를 하겠느냐만 ◇人情(인정)이 제 글너셔 子不孝我(자불효아)를 셔러ᄒ네=인정이 잘못되어 자식이 나에게 효도하지 않는 것을 서럽다고 하네 ◇子不孝我(자불효아)를 셔러 말고 我不孝親(아불효친) 뉘우칠져=자식이 나에게 효도하지 않는 것을 서러워 말고 내가 어버이에게 효도하지 않은 것을 뉘우쳐라.

二數大葉

109
쏏고리고흔노릭 나뷔춤을 시기마라
나뷔춤아니런들鶯歌너쏀이연니와
네것테 多情ㅌ이를거슨蝶舞런가허노라.

名利之人 不知相扶之爲貴 全事猜忌 反陷其身 可勝惜哉(명예와 이익을 좋아하는 사람들은 상부상조가 귀한 것을 알지 못하고 모든 일을 시기하고 도리어 자신을 모함하니 가히 너무 애석하다.)

대조; 국악원본, 규장각본, 육당본, 불란서본, 박씨본, 구황실본, 일석본, 동양문고본, 협률대성에 수록.

셋고리 고흔 노리 나뷔 츔을 시기마라=꾀꼬리는 노래를 잘 한다하고 나비의 춤을 시기하지 마라 ◇나뷔 츔 아니런들 鸎歌(앵가) 너 쑨이연니와=나비의 춤이 없다면 꾀꼬리 너의 노래뿐이니. ◇네 겻테 多情(다정)튼 이를 거슨 蝶舞(접무)런가 허노라=너의 곁에 다정하다고 말할 수 있는 것은 나비춤인가 한다. 자기 자신만 잘난 체하고 남을 시기하지 마라.

110
靑門에외를파든 邵平이라드러더니
雲下에그림파는國太公을뵈왓소라
今古에 英傑之慷慨心懷는한가진가ᄒ노라.

石坡大老 於乙亥榴夏 設文房於老安堂東樓上 書賣畫樓三字 高掛壁上寫蘭 播送於南北諸宰 捧價以來 其後願賣者 不許其數矣 取適非取魚之意政謂此也 一月後乃止.
(석파 대로게서 을해(1875)년 오월에 노안당 동쪽 누각에 문방을 차리고 매화루란 3자를 써서 벽에다 높이 걸고 난초를 그린 것을 남북의 모든 벼슬아치들에게 퍼뜨려 보내니 그림 값들을 가지고 왔으며 그 뒤에 그림을 사고자 하는 사람들은 그 수를 헤아릴 수가 없었다. 이것은 한가함을 취한 것이지 고기를 잡으려는 것이 아니라는 말은 정말로 이를 두고 일컫는 것이다. 한 달 후에는 그림 파는 일을 중지했다.)

靑門(청문)에 외를 파는 邵平(소평)이라 드러더니=청문에서 외를 파는 소평이라 들었더니. 청문은 長安城(장안성) 동남문인데 秦(진)나라 때 소평이란 사람이 東陵侯(동릉후)로 있다가 진나라가 망하자 서민이 되어 동문 근처에서 오이를 심고 지냈다고 함 ◇雲下(운하)에 그림 파는 國太公(국태공)을 뵈왓소라=운현궁 아래에서 그림을 파는 국태공을 뵈었다 ◇英傑之慷慨心懷(영걸지강개심회)는=영웅이 나랏일에 비분강개하는 마음의 회포는.

111
清晨에몸을일어　北斗에비난말이
제속늬肝腸을한열흘만밧괴시면
그제야　제날속이던안을쓰리밧게하리라.

丙子冬 密陽妓月中仙下去後 自不無思憶.(병자(1876)년 겨울에 밀양 기생 월중선이
내려간 뒤에 생각을 하지 않을 수가 없었다.)

대조: 여창 83번에 수록.

112
關山千里머다마라　구름아린그곳이라
마음은가건마는몸은어이못가난고
至今에　心去身不致하니그를설워하노라.

余在箕營時 與小紅有七箇月 相隨之情 而歸後往往思想.(내가 평양 감영에 있을
때 소홍과 더불어 7달이나 서로 따르던 정을 서울로 돌아온 뒤에도 가끔 생각
이 났다.)

대조: 일석본에만 작자 미상으로 수록.

關山 千里(관산천리) 머다 마라=멀리 떨어져 있는 고향이 멀다고 하지마
라　◇心去身不致(심거신불치)하니=마음은 가지만 몸은 이르지 못하니.

113
愁心겨운任의얼골　뉘라前만못하다던고
훗터진雲鬢이며華氣거든살빗치라
늣기며　실갓치하난말삼이싣는듯하여라.

海州玉簫仙 於向年進宴時上來 才藝出類 色態非凡 以當世名姬 爲衆所推許 而石坡

大老 益寵愛之 呼其名曰玉秀秀 玉秀者 俗稱江娘也 人皆呼之玉秀秀 余與華山孫五
汝 碧江金君仲 逐日連袂 與玉秀秀 畫以繼夜 於斯之際 情膠誼漆 不相能捨 而過事
下去 其後 癸酉春 石坡大老 命招入役于內醫女女座至三行首 當年秋頌役下送 而其
後書信不絶 亦有數次上來於雲宮者矣

丙子冬 又有事與其三憎上來 而容貌稍損 聲音如縷 有若重病中人矣 一見驚訝 然以
吾久阻 欣愛之心 猶勝於夕日雄粧華容艷歌之時云爾.(해주 기생 옥소선이 지난 해
진연 때에 서울에 올라왔는데 재예가 무리에서 뛰어나고 색태가 비범하여 당시
의 이름난 기생들 가운데 추천되었는바 석파 대로께서 더욱 총애하시고 그 이름
을 옥수수라 부르시니 옥수수는 속칭 강냉이다. 나와 오산 손오여 벽강 김군중은
날마다 만나고 옥수수와 더불어 밤낮을 이어 놀 즈음에 정의가 더욱 굳어 서로
버릴 수가 없었고 일이 끝나고 해주로 내려갔다. 그 후 계유(1873)년 봄에 석파 대
로께서 내의녀와 여좌 삼행수에 이르기까지의 역을 불러들이라 명하시니 그 해
가을에 병으로 부역을 끝내고 가서 그 후에도 서신이 그치지 아니하였고 또한 여
러 차례 운현궁에 올라 왔다. 병자(1876)년 겨울에 또 일이 있어 삼증과 더불어 서
울에 왔으나 용모가 차츰 여위어 갔고 목소리도 실낱같아 중병에 걸린 사람 같았
다. 단번에 놀랐으나 나와 오랫동안 멀어졌다고는 하나 기뻐하고 사랑하는 마음
은 오히려 지난날의 잘 꾸미고 아름다운 얼굴에 요염하게 노래 부르던 때보다 더
낫다고 하겠다.)

대조; 남창 224번에 수록.

114
心中예無限辭說　靑鳥네게부치너니
弱手三千里를네能히건너갈다
가기사　가고져허건이와나릭자가근심일세.

全州陽臺雲 上京隱居時 修一封書 間人傳送.(전주의 기생 양대운이 서울에 올라와
은거하고 있을 때 봉서 하나를 사람을 시켜 보내다.)

心中(심중)예 無限 辭說(무한사설) 靑鳥(청조) 네게 부치너니=마음 속에
한없는 사연을 편지 너에게 부치니　◇弱水三千里(약수삼천리)를 네 能(능)
히 건너갈다=약수삼천리와 같이 먼 길을 네가 능히 건너갈 수 있겠느냐

◇가기사 가고져 허건이와 나릭 자가 근심일세=가기야 가고자 하나 날개가 작아 걱정이네.

115

嗟爾君仲이길이가니　琴韻歌聲이머러거다

我葬을汝葬홀듸汝葬을我葬ᄒ니

네마닐 알오미잇슬진된늣겨갈가ᄒ노라.

余與碧江金允錫君仲 相隨三十年 誼漆情膠 未嘗一日暫離 癸未春 與君仲會飮於壽洞 而翌朝聞訃 眞耶夢耶.(나와 벽강 김윤석 군중은 30년을 서로 따라다녀 정의가 아주 가까워 하루도 잠시를 떨어지지 않았다. 계미(1883)년 봄에 군중과 더불어 수동에서 만나 술을 마시고 이튿날 아침에 부고를 들으니 이것이 정말이냐? 꿈이냐?)

嗟爾(차이) 君仲(군중)이 길이 가니=아 자네 군중이 죽으니　◇琴韻歌聲(금운가성)이 머러거다=거문고 가락의 운치와 노랫소리가 멀어졌구나　◇我葬(아장)을 汝葬(여장)홀듸 汝葬(여장)을 我葬(아장)ᄒ니=내 장례를 네가 장례를 치러야 헐터인데 너의 장례를 내가 장례를 치루니　◇네 마닐 알오미 잇슬진된 늣겨 갈가=네가 만일 아는 것이 있다면 감격하여 가야할.

116

嗟嗟凌雲이기리가니　秋城月色이任者업늬

앗츰구름저녁비에生覺겨워어이힐고

問나니　淸歌妙舞를뉘게傳코갓느니.

潭陽凌雲已逝 湖南風流 從此絶矣.(담양 기생 능운이 아주 가니 호남의 풍류는 여기서 끊어졌구나.)

嗟嗟(차차) 凌雲(능운)이 기리가니 秋城月色(추성월색)이 任者(임자) 업늬=아, 능운이 죽으나 가을철 성곽에 비추는 달빛도 임자가 없네　◇淸歌妙

舞(청가묘무)를=맑고 고은 노래와 뛰어난 춤 솜씨를.

117

東墻에갓치우름 섬거이드럿더니
뜻아닌千金書札任의얼골쯰여왓닉
아서라 肝腸스는거슬보와무삼허리요.

晉陽松玉 卽吾初到晉陽時 所親者也 吾於病臥時 彼亦有病 不得來見以書問病.(진양
기생 송옥은 내가 처음 진양에 갔을 때 친하게 지냈던 사람이다. 내가 병으로 누
었을 때 그도 또한 병이 있어 부득이 와서 보지 못하고 편지로 문병을 하였다.)

대조; 여창 81번에 수록.

118

悠悠이가는구름 반갑고불려웨라
滿腔愁懷를가져드려붓치너니
다가셔 씃치는곳이여든任을보고傳허시쇼.

戊寅春 碧江金允錫君仲 有事下去海營 而逐日相隨之餘 阻懷如山 一日遙望 一片閑
雲 去留於西天矣 聊以作之((무인(1878)년 봄에 벽강 김윤석 군중이 일이 있어 해주
에 갔다. 나와는 날마다 서로 따르는 사이인데 그 사이 막힌 회포가 산처럼 쌓였다.
하루는 한 조각 한가로운 구름이 서쪽하늘에 머물자 무료하여 이를 짓는다.)

대조; 일석본에만 安炯甫 작으로 수록.

滿腔愁懷(만강수회)를 가져드려 붓치너니=마음 속에 가득찬 걱정스런 회
포를 가져다 드려 보내니 ◇다가셔 씃치는 곳이여든=다가가서 끝이는 곳
이거든.

119
任離別하올져긔 져는나귀한치마소
가노라돌쳐셜제저난거름안이런덜
숫아리 눈물적신일골을엇지仔細이보리요.

平壤蕙蘭 非徒色態之絶奇 善寫蘭 通歌琴聲 傾一城矣 余於蓮湖朴士俊居幕時 有事
下去矣 與蕙蘭相隨七箇月 情誼交密 而及其作別之時 蕙蘭送我于長林之北 去留之恨
果難自抑耳.(평양 기생 혜란은 한갓 색태가 절묘하고 기이한 것만 아니라 난초를
잘 그리고 노래와 거문고에 정통하며 경성의 아름다움이 있다. 내가 연호 박사준의
농막에 거처할 때 일이 있어 평양에 갔었다. 혜란과 더불어 7개월 동안 서로 따르
며 정의로 사귐이 밀접해서 작별할 즈음에 미쳐 혜란은 나를 장림의 북쪽에까지 와
서 송별했다. 떠나고 머무르는 슬픔이 과연 억제하기 어려울 따름이더라.)

대조; 남창 344번에 수록. 작자 미상으로 되어 있음.

120
十二에學琴ᄒ니 琴韻이冷冷이라
七十年繡筵우에몃ᄉ람을悅樂헌고
至今에 水流雲空ᄒ니못늬늣겨ᄒ노라.

余與安僉使敬之 非但宗誼自別 相隨於花柳場 爲五十餘年 而乙酉春 以微恙化去 良
覺淚盈襟耳.(나와 첨사 안경지는 종친의 정의로 특별히 친할 뿐만 아니라 화류의
장소에서 서로 따르기를 50여년이 되었는데 을유(1885)년 봄에 대단찮은 병으로
죽으니 눈물이 마음에 가득 찬 것을 진실로 깨달을 따름이다.)

琴韻(금운)이 冷冷(냉냉)이라=거문고의 운치가 싱싱 소리를 낸다 ◇七十
年(칠십년) 繡筵(수연) 우에 몃 ᄉ람을 悅樂(열락)헌고=칠십년 동안 좋은 자
리에서 몇 사람을 즐겁게 하였는고 ◇水流雲空(수류운공)ᄒ니 못늬 늣겨=
물이 흘러가고 구름이 텅 비었으니 끝내 감격해. 모든 것이 다 끝났음을 공
허해 하는 심정을 말함.

中擧 數大葉

121

東離의물이밀고　西別의불이잇다
水火相侵두지음의나의肝腸다슬거늘
더구나　南路送人하고北程차자가노라.

丁丑冬 東離密陽月中仙 西別海州玉簫仙 南送唱兒申學俊 此是一旬間事也 我心非
石 何能勘遣 以身病告由 卽出北彰義門外 口圃茅廬而臥(정축(1877)년 겨울에 동쪽
에서는 밀양의 월중선과 이별하고 서쪽에서는 해주의 옥소선과 헤어지고 남쪽에
서는 소리꾼 신학준을 보내니 이것이 불과 열흘간의 일이다. 내 마음이 돌처럼
무정한 것이 아니니 어찌 능히 견디고 달랠 수 있겠는가. 몸에 병이 있음을 알리
고 곧바로 창의문 박 구포의 움막에 누었다.)

東離(동리)의 물이 밀고 西別(서별)의 불이 잇다=동쪽에서 이별에 눈물이
나오고 서쪽에서 이별에 불이 일어난다　◇水火相侵(수화상침) 두 지음의
나의 肝腸(간장) 다 슬거늘=물과 불이 서로 침범하여 싸울 즈음의 나의 간
장은 다 녹아나거늘　◇南路 送人(남로송인)하고 北程(북정) 차자=남쪽 길
에 사람을 떠나보내고 북쪽 길을 찾아.

122

新年正月一日淸晨의　焚香暗祝來生願曰
집은江南의잇고人如牧之하이소샤
그밤의　白髮造化翁이불너예고가더라.

圭齋南尙書 詩曰 焚香暗祝來生願 家在江南人牧之(규재 남상서의 시에"분향하며
내생의 소원을 암축하니 집은 강남에 있고 사람들은 이를 기르더라."라고 하였다.)

新年 正月 一日 淸晨(신년정월일일청신)에=새해 정월 초하룻날 새벽에
◇焚香暗祝來生願曰(분향암축내생원왈)=향을 피우고 마음속으로 조용히

축원하며 내세에 태어나 원하는 바를　◇人如牧之(인여목지) 하이소샤=사람을 기르는 것처럼 하여 주십시오　◇白髪造化翁(백발조화옹)이 불너 예고=머리가 허연 조물주가 불러 데리고.

123

이어인급한病고　心如麻淚如雨ㅣ라
지는달시는밤의울어예넌기러기를
아무나　멈츄리이슬진듸이病消息부치리라.

一自玉簫仙 逢別之後 自然不平.(한 번 옥소선과 헤어진 뒤에 자연이 불평이 생기더라.)

心如麻 淚如雨(심여마누여우)ㅣ라=마음은 삼타래처럼 얼키었고 눈물은 비처럼 쏟아진다　◇지는 달 시는 밤의 울어 녜넌=초저녁부터 샐녁까지 울며 날아가는　◇멈츄리 이슬진듸=멈추게 할 수 있는 사람이 있다면.

124

곳츤곱다마는　香氣어이업선는고
爲花而不香하니오든나뷔다가거라
그곳츨 이름하이되 不香花라하노라.

余於全州之行 聞府妓雪中仙 爲南方第一 往見之則 果如所聞 年可二九 雪膚花容 極可愛然 全昧歌舞 能於雜技 性本悍毒 專恃容色 無待人之禮 但相隨者唱夫云爾.(내가 전주에 갔을 때 부기 설중선이 남방에서 제일이라 듣고 가서 보니 과연 소문대로였다. 나이는 18세 정도였고 눈처럼 흰 피부에 꽃 같은 얼굴로 아주 사랑할 만하였으나 가무에는 전혀 무지하고 잡기에만 능했다. 성질이 본래 사납고 표독하며 오로지 얼굴이 예쁜 것만 믿고 사람을 대하는 예의가 없고 다만 따르는 사람들이 창부들이라 하더라.)

香氣(향기) 어이 업선는고=향기는 왜 없는고　◇爲花而不香(위화이불향)

하니=꽃이 되어 향기가 없으니 ◇이름 하이되 不香花(불향화)라=이름 하기를 향기가 없는 꽃이라.

125
風淅瀝雪霏霏한듸 悽悽行色恨悠悠ㅣ라
滿眶淚ㅣ하마하면써러졈즉하다마는
가슴에 毒한불곳치솟넌물을禁하더라.

丙午十一月 玉簫仙 自雲宮下去 而去留之懷 可勝言哉(병오(1846)년 11월옥소선이 운현궁으로부터 시골로 내려갔는데 오고 가는 동안의 회포를 말로 표현하다.)

風淅瀝雪霏霏(풍절력설비비)한듸 悽悽行色恨悠悠(처처행색한유유)ㅣ라=바람은 애처럽고 쓸쓸하여 눈은 몹시 내리는데 구슬픈 행색에 한은 계속되더라 ◇滿眶淚(만광루)ㅣ 하마면 써러졈즉 하다마는=눈에 가득한 눈물이 하마터면 떨어질 것 같다마는 ◇가슴에 毒(독)한 불곳치 솟넌 물을 禁(금)하더라=가슴에 일어나는 독한 불꽃이 솟아나는 눈물을 막더라.

126
羅幃寂寞한듸 힘업시니러나셔
珊瑚筆쎼여들고두어자그리다가
아셔라 이를써무엇하리도로누어조는듯.

余自平壤歸路 到海營登首陽山一覽後 還到營下則 四顧無人 知者布政司前 問一酒家 卽入呼酒 酒婆年可五十餘態 擧止亦有可觀 決非等閒人物 問其來歷 則果是前等監司 駱洞朴台所愛妓三憎也 問女安在答云 近有寒疾爲頓床褥矣 然而客欲一見則 與我同入爲好 則引我入房 有一美娥 擁衾而坐 把筆裁書矣 見我入房 喫驚投筆 向壁而臥 呻吟之聲 不絶於口 三憎强勸還起纔數語 而余亦慮其病苦 起身出來 而其名字 年久未記(내가 평양으로부터 돌아오는 길에 황해도 감영에 도착하여 수양산에 올라 경치를 한 번 구경한 뒤에 다시 감영으로 돌아오니 사방을 둘러봐도 아는 사람이 없었다. 포정사 앞에 있는 술집을 물어 즉시 들어가 술을 시키니 주파

는 나이가 쉰 살가량 되었고, 모습이나 행동거지가 또한 가히 볼만하여 결코 등
한한 인물이 아니었다. 그 내력을 물은 즉 과연 전 감사 낙동 박태가 사랑하던 기
생 삼증이었다. 그 여자에게 안부를 물으니 대답하기를 요즘 감기에 걸려 힘이
빠져 방바닥에 요를 깔고 누웠다 그러나 손님이 한 번 보고자 하시니 나와 함께
방에 드시는 것이 좋을 것이라 하고 즉시 나를 인도해 방에 들어가니 한 아름다
운 아가씨가 이불을 움켜잡고 앉아서 붓을 잡고 글을 쓰고 있었다. 내가 방에 드
는 것을 보고 깜짝 놀라 붓을 던지고 벽을 향해 눕는데 신음하는 소리가 입에서
그치지 않았다. 삼증이 강제로 권해 다시 일어나 겨우 몇 마디 말을 하나 내 또
그의 병을 염려하여 몸을 일으켜 밖으로 나왔다. 그의 이름과 자를 오래되어 기
억하지 못하다.)

대조; 여창 130번에 수록.

平擧 數大葉

127
靑春豪華日에 離別곳아니런듯
오늬덧뇌머리의서리를뉘리치리
오날에 半나마검운털이마츠세여허노라.

余在晉州時 以水土不服 風症闖肆 半身不收 廣詢醫家 百般施藥 而不得寸效 至於
死境矣 有一醫來言 此病極重 若非東萊溫井 三七沐浴則 無可差夏云故 卽向東萊
到昌原馬山浦止宿 以雖病中 曾聞馬山浦居 善伽倻琴編時調名唱崔致學 及昌原妓
瓊貝之善歌舞 解唱夫神餘音之高名矣 使人請崔相見後 請伽倻琴神方曲聽之 次請
編時調聽之 果是透妙名琴名唱也 大抵嶺南有編時調三名唱 一是馬山浦崔致學也
一是梁山李光希也 一是密陽李希文也
問瓊貝今在何處 答云今在府中矣 翌朝崔同入府中 往瓊貝家則 果在家出迎 而雖無
驚人之色態 然隱然中 自有無限趣味 言語動止 都是天然純態矣 我雖病中 一見此人
旣不動心 然半身不收一病漢 其何能生意乎 但以溫井沐浴後 歸路相見爲期 與崔同
到金府 訪力士文達周止宿 翌朝同到東萊溫井 仍留沐浴二十一日 病至差可食飮
之節 行動擧止 一如前日 强壯我矣 其喜何量 自溫井仍作遊覽之行 而名山大川 無
不遍踏 還到昌原瓊貝家 多日留延 以敍前日未盡之情 同到漆原三十里 宋興祿家
則 孟烈亦在家 見我欣然四五日迭宕而別 此時 果知別離之難也.(내가 진주에 있을

때 그 곳의 물과 풍토가 맞지 않아 풍병이 들어서 의원들에게 널리 물어 여러 가지로 약을 썼으나 조금도 약효를 얻지 못하여 죽을 지경이 이르렀다. 한 의원이 와서 이 병은 매우 위중해서 만약 동래 온천에 가서 삼칠일동안 목욕을 하지 않는다면 다시 회복될 수 없다고 말한 고로 즉시 동래로 향하였다. 창원에 도착하여 마산포에 머물었는데 병중이나 마산포에 살면서 가야금을 잘하고 편시조를 잘 부르는 최치학과 창원 기생 경패가 가무를 잘한다는 말을 듣고 창부의 귀신같은 가악의 훌륭한 이름을 듣고자 했다. 사람을 시켜 최치학과 서로 만난 뒤에 가야금으로 신방곡을 청하여 듣고 다음에 편시조의 창을 들으니 과연 놀랄 정도로 오묘한 명금이요 명창이었다. 대저 영남에 편시조 명창이 셋이 있느니 하나는 마산포 최치학이요, 하나는 양산 이광희요, 하나는 밀양 이희문이다. 경패가 지금 있는 곳이 어디냐고 묻자 지금 부중에 있다는 대답이었다. 이튿날 아침에 최와 더불어 부중에 들어가 경패의 집에 가니 집에 있다가 마중을 나오니 비록 사람을 놀랠만한 색태는 없었다. 그러나, 은연중에 무한한 취미와 언어 행동거지가 도무지 천연 그대로 순수했다. 내 비록 병중이나 이 사람을 한 번 보고 마음이 움직이지 않겠느냐. 다만 온천 목욕을 한 다음 다시 귀로에 서로 만나기를 기약하고 최와 더불어 김해부에 도착하여 장사 문달주를 찾아 머무르고 이튿날 아침에 동래 온천에 도착했다. 이내 21일을 머물며 목욕을 하니 병에 차도가 있고 식음의 절제가 가능하여 행동거지가 전일과 같아 강장한 내가 되었으니 그 기쁨을 어찌 헤아리랴. 온천으로부터 유람의 여행을 시작하여 명산대천을 두루 답사하지 않은 곳이 없었다. 다시 창원의 경패의 집에 도착하여 여러 날을 머물면서 지난날의 미진한 정을 풀고 같이 30리나 되는 칠원 송흥록의 집에 도착하니 맹렬도 집에 있다가 나를 보고 흔연했다. 사오일을 질탕하게 놀고 이별하니 이 때에 과연 이별이 어려운 줄을 알았다.)

대조: 남창 342번에 수록. 작자 미상으로 되어 있고, 종장이 "이後란 秉燭夜遊ᄒ여 남운 히를 본늬리라"로 되어 있음.

128
그려걸고보니 丁寧헌지라만은
불너對答업고손쳐오지아니ᄒ니
野俗다　造物의猜忌허미여魂을아니붓칠줄이.

江陵紅蓮 卽呂州良家女也 壬寅年間 爲人誘引上洛 而以色態之超羣出類誤入於妓

籍 此是見欺於人 實非渠之本意也 出役後與我相近 必以頉役終老之意 金石牢約 而
不能暫時相捨矣 造物多猜 竟不得如意 然彼此骨髓之情 何日暫忘 畫其像貌 掛壁而
見之矣 未幾而燒(강릉 기생 홍련은 즉 여주 양가집 딸이었다. 임인 연간에 사람
의 꾀임에 따라 서울에 올라오나 색태가 여러 사람들 가운데 뛰어나 기적에 잘못
올라가니 이는 다른 사람에 속은 것이지 실은 그의 본의가 아니었다. 부역에서
풀려난 뒤에 나와 더불어 가까이 하며 반드시 탈역으로 만년을 보낼 뜻을 금석처
럼 굳게 약속하고 잠시를 서로 버릴 수가 없었다. 조물주가 시기함이 많았는지
마침내는 뜻과 같이 되지 않았다. 그러나 피차에 골수에 맺힌 정은 어찌 하루라
도 잠시를 잊겠는가? 그의 모습을 그려 벽에 걸고 바라보다가 오래지 않아 태워
버렸다.)

대조: 여창 131번에 수록.

129
차다져달이여　雪後風五更鐘을
西嶺에거져잇셔어늬곳즐빗치이노
저만일　날갓치잠업스면이곳칠듯ᄒ여라.

丁丑至月之望 與蓮湖朴士俊 夜會惠橋矣 罷漏後出步鐘街 是夜雪後 寒風透骨 曉月
掛於西嶺 忽憶玉簫仙作一関.(정축(1877)년 동짓달 보름에 연호 박사준과 더불어
밤에 혜교에서 만났다. 파루 뒤에 종로를 걸어가니 이날 밤 눈이 온 뒤에 찬바람
이 뼈를 파고들고 새벽달은 서쪽 마루에 걸려 있었다. 문득 옥소선은 생각하고
노래 한 곡을 짓다.)

차다 져 달이여 雪後風 五更鐘(설후풍오경종)을＝차갑구나 저 달이여 눈
바람에 오경을 알리는 종소리를 ◇西嶺(서령)에 거져 잇셔 어늬 곳즐 빗치
이노＝서쪽 고개에 걸쳐 있어 어느 곳을 비추노

130
永濟橋千條柳에 郎의말을멧번ᄆᆡ며
大同江萬折波의妾의눈물몃말인고

夕陽의　獨上練光亭ᄒ야依欄長歎ᄒ더라.

蓮湖朴士俊 居箕營時 余亦有事 下往箕營侍 仲春望間也 過永濟橋 到大同江邊 遙望 練光亭上 有一青娥 依欄獨立可知 娥者長林中 騎驢靑春郎 與此娥去留者耳.(연호 박 사준이 평양에 잠시 머물러 상 때에 나 역시 일이 있어 평양에 갔을 때는 마침 2월 보름께였다. 영제교를 지나 대동강변에 이르러 멀리 연광정 위를 바라보니 한 젊은 아가씨가 난간에 기대어 홀로 서 있는 것을 가히 알 수 있었다. 얼마 있다가 숲 속 에서 말을 타고 온 젊은 남자와 더불어 그 여자가 오래 머무를 뿐이더라.)

대조; 여창 82번에 수록.

131
몰나병되더니　아라쏘ᄒ病이로다
몰나병아라병되면병에얼의여못살니로다
아무리　華扁을만ᄂ들이病이야곳칠둘이.

南原妓松節 有傾國之色 然而昧於歌舞 可勝惜哉 余在南原時 親狎相隨 不能暫忘. (남원의 기생 송절은 뛰어난 아름다움을 가졌다. 그러나 가무에는 어두웠으니 참 으로 애석하다. 내가 남원에 있을 때 친숙해서 서로 따르며 잠시도 잊기가 어려 웠다.)

대조; 여창 208번에 수록.

頭擧 數大葉

132
菊花여너는어이 三月東風슬여한다
성긔울찬빈뒤에찰아리얼지연졍
반드시　羣花로더불어한봄말녀허노라.

藥峴金相國 詩曰 疎籬雨後寧寒死 不如群花共一春(약현 김상국의 시에 '성긴 울 타리에서 비가 온 뒤에 차라리 얼어 죽을지언정 여러 꽃들과 한가지로 할 수는

없다'고 하였다.)

대조; '셩긔'는 '셩긘'의 잘못. 국악원본, 규장각본, 육당본, 불란서본, 박씨본, 구황
실본, 일석본, 동양문고본, 협률대성, 화원악보에 수록.

셩긔 울 찬 빈 뒤에 찰아리 얼지연졍=엉성한 울타리 밑에 차가운 비 끝
에 차라리 얼지언졍　◇羣花(군화)로 더불어 한봄 말녀 허노라=여러 가지
꽃들과 더불어 즐길 수 있는 봄을 싫다고

　　　　133
불근니마아니런들 鶴을어이分別하리
왼몸이검어쓴져슈이볼슨가마귀라
아마도　雪裏에難分鶴이요易見鴉ㄴ가하노라.

余於戊寅冬 與蓮湖朴士俊 對酌於惠橋 有一弊袍破冠者 突入請酒 連勸三盃 其人朗
吟一首詩 起身出門 其詩曰 若非丹頂難分鶴 全是玄身亦見鴉(내가 무인(1878)년 봄
에 연호 박사준과 더불어 혜교에서 술을 마시고 있을 때 어느 떨어진 옷에 망가
진 갓을 쓴 사람이 갑자기 들어와 술을 청하기에 거푸 석 잔을 권하니 그 사람이
시 한 수를 읊조리며 밖으로 나갔다. 시에 "만약에 단정이 아니면 학을 분간하기
어렵고, 온몸이 검으니 까마귀를 보기가 쉽구나."고 하였다.)

불근 니마 아니런들=붉은 이마가 아니었다면　◇왼 몸이 검어쓴져 슈이
볼슨 가마귀라=왼 몸이 검으니 얼른 보기에는 까마귀라　◇雪裏(설리)에
難分鶴(난분학)이요 易見鴉(이견아)ㄴ가=눈 속에서 학을 분간하기는 어려
워도 까마귀는 쉽게 볼 수 있는가.

　　　　134
血淚ㅣ滂滂하니　玉頰이곷치로다
丹鳳을下直헐세 武臣이간데엽네
漢道야 弱하랴마는薄命妾을보닉는고.

472　海東樂章

東方叫 詩曰 漢道方全盛 朝廷是武臣 何須薄命妾 辛苦事和親(동방규의 시에 "한 도가 바야흐로 전성하니 조정에 무신뿐이라 어찌 박명첩을 구할꼬 화친하는 일이 괴롭다."고 하였다.)

血淚(혈루) ㅣ 滂滂(방방)하니 玉頰(옥협)이 꼿치로다=피눈물이 흐르니 옥과 같이 고은 뺨이 꽃처럼 예쁘구나 ◇丹鳳(단봉)을 下直(하직)헐세=대궐을 하직할 때에 ◇漢道(한도)야 弱(약)하랴마는 薄命妾(박명첩)을 보닉는고 =漢(한)나라의 근원이 약하겠느냐마는 복이 없는 첩을 보내느냐. 박명첩은 王昭君(왕소군)을 가리킴.

135
出自東門하니　綠楊이 千絲ㅣ라
絲絲決心曲은소고리말속이라
벽국시　깁푼우름에이긋난듯하여라.

余於乙亥春 圖隙還鄕 到箭串橋 酒店暫歇 自先來帳轎中 有一美人捲簾而出 掩淚言曰 我今還鄕矣 君今安之 此非別人也 乃是晉陽妓瓊貝也 渠以藥房一行首 出入於雲宮時 與吾親熟 而今於此地 相見可喜 然別離之懷 可勝抑哉(내가 을해(1875)년 봄에 기회를 얻어 고향에 돌아오다 살곶이다리에 이르러 주점에 잠시 쉬었다. 먼저 온 휘장을 친 가마로부터 한 미인이 발을 걷으며 나와 눈물을 감추며 말하기를 "내가 이제 고향으로 돌아간다. 그대는 지금 어떠하시오."하니 이는 다른 사람이 아니다. 곧 진양의 기생 경패였다. 그는 약방 행수로서 운현궁에 출입할 때에 나와 친숙했었는데 이제 이곳에서 서로 만나니 기뻤다. 그러나 이별의 회포야 억제하기 힘들구나.)

대조: 남창 403번에 수록.

136
기고리져기고리　得得爭躍하난것테
희오리져희오리 垂垂不飛하난고나

秋風에　히오리펄젹나니기고리간곳업셔하노라.

茶山丁承旨　詩曰　得得蛙爭躍　垂垂鷺不飛(다산 정승지의 시에 "펄쩍펄쩍 개구리
다투어 뛰고 차츰차츰 내리는 백로는 날지를 못하는구나."고 하였다.)

대조: 남창 609번에 수록.

三數大葉

137

기럭이놉피쓴뒤에　서리달이萬里로다
네네짝차즈랴구이밤의나랏는야
져건너　蘆花叢裏에홀노안져우더라.
統營海月　頗有姿色　粗通歌舞　而余在晉陽時　入去統營　與海月相逢　數日相隨　一日
夜　月朗風淸　海色在戶　忽聞中天一隻孤雁　叫叫而去(통영의 기생 해월은 자못 아
름다운 빛이 있고 가무에 조금은 통달했다. 내가 진양에 있을 때 통영에 들어가
해월과 서로 만나 여러 날을 서로 따랐는데 어느 하루날 밤에 달은 밝고 바람이
맑아 바다의 빛이 지붕에 비쳤는데 문득 외로운 기러기 한 마리가 울면서 지나가
더라.)

대조: 여창 79번에 수록.

138

矗石樓欄干밧긔　南江水碧白鷗飛라
슬푸다一片石이貞忠孤魂을실엇고나
西風에　盞들러위로할세눈물게워하노라.
晉州矗石樓外　南江中　有一大巖上　可以坐百人　壬辰之倭亂　倭將與府妓論介　登此巖
飮酒而樂　酒至半酣　請倭將對舞　倭將欣然而起舞　論介抱倭腰投江而死　以此故立廟
以表忠烈.(진주 촉석루 밖 남강 가운데 큰 바위가 있어 100사람은 충분히 앉을 만
하였다. 임진왜란에 왜장과 더불어 부중기생 논개가 이 바위 위에 올라 술을 마
시며 즐기다가 술이 반쯤 취하자 왜장에게 대무를 청하자 왜장이 흔연히 일어나
춤을 추자 논개가 왜장의 허리를 끌어안고 강에 빠져 죽었다. 이런 까닭으로 사

당을 세워 논개의 충렬을 기렸다.)

矗石樓(촉석루) 欄干(난간) 밧긔 南江水碧 白鷗飛(남강수벽백구비)라＝
촉석루 난간 밖에 남강물이 푸르고 백구가 날더라 ◇一片石(일편석)이 貞
忠孤魂(정충고혼)을 실엇고나＝한 조각의 돌이 절개가 곧고 충성스런 외로
운 넋을 실었구나. 일편석은 논개가 왜장을 끌어안고 죽은 義巖(의암)을
가리킴.

139
月老의불근실를 한발암만어더니여
鸞膠굿셴풀노時運지게부쳣스면
아무리 億萬年風雲,ㄴ들써러질줄이시랴
余與江陵紅蓮 有百年之約 作此爲信 竟未得如約 可勝恨哉(내가 강릉의 홍련과 더
불어 평생의 약속을 하여 이를 믿게 하고자 하였으나 끝내 약속과 같이 하지 못
하였음이 매우 한스럽다.)

대조; 여창 145번에 수록. 작자 미상으로 되어 있음.

140
織罷氷綃獨上樓하니 水晶簾外桂花秋ㅣ라
牛郎이한번가고도라오지아니하니
밤마다 烏鵲橋邊의근심계워하노라.
南原廣寒樓最古樑 無名古妓 詩曰 織罷氷綃獨上樓 水晶簾外桂花秋 牛郎一去無消
息 烏鵲橋邊夜夜愁 時人以此 謂之春香詩(남원 광한루 대들보에 이름 모를 옛날
의 기생의 시가 있으니 "부드러운 비단 짜기를 멈추고 홀로 다락에 오르니 수정
렴 밖에 가을달이 밝았다 우랑은 한 번 가고 소식이 없으니 오작교 옆에서 밤마
다 근심이네." 사람들은 이를 춘향의 시라 일컫는다.)

織罷氷綃獨上樓(직파빙초독상루)하니 水晶簾外桂花秋(수정렴외계화추)ㅣ
라＝보드라운 비단 짜기를 멈추고 홀로 다락에 오르니 수정렴 밖에 가을달

이 밝았다 ◇牛郞(우랑)이 한 번 가고=소를 치는 남자가 한 번 가고 우랑
은 牽牛(견우)를 가리킴.

141
길럭이펼펼발셔나라가스러니　고기난어이이젹지아니오노
山놉고물기닷터니아마물이山도곤더기러못오나보다
至今에　魚雁도싸르지못하니그를슬허하노라

余於壬寅秋 與禹鎭元 下往湖南淳昌 携朱德基 訪雲峰宋興祿 伊時申萬燁 金啓哲
宋啓學一隊名唱 適在其家 見我欣迎矣 相與留連迭宕數十日後 轉向南原則 全州妓
明月 字弄仙 得罪於道伯 定配於南原矣 見其姿色 絶美粗解 音律行動 凡百言語 無
所不備 仍與相隨 情誼轉密 不覺時日之遷延 及其臨別 恨惜之懷 難以形言 上洛侯
聞其解配 還鄕卽付一片書未見其答 必致浮沈而然耳.(내가 임인(1842)년 가을에 우
진원과 호남의 순창에 내려가 주덕기를 데리고 운봉의 송흥록을 방문하니 이때
신만엽 김계철 송계학의 일대 명창들이 마침 집에 있다가 나를 보고 기쁘게 맞이
했다. 서로 머물며 계속하여 십여일을 질탕하게 보낸 뒤에 남원으로 방향을 바꾸
니 전주의 기생 명월은 자가 농선인데 도백에게 죄를 짓고 남원에 귀양 와 있었
다. 그의 자색이 뛰어나게 아름다움과 음률에 대한 대략의 이해와 행동과 모든
언어를 보니 갖추지 아니한 것이 없었다. 인하여 서로 따르고 정의가 점차 밀접
하여 시일이 지체되는 것을 깨닫지 못하고 이별을 임박해서야 애석하고 슬픈 감
회를 형언하기 어려웠다. 서울에 올라 온 뒤 그가 귀양에서 풀렸다는 소식을 듣
고 고향으로 즉시 편지를 부쳤으나 답서를 보지 못했다. 浮沈(부침)이 반드시 있
다는 것이 이러할 따름이다.)

　발셔 나라가스러니=이미 날아갔을 것이니 ◇어이 이젹지 아니 오노=
왜 이제까지 안 오는가 ◇물 기닷터니 아마 물이 山(산)도곤 더 기러=물이
길다고 하더니 물이 산보다 더 길어서 ◇魚雁(어안)도 싸르지 못하니=편
지도 빠르지 못하니.

142
夕陽高麗國에　닷는말멈췃스니
슬푸다五百年이물소릭가운데라

닉엇지 술을씌고셔야滿月臺를지나리요.
西京懷古詩曰 夕陽立馬高麗國 流水聲中五百年.(평양을 회고하는 시에 "석양 고려
국에 달리는 말을 세우니 오백년이 흐르는 물 가운데라.")

대조; 『靑邱永言』에만 수록되어 있음.

닷는 말 뭠쳣스니=달리는 말이 멈췄으니 ◇술을 씌고셔야 滿月臺(만월
대)를=맑은 정신으로야 어떻게 만월대를. 만월대는 고려의 궁궐터.

143
說盡心中無限事ᄒ야 길럭이발의굿게밀셰
長歎墮淚하며 哀矜이니른말이
녜萬一 더듸도라오면나는그만이로라.
海營玉簫仙 丙子冬下去後 不能忘 作界面調八絶 付之撥便.(해주 기생 옥소선이 병
자(876)년 겨울에 내려간 뒤에 쉽게 잊지 못하여 계면조 8수를 지어 배편에 부치
다.)

說盡心中無限事(설진심중무한사)ᄒ야=마음속에 있는 무한한 일을 다 말
하여 ◇長歎墮淚(장탄타루)하며 哀矜(애긍)이 니른 말이=크게 탄식하고 눈
물을 흘리면서 불쌍하게 생각하여 하는 말이.

言弄

144
乾天宮버들빗츤春三月에고아거늘 景武臺芳草岸은夏四月에풀우엿다
香遠亭萬朵芙蓉秋七月香氣여늘 碧花室古査梅는冬十月雪裏春光
아마도 四時節候을못닉미더ᄒ노라
乾天宮 四時景.(건천궁의 사계절 경치를 노래하다.)

乾天宮(건청궁) 버들빗츤 春三月(춘삼월)에 고아고늘=건천궁의 버들 빛

은 봄 삼월에 곱거늘 ◇景武臺(경무대) 芳草岸(방초안)은 夏四月(하사월)에
룰우엇다=경무대 풍이 우거진 언덕은 여름 사월에 푸르구나 ◇香遠亭(향
원정) 萬朶 芙蓉(만타부용) 秋七月(추칠월) 香氣(향기)여늘=향원정의 만 줄
기 연꽃은 강을 칠월의 향기거늘 ◇碧花室(벽화실) 古査梅(고사매)는 冬十
月(동시월) 雪裏春光(설리춘광)='古査梅'(고사매)는 '古楂梅'(고사매)의 잘못.
벽화실을 오래된 등걸의 매화는 겨울 시월의 눈 속의 봄빛이 ◇四時節候
(사시절후)를 못늬 미더=일년 동안의 절기를 끝내 믿어.

145

六十一歲花甲宴에 三紀壽를더비러셔
늬손조슐을부어又石公게올닌後의
다시금 百子千孫하오시고富貴康寧하오소셔.
又石尙書 爲我設甲宴於孔德里 我笑堂之日 獻酧賀祝(우석상서께서 나의 회갑연을
공덕리 아소당에 베풀어 주신 날 술잔을 드려 축하하다.)

花甲宴(화갑연)에 三紀壽(삼기수)를 더 비러셔=회갑의 잔치에 삼백 살을
더 빌어서 ◇늬 손조 슐을 부어=내가 직접 술을 부어 ◇百子千孫(백자천
손)하오시고=많은 자손을 두시고

弄

146

엇그제離別ᄒ고 말업시안졋스니
알쓰리못견딀일한두가지아니로다
입으로 닛자허면서肝腸슬어하노라.
余與江陵紅蓮 相別之後.(나와 강릉 홍련과 서로 헤어진 뒤에 짓다.)

대조; 여창 80번에 수록.

147

글려사지말고 찰아리쉭여져셔
閻王쎄발괄하야任을마자다려다가
死後ㅣ나 魂魄이雙을지여그리던恨을풀니라.

密陽月中仙 昔年洛陽揚名者也 甲戌春 又爲上京 丙子冬下去 此時 相別離之情尤
難.(밀양의 월중선은 지난 날에 서울에서 이름을 날리던 사람이다. 갑술(1874)년
봄에 다시 상경하여 병자년 겨울에 내려갔다. 이 때의 이별하는 정회가 더욱 어
려웠다.)

대조; 여창 129번에 수록.『靑邱永言』에는 작자 미상으로 되어 있음.

148

杜鵑의목을빌고 쇠쇼리 辭說쉭어
空山月滿樹陰의지져귀며우럿쇠면
가슴에 돌갓치믾친피를푸러볼가하노라.

潭陽凌雲 字卿鶴 與淳昌錦花 漆原瓊貝 江陵影月 晉州花香齊名 而獨凌雲 甲於歌
舞矣 余與此人交契深密 多年相隨矣 還鄕之後 自不無相憶之懷(담양의 기생 능운
은 자가 경학이다. 순창 금화, 칠원 경패, 강릉 영월과 더불어 이름을 날리었는데
유독 능운이 가무에 제일 뛰어났다. 나와 이 사람의 사귐이 매우 깊어 여러 해를
서로 따랐다. 시골로 돌아간 다음에 서로를 생각하는 회포가 없지 않았다.)

대조; 여창 147번에 수록.

149

壁上에鳳그리고 머뭇거려도라셜졔
압길을헤아리니말머리에구름이라
잇쩌에 가업슨나의懷抱는알니업셔허노라.

余於湖南之行 自順天路由光州 到潭陽訪凌雲則 凌雲因長城金參奉之請 昨日已去
而凌母在家矣 凌母曰 今欲專人於長城 而明朝則還家矣 相見候發程爲可云 然 吾之

歸期甚忩忙 不可暫留旋 則啓程恨鬱之懷 難以形言書一絶歌曲 與凌母而歸.(내가 호남에 갔을 때 순천으로부터 광주를 경유하여 담양의 능운의 집에 도착하니 능운은 장성의 김참봉의 부탁으로 어제 이미 떠났고 능운의 어미가 집에 있었다. 능운의 어미가 말하기를 "이제 장성에 사람을 보낸다면 내일 아침에 집에 돌아올 것이니 서로 만나보고 떠나는 것이 어떠하겠는가" 하고 말하지만 나의 돌아갈 기약이 매우 촉박하여 잠시를 머뭇거릴 수가 없어 일정의 한스럽고 답답한 심회를 말로 표현하기가 어려움을 알리고 노래 한 수를 적어 능운의 어미에게 주고 돌아왔다.)

壁上(벽상)에 鳳(봉) 그리고 머뭇거려 도라셜제=벽에다 봉을 그리고 머뭇거리며 돌아설 때 ◇말머리에 구름이라=떠나는 앞길이 순탄치 않구나.

150
알쓰리그리다가 만나보니우슴거다
그립것치마주안저脉脉히볼샏이라
지금에 相看無語를情일런가ᄒ노라.

丁丑春 余在雲宮矣 有人來訪故 出往視之則 其人者袖中出一封花箋 圻而見之則 乃是全州梁臺 在京書也 則往相握 其喜何量 信乎其喜 極無語也.(정축(1877)년 봄에 내가 운현궁에 있었다. 사람이 찾아왔기에 나가서 만나 보니 그 사람이 소매 속에서 봉한 편지 하나를 꺼내어 주거늘 뜯어보니 곧 전주 양대가 서울에서 보낸 편지다. 즉시 가서 서로 손을 잡으니 그 기쁨을 어찌 헤아릴 수가 있으랴. 그 기쁨을 믿을 수가 있겠는가? 참으로 할 말이 없구나.)

대조: 여창 146번에 수록.

151
玉頰의구는눈물 羅巾으로시쳐닐졔
가난닉ᄆᆞ음을네어이모로넌다
네졍녕 웃고보닉여도肝腸슬데하물며.

余與平陽蕙蘭 相隨七箇月 情誼膠漆 果無相捨之意 而及其別也 人情固然.(내가 평

양의 기생 혜란과 더불어 서로 7개월 동안을 사귀니 정의가 아교처럼 꽉 붙어서
서로 버릴 생각이 없으니 이별을 하게 되니 인정이란 본래가 그런 것인가 보다.)

玉頰(옥협)의 구는 눈물 羅巾(나건)으로 시쳐닐 제=예쁜 뺨에 흐르는 눈
물을 비단 수건으로 닦아낼 때 ◇가난 늬 므음을 네 어이 모로넌다=떠나
는 내 마음을 너는 어찌 모르느냐 ◇肝腸(간장) 슬데 하물며=마음이 아플
것인데 하물며.

152

智謀는漢相諸葛武侯요 膽略은吳侯孫伯符ㅣ라
舊邦維新은周文王之功業이요斥邪衛正은孟夫子之聖學이로다
아마도 五百年幹氣英傑은國太公이신가하노라.

丙寅洋醜之亂 若非國太公智謀膽略 我國幾乎左袵.(병인(1866)년 서양 오랑캐의 난
리에 만약 국태공의 지모와 담략이 아니었다면 야만인들에게 우리나라가 어찌
되었겠는가?)

대조: 여창 173번에 수록. 작자 미상으로 되어 있음.

界樂

153

冤鳥되야帝宮에나나 孤身隻影이碧山中이라
暇眠夜夜眠無暇요 窮恨年年限無窮을 聲斷曉岑殘月白요 血淚春谷落花紅이로다
至今에 天聾尙未聞哀訴하고 何乃愁人耳獨聽고하노라.

端宗大王 寧越淸冷浦 御製.(단종대왕께서 영월의 청령포에서 지으신 것이다.)

冤鳥(원조)되야 帝宮(제궁)에 나니=억울하게 죽은 새가 되어 궁궐에 날으
니. 원조는 원통하게 죽은 사람의 혼이 변하여 되었다는 새 ◇暇眠夜夜眠

無暇(가면야야면무가)요 窮恨年年恨無窮(궁한연년한무궁)을=밤마다 설친 잠 때문에 잠을 잘 여가가 없고 해마다 다 함이 없는 한은 그칠 때가 없다 ◇聲斷曉岑殘月白(성단효잠잔월백)요 血淚春谷落花紅(혈루춘곡작화홍)이로 다=두견의 울음 그친 새벽 봉우리에 그믐달이 밝고 피눈물처럼 붉은 봄의 골짜기에 꽃이 떨어져 붉구나 ◇至今(지금)에 天聾尙未聞哀訴(천농상미문 애소)하고 何乃愁人耳獨聽(하내수인이독청)고=지금에 하늘은 귀를 먹어 슬 픈 하소연을 듣지 못하고 어째서 근심스런 사람의 귀에만 들리는가.

154
담안에불근꽃츤　버들빗츨싀워마라
버들곳아니런덜花紅너쌪이어니와
네것테　多情타이를거슨柳綠인가하노라

江陵妓月出 晉州妓楚玉 揚名於洛下 而有相猜之嫌(강릉 기생 월출과 진주 기생 초옥은 서울에서 이름을 날렸는데 서로는 시기하는 흠이 있다.)

대조; 국악원본, 규정각본, 육당본, 불란서본, 박씨본, 구황실본, 동양문고본, 협 률대성에 수록.

버들빗츨 싀워마라=버들의 푸른빛을 시새워 하지마라 ◇버들곳 아니런 덜 花紅(화홍) 너쌪이어니와=버들만 아니라면 꽃이 붉은 것은 너뿐이거니 와 ◇多情(다정)타 이를 거슨 柳綠(유록)인가 하노라=다정하다고 할 수 있 는 것은 푸른 버들인가 한다.

羽樂

155
古松奇石두사이예　어엿불슨져杜鵑아
봄곳치불근것도오히려多事커든

엇지타   가을닙히또불거서松石우음밧느니.

丹崖金生員致大 後園古松奇石之間 有一株杜鵑 每當春夏之交 滿枝紅花照人暎山
人莫不折揷滿頭 而秋節丹葉 亦可賞然 松石之間 自有嬋娟之歎耳.(단애 김생원 치
대의 후원에 고송과 기석의 사이예 진달래 한 그루가 있어 매년 봄과 여름이 바
뀌는 계절을 만나면 많은 가지에 핀 붉은 꽃이 사람들과 산을 비춘다. 사람들이
만약 꽃을 꺾어 머리에 가득 꽂지 않는다면 가을철 단풍잎을 구경할만할 것이다.
소나무와 바위틈에서 스스로 고운 모습을 뽐낼 따름이다.)

古松 奇石(고송기석) 두 사이예 어엿불슨 져 杜鵑(두견)아=늙은 소나무와
괴상하게 생긴 바위의 틈에 가련한 것은 저 진달래야 ◇봄 꼿치 불근 것도
오히려 多事(다사)커든= 봄철이 꽃이 붉은 것도 오히려 바쁘거든 ◇가을
닙히 쏘 불거셔 松石(송석) 우음 밧느니=단풍잎이 또 붉어서 소나무와 바
위의 웃음거리가 되느냐.

156
닉집은桃花源裏여늘   자네몸은杏樹壇邊이라
鱖魚ㅣ살졋거니그물은자네밋네
兒禧야   덜괴인薄薄酒ㄹ만졍甁을치와너흐라.

丙寅洋醜之亂 余亦率家 避亂于洪川靈金里 而山高谷深 人跡不到處也 人皆謂桃源
然虎患可畏.(병인(1866)년 서양 오랑캐의 난리에 나 또한 솔가하여 홍천 영금리에
피란을 갔는데 산이 높고 골이 깊어 인정이 이르지 않는 곳이다. 사람들이 다 무
릉도원이라고 하나 호환이 두렵더라.)

대조; 국악원본, 규장각본에만 수록.

닉 집은 桃花源裏(도화원리)여늘 자네 몸은 杏樹壇邊(행수단변)이라=내
집은 복숭아와 오얏이 피어 있는 골짜기 안에 있거늘 자네 몸은 살구나무
로 단을 만든 근처라 ◇鱖魚(궐어)ㅣ 살졋거니=쏘가리가 살졌을 것이니.

157

가마귀속흰줄모르고　것치검다뮈무여하며
갈먹이것희다ᄉ랑허고속검운줄몰낫더니
이제야　표리흑백을씬쳐슨져ᄒ노라.

余在鄕廬時　利川李五衛將基豊　使洞簫神方曲　名唱金君植　領送一歌娥矣　問其名則
曰錦香仙也　外樣醜惡　不欲相對　然以當世風流郞　指送有難㤼然　即請某某諸友登山
寺　以諸人見厥娥　皆掩面而笑　然旣張之舞　難以中止　第使厥娥請時調　厥娥斂容端坐
唱蒼梧山湘水絶之句　其聲哀怨凄切　不覺遏雲飛塵　滿座無不落淚矣　唱時調三章　後
續唱羽界面一編　又唱雜歌　牟宋等　名唱格調　莫不透妙　眞可謂絶世名人也　座上洗眼
更見則　娥者醜要今忽丰容　雖吳姬越女　莫過於此矣　席上少年　皆注目送情　而余亦難
禁春情　仍爲先着鞭　大抵不以外貌取人　於是乎始覺云耳.(내가 시골 오두막에 머물
러 있을 때 이천의 오위장 이기풍이 퉁소로 신방곡을 잘 부는 명창 김군식과 노
래를 잘하는 아가씨를 보냈다. 그의 이름을 물으니 금향선이라 하였다. 외양이 추
악하여 상대하고 싶지 않으나 당대의 풍류랑이 지명해서 보냈기에 업신여기기가
어려웠다. 즉시 모모의 여러 벗들을 청하여 산사에 오르니 모든 사람들이 그 아
가씨를 보고 얼굴을 가리고 비웃지만 이미 시작한 춤판이라 중지하기가 어려웠
다. 차례가 되어 그 아가씨에게 시조를 청하니 얼굴을 단정히 하고 앉아 창오산
이 무너지고 상수가 끊어졌다는 구절을 노래하니 그 소리가 애원 처절하여 구름
이 멈추고 티끌이 날리는 것 같음을 깨닫지 못하고　모든 사람들이 눈물을 흘리
지 않는 사람이 없었다. 시조 삼장을 부르고 우계면 한 편을 계속해서 부르고 또
잡가를 부르니 모송 등 명창들의 조격보다 뛰어나게 묘함이 뒤지지 않으니 참으
로 절세의 명인이라 이를만하였다. 자리에서 눈을 씻고 다시 보니 조금 전의 추
악하고 무시했던 것이 이제는 예쁜 얼굴로 보여 비록 오월의 미녀라 하더라도 이
보다 지나칠 수는 없었다. 자리에 있는 소년들이 다 눈길을 주며 정을 보내고 나
도 또한 춘정을 금하기 어려워 먼저 채를 쳤다. 대저 외모를 보고 사람을 취할 게
아니라는 것을 처음으로 깨달았을 따름이라 하겠다.)

　것치 검다 뮈무여하며＝겉이 검다고 아주 미워하며　◇것 희다 ᄉ랑허고
＝것티 희고 깨끗하다고 좋아하고　◇表裏黑白(표리흑백)을 씬쳐슨져＝겉과
속, 옳고 그름을 깨우쳤는가.

158
四月綠陰鶯世界은　又石尙書風流節을
石想室놉흔집의琴韻이玲瓏허다
玉階예　蘭花低하고鳳招梧桐하더라.

又石上書 廣招妓樂於後園石想室 盡日娛遊 蘭舟鳳心作主焉.(우석상서가 운현궁 후
원 석상실에 기생들과 악공들을 널리 초빙하여 종일을 즐기며 노니 난주와 봉심
이 이날의 주인공이었다.)

대조; 남창 562번과 여창 198번에 중복하여 수록

159
屛風에그린梅花　달업스면무엇하리
屛間梅月兩相宜는　梅不飄零月不虧라
至今에　梅不飄零月不虧허니그를조히너기노라

余於箕營下去之初 與蕙蘭妓 相對注情.(내가 평양에 가 있을 초기에 기생 혜란과
더불어 상대하고 정을 주었다.)

대조; 여창 197번에 수록

160
採於山하니 美可茹요　釣於水하니 鮮可食을
坐水邊林下니塵世可忘이요步芳逕開程하니情懷自逸이로다
아마도　悅心樂志난나뿐인가하노라.

我之山中之樂 果何如哉(내가 산중에서 즐거움이 과연 이와 같도다.)

대조; 남창 640번에 수록. 작자 미상으로 되어 있음.

161
이슬에눌닌곳과발암에부친입피
春宵玉階上의香氣놋는蕙蘭이라
밤중만 月明庭畔의너만사랑하노라.

讚潭陽妓蕙蘭.(담양의 기생 혜란을 칭찬하다.)

이슬에 눌닌 곳과 발암에 부친 입피=이슬 때문에 줄기가 수그러진 꽃과
바람에 흔들리는 잎이 ◇春宵 玉階上(춘소옥계상)의 香氣(향기) 놋는 蕙蘭
(혜란)이라=봄밤의 섬돌 위에 향기를 풍기는 혜란이로다. 혜란은 기생의 이
름으로도 쓰였음.

言樂

162
百花芳草봄바람을 사람마다즐길적의
登東皐而舒嘯하고 臨淸流而賦詩로다
우리도 綺羅裙거나리고踏靑登高하리라.

余於丁卯春 與朴先生景華 安敬之 金君仲 金士俊 金聖心 咸啓元 申在允 率大邱桂
月 全州姸姸 海州銀香 全州香春 一等工人一牌 卽上南漢山城 時則百花爭發 滿山
紅綠 相暎爲畵 是所謂不可逢之勝槩佳會也 三日迭宕 而還到松坡津 乘船下流 漢江
下陸.(내가 정묘(1867)년 봄에 박선생 경화와 안경지 김군중 박사준 김성심 함계
원 신재윤과 더불어 대구의 계월 전주의 연연 해주의 은향 전주의 향춘과 일등
공인 한 패를 거느리고 남한산성에 오르니 때는 백화가 다투어 피고 만산의 홍록
이 서로 비추어 그림과 같아 이는 이른바 다시 가지기 어려운 뛰어난 경개에 아
름다운 만남이라고 하겠다. 사흘을 질탕하게 놀고 다시 송파나루에 도착하여 배
를 타고 흘러가 한강에 가서 뭍에 내렸다.)

대조; 남창 608번에 수록.

163
푸른빗치쪽에낫스되　푸루기쪽의셔더푸루고
어름이물노되야스되차기물에서더차다더니
네엇지　一般靑樓人으로쎅여나미이가트뇨.

海州玉簫仙　余我雖有情誼　然至於論人筆端　豈有一毫私情乎　以吾所見　果合於此貶
耳.(해주 기생 옥소선은 나와 더불어 비록 정의가 있으나 사람들의 논의나 붓끝에
이르러서는 어찌 털끝만한 사사로운 정이 있으리요. 나의 본 바로는 다만 이는
폄하하는 것에 합당할 따름이다.)

　푸른 빗치 쪽에 낫스되＝푸른빛이 쪽빛에서 니왔지만　◇어름이 물노 되
야스되＝얼음이 물로 되었으되　◇一般靑樓人(일반청루인)으로 쎅어나미 이
가트뇨＝보통의 기생이로되 빼어남이 이와 같으냐.

164
秦皇이작한英雄이라마는　長生術고디듯고
童男童女五百人을徐市에게붓쳐거다
제敢이　石面의이름식겨지난줄를알게하다.

余在晉州時　往南海縣　登錦山遊覽　行到一處　有一人　指萬丈高峰上大石曰　此巖前面
徐市過此四字　能見之否　余仰視之　或見或不見矣　噫　徐市過此也.(내가 진주에 있을
때 남해현을 가서 금산에 올라 유람을 했다. 한 곳이 이르니 어느 사람이 높은 봉
우리 위의 바위를 가리키며 "저 바위 앞쪽에 '서불과차'의 넉 자가 능히 보이지
않더냐"고 하여 내가 올려다보니 혹은 보이고 혹은 보이지 않았다. 아 서불이 과
연 여기를 지나갔구나.

　秦皇(진황)이 작한 英雄(영웅)이라마는＝진시황이 뛰어난 영웅이라고 하
지만　◇長生術(장생술)고디 듯고＝장생술을 그대로 믿고　◇童男童女(동남
동녀) 五百人(오백인)을 徐市(서불)에게 붓쳐거다＝어린 남녀 오백을 서불에
게 보냈구나　◇제 敢(감)이 石面(석면)의 이름 식겨 지난 줄을 알게 하다＝

제가 감히 돌에다 이름을 새겨 지나간 줄을 알게 하더라.

編樂

165

仁王山下弼雲臺는　雲崖先生隱居地라

先生이豪放自逸하야不拘少節하고嗜酒善歌허니酒量은李白이요歌聲은龜年이라風
流才子와 冶遊士女들이구름갓치모여들어날마다風樂이요찟마다노릭로다잇찟에太
陽舘又石尙書歌音에皎如허사遺逸風騷人과名姬賢伶들을다모와거나리고날마다즐
기실제先生을愛敬허스못미칠듯하오시니

아마도　聖代예豪華樂事이밧게쏘어듸잇스리.

先生號雲崖 又石尙書 愛以敬之 逐日團會 眞可謂聖代豪華樂事矣(선생의 아호가
운애이다. 우석상서께서 사랑하고 존경하셔서 날마다 모임을 가지니 참으로 성대
의 호사스럽고 즐거운 일이라 일컬을 만하다.)

대조: 남창 638번에 수록. 『海東樂章』에 수록된 것과는 상당한 차이가 있음.

166

비바람눈셜이와山짐싱바다물결　들더위두메치위다가초격거시며

빗난의복멋진飮食조흔벗님고은싀과술노릭거문고를실토록지닌後에이몸을혜여흐
니百番불닌쇠아니면萬番시친돌이로다

至今에　넉나이七十이라平生을默數흐니우숩고늣거워라물에셕긴물아니면쑴속에
쑴이런가흐노라.

余自靑春 豪放自逸 嗜好風流 所學皆詞曲 所處皆繁華 所交皆富貴 而有時亦有物外
之想 每逢佳山麗水 輒怡然 忘歸 所以金剛雪嶽貝江妙香東海西海 凡在國中之名勝
者 殆無迹不到處 豈盡爲風流繁華 霜雪風雨海浪山獸野暑峽寒 亦備在其中間 一身
旣非鐵腸夕肚 安得不今日老且病也

余今年六十有六歲 雨臆獨坐 忽起念一生過痕 無非鳥啼花落雲飛水空已而 照鏡白
髮 無以自慰 欲一大白自唱一闋 漆園化蝶 不辨其眞假耳.(나는 젊어서부터 호방하
고 자일해서 풍류를 좋아하고 배운 것은 다 사곡이요 머물었던 곳은 다 번화한

곳이요 사귄 사람은 다 부귀인들 이어서 틈만 있으면 또한 속세 밖의 생각만 가
져 매번 이름다운 산수를 만나면 문득 만족해서 집에 가는 것을 잊었다. 금강산
설악산 대동강 妙香山 동해 서해와 나라 안에 있는 명승지에 자취가 이르지 않은
곳이 거의 없으니 어찌 풍류와 번화를 다하지 않았으랴. 눈서리 비바람 바닷물결
산짐승 들더위 두메추위 또한 그 중간에 다 갖추어 겪었다. 일신이 쇠나 돌과 같
은 건강이 아니었으면 어찌 오늘처럼 늙거나 병이 없을 수가 있으랴. 내 올해 66
세이니 비 오는 창 앞에 홀로 앉아 문득 일생동안 지나온 자취를 문득 생각을 떠
올려 헤아려 보니 새가 울고 꽃이 떨어지며 구름이 날고 물이 뚫리는 것 같을 따
름이 아닌 것이 없다. 거울에 백발을 비추며 스스로 위로하여 지나온 것을 한 번
크게 밝히고자 스스로 노래 한 수를 부른다. 꿈에 나비가 되었다는 莊子(장자)가
그것이 참인지 거짓인지 가리기가 어려울 따름이다.)

들 더위 두메 치위 다 가초 격거시며=들판을 가다 겪는 더위 산골을 지
나다 겪는 추위를 다 갖추어 겪었으며 ◇빗난 의복 멋진 飮食(음식) 조흔
벗 고은 싴과=좋은 의복 맛있는 음식 훌륭한 친구 아름다운 여인들과 ◇
이 몸을 혜여ᄒ니 百番(백번) 불닌 쇠 아니면 萬番(만번) 시친 돌=나를 생각
하는 백 번이나 불에 달군 쇠가 아니면 만 번이나 스친 부싯돌 ◇平生(평
생)을 黙數(묵수)ᄒ니 우숩고 늣거워라=지나온 생애의 운수를 가만히 생각
하는 우습고도 감격스럽구나.

編數大葉

167
壯麗헐슨東國別宮魯靈光漢景福을 應天上之三光허고備人間之五福이라
美哉라우리世子ㅣ 이집에親迎허ᄉ百輔于歸허오실졔山河拱揖허고百靈이仰德이시
라太平으로누리실졔聖子神孫이繼繼承承허ᄉ重熙累洽허ᄉ式至萬世허오실졔
우리도 百歲老翁으로無窮헌즐거오믈듯고보려허노라.

別宮新建 賀祝(별궁을 새로 지음을 축하하다.)

壯麗(장려)헐슨 東國 別宮(동국별궁) 魯 靈光(노영광) 漢 景福(한경복)=웅장하고 화려한 것은 우리나라 세자의 가례를 치룬 집이 노나라의 영광이나 한나라의 경복과 같음을 ◇應天上之三光(응천상지삼광)과 備人間之五福(비인간지오복)을=하늘의 삼광과 서로 응하였고 인간의 오복을 갖추었다. 삼광은 해와 달과 별을 가리킴 ◇美哉(미재)라 우리 世子(세자)ㅣ 이 집에 親迎(친영)허스 百輛 于歸(백량우귀)허오실제=아름답도다 우리 세자께서 이 집에서 친영례를 베푸시어 대단한 규모로 우귀하실 때. 우귀는 신부가 처음 시집에 들어오는 것 ◇山河 拱揖(산하공읍)허고 百靈(백령)이 仰德(앙덕)이시라=산천도 손을 잡고 공손히 인사하는 듯하고 모든 백성들도 임금의 높은 덕을 우러러보는 듯 ◇聖子神孫(성자신손)이 繼繼承承(계계승승)허스 重熙 累洽(중희누흡)허스 式至 萬年(식지만년)허오실 제=훌륭한 후손들이 대대로 이어가시어 임금이 대대로 현명하시어 태평세대가 계속되고 태평한 세월이 만세에까지 이어져서.

168
ᄂᆡ일즉꿈을어더　文武周公을뵈온後에
前身이 況兮吉人이런가心獨喜而自負ㅣ러니
果然的　我笑堂上봄ᄇᆞ름에當世英傑을뵈셧거다.

余於辛丑冬　夢音文武周公於私室　而心獨喜而自負　自丁卯以後長侍石坡大老　是豈非夢兆之靈應歟(내가 신축(1841)년 겨울 꿈에 집에서 문무와 주공을 뵈시고 마음 속으로 혼자 기뻐하며 자부하였는데, 정묘(1867)년 이후부터 오랫동안 석파 대로를 모셨으니 이 어찌 꿈의 신령스런 응답의 징조가 아니겠는가?)

대조: 남창 637번에 수록. 작자 미상으로 되어 있음.

169
大王大妃殿下　丁丑十二月六日에
山河ㅣ拱揖헐제萬祥이咸集허고臣民이賀祝헐제百靈이仰德이라

聖德이　天門에ㅅ못츠ㅅ든玉皇香案前으로後ㅅ八十을나리시다.

丁丑 十二月六日 誕日 賀祝(정축(1877)년 12월 6일에 대왕대비 탄신일을 축하하다.)

大王大妃 殿下(대왕대비전하) 丁丑 十二月 六日(정축십이월육일)에＝대왕대비 마마 정축년 12월6일에. 대왕대비는 翼宗(익종)의 비인 神貞王后(신정왕후)로 흔히 조대비 마마라 부름. 정축년은 고종 17년(1877) ◇山河ㅣ 拱揖(산하공읍)헐제 萬祥(만상)이 咸集(함집)허고＝산하가 손을 맞잡고 공손히 절하며 모든 상서로움이 다 모이는 듯하고 ◇臣民(신민)이 賀祝(하축)헐제 百靈(백령)이 仰德(앙덕)이라＝산하와 백성들이 축하할 때 모든 백성들이 덕을 우러러 보더라 ◇聖德(성덕)이 天門(천문)에 ㅅ못츠ㅅ든 玉皇 香案前(옥황향안전)으로 後(후)ㅅ八十(팔십)을 나리시다＝임금의 덕이 하늘에 사무치시거든 옥황상제 앞에 놓인 향탁 앞으로 다시 팔십세를 내리시옵소서.

170

仁而壽德而福을　그丁寧미들거시
石坡大老寬仁이며府大夫人洪福으로子繼子孫繼孫허니子孫이繼繼허고壽添壽福添福허니壽福이 添添이로다
허물며　又石尙書深仁厚德과養志誠孝를더욱 賀禮허노라.

府大夫人甲宴 賀祝 第三.(부대부인의 화갑연을 축하하는 세 번째.)

仁而壽 德而福(인이수덕이복)을＝어질면서도 장수하시고 덕이 있으면서도 복을 받는 것을 ◇石坡大老(석파대로) 寬仁(관인)이며 府大夫人(부대부인) 洪福(홍복)으로＝석파 대로의 너그럽고 어지심이며 부대부인의 커다란 복으로 ◇壽添壽 福添福(수첨수복첨복)허니 壽福(수복)이 添添(첨첨)이로다＝장수에 장수를 보태고 복에 복을 보태니 수와 복이 끝없이 보태지더라

◇又石尙書(석상서) 深仁厚德(심인후덕)과 養志誠孝(양지성효)를=우석 상서의 깊고 두터운 인덕과 부모님의 뜻을 거역하지 아니하는 지극한 효성을.

171
戊寅 二月初三日에 祥烟瑞靄繞雲宮을
二老堂놉흔樓에 金屛繡筵으로賀千秋를허오실졔
玉盤에 靈芝蟠桃는又石公이드리더라.

府大夫人甲宴 賀祝 第二.(부대부인의 화갑연을 축하하는 두 번째.)

戊寅(무인) 二月初三日(이월초삼일)에 무인년 이월 초삼일에. 무인년은 高宗(고종) 15년 ◇祥烟瑞靄 繞雲宮(상연서애요운궁)을=상서로운 안개가 운현궁을 에워쌈을 ◇二老堂(이노당) 놉흔 樓(누)에 金屛繡筵(금병수연)으로 賀千秋(하천추)를=좋은 병풍을 치고 훌륭한 자리로 장수를 축하할 때에 ◇玉盤(옥반)에 靈芝 蟠桃(영지반도)는 又石公(우석공)이=소반에 영지와 반도를 우석공이.

172
不學이無聞이면正墻面而立이어니 聖學을만이빅와溫故知新허오리라
그러미雲車를머무르고芳草岸에긔여올나긴푸름 흔마디로胸海를널닌後에다시금淸流邊에詩를읽고盞날닐졔불근꼿푸른닙흔山形을그림허고닷는麋鹿나는시는春興을藉良헌다 嘹亮헌 가는노릭香風에무더가고狼藉헌風樂소릭行雲에섯겨난다
俄已오 石逕隱隱비긴길노緇衣白衲이次例로느러오며合掌拜禮허더라.

丙子春 又石尙書 花遊於楊州德寺.(병자(1876)년 봄에 우석상서께서 양주 덕사에서 꽃놀이를 하시다.)

대조: 남창 639번에 수록. 다만 초장과 중장의 '그러미'가 생략되었음.

言編

173

甲戌二月初八日은　世子邸下誕日이요

白龍四月初八日은世子邸下寶齡八歲三八이相合하여長安二十四橋月이두려시발갓
는데萬戶에燈을달고億兆ㅣ攔衢허며歌舞行休허여山呼萬歲허올적에月明燈明天地
明이라

우리는　聖世土氓인져擊壤鼓腹허며感激君恩허노라.

世子邸下 誕日 賀祝(세자 저하의 탄신을 축하하다.)

甲戌(갑술)　二月初八日(이월초파일)은=갑술년　이월　초파일은. 갑술년은
고종 11년　◇白龍(백룡)　四月初八日(사월초파일)은　世子邸下(세제저하)　寶
齡　八歲(보령팔세)=경신년 사월 초파일은 세자저하의 나이가 여덟 살　◇
三八(삼팔)이 相合(상합)하여 長安 二十四橋月(이십사교월)이 두려시 발갓는
데=삼과 팔이 서로 합하여 장안의 이십사교에 달이 둥그렇게 밝았는데. 장
안 이십사교는 중국 강소성 강도현에 있는 다리이나 여기서는 서울의 번화
가를 가리키는 듯　◇萬戶(만호)에　燈(등)을 달고 億兆ㅣ攔衢(억조난구)허며
歌舞行休(가무행휴)허여 山呼 萬歲(산호만세)허올 적에 月明 燈明 天地明(월
명등명천지명)=모든 집들에 등을 달고 모든 백성들이 길을 메우고 즐거워
하며 노래 부르고 춤추기를 하다가 멈추며 임금에게 축하하는 만세를 부를
때에 달도 밝고 등도 밝으며 천지도 밝더라　◇聖世 土氓(성세토맹)인져 擊
壤 鼓腹(격양고복)허며 感激 君恩(감격군은)=성세의 백성이라 격양가를 부
르며 배를 두드리고 임금의 은혜에 감격.

174

國太公之亘萬古英傑　이제뵈와議論컨딕

精神은秋水여늘氣像은山岳이라萬機를窮攝허니四方에風動이라禮樂法度와衣冠文
物이며旌旄節旗와劍戟刀鎗은燦然更張허시단말가

그밧게　金石鼎彝와書畵音律에란엇지그리발근신고.

雖使古之英傑 復生未肯多讓(비록 예전의 영걸들로 하여금 다시 태어나게 한다고
하더라도 그들에 양보하기를 좋아하지 않은 것이다.)

대조; 남창 636번으로 수록.

175
石坡大老造化筆과 秋史筆 紫霞詩는　詩書畵三絶이요
蘇山竹石蓮梅는 梅與竹兩絶이라
其中에　本밧기어려올손石坡蘭인가허노라

五絶之中 難摹者 獨石坡蘭.(다섯 가지 뛰어난 것 가운데 본받기 어려운 것은 오직
석파의 寫蘭(사란)이다.)

대조; 남창 642번과 여창 209번으로 중복하여 수록. 작자 미상으로 되어 있음.

176
어리석다安周翁이 엇지그리못든고　功名에미엿던가富貴에얼켜든가
功名은本非願이요富貴는初不親인데무어세걸잇겨못가고서六十年風塵속에鬢髮만
희계한고放白鷗於天抹이란陶靖節의歸去來요秋風忽憶松江鱸는張使君의　歸思로다
오날이야씨쳐스니뭇지말고가리로다一葉扁舟흘니저어마음듸로써갈젹의身兼妻子
都三口요鶴與琴書共一船을風飄飄而吹衣하고舟搖搖而輕颺이라빈머리의빗긴白鷗
가는길을引導하고搢扡뒤예부는바람돗츨미러쌜니갈졔浩浩蕩蕩하야胸襟이灑落하
다五湖에范蠡舟ㅣ들시원하기이만하랴살가치닷는비가瞬息이다못ᄒ야한곳즐다드
르니桃花源裏人家여늘杏樹壇邊漁夫ㅣ로다빈여너려드러갈졔찌거의夕陽이라四面
을살펴보니景槪도奇異하다山不高而秀雅하고水不深而澄淸이라萬種桃樹두룻곳예
三三五五수문집이뒷수풀을의지하야젼역烟氣이르혀고紅紅白白빗난꼿츤안기무릅
쓰고고은틔도자라한다流水의써난 桃花그믈밧게나지마라紅塵의무든사람武陵알가
두리노라시닉을因緣하야졈졈깁히드러갈졔한편을발라보니白雲이어린곳예 竹戶荊
扉두세집이隱勤이보이난듸門前五柳드리엿고石上三芝 씩여낫다문득갓가이다다라
는柴扉를긋이다ᄃ스니 門雖設而尙關이라志趣도깁푸시고다만보이고들니난바는萬

花深處松千尺이요衆鳥啼時鶴一聲이半空에嘹亮하니이果然닉집이로다
이제야   離別업슬任과함긔남은세上멋멋히를근심업시즐기다가羽化登仙하오리라.

快哉 我今去矣.(유쾌하도다. 나도 이제 가는구나.)

어리석다 安周翁(안주옹)이 엇지 그리 못 듣고=어리석구나 안주옹이 애
그렇게도 못 들었는고   주옹은 안민영의 號(호)의 하나   ◇功名(공명)은 本
非願(본비원)이요 富貴(부귀)는 初不親(초불친)인데=공명은 본래부터 바라
는 바가 아니요 부귀는 처음부터 좋아하지 않았는데   ◇六十年(육십년) 風
塵(풍진) 속에 鬢髮(빈발)만 희계한고=육십년 동안 살아온 세상에서 수염과
머리카락만 허옇게 되었는고   ◇放白鵬於天末(방백한어천말)이란 陶靖節(도
정절)의 歸去來(귀거래)요=흰 꿩을 하늘가에 풀어 놓음은 도연명의 '귀거래
사'에 나오는 말이요   ◇秋風忽憶松江鱸(추풍홀억송강노)는 張使君(장사군)
의 歸思(귀사)로다=가을바람이 부니 문득 송강의 농어가 생각남은 장사군
의 고향으로 돌아가고자 하는 생각이다. 장사군은 중국 晉(진)나라 때 張翰
(장한)으로 가을에 고향의 蓴菜(순채)와 鱸魚(농어)가 생각나자 벼슬을 그만
두고 고향으로 돌아갔다고 함   ◇身兼妻子都三口(신겸처자도삼구)요 鶴與
琴書共一船(학여금서공일선)을=자신과 처자를 합하여 모두 세 식구요 학과
금서를 합하여 한 배밖에 안되는 것을   ◇風飄飄而吹衣(풍표표이취의)하고
舟搖搖而輕颺(주요요이경양)이라=바람은 솔솔 불어 옷깃을 날리고 배는 흔
들흔들 거려 가볍게 천천히 가더라. 도연명의 '귀거래사'에 나오는 말임   ◇
빗머리의 빗긴 白鷗(백구) 가는 길을 引導(인도)하고 捩柁(열타) 뒤예 부는
바람 돗츨 미러=뱃머리에 비스듬히 나는 갈매기는 가는 길은 인도하고 키
뒤에 부는 바람은   ◇浩浩蕩蕩(호호탕탕)하야 胸襟(흉금)에 灑落(쇄락)하다
五湖(오호)예 范蠡舟(범려주)ㅣ들=대단히 넓어 끝이 없는 듯하여 가슴 속에
품은 생각이 씻은 듯 상쾌하다 오호에서 西施(서시)를 싯고 놀던 범려의 배
인들   ◇살가치 닷는 빅가 瞬息(순식)이 다 못ㅎ야=화살같이 빨리 달리는

배가 잠깐 동안에 ◇桃花源裏(도화원리) 人家(인가)여늘 杏花壇邊(행화단
변) 漁夫(어부) ㅣ 로다=무릉도원과 같은 곳이 인가가 있거늘 살구나무가 있
는 단 옆에 어부로다 ◇山不高而秀雅(산불고이수아)하고 水不深而澄淸(수
불심이징청)이라=산은 높지 아니하나 빼어나게 아담하고 물은 깊지 아니하
나 맑다 ◇萬種 桃樹(만종도수) 두룻 곳예 三三五五(삼삼오오) 숨은 집이
딋수풀을 의지하야 전역 烟氣(연기) 이르혀고=많이 심은 복숭아나무 둘러
있는 곳에 서넛 댓집이 숨어 있는 집이 대숲을 의지하여 저녁연기가 일어
나고 ◇紅紅白白(홍홍백백) 빗난 곳츤 느즌 안긔 무릅쓰고 고은 틔도 자랑
한다=울긋불긋 화려한 꽃은 저녁 안개에도 불구하고 고운 모습을 자랑한
다 ◇流水(유수)에 쩌난 桃花(도화) 그 믈 밧게 나지마라 紅塵(홍진)의 무든
사람 武陵(무릉) 알가 두리노라=흐르는 물에 떠내려가는 도화야 그 물 밖
으로 나가지 마라 속세에 때가 묻은 사람이 무릉도원을 알가 두렵다 ◇白
雲(백운)이 어린 곳예 竹戶荊扉(죽호형비) 두세 집이 隱勤(은근)이 보이난듸
=흰 구름이 어려 있는 곳에 대나무와 가시나무로 겯은 사립문을 단 두서너
집에 어렴풋이 보이는데 ◇門前 五柳(문전오류)드리엿고 石上三芝(석상삼
지) 쎄어낫다=문 앞에는 다섯 그루의 버드나무가 드리웠고 바위 위에 서너
개의 영지도 빼어났다 ◇柴扉(시비)를 굿이 다다스니 門雖設而尙關(문수설
이상관)이라=사립문을 굳게 닫았으니 문을 비록 만들었으나 아직도 잠겨있
다 ◇다만 보이고 들리난 바는 萬花深處松千尺(만화심처송천척)이요 衆鳥
啼時鶴一聲(중조제시학일성)이 半空(반공)에 嘹亮(요량)하니=다만 보이고
들리는 것은 모든 꽃들이 핀 깊숙한 곳이 소나무는 천척이요 모든 새들이
지저귀는 때에 학의 울을소리가 가장 뛰어나니 ◇羽化登仙(우화등선) 하오
리라=날개가 돋혀 신선이 되어 하늘로 올라 가리라.

177
紅塵을이미下直ᄒ고桃源을차자누어스니 六十年世外風浪꿈이런듯可笑롭다

이몸이 閑暇ᄒ야 山水의 邀遊헐졔 一小舟의 不施篙鱸ᄒ고 風帆浪楫으로 任其所之ᄒ올져긔 水涯에 觀魚ᄒ며 沙際에 鷗盟ᄒ야 飛者走者와 浮者躍者로 形容이익어스니 疑懼ᄒ빗잇슬것가 杏壇의 비를미고 釣臺에긔여올나고든 낙시드리우고 石頭에조으다가 漁夫의낙근고기 柳枝에쎄여들고 興치며도라올졔 園翁野叟와 樵童牧竪을 溪邊의 邂逅ᄒ야 問桑麻 說秔稻헐졔 杏花村바라보니 小橋邊쓴술집이 靑帘酒날니거날 緩步로드러가셔 꼿츠로籌노으며 酩酊이醉한후의 東皐의긔여올나 슈파람ᄒ마듸을마음ᄃ로길게불고 다시금뫼여ᄂ려려임청류이부시ᄒ고 무고송이반환타가 黃精을ᄭ어들고 집으로도라들졔 芳逕의나는 꼿츤 衣巾을침노ᄒ고 碧樹의우ᄂ식ᄂ 流水聲을화답ᄒ다문압페다다라ᄂ 막ᄃ을의지ᄒ야 四面을살펴보니 夕陽은在山ᄒ고 人影이散亂이라 紫綠이萬狀인데 變幻이頃刻이라 松影이參差여늘 禽聲이上下로다 俄已오 日落西山ᄒ고 月印前溪ᄒ니 羅大經의山中이며 王摩詰의輞川인들여긔와지날것가 뜰가온듸드러셔니 셤뜰밋테어린 蘭草玉露의눌녀잇고 울가의셩권꼿츤淸風의나붓긴다 房안의드러가니 期約둔黃昏月이淸風과함긔와셔 불거니비취거니 胸衿이灑落ᄒ다 瓦盆의듯넌술을 匏樽으로바다 닉야任과홈긔마조안져드러셔로勸헐져게 黃精菜鱸魚膾ᄂ山水를가츄미라 嗚嗚咽咽 洞簫聲을닉能히부러스니 淸風七月赤壁勝遊여긔와彷彿ᄒ다 거문고잇그러셔 膝上의빗겨놋코鳳凰曲ᄒ 바탕을任시켜불니면셔 興되로집허스니 司馬相如求凰이여긔와밋 즐것가 竹窓을밀고보니달이거의나지여널밤은ᄒ마五更이라 솔그림즈어린곳의鶴의꿈이깁허거날 슈풀우거진데이슬바람션을ᄒ다 玉手을잇끌고셔 枕上의나아가니琴瑟友之깁흔情이뫼갓고물갓타야連理에翡翠ᄂ널綠水의鴛鴦이라 巫山의雲雨夢이여긔와엇덧턴고 문노라安周翁의悅心樂志이만ᄒ면녁넉ᄒ야

이 後란 離別을아조離別ᄒ고 桃源의길이슘어 任과함긔즐기다가 元命이다ᄒ거든 同年同月同日時에 白日昇天ᄒ오리라.

古之桃源 亦今之桃源也 我之隱於此行此樂 母乃天賜神佑也.(예전의 무릉도원은 지금도 무릉도원이다.내가 이란 행락에 잠길 수 있는 것은 무론 하늘이 내려주시고 귀신이 도운 것이 아니겠는가?)

紅塵(홍진)을 下直(하직)ᄒ고 桃源(도원)을 차자 누엇스니 六十年(육십년) 世外風浪(세외풍랑)이 쑴이런 듯 可笑(가소)롭다=속세를 하직하고 무릉도원을 찾아 누었으니 육십년 동안 세상을 살아온 것이 꿈인 듯 가소롭구나 ◇山水(산수)의 邀遊(요유)헐졔 不施篙鱸(불시고로)ᄒ고 風帆浪楫(풍범낭즙)으로 任其所之(임기소지)ᄒ올 져긔=산과 물에서 재미있게 놀 때에 사앗대

나 노를 쓰지 아니하고 바람으로 돛을 삼고 물결로 노를 삼아 가는 대로 놓아둘 때에 ◇水涯(수애)에 觀魚(관어)ᄒ며 沙際(사제)에 鷗盟(구맹)ᄒ야 飛者 走者(비자주자)와 浮者 躍者(부자약자)로 形容(형용)이 익어스니 疑懼(의구)ᄒᆞᆯ빈 잇슬 것가=물가에 고기도 구경하며 모래톱에 갈매기와 약속하여 나는 놈 뛰는 놈 물에 뜨는 놈 펄쩍 뛰는 놈들과 모습이 익숙해졌으니 의심하거나 두려워할 까닭이 있을 것인가 ◇杏壇(행단)에 비을 믹고 釣臺(조대)예 긔여올나=살구나무가 서 있는 곳에 배를 매고 낚시터에 기어올라 ◇石頭(석두)에 조으다가 漁夫(어부)의 낙근 고기 柳枝(유지)예 쎄여들고=돌머리에 졸다가 어부가 낚은 고기를 버들가지에 꿰어들고 ◇園翁野叟(원옹야수)와 樵童牧豎(초동목수)를 溪邊(계변)의 邂逅(해후)ᄒ야 問桑麻說秔稻(문상마설갱도)할제=채소를 가꾸는 늙으니와 시골에 사는 늙으니와 나무꾼 아이와 마소를 먹이는 아이를 시냇가에서 만나 상마에 대해서 묻고 벼농사에 대해 이야기할 때에. 상마는 누에치고 베 짜는 일 ◇杏花村(행화촌) 바라보니 小橋邊(소교변) 쓴 술집의 靑帘酒(청렴주) 날니거늘 緩步(완보)로 들어가셔 곳츠로 籌(주) 노으며 酩酊(명정)이 醉(취)ᄒ 후의=술집을 바라보니 조그마한 다리 가에 술집을 알리는 깃발이 날리거늘 느린 걸음으로 들어가 꽃가지로 마신 술을 셈하며 거나하게 취한 뒤에 ◇東皐(동고)의 긔여 올나 슈파람 ᄒ 마듸을 마음ᄃᆡ로 길게 불고 다시금 뫼여 ᄂᆡ려=동쪽의 언덕을 기듯이 올라 휘파람 한 마디를 마음껏 길게 불고 다시 산에서 내려와 ◇임청유이부시하고 무고송이반환타가 黃精(황정)을 ᄊᆞ여 들고=맑음 물이 흐르는 시냇가에서 시를 짓고 외로이 선 소나무를 어루만지며 배회하다가(臨淸流而賦詩 撫孤松而盤桓) 죽순을 까서 들고 ◇芳逕(방경)의 나는 곳츤 衣巾(의건)을 침노ᄒ고 碧樹(벽수)의 우는 ᄉᆡ는 流水聲(유수성)을 화답ᄒ다=꽃이 피어 있는 길에 날리는 꽃의 향기는 옷과 두건에 배어들고 푸른 나무에서 우는 새는 흐르는 물소리에 화답한다 ◇夕陽(석양)은 在山(재산)ᄒ고 人影(인영)이 散亂(산란)이라 紫綠(자록)은 萬狀(만상)인데 變幻(변환)이 頃刻(경각)이라=저녁볕은 산을 비추고 사람의 그림자가 어지럽다 붉은 색과 녹색이 여러 가지 형상인데 빠른 변화가 눈깜작할 사이에 일어나는구나 ◇松影(송영)이 參差(참치)여늘 禽聲(금성)은 上下(상하)로다 山腰(산요)의 兩兩笛聲(양양적성) 쇠등의 아회로다=소나무 그림자가 가지런하지 못 하거늘 새소리는 나뭇가지를 오르내리며 들린다 산허리의 두서넛 피리소리가 쇠등에 탄 아이들이 내는 것이다 ◇俄已(아이)오 日落 西山(일락서산)ᄒ고 月印 前溪(월인전계)ᄒ니 羅大經(나대경)의 山中(산중)이며 王摩詰(왕마힐)의 輞川(망천)인들 여긔와 지날 것가=아이고, 해는 서산으로 지고 달은 앞내를 비추니 나대경의 산중이며 왕마힐의 망천인들 여기보다 더 나을 것인가. 나대경은 宋(송)나라 廬陵(여릉)사람으로 字(자)는 景綸(경륜), 왕마힐은 唐(당)나라 시인 王維(왕유)의 자이며 망천은 그의 별장이 있던 곳 ◇셤쏠 밋테 어린 蘭草(난초) 玉露(옥로)의 눌려잇고 울가의 성권 곳츤 淸風(청풍)의 나붓긴다=섬돌 아래 어린 난초는 이슬 때문에 줄기가 휘어져 있고 울타리 가의 엉성하게 피어있는 꽃들은 맑은 바람에 나부낀다 ◇期約(기약)둔 黃昏月(황혼월)이 淸風(청풍)과 함긔 와서 불거니 비취거니 胸襟(흉금)이 灑落(쇄락)ᄒ다=미리 약속한 저녁달이 맑은 바람과 함께 와서 바람이 불고 달이 비추니 가슴속이 상쾌하고 시원하다 ◇瓦盆(와분)의 듯넌 술을 匏樽(포준)으로 바다 닉야 任(임)과 흠긔 마조 안져 드러 서로 歡(권)할 져게 黃精菜(황정채) 鱸魚膾(농어회)는 山水(산수)의 가츄미라=질동이에 떨어지는 술을 바가지로 받아서 님과 함께 마주 앉아 잔을 들어 서로 권한 때에 황정의 나물과 농어회는 산과 물에서 나는 안주를 갖춘 것이다 ◇嗚嗚咽咽(오오열열) 洞簫聲(통소성)을 늬 能(능)히 부러스니 淸風 七月(청풍칠월) 赤壁勝遊(적벽승유)ㅣ 여긔와 彷佛(방불)ᄒ다=흐느끼는 듯한 퉁수소리를 내가 능히 부니 맑은 바람이 부는 칠월의 적벽의 뛰어난 놀이가 여기와 비슷하다. 적벽승유는 소동파의 '赤壁賦'(적벽부)를 말함 ◇거문고 잇그러셔 膝上(슬상)의 빗겨 놋코 鳳凰曲(봉황곡) 혼 바탕을 任(임) 시켜 불니면서 興(흥)딕로 집혀스니 司馬相如

(사마상여) 鳳求凰(봉구황)이 여긔와 밋츨것가=거문고를 가져다가 무릎 위
에 비스듬히 놓고 봉황곡 한 곡조를 님을 시켜 노래하게 하면서 흥이 나는
대로 가락을 짚으니 사마상여가 卓文君(탁문군)을 얻고자 부른 노래가 이것
보다 낫겠는가 ◇竹窓(죽창)을 밀고 보니 달이 거의 나지여널 밤은 호마 五
更(오경)이라 솔 그림즈 어린 곳의 鶴(학)의 쑴이 깁허거날 딕슈풀 우거진데
이슬바람 션을호다=대나무로 엮은 창문을 밀치고 바라보니 달은 거의 낮
과같이 밝거늘 밤은 이미 오경이라 소나무 그림자 어려 있는 곳에 학은 깊
이 잠이 들었거늘 대나무숲이 우거진 곳에서 부는 바람이 서늘하구나 ◇
玉手(옥수)를 잇쓸고셔 枕上(침상)의 나아가니 琴瑟友之(금슬우지) 깁흔 情
(정)이 뫼 갓고 물 갓타야 連理(연리)에 翡翠(비취)여널 綠水(녹수)의 鴛鴦(원
앙)이라=아름다운 여인의 고운 손을 이끌고서 잠자리에 드니 남녀간의 깊
은 정이 산같이 높고 물같이 무궁하여 연리지에 노는 비취새와 같고 푸른
물에 노니는 원앙과 같다 ◇巫山(무산)의 雲雨夢(운우몽)이 여긔와 엇덧턴
고=楚(초)의 襄王(양왕)이 巫山仙女(무산선녀)와 놀았다고 하는 것이 지금
우리와 어느 것이 나으냐 ◇安周翁(안주옹)의 悅心樂志(열심낙지) 이만호면
넉넉호야=안 주옹의 마음과 뜻을 기쁘고 즐겁게 하는 것이 이만하면 넉넉
한 것이 아니냐 ◇離別(이별)을 아조 離別(이별)호고 桃源(도원)의 길이 슘
어 任(임)과 함긔 즐기다가 元命(원명)이 다 호거든 同年同月 同日時(동년동
월동일시)에 白日昇天(백일승천)호오리라=이별이란 것을 영원히 이별하고
무릉도원에 영원히 숨어 님과 함께 즐기다가 목숨이 다하거든 같은해 같은
달 같은 일시에 신선이 되어 하늘로 올라가리라.

178
八十一歲 雲崖先生　뉘라늑다일엇던고
童顔이 未改호고 白髮이 還黑이라斗酒를 能飮호고長歌를 雄唱호니神仙의밧탕이오豪
傑의氣像이라丹崖의셜인님흘희마당사랑호야長安名琴名歌들과名姬賢伶이며遺逸
風騷人을다모와거나리고羽界面호밧탕을엇겨러불너닐제歌聲은嘹亮호야들쏫티슬

날녀닉고 琴韻은 泠泠ᄒ야 鶴의 춤을 일의현다 盡日을 逶迤ᄒ고 酗酊이 醉ᄒᆫ 後
의 蒼壁의 불근 닙과 玉階의 누른 곳츨다 各기껏거들고 手舞足蹈 ᄒ올적의 西陵
의희가지고 東嶺의 달이나니 蟋蟀은 在堂ᄒ고 萬戶의 燈明이라다시금 盞을쎗고
一盃一盃 ᄒ온 後의 션술이 第一名唱 나는 북 드러노코 車宋을 比樣ᄒ야 ᄒᆺ밧탕
赤壁歌을멋지게듯고나니 三十三天 罷漏술이시벽을 報ᄒ거닐 携衣相扶ᄒ고다 各
기 허여지니 聖代에 豪華樂事이밧긔ᄯ쪼잇는가
다만的 東天을바라보아( )을싱각ᄒᄂᆫ懷抱야어늬긔지이스리.

庚辰初九月 雲崖朴先生景華 黃先生子安 請一代名琴名歌名姬賢伶遺逸風騷人於
( )山亭 觀楓賞菊 學古( )碧江金允錫君仲 是一代透妙名琴也 翠竹申應善字敬賢
是當世名歌也 申壽昌 是獨步洋琴也 海州任百文字敬雅 當世名籬也 ○○張○○字
稚殷 ○○李濟榮字公楫 是當世風騷人也 適於此際 海州玉籬仙上來 而此人則 非但
才藝色態之雄於一道 歌琴雙全 雖使古之揚名者 復生未肯讓頭 眞國內之甲姬也 全
州弄月 二八丰容 歌舞出類 可謂一代名姬 千興孫 鄭若大 朴用根 尹喜成 是賢伶也
朴有田 孫萬吉 全尙國 是當世第一唱夫 與车宋相表裏 喧動國內者也 噫 朴黃先生
以九十耆老 豪華性情 猶不減於靑春强壯之時 有此今日之會 未知明年又有此會也
歟.(경진(1880)년 첫 가을에 운애 박선생 경화와 황선생 자안께서 당대의 유명한
금객 가객 기생 광대와 유일풍소인을 ( )산정에 초청하여 단풍과 국화를 관상하
고 예전에( ) 배웠다. 벽강 김윤석 군중은 당대의 뛰어난 금객이요 취죽 신응선
은 자가 경현인데 당대의 이름난 가객이다. 신수창은 당시 양금에 독보적인 존재
이다. 해주의 임백문은 자가 경아인데 당대에 퉁소로 유명하다. ○○장○○은 자
가 치은이요, ○○ 이제영은 자가 공즙으로 당시의 풍소인이다. 마침 이 때에 해
주 옥소선이 올라왔으니 옥소선은 비단 재예와 색태만 황해도에서 제일이 아니
라 노래와 거문고를 아울러 잘 했으며 비록 예전에 이름을 날린 사람으로 하여금
다시 태어나게 한다고 해도 순서를 양보하는 것을 즐겨하지 않을 참으로 국내에
서 제일 훌륭한 기생이다. 전주 농월은 16살의 아름다운 얼굴에 가무가 뛰어났으
니 가히 당대에 이름난 기생이라 부를만하다. 천흥손 정약대 박용근 윤희성은 다
광대들이다. 박유전 손만길 전상국은 당시에 제일가는 창부로 모홍갑이나 송흥록
과 더불어 표리가 될만하여 국내를 휀동하게 한 사람들이다. 슬프다. 박효관과 황
자안 두 선생님은 90의 나이로 호화스런 성정이 오히려 젊고 강한 장년 때보다
줄지 않았으니 이와 같은 오늘의 모임이 내년에도 또 있을지를 알지 못하겠구나.)

雲崖先生(운애선생)을 뉘라 늑다 일엇던고=운애 선생을 누가 늙었다고

말하였던가　◇童顔(동안)이 未改(미개)ᄒ고 白髮(백발)이 還黑(환흑)이라=
앳띤 얼굴이 바뀌지 아니하고 백발이 다시 검어졌다　◇斗酒(두주)를 能飮
(능음)ᄒ고 長歌(장가)를 雄唱(웅창)ᄒ니 神仙(신선)의 밧탕이요 豪傑(호걸)의
氣像(기상)이라=말술을 능히 마시고 장가를 힘치게 부르니 신선의 기본을
갖추었고 호걸의 기개와 모습이다　◇丹崖(단애)의 셜인 닙흘 히마당 사랑
ᄒ야 長安(장안) 名琴名歌(명금명가)들과 名姬賢伶(명희현령)이며 遺逸風騷
人(유일풍소인)을 다 모아 거느리고=단풍으로 붉게 물든 잎을 해마다 좋아
하여 장안의 이름난 금객과 가객들과 이름난 가생과 광대, 세상의 시끄러움
을 잊고 시문을 짓는 사람들을 다 모아 거느리고　◇羽界面(우계면) ᄒ 밧탕
을 엇겨러 불너닐 제 歌聲(가성)은 嘹亮(요량)ᄒ야 들쎈 티끌 날녀 늬고 琴
韻(금운)은 冷冷(냉냉)ᄒ야 鶴(학)의 츔을 일의현다=우조와 계면조 한 바당
을 어긋매기어 노래를 부를 때 노랫소리는 맑아서 대들보 위에 앉은 티끌
이 날리는 듯하고 거문고 소리는 싱싱 울려 학이 춤을 추도록 한다　◇盡日
(진일)을 迭宕(질탕)ᄒ고 酩酊(명정)이 醉(취)ᄒ 後(후)의 蒼璧(창벽)의 붉근
입과 玉階(옥계)의 누른 곳츨 다 각기 썻거 들고 手舞足蹈(수무족도) ᄒ올젹
의=하루 종일 질탕하게 놀고 거나하게 취한 뒤에 푸른 절벽의 붉은 잎과
계단에 피어 있는 누른 꽃을 다 각각 꺾어들고 춤을 출 때에　◇西陵(서릉)
의 히가 지고 東嶺(동령)의 달이 나니 蟋蟀(실솔)은 在堂(재당)ᄒ고 萬戶(만
호)에 燈明(등명)이라=서쪽 구릉으로 해가 지고 동쪽 마루에 달이 뜨니 귀
뚜라미는 집안에서 울고 모든 집들에 불이 밝더라　◇션솔이 第一名唱(제일
명창) 나는 북 드려노코 牟宋(모송)을 比樣(비양)ᄒ야 ᄒ 밧탕 赤壁歌(적벽
가)를 멋지게 듯고나니=선소리 제일 명창과 나는 북을 들여놓고 유명한 牟
興甲(모흥갑)과 宋興祿(송흥록)을 본따서 한 마당 적벽가를 멋지게 듣고나니
◇三十三天(삼십삼천) 罷漏(파루) 솔이 식벽을 報(보)ᄒ거널 携衣相扶(휴의
상부)ᄒ고 다 各(각)기 허여지니=33번 치는 파루의 종소리는 새벽을 알리거
늘 옷을 잡고 서로 의지하며 다 각각 헤어지니　◇다만的 東天(동천)을 바라

보아=다만 동쪽 하늘을 바라보아.

編時調

179
오늘밤風雨를그丁寧아랏던덜 딕사립짝을곱거러단단민엿슬거슬
비바람의불니여왜각지걱하난소리여항여나오눈양하야窓밀고나셔보니
月沈沈 雨絲絲한데風習習人寂寂을하더라.

余率朱德基 留利川時 與閭家少婦 有桑中之約 而達宵苦待.(내가 주덕기를 데리고
이천에 머무를 때에 여염집 젊은 부인과 뽕나무밭에서 만나기로 약속하고 밤이
되기를 고대했다.)

대조: 남창 641번에 수록.

180
이리알쓰리살쓰리 그리고그려病되다가
萬一예어느쎅가되던지만나보면그엇더할고應當이두손길뷔여잡고어안병병아모말
도못하다가두눈예물결이어릐여방울방울쩌려져아로롱지리라이옷압자랄예일것셰
만낫다하고
丁寧이 이럴줄알냥이면차라리그려病되넌이만못하여라.

憶江陵紅蓮.(강릉의 홍련은 생각하다.)

  이리 알쓰리 살쓰리 그리고 그려 病(병) 되다가=이렇게 알뜰하고 살뜰하
게 그리워하고 그리워하여 병이 되었다가 ◇應當(응당)이 두 손길 뷔여 잡
고 어안 병벙 아모 말 못 하다가 두 눈예 물결이 어릐여 방울방울 쩌려져
아로롱지리라 이 옷 압자랄예 일것셰 만낫다 하고=응당 두 손을 꼭 쥐고
어안이 병벙하여 아무 말도 못하다가 두 눈에 눈물이 어리어 방울방울 이
옷 앞자락에 떨어져 얼룩지리라 공연히 만났다고 후회하며 ◇이럴 줄 알

낭이면 차라리 그려 病(병) 되넌이만=이렇게 될 줄을 알았다면 차라리 그
리워하여 병에 되는 것만.

作家索引

숫자는 歌番 ( ) 숫자는 女唱임

作品索引

숫자는 歌番임 ( ) 숫자는 女唱임

作品索引　515

● 황충기 黃忠基

경기 여주(驪州) 출생
고려대학교 문과대 국어국문학과 졸업, 경희대학교 대학원 국문학과 졸업,
한국어문교육연구회 회원

● 편저서(編著書)

校註 海東歌謠(1988), 古時調註釋事典(1994), 蘆溪 박인로 연구(1994), 역대 한국인편저
서목록(1996), 해동가요에 관한 연구(1996), 가곡원류에 관한 연구(1997), 韓國閭巷時調
연구(1998), 閭巷人과 기녀의 시조(1999), 長時調 연구(2000), 註解 장시조(2000), 한국학
주석사전(2001), 한국학 사전(2002), 여항시조사연구(2003), 기생 時調와 漢詩(2004), 고
전주해사전(2005), 청구영언(2006), 靑丘樂章(2006), 가곡원류(2007), 가사집(2007), 성을
노래한 고시조(2008), 기생 일화집(2008), 名妓 일화집(2008) 등이 있다.

海東樂章

2009년 2월 20일 1판 1쇄 인쇄
2009년 2월 27일 1판 1쇄 발행

역 주 • 황 충 기
펴낸이 • 한 봉 숙
펴낸곳 • 푸른사상사

등록 제2-2876호
서울시 중구 을지로3가 296-10 장양B/D 701호
대표전화 02) 2268-8706(7) 팩시밀리 02) 2268-8708
메일 prun21c@yahoo.co.kr / prun21c@hanmail.net
홈페이지 //www.prun21c.com
ⓒ 2009, 황충기
ISBN 978-89-5640-669-5-93810

값 36,000원